高等学校工程管理专业系列教材

管理研究理论、方法与工具

任 旭 主编

中国建筑工业出版社

图书在版编目（CIP）数据

管理研究理论、方法与工具 / 任旭主编. —北京：
中国建筑工业出版社，2023.4
高等学校工程管理专业系列教材
ISBN 978-7-112-28396-5

Ⅰ.①管… Ⅱ.①任… Ⅲ.①管理学－高等学校－教材 Ⅳ.① C93

中国国家版本馆 CIP 数据核字 (2023) 第 033285 号

本书作者制作了多媒体教学课件，选用此教材的教师可通过以下方式获取。1. 邮箱：47364196@qq.com；2. 电话：010-58337170；3. 建工书院：http://edu.cabplink.com。

责任编辑：毕凤鸣　牛　松
责任校对：李美娜

高等学校工程管理专业系列教材
管理研究理论、方法与工具
任　旭　主编

*

中国建筑工业出版社出版、发行（北京海淀三里河路9号）
各地新华书店、建筑书店经销
北京建筑工业印刷有限公司制版
建工社（河北）印刷有限公司印刷

*

开本：787毫米×1092毫米　1/16　印张：19　字数：473千字
2023年9月第一版　　2023年9月第一次印刷
定价：55.00元（赠教师课件）
ISBN 978-7-112-28396-5
(40866)

版权所有　翻印必究
如有内容及印装质量问题，请联系本社读者服务中心退换
电话：（010）58337283　QQ：2885381756
（地址：北京海淀三里河路9号中国建筑工业出版社604室　邮政编码：100037）

前　言

近年来，伴随着大量优秀学术研究成果的不断涌现，我国管理研究飞速发展，进入黄金发展时代。然而，编者通过多年管理研究方法论教学实践发现，当前国内关于管理研究方法的教学知识体系尚存在不足。由于缺乏有针对性的全面介绍管理研究方法论的教材，从事管理研究的初学者无法对当前的主流研究范式和经典方法进行系统学习，也无法掌握当前热门的管理研究工具的使用方法。这不仅会降低从事管理研究的效率，也可能会因研究过程的不规范致使得出错误的研究结论。基于此，出版一本全面、系统介绍管理研究理论、方法和工具的教材，以促进规范管理研究在国内的普及，提升学生从事管理研究的参与性和实践性，促进更多高水平本土管理研究成果的发表，就显得十分必要。

本书以从事管理研究的过程为主线，以介绍管理研究方法论知识为核心，以提高读者掌握管理研究范式和工具、高质量完成学术论文为出发点，全面系统介绍了管理研究方法论相关理论知识、研究方法和研究工具。本书特色体现在三方面：一是介绍知识点规范、前沿。本书充分参考了ASQ、AMR、AMJ和《管理世界》等国内外顶级管理学期刊研究范式，融合前沿科研成果和理论，并将其转化为教材内容，使读者可以学习到当前最规范、主流的管理研究方法论知识。二是注重先进管理研究工具的介绍。编者根据多年从事管理研究的实践和高水平期刊审稿的经验，对目前主流的管理实证研究方法，如多元线性回归、质性文本分析和文本挖掘、结构方程模型等进行了介绍，并对SPSS、Amos、SmartPLS、MAXQDA和PyCharm等研究工具（软件）的实际应用和操作进行详细介绍，能够帮助学生快速掌握这些研究工具的使用。三是书网融合、形式立体丰富。本书突破传统教材编写观念，充分利用信息技术手段，配套编者在微信公众号、中国大学MOOC、bilibili教学视频等线上资源，实现教材知识与线上教学相融合，丰富读者学习的方式和途径，激发读者学习积极性，实现随时随地、轻松学习。

本书遵循"理论与教学相支撑、方法与应用相结合"的原则，将全书分为13个章节。前3章着重介绍管理研究相关理论，分别阐述管理研究的问题、假设、理论，管理研究模型及管理研究设计；第4至8章将理论和方法相结合，介绍构念的测量与评价、问卷调查研究方法、实验与准实验研究方法、案例研究方法和二手数据研究方法；第9至12章着重介绍具体实证的研究方法与工具，从数据处理与分析出发，阐述一元与多元回归分析、因子分析、假设的统计验证方法，介绍结构方程模型方法的应用和中介与调节效应的检验；最后，本书第13章还介绍了规范的学术论文写作指南。

本书由任旭主编。其中，第1章由郝雅丽编写，第2章由李相凝编写，第3章由代贵森编写，第4章由孙钰珈编写，第5章由田伟东编写，第6章由徐晶编写，第7章由孙向梅编写，第8章由丁桂伟、孙向梅和李昱萱编写，第9章由夏成城和商立媛编写，第10章由丁桂伟编写，第11章由徐斯伊和商立媛编写，第12章由蔺方鸿编写，第13章由任旭编写。全书的构架、统稿、校对等工作由任旭负责。在本书撰写过程中，参考引用了部分文献资料,并将主要参考文献附在全书末尾,在此向相关文献和资料的作者致以最诚挚的感谢。

本书的配套课件 PPT 和相关实验数据,读者可通过关注微信公众号获取;本书相关教学内容,读者可通过编者每年开设的中国大学 MOOC《工程管理专业方法论与创新教育》进行学习(春、秋季学期各 1 次,课程网址 https：//www.icourse163.org/course/NJTU-1205721812?tid=1468882466);本书相关研究工具(软件)的教学视频,读者可通过关注本书 bilibili 主页进行学习。欢迎各位读者通过扫描以下二维码获取本书配套相关资源。

由于编者水平、经验和能力有限,书中难免存在缺点和不足,敬请各位读者批评指正,不胜感激。

任旭
于北京交通大学
2023 年 9 月

目 录

第1章 管理研究概述 ... 1
1.1 问题的提出 ... 1
- 1.1.1 什么是好的问题 ... 1
- 1.1.2 问题的来源 ... 2
- 1.1.3 问题的提出策略 ... 3
- 1.1.4 问题的转化 ... 5
- 1.1.5 论文开题报告的构成 ... 5

1.2 研究假设的提出 ... 6
- 1.2.1 假设的定义 ... 6
- 1.2.2 假设的类型 ... 6
- 1.2.3 好假设的特点 ... 7
- 1.2.4 假设的建立策略 ... 8

1.3 管理理论的构建 ... 8
- 1.3.1 理论的内涵 ... 8
- 1.3.2 理论构建的方法与策略 ... 10

1.4 问题、假设与理论之间的关系 ... 12
思考题 ... 13

第2章 管理研究模型 ... 14
2.1 概念 ... 14
- 2.1.1 概念的定义 ... 14
- 2.1.2 概念的特征 ... 14

2.2 构念 ... 14
- 2.2.1 构念的定义 ... 14
- 2.2.2 构念的特征 ... 14

2.3 变量 ... 15
- 2.3.1 变量的定义 ... 15
- 2.3.2 变量的属性 ... 15
- 2.3.3 变量的分类 ... 15
- 2.3.4 变量间的关系 ... 17

2.4 模型的提出 ... 18
- 2.4.1 构念间的关系 ... 18
- 2.4.2 变量间的关系 ... 18
- 2.4.3 构念与变量的关系 ... 19

2.5 模型的质量评价·····19
2.5.1 模型的泛化·····19
2.5.2 变异量控制·····21
思考题·····22

第3章 管理研究设计·····23
3.1 因果关系及威胁因素·····23
3.1.1 管理研究中的因果关系·····23
3.1.2 不可控制变量及偏差威胁·····24
3.2 通过研究设计控制威胁因素·····27
3.2.1 研究样本的选择·····28
3.2.2 测量的决定·····28
3.2.3 样本的分配方式·····29
3.3 研究设计的类型·····30
3.3.1 实验研究（Experiments）·····31
3.3.2 准实验研究（Quasi-experiments）·····31
3.3.3 问卷调查研究（Questionnaires survey）·····31
3.3.4 案例研究（Case studies）·····32
3.3.5 二手数据研究（Secondary data research）·····32
思考题·····33

第4章 构念测量的原理、指标与评价方法·····34
4.1 测量的概念与意义·····34
4.2 管理研究中的测量·····34
4.2.1 理论构念与测量的关系·····34
4.2.2 测量模型·····36
4.2.3 测量指标·····38
4.3 测量质量的评价·····40
4.4 信度与效度分析·····42
4.4.1 信度·····42
4.4.2 效度·····46
4.4.3 信度与效度的关系·····52
4.5 常见测量偏差及检验方法·····53
4.5.1 共同方法偏差·····53
4.5.2 无响应偏差·····56
思考题·····59

第5章 问卷调查研究·····60
5.1 问卷调查研究概述·····60
5.1.1 问卷调查研究的概念·····60
5.1.2 问卷调查研究的优势·····60
5.1.3 问卷调查的种类·····61

5.2 问卷的设计 ·· 61
5.2.1 问卷调查研究的替代方案 ·· 61
5.2.2 量表的设计 ·· 61
5.2.3 调查问卷其他部分设计 ·· 70
5.3 问卷的预测试 ·· 73
5.4 问卷的发放与回收 ·· 74
5.4.1 问卷的发放 ·· 74
5.4.2 问卷的回收 ·· 75
5.5 调查问卷的效度与信度 ·· 76
思考题 ··· 79

第6章 实验室研究与准实验研究 ·· 80
6.1 实验室研究（Experiments） ·· 80
6.1.1 观察性研究（Observational study） ·· 80
6.1.2 现场实验（Field experiment） ·· 80
6.1.3 实验室实验（Lab experiment） ··· 81
6.1.4 现场实验和实验室实验的比较 ··· 81
6.2 实验设计的基本原则 ·· 82
6.3 实验室实验中应该注意的问题 ··· 83
6.4 实验设计 ··· 84
6.4.1 横断组间设计（Cross-sectional between-cases design） ··· 84
6.4.2 纵向组内设计（Longitudinal within-cases design） ·· 85
6.4.3 横断组间设计和纵向组内设计的选择 ··· 85
6.4.4 纵向组间设计（Longitudinal between-cases） ··· 87
6.4.5 横断因子设计（Cross-sectional factorial design） ·· 88
6.5 实验的效度问题 ·· 90
6.5.1 常见的内部效度威胁因素 ·· 90
6.5.2 常见的外部效度威胁因素 ·· 92
6.6 实验研究案例 ··· 93
6.6.1 案例背景与假设 ·· 93
6.6.2 实验设计 ··· 94
6.7 准实验研究（Quasi-experiment） ··· 96
6.7.1 准实验设计中的效度问题 ·· 97
6.7.2 准实验研究设计 ·· 97
6.7.3 研究案例 ··· 99
思考题 ·· 100

第7章 案例研究 ·· 101
7.1 案例研究的概念 ·· 101
7.2 案例研究的适用范围及优劣势 ·· 101
7.2.1 案例研究的适用范围 ·· 101

7.2.2　案例研究构建理论的优劣势 ·· 101
　7.3　案例研究的分类 ··· 102
　　　7.3.1　根据研究目的分类 ·· 102
　　　7.3.2　根据案例选择数量分类 ·· 102
　　　7.3.3　根据研究任务分类 ·· 103
　7.4　案例研究的质量 ··· 103
　　　7.4.1　构念效度 ·· 104
　　　7.4.2　内部效度 ·· 104
　　　7.4.3　外部效度 ·· 105
　　　7.4.4　信度 ··· 105
　7.5　案例研究的步骤 ··· 106
　　　7.5.1　准备阶段 ·· 106
　　　7.5.2　执行阶段 ·· 109
　　　7.5.3　对话阶段 ·· 111
　　　7.5.4　案例研究实例 ··· 112
　7.6　案例研究报告的撰写 ··· 114
　　　7.6.1　案例研究报告的撰写要点 ··· 114
　　　7.6.2　案例研究报告的写作结构 ··· 115
　思考题 ··· 116

第8章　二手数据研究 ·· 117
　8.1　二手数据的含义和表现形式 ·· 117
　　　8.1.1　二手数据的含义 ·· 117
　　　8.1.2　二手数据的表现形式 ··· 117
　8.2　二手数据的优缺点 ·· 118
　　　8.2.1　二手数据的优点 ·· 118
　　　8.2.2　二手数据的缺点 ·· 118
　8.3　二手数据的主要分析方法 ··· 118
　　　8.3.1　数字类数据的分析方法 ·· 118
　　　8.3.2　文本数据的分析方法 ·· 124
　8.4　文本挖掘研究实例 ·· 130
　　　8.4.1　数据收集 ·· 131
　　　8.4.2　数据预处理 ··· 131
　　　8.4.3　文本分析 ·· 133
　8.5　二手数据研究中需要注意的问题 ··· 136
　思考题 ··· 137

第9章　数据处理与分析 ··· 138
　9.1　数据的初步处理与分析 ·· 138
　　　9.1.1　数据处理 ·· 138
　　　9.1.2　数据分析 ·· 138

		9.1.3 单变量描述性统计	139
9.2	相关分析与一元回归分析		144
	9.2.1	相关分析与回归分析概述	144
	9.2.2	相关分析	145
	9.2.3	一元回归分析	148
9.3	多元回归分析		152
	9.3.1	多元回归分析图形表示	153
	9.3.2	多重相关	154
	9.3.3	多元回归	155
	9.3.4	多元回归示例	156
	9.3.5	两个以上自变量的多元回归	157
	9.3.6	多元回归的类型	159
	9.3.7	多重共线性诊断	161
9.4	因子分析		164
	9.4.1	因子分析概述	164
	9.4.2	探索性因子分析	165
	9.4.3	验证性因子分析	170

思考题 173

第10章 假设的统计验证 174

10.1	假设检验的基本原理		174
	10.1.1	假设的提出	174
	10.1.2	假设的两类错误	174
	10.1.3	显著性水平与 p 值	175
	10.1.4	样本确定	176
	10.1.5	单侧检验和双侧检验	178
	10.1.6	参数检验与非参数检验	180
	10.1.7	假设检验的步骤	180
10.2	假设检验的示例		181
	10.2.1	假设检验操作步骤	181
	10.2.2	假设检验结果解读	183
10.3	置信区间		184
	10.3.1	置信区间原理和步骤	184
	10.3.2	置信区间与假设检验的比较	185
	10.3.3	置信区间与参数假设检验的应用示例	186
10.4	未知抽样分布的假设检验方法与工具（Bootstrapping）		187

思考题 188

第11章 结构方程模型 189

11.1	结构方程模型产生的背景		189
	11.1.1	传统统计分析方法的不足	189

	11.1.2 结构方程模型的优点	190
11.2	结构方程模型的基本概念	191
	11.2.1 结构方程模型的定义	191
	11.2.2 变量的划分	192
	11.2.3 结构方程模型的构成	193
	11.2.4 结构方程模型的基本原理	195
11.3	模型的识别与拟合	197
	11.3.1 模型的识别	197
	11.3.2 模型拟合	198
11.4	结构方程模型在管理研究中的应用	200
	11.4.1 SPSS Amos 软件优势	200
	11.4.2 Amos 软件操作步骤	201
思考题		232

第12章 中介与调节效应及检验 233

12.1	直接、中介与调节效应	233
	12.1.1 直接效应的内涵	233
	12.1.2 中介效应（Mediating effect）	233
	12.1.3 调节效应（Moderating effect）	235
12.2	效应检验软件操作	237
	12.2.1 SPSS 软件操作	237
	12.2.2 SmartPLS 软件操作检验分析	250
12.3	复杂模型检验	261
	12.3.1 多重中介模型（Multiple mediating model）	261
	12.3.2 有调节的中介效应模型（Moderated mediating model）	262
	12.3.3 PROCESS 软件操作	263
思考题		275

第13章 学术论文的撰写 276

13.1	标题	276
13.2	摘要	276
13.3	关键词	277
13.4	引言	277
13.5	文献综述	278
	13.5.1 文献综述的写作方法	279
	13.5.2 文献综述的写作格式	279
	13.5.3 文献引证格式	280
13.6	假设的提出	281
13.7	假设验证	282
	13.7.1 数据收集与变量测量	283
	13.7.2 实证分析	283

 13.8 讨论与管理建议···284
 13.9 结论···285
 13.10 参考文献··286
参考文献··288

第1章　管理研究概述

管理学主要研究管理对象在不同背景下的特征和演变规律。管理研究的基本过程是基于现有理论，针对现实中的管理现象提出科学问题，再将科学问题具体化，建立相应假设，并利用数据对假设进行证实或证伪，最后将研究结论上升到理论层面。

1.1　问题的提出

问题的提出是进行科学研究的起点。研究者由于对事物或者现象充满好奇心，便产生了找寻问题答案和探索现象本质原因的渴望，这便是从事研究工作的动力来源。管理学大师彼得·德鲁克曾提出：管理学研究者的任务不是解决问题，而是提出问题。因为有价值的问题不仅能够指导研究方向，而且能够决定研究的结果。

1.1.1　什么是好的问题

研究问题通常涉及两个及以上的研究变量或概念之间的关系，一般包括四种类型：①"是什么"或"什么样"（What）；②"如何"或"怎样"（How）；③"为什么"（Why）；④"什么条件"（When/Where/Who）。提出科学问题是科学研究的首要环节，甚至是科学研究的灵魂。判断一个问题是否是好的研究问题，主要从以下几个方面着手。

（1）重要性

问题的重要性主要表现在问题的解决能否对该领域的理论研究做出贡献或对管理实践提出建议并推动管理变革。在现实研究中，有研究者通过强调某问题是前人从未注意过的问题来反映该问题的重要性，但是前人没有研究过的问题并不一定是重要的问题，因为有些没有研究过的问题恰恰可能是由于其不重要才不值得去研究。例如，就季节对居家远程办公工作绩效的影响这个问题来说，由于员工居家办公，受外界天气的影响甚微，因此该问题就不是很重要，难以通过该问题的解决来提高远程办公绩效。

重要的问题往往是众多学者都十分关注的问题，只是在研究的过程中需要从不同的角度切入，这样才能使研究具有实际意义。例如，迅速发展的数字经济和信息通信技术已经逐步打破了工作和生活的时空壁垒，使人们的生活方式发生了极大的改变，尤其各类社交媒体的广泛应用更加速了各行各业的信息化进程。在这样的时代背景下，各类组织的工作模式也发生了转变，居家远程办公成为人们兼职或者全职的新型工作方式，因此大量学者开始关注影响远程办公工作绩效的重要因素。有学者利用边界理论研究了远程办公中家庭和工作的边界问题对工作绩效的影响；也有学者利用角色理论研究了人口统计学特征如年龄、性别、婚姻和生育状况等对远程办公绩效的影响；还有学者利用文化维度理论研究了不同文化背景对远程办公绩效的影响。由此可见，问题的重要性并不一定是体现在填补研究空白上，更多的应该体现在它是否能够加深人们对重要管理现象的理解上。

（2）创新性

没有被研究过的问题并不一定是新问题，其可能是某个已经从本质上被诸多理论所揭示过的原有问题的变换，因此该类问题并不具有研究价值。比如"员工自由选择福利这一安排对员工有怎样的激励作用"这一问题表面上与之前的研究不同，但是它只是激励问题的翻版，其本质可以通过需求理论、参与决策理论和期望效用理论等多种激励理论共同解释。

创新性往往是研究问题的新视角。仍以居家远程办公工作绩效影响因素的研究为例，已经有大量学者探索了各个方面的外部因素对远程工作绩效的影响，如果继续从外部客观因素的角度进行研究，很难再有新意，因此在现有研究的基础上，继续研究在面对外部客观因素时，员工产生的不同心理作用机制将如何影响绩效便可能是一个新的研究方向，由此便体现了这一研究问题的创新性。

（3）理论指导性

科学研究往往是"站在巨人的肩膀上"进行的，因此一个好的问题应该在某种程度上可以用现有理论进行阐释，但是却并不能完全解决，而需要从其他角度进行深入研究。现有理论为研究者提供了研究基础，对问题的解决具有理论上的指导意义，当研究者发现新的理论可对相同问题进行解释时，便是对现有理论的有力补充和修正，丰富了人类关于该类问题的研究。

研究人员主要通过回顾以往文献来建立理论基础，但在文献回顾的过程中可能存在以下问题：第一，回顾的文献过于陈旧，作者没有掌握该领域最新发表的研究成果，以为自己所提出的研究问题能够对现有理论的发展做出贡献，但实际上这个问题早已被解决。第二，回顾的文献有偏差，回顾文献时只回顾支持本研究假设的文献，而忽略那些得到了相反结论的文献，以使自己所提出的假设显得更加有理有据。但是论文评审人一般都是该领域的专家，通常一眼便能看出破绽，这种做法有掩耳盗铃之嫌。第三，为了回顾文献而回顾文献，把该领域所有有关的文献都洋洋洒洒地回顾一遍，虽然全面，但其中很多研究与目前研究的问题并无直接联系，让人看了不得要领。除此之外，还可能存在另一个比较严重的问题——有研究者同时用多个理论来对研究问题进行假设推论，但这几个理论之间又有互相矛盾之处，因此最后难以确定得出的研究结果究竟对什么理论做出了贡献。

（4）实践相关性

管理研究十分注重研究问题的解决对管理实践有怎样的启发意义和指导作用，因此研究问题必须是从实践中来到实践中去。一个好的管理研究不仅能够增加人们对于管理现象的认识，而且还能够为组织和人的生存与发展提供指导。

1.1.2 问题的来源

研究问题可以来自对日常生活的观察，对工作中出现问题的思考，对社会现象的探究；也可能来自对文献的阅读，对新闻报道的反应；甚至可能来自与同事或同学的闲聊。有的学者在找到一个自己感兴趣的问题或现象后，对该问题或现象穷追猛打，通常会对其进行长达几十年的深入研究。也有的学者兴趣广泛，不断发现新的研究兴趣，俗称"打一枪换一个地方"。还有的学者在对一个题目深究一段时间后，认为对该领域的贡献已经基本到达尽头，便开始寻找下一个值得研究的题目。通常，问题的来源主要有以下几种。

（1）国家和社会发展的需要

科技的发展推动社会的进步，而社会的进步同时也会为科学研究提供更多新的思路。国家的发展需要诸多的科研成果作为理论支撑，因此研究者需要站在当今的时代背景下，以促进国家和社会更好更快地发展为目标来提出研究问题。比如，我国"十四五"规划基于"双碳"战略目标多次提出绿色转型的概念，明确指出要大力发展绿色技术创新，推进重点行业和重要领域的绿色化转型。然而绿色转型又面临着资源有限的现实约束，在这样的背景下，研究我国制造业企业如何通过绿色创新实现向绿色发展转型，将是一个很有现实意义的问题。

（2）研究者对研究的专注和热情

个人对某一问题的深入观察和思考常常与其对这个问题的深层兴趣和研究热情息息相关。比如，有的学生在选择研究问题时常常会因对问题思考不到位而陷入极大的苦恼之中，有时即使定下了题目，但每次思考与该题目有关的研究方向时，立刻又开始苦恼起来，因此便缺少继续研究的热情和动力。其实，大多数研究问题都来自于个人的观察和思考，尤其对于某一现象的"痴迷"更可能发现值得研究的问题，在"痴迷"状态下产生的灵感常常别具一格，超越一般人的想象。因而，那些专注于特殊现象并对其产生极大研究热情的研究者往往更能提出对现实大有裨益的研究问题。

（3）阅读文献

通过阅读以往的文献来挖掘值得研究的题目也是问题的重要来源之一。从文献阅读中得到启示并发现值得研究的问题有几个好处：第一，研究风险相对较小；第二，能为研究找到比较扎实的理论基础以及研究方法；第三，阅读文献还能了解做该类研究所使用的研究工具。

（4）与他人进行交流

交流可以产生思想的火花，而这往往是研究问题的重要来源之一。做研究最怕的是故步自封，一个人进行"战斗"。

1）与专家学者和同行进行交流

专家学者和同行一般都在某一研究领域具有深厚的知识基础和丰富的研究经验，能够在多个方面对拟研究的问题提出合理建议。比如，这个问题的研究是否已经比较成熟？对该问题的切入角度是否比较新颖且有意义？可以参考哪些文献对该问题进行进一步提炼？什么理论能够对该问题进行更好的支撑？在诸多专家学者和同行的帮助下，往往更容易找到有价值的研究问题。

2）与产业界进行交流

产业界的人员思考问题时往往站在管理实践的角度，他们的建议通常对管理实践更具有指导意义。通过与其进行交流，可以真正实现科学问题从实践中来到实践中去，使自己的研究立足于实际之中，并可以检验最终理论的应用价值。

1.1.3 问题的提出策略

问题是在对某领域的深入探索和不断地文献回顾中逐渐显现出来的，并且研究过程中的一些反常现象通常也会引发一些新的研究问题。由此可见，好的问题的提出也是有迹可循的，研究者可以采取一些具体的策略来提出有意义的科学问题。

（1）文献综述法

通过对以往文献的回顾，研究者可以充分了解相关领域内该问题的研究现状，找到比较扎实的理论基础及研究方法，发现研究热点。通过广泛地阅读文献得到启示并发现研究问题的策略，一方面可以避免问题缺少理论支撑的缺陷，使论述有理有据，从而减小研究的风险。另一方面，还可以为研究者提供解决该类研究问题的一般方法，使研究有迹可循。然而，文献综述的方法也有较大的弊端，研究者容易囿于现有研究的框架而难以实现自我突破从而导致新意不足，即只是简单地在现有研究的基础上增加了一两个新的变量，产生"递增价值"，这样的创意往往收效甚微。另外，如果研究者只是单纯地依靠现有研究体系进行研究，难免会随着学术界研究兴趣的变化而变化，难以形成自己独特的研究风格和轨迹，从而缺乏研究的个性色彩。

（2）模型构建法

通过相关模型的构建可以将事物或者现象的发展动态地联系起来，以简洁的方式呈现其明显的局部特征及全貌，有助于研究者清晰明了地分析现有实际状况并发现研究要点。

一个模型通常包括组成研究问题的重要概念、概念之间的关系以及研究问题的范围、内容、维度和层次。研究者通过建立模型，一方面可以将想象中的一些隐蔽的假设明朗化，另一方面可以进一步加深对问题的理解，发展自己独特的理论。模型的构建可以帮助研究者发现事先没有想到的联系以及现存理论中的漏洞或矛盾，并且有助于研究者找到解决这些问题的办法。

假设模型通常包括描述性模型（简单说明系统中的行为要素）、解释性模型（扩展已经得到验证的理论的应用范围，促进对关键概念的理解）和模拟性或仿真性模型（阐明概念的结构关系或相互链接过程）。在模型的构建过程中，研究者需要有严谨的逻辑思维和一定的创造力，列出所有可能需要探讨的方面及其中相互影响的过程，并且要突出研究重点，激发研究者的思考，从而促进研究者提出具有研究意义的问题。

（3）条件变换法

管理科学知识包括独立于背景的知识（context-free knowledge）、背景限定的知识（context-bounded knowledge）和背景独特的知识（context-specific knowledge）三个方面。独立于背景的知识（context-free knowledge），也被称为普遍知识，这种知识能够应用于所有的背景，即在不同的背景条件下，可以应用该种知识通过相同的方式预测得到相同的结果。背景限定的知识（context-bounded knowledge）是指其只在特定的背景下有效，而在其他背景下未必有效。而背景独特的知识（context-specific knowledge）是指本土化的知识理论体系，其采用本土的语言对本土的独特现象进行揭示，应用范围较小。现实中大多数管理知识都属于有限定的知识，限定条件是相关理论成立的基础。因此，除"是什么""为什么""怎么样"以外，限制条件也是一个需要重点研究的领域。通过对条件的变换来提出相关科学问题将有助于有效扩展现有理论，增大其适用范围。

（4）跨学科交叉验证法

问题是独立于学科而客观存在的，其本身是整体的、内在一致的。然而，不同学科往往只能看到或解决问题的某一个侧面。因此，在实际研究中，可以采取不同的切入点，采用跨学科的方法对有关问题进行探索和验证，从不同的侧面揭示出研究对象或内容的多面性和复杂性。交叉验证并不是简单地进行重复研究，而是从不同的视角采用不同的研究范式对当前研究提出质疑或修正而采取的必要手段。跨学科交叉验证的方法有助于进一步丰富相关理论，并在现有问题的基础上发现新的问题从而实现创新。

1.1.4 问题的转化

如何将一般问题转化为研究课题呢？有些研究者偏爱研究一些大的问题，生怕问题小了让别人感到鸡毛蒜皮、微不足道。殊不知大的问题往往会导致研究的空洞，无法为管理实践提供有针对性且有价值的管理建议。其实，一个问题研究得越深越细，对理论的贡献和实际的意义也就越大。不需研究大问题也可以为科学做出贡献，也可以成为一流的学者。

（1）化大为小，化抽象为具体

将"大而空"的问题转化成真正可以操作、可以研究的问题，关键就是要清醒地认识一个人和一个研究的局限性——单独一个人不可能在一个研究中给大问题提供答案。因此，必须将大问题进行多次分解，直到对问题中涉及的概念能够准确定义、操作和测量，并且能够把概念和概念之间的关系通过实际的数据加以检验为止。

（2）化问题为研究变量和假设

把一般问题转化为研究问题的重要步骤就是确定问题中涉及的变量以及变量之间的关系。首先，要明确研究变量必须是定义准确且可度量的。其次，分析这些变量在研究问题中分别属于哪种变量类型（例如自变量、因变量、中介变量和调节变量等）。在此基础上建立相关假设，便可以收集数据对假设进行验证从而对问题进行研究。

（3）化问题为研究设计

确定了研究问题和假设之后，很重要的一步便是确定拟采用的研究方法。研究方法的选择主要取决于变量之间的关系。如果拟研究的课题缺乏理论基础，那么应该用定性的研究从头做起，逐步深入。如果需要检验相关性假设，比较普遍的做法是利用统计分析手段对收集的数据进行验证。当研究变量中不涉及时间维度时，横向研究（如问卷调查研究）是比较理想的选择，而涉及时间因素时，就需要采取纵向研究（如案例研究）。当研究的重点是变量之间的因果关系时，可能需要采用严密控制的管理实验研究。各种研究方法会在后面章节进行具体介绍，在此不再赘述。

1.1.5 论文开题报告的构成

在确定了自己的研究兴趣、研究问题、研究变量以及变量和变量之间的关系，并且在此基础上确定了研究方法之后，就可以开始撰写论文的开题报告。开题报告主要应该包括以下内容。

（1）引言

在引言中，主要需要回答以下几个问题：其一，这个问题是在什么样的研究背景下提出的？其二，为什么研究该问题？其三，该问题的解决将会有怎样的理论和实践意义？

（2）国内外文献综述

过去的研究尤其是近几年的研究有什么样的积累和突破？相关研究都利用了什么样的理论，为该问题的研究奠定了怎样的理论基础？该问题的研究与其他问题和知识有什么样的联系？该问题的研究有哪些独到的视角？当前的研究主要有哪些不足？

（3）研究内容及目标

在对现有文献进行充分、有针对性地回顾的基础上，经过严密的逻辑推理，建立与研究问题有关的所有研究变量之间的联系，构建出对该研究有直接指导作用的理论模型，并基于研究内容提出要实现的研究目标。

（4）研究设计及可行性分析

针对研究内容选择合适的研究方法，对样本的选择、数据收集的方式、数据处理的方法和假设检验的步骤等进行详尽的阐述，并在此基础上分析所采取研究方法和所需数据来源的可行性。

（5）技术路线

针对已经提出的研究问题、研究内容和研究目标，结合拟采取的研究方法，确定研究思路，并画出技术路线图。

（6）创新点

根据研究问题和内容提炼出本研究的主要创新点。

（7）进度安排和参考文献

论文开题报告中还要明确论文的整体进度安排，并附所参考的主要文献。

1.2 研究假设的提出

1.2.1 假设的定义

当提出科学问题之后，研究者便可根据有关理论，对所要研究的事物的本质和规律进行逻辑推理，从而提出某些初步的设想来对问题进行尝试性的回答。这些设想就是假设，并且通常表现为两个或多个变量之间的关系。假设是有待于检验的推测，需要实证研究去证实或证伪。研究假设可以解决方向性的问题，推断变量间关系是积极的还是消极的，或者是实验样本和对照样本的差异是否显著。另外，假设是精心设计的论点的重要组成部分，是理论和数据之间的重要桥梁，是逻辑论证之后变量之间的关系将如何表现的合理推测。

1.2.2 假设的类型

基本假设（basic assumption）也叫理论假设，是人们对客观现实的基本看法。基本假设是学科或理论体系的基石，是研究的理性出发点，一旦被推翻，整个理论体系可能都会随之改变。而管理研究中的假设（hypothesis）是针对要解决的问题所提出的暂时的尝试性答案，需要实证研究去证实或证伪。在通常的管理研究中，假设主要包括以下三类。

（1）描述性假设

对于"What"这类问题的推测，具体表现为对客观事物的基本特征如结构、规模、形态等的描述性假设。尤其是对于差异情况显著性的描述，在管理实验研究和准实验研究中应用更为广泛。

（2）相关性假设

对于"How"这类问题的回答的假设叫作相关性假设，是对客观事物相互联系的性质、方向和密切程度做出的推测判断。相关性假设只是说明了变量之间存在相互（双向）影响关系，而不能说明彼此间是否存在因果关系。

（3）因果性假设或解释性假设

这类假设是对"Why"这类问题的回答，是对客观事物之间因果联系的推测判断，即推断某一变量的存在或变化是否会导致另一变量的发生或变化。这时原因变量称作自变量，而结果变量称为因变量。

而对"When Where Who"等问题的回答则是任何一个假设里面所隐含的条件，即由具体研究程序和操作定义所规定的假设成立的背景。

1.2.3 好假设的特点

一个好的科学研究，需要提出好的假设。对于一个研究者来说，假设的检验固然重要，但是首先要有一个好的假设，这样后续的检验才有意义。很多经典的研究之所以经典，都是因为他们的假设回答了一个非常重要的并且以往的研究都没能回答好的问题。以下总结了一个好的假设具有的几个特点。

（1）可证伪性

从理论上来说，一个假设应该是有可能被数据证明是错误的，假设中的各个变量应该是明确且可度量的。比如，"树叶是绿色的"这就是一个可以进行证伪的假设。颜色是一个重要的特征，只要有证据证明有的树叶是黄色或红色的就能证明这个假设是错误的。而"员工可以通过努力工作来提高薪资水平"就是一个没有办法证伪的假设。因为要想证明这个理论是否正确，必须首先明确"多大程度的努力"算是"努力工作"。这个变量的定义十分的模糊，因此无法对其进行度量，进而就无法确切地证明其真伪。

（2）理论重要性

好的假设应该在已有理论的基础上，通过回答拟解决的问题，实现对理论的改进和完善。好假设的提出必须有坚实的理论基础和重大的理论意义。

（3）实践重要性

假设是否有实用价值，主要是看其能否回答现实生活中的重要问题，并对管理实践有所启迪。一些学术研究，耗费了大量的研究经费，但是研究成果仅仅在学术上有贡献，难以落地指导管理实践，此类管理研究便不值得提倡。为了避免此种情况的出现，研究者需要在针对科学问题建立假设的时候就充分考虑该研究对实践的指导意义。一个好的研究应该超越其所在的学术"小圈子"，能够直接或者间接地被应用到现实的"大世界"中去。

（4）简洁性

经验欠缺的研究者往往会有一个倾向，即在自己的假设中加入很多自变量，进而研究这些变量之间的关系。但是随着自变量的增多，这些变量之间的关系就变得越来越复杂，最后也越来越难对因变量的变化做出合理的预测。例如，有研究者本想研究薪资水平和离职倾向之间的关系，但是实际研究中却将工作环境、个人性格特点、管理者领导风格等其他因素也加入到假设模型中，这就会导致该模型变得非常复杂，不仅难以研究而且不容易说明核心问题，从而失去了理论和实践上的重要性。

（5）繁衍性

繁衍性，具体来说就是从一个假设可以推演出很多具体的假设。例如，"给员工提供良好的办公设备可以使员工工作更舒心"就不是一个具备繁衍性的假设,对该假设进行改进——"创造一个好的工作环境可以使员工工作更满意",对其进行进一步改进,便得到更为普遍的假设——"良好的办公体验可以提升员工的工作满意度"。这就是一个繁衍性更高的假设,可以把它推演到更多的情景中去。

（6）趣味性

趣味性,即一个好的假设能够给读者一个惊喜,使读者感兴趣并有所启发。读完一篇论文,读者通常有三种反应:① 不看这篇论文也知道这个结果。② 不读这篇论文不会想到事情是这样的,但是读了之后觉得,当时为什么没想到呢? ③ 尽管论文里说的东西确实是正确的,但是如果不读这篇论文便不知道事情是这样的,而且读了之后都不能相信论文里说的东西。

1.2.4 假设的建立策略

研究者可以通过多种方法来提出假设,比如,面对异常现象而产生猜想、从以往研究中得到启发,或者直接根据理论的推理而得出相应的假设。对这些方法进行分类,可以分为演绎法和归纳法。演绎法是指从一般到个别的方法,即从某一理论出发来考察某一特定的现象或对象,根据逻辑推论的法则,对这一现象或对象的有关情况做出推论。演绎法是在较成熟的学科研究中建立假设所常采用的方法,在相关理论已经相对成熟的背景下,依托现有理论成果对特殊的现象或对象进行专门的研究。归纳法,顾名思义是从大量的个别事实中概括出有关事物、现象的一般性认识或结论,考察特定现象或事件,并据此提出一般性假设。归纳法在新兴学科的研究中较为常见,采用归纳法所获得的结论,可以用于建立新的理论或修正原有基础理论。归纳法和演绎法不是对立的,而是可以相互配合交叉使用的。比如用归纳法得到新的理论后,可以继续用演绎法导出新的假设,进行新的研究,如此周而复始,便能不断丰富科学研究（图1-1）。

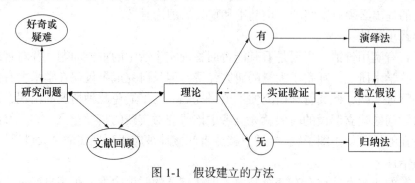

图1-1 假设建立的方法

1.3 管理理论的构建

1.3.1 理论的内涵

1. 理论的含义

理论（theory）是对客观事物的本质和规律的概括性说明,具体表现为一种能解释某些现象的具有逻辑关系的肯定性陈述。理论的具体结构是由某些科学概念、概念间关系以及相关论证所组成的知识体系。简单来说，理论就是对客观现象"是什么""为什么"以及"怎么样"的确定性回答。然而，理论并非代表真理，而是对各变量以及变量间关系加以一般化的结果，因此可以利用理论来做决策或预测结果。

在同一个体系中，理论也是具有不同层次的。上层理论一般涵盖的范围较广，而由上层理论依据逻辑法则进行演绎而得到的下层理论，数量较多但是涵盖范围较窄。一般而言，越是处于下层的理论，可验证性或实证意义越大，尤其最下层的理论，其本身便可以直接进行研究或验证。

2. 好理论的标准

一个好的理论能够解释并预测未来的事件或现象。好的理论应该具备以下条件。

（1）逻辑清晰

研究中所提出的概念一定要有清楚的内涵和明确的外延，必须是可以用数据来说明的，并且这些概念之间的关系也要合乎理性和逻辑推论原则。

（2）内部一致

概念的内涵和外延在整个理论的架构中都必须保持一致，绝不能出现在不同的推论中内涵和外延不一致的情况。此外，在推论各概念之间的关系时必须要保持一个系统性的整体框架，不可以出现混乱和自相矛盾的情形。

（3）提供可验证的假说

理论是描述和解释现象的，因此从理论中概括的一些现象（或假说），能够通过系统地收集数据或利用合乎数学法则的推论，被验证是否真的成立。

（4）可被推翻或否定

既然理论是描述和解释现象的，因此它是否正确是可以由真实的现象加以推翻和否定的。事实上，管理研究的主要工作，就是在验证理论是否能够准确地描述和解释现象。在推翻和否定的过程中，便可改进旧理论，提出新理论，从而更准确地描述和解释管理现象。

（5）通则性

好的理论能够对现象进行通则性的描述，因此需要不断地对理论进行改进，从而使得理论能够在更多不同的情况下仍能准确地描述现象。

（6）简约性

理论可以帮助研究者透过概念及它们的相互关系来了解现象的来龙去脉，因此越能以简单明了的概念和关系来准确描述现象的理论越是好的理论。

3. 理论的意义

（1）整合知识

建立一个好的理论的过程往往是从实证研究中概括出许多个别的发现和结果，并把这些发现和结果合并为一个简短的陈述的过程，这种陈述主要描述的是各个变量之间的联系。

（2）解释现象

好的理论不仅描述了现象之间的联系，而且阐明了其内在的影响机理和形成原因，通过逻辑上的合理解释对现象进行具体说明，能够加深人们对于管理现象的认识。

（3）预测未知

好的理论通过对管理现象的一般性概括和发生原因的解释，可以预测到未知的和未观察到现象的发生。

（4）改进实践

理论要应用到实践中去指导管理措施的改进，帮助组织和个人提升管理能力，提高管理效率。

1.3.2 理论构建的方法与策略

1. 理论构建的方法

（1）对现有理论进行完善

对现有理论进行完善是指在现有理论的基础上增加一些新成分，使得理论更加全面具体，逻辑更加精确严谨，从而增强理论的解释力和预测力。新建立的理论并没有挑战或背离原有理论的假定和原理，用于支持理论成立的实证数据或也大多相似，只是在原有基础上做了延伸。运用该方法对原有理论进行发展提升的策略通常包括内生法和外延法两种。内生法是指在原有系统的内部领域对相关解释进行细致化和精确化，主要表现为增加调节变量和中介变量❶。增加调节变量可以显示原来理论中的命题或者假设在不同条件下的不同状态，如图1-2（a）所示，其中C为调节变量。增加中介变量可以揭示原有理论中的两个概念或者变量之间的关系发生的过程，如图1-2（b）所示，其中B为中介变量。外延法是指先在一个较小的领域求取完整的解释，然后将此结论延伸至相似的领域。外延法对于理论的向外延伸有三种方法：① 已知A会影响B，将此关系进行延伸，探究前因变量C对A的影响和B对结果变量D的影响，如图1-2（c）所示；② 由原先发现A会影响B，后来又发现C也会影响B，如图1-2（d）所示；③ 由原先发现A会影响B，后来又发现A也会影响C，如图1-2（e）所示。

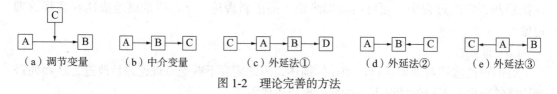

图1-2　理论完善的方法

（2）引用其他学科研究范式

引用其他学科范式，即从某领域的理论中借鉴某些思想或研究范式，并将其应用到新领域中所研究的现象上。该种方法虽然也是对理论进行完善，但是不会对原理论进行较大的改变，只是借鉴其思想和范式，将该领域或者学科的理论应用到新的领域中，从而扩大了原理论的适用范围。例如，有研究者借鉴达尔文生物进化论的观点"变异—选择—留存"解释组织内动态能力的形成和改变，就是很好的范例❷。

（3）对现有理论发起挑战

---

❶ 调节变量和中介变量的概念在第2章中详细介绍。
❷ Zollo M, Winter S G. Deliberate learning and the evolution of dynamic capabilities [J]. Organization Science, 2002, 13(3): 339-351.

对现有理论发起挑战是通过做出与某个已经完全建立起来的理论相对立的解释而提出新理论的方法。新理论通过展示令人信服的证据来揭示原理论的重大缺陷，从而提出另外的解释，甚至替代原理论。新理论与原理论也可以不完全对立，比如，有时新理论只是在某些方面对已有理论提出挑战，但保留了原有理论的基本原则和结构，这种情况称为理论变式。在高度挑战的理论构建过程中，新理论很可能采用完全不同的角度对相同的现象做出与原理论截然不同的解释或预测，以此来挑战原理论研究角度的不足并替代原理论。例如，大多数研究强调社会网络关系中"强关系"具有更大的优势，与之相反，有学者提出"弱关系"在使个人获得新的且不重复的知识方面具有更大的优势，另外还发现，"弱关系"还能使个人与更多不同的社会网络建立联系，从而促进个人灵活性和创新性的发展❶。

（4）将相关理论进行整合

将相关理论进行整合是指在两个或者两个以上已经建立的理论的基础上创造一个新的理论。在对理论进行整合时，可以综合对现有理论进行完善、引用其他学科研究范式、对现有理论提出挑战上述三种方法，改善理论的适用条件，从而得到适用范围更广的新理论。

2. 理论构建的策略

（1）引用现有理论成果

对先前研究中所发展理论的引用将可以为新的研究奠定基础，如果缺少引用，文章的可信度将会大打折扣。对前人文献的引用有以下作用：其一，表明了研究者对他人贡献的尊重与认同；其二，展现了过去理论工作中所包含的相关逻辑；其三，可以将研究与已有理论建立联系，使得观点更容易被接受。好的引用并非仅仅是忠实而全面地介绍前人在该领域已经做出的贡献，而是应该帮助作者在已有的理论基础上搭建有新贡献的研究框架和理论模型。在界定概念和提出概念之间关系的过程中，作者除了需要论述理论起源和发展演进外，更重要的一点是必须有自己的立场，不能被浩瀚的文献所淹没，从而建立自己独特的理论。

文献引用过程中需要注意的另一个重要的问题是"仪式性引用"，即有些文献与所研究内容关联不大，但是因为这些文献是业内公认的权威文献而被引用的现象。这样的引用背离了帮助作者建立自己研究框架的初衷，于研究的意义不大。应该将主题是否贴切作为引用的第一标准，引用那些观点相关、简洁明确并且令人信服的文献，而不是盲目崇拜权威，为了引用而引用。当然，在上述条件满足的情况下，最好引用比较经典、权威且发表在高水平期刊上的文献，这将增强研究的说服力。

（2）引用实证研究结果

许多理论都是以数据为基础的，而且实证数据在确认、修正或质疑现有理论以及指导新理论的发展方面发挥着重要作用，因此引用以往的实证研究结果是论证研究假设常用的一种方法。但是，数据和事实本身并不是理论，不能够替代逻辑推理，应该通过已有实证研究结果得出的研究发现来提出概念性或理论性的问题，或者运用发现来支持建立假设的逻辑论证。另外，引用实证研究结果并不同于扎根理论，扎根理论是为了建立理论而收集、积累和分析相关数据，而对实证研究结果的引用主要是为了支持逻辑论证。实证研究

---

❶ 文献来源：Granovetter M. The strength of weak ties [J]. American Journal of Sociology, 1973, 18: 1360-1380.

结果和数据并不是理论,只是理论发展过程中的重要支撑。

(3)探究概念之间的相互联系及作用机理

概念作为理论的基本元素,其提出的质量很大程度上会影响理论的质量。因此要建立高质量的理论,首先必须明确概念的内涵和外延,其次要研究概念之间的相互联系以及有该种联系的原因,最后应明确概念之间的相互联系对实践有何影响。

(4)对假设进行推理

假设是精心设计的论点的重要组成部分,是理论和数据之间的重要桥梁,它明确了逻辑论证之后的变量间关系。但假设不是理论,因为假设仅仅预测了变量间的关系,而没有对关系的原因进行解释。因此要发展理论,就要对假设进行逻辑推理并解释为什么预测变量之间是该种关系而不是其他关系。这就不仅要从正面论证该种关系的合理性,还要考虑可能存在的其他假设,并对其他假设进行分析论证,阐明其不合理性,从而进一步证明该种关系的合理性。另外,所有的研究假设之间应该是相互联系的,因为正是这种相互联系才构成了理论的核心。因此,具有较强理论的文章往往会建立概念性的陈述,这些陈述既简明扼要又相互关联,彼此相统一共同构成一个整体的假设模型,从而使最终所建立的理论既有说服力又使人印象深刻。

(5)通过框图说明理论

框图具有简洁明了的优点,一个完整的框图能够将理论模型的大致脉络清晰地表达出来。尤其对于不擅长写作的研究人员来说,框图的使用可以为杂乱无章的论点提供清晰的结构,也可以防止前后论点矛盾而造成混乱。然而需要注意的是,框图本身并不是理论,因为它缺乏理论的内涵。框图是展示变量结构的一个重要手段,一方面,它可以促进理论模型的建立,帮助研究人员更加容易地把想法凝练成正式的概念和理论关系;另一方面,它还可以促进理论表达,比如,框图可以直观地显示各个变量以及变量之间的主效应、中介效应和调节效应等关系,使得对这些关系的理解更加容易。

1.4 问题、假设与理论之间的关系

在进行科学研究的整个过程中,理论、问题和假设之间具有密切的联系,三者共同构成了一个统一的有机整体,缺一不可。具体关系如图1-3所示。

从整体上来看,理论既是科学研究的出发点,又是最终研究结果的归宿。在研究过程中,首先依据现有理论指导研究的进行,根据研究问题提出相关假设,最终把研究结果上升到理论高度。

图1-3 问题、假设与理论间的关系

新的问题和想法的提出是科学不断进步的源泉,而科学的想象力需要有严谨的现实证据进行支撑,因此需要把抽象的问题和具体的现实有机地结合起来,方便研究者利用数据对其进行测量。将抽象问题具体化的过程便是提出假设的过程,假设一般比较具体且容易用多种手段证明。通过对多个相关假设的有效归纳便可以回答拟研究的问题,将研究结论上升到理论层面。

从局部来看,问题是对客观现象"是什么""为什么""怎么样"的提问,而理论则是对其最终回答。两者在结构方面具有很大的差异,问题往往是零散的和独特的,而最终

建立的理论则是系统的、内在统一的。如果说问题是对变量间关系的疑问，那么假设便是对变量间关系推测的陈述，指明了可能的结果，问题引导假设的建立，而假设又进一步规范问题的表述形式。假设是在理论的指导下建立的，而通过对假设的证实或证伪可以得出一些推论或命题，这些推论或命题经过一系列的检验归纳之后也可以上升为理论。

思 考 题

1. 问题的提出有哪些科学的方法和策略？
2. 如何将一般问题转化为研究课题？
3. 基本假设和研究假设有什么区别？
4. 如何构建理论？
5. 问题、假设和理论有什么样的关系？

第 2 章 管理研究模型

2.1 概　念

2.1.1 概念的定义

概念（concept）是有关某些事件、事物或现象的一组特性，它是代表事件、事物或现象的一种抽象意义，是建立科学的基石，例如温度、速度等。概念是人们思维的产物，常常来源于个人的经验及观察，人们从类似的事物中归纳出一些共同属性，即同一性，这些共性就构成一个概念，它是通过抽象和概括而得到的。

2.1.2 概念的特征

概念有两个基本特征，即概念都具有独特的内涵和外延。概念的内涵就是这个概念的内容和含义，是该概念所反映的事物对象所特有的属性。例如："商品是用来交换的劳动产品"。其中，"用来交换的劳动产品"就是"商品"这一概念的内涵。概念的外延是指这个概念所反映事物对象的范围，即具有概念所反映属性的事物或对象。例如，"商品"这个概念的外延就是在市场上出售的各种商品，如汽车、房子、食品等。

2.2 构　念

2.2.1 构念的定义

管理研究中的构念（construct）是不可直接观察、测量的概念，是被赋予一组具体语意的有意义名词。构念是研究者基于研究需要而创造或设计出的抽象概念，所以每一构念都是一个概念，但每一概念则未必是一个构念。例如，在物理学上，速度、温度等概念是可以被直接测量的，这些概念就并非构念。而在管理研究中，例如，客户满意度，它不能被直接测量，而是由产品性能、售后服务等一系列可以直接感觉的要素所组成，即为构念。

2.2.2 构念的特征

构念有以下几个特征：
（1）构念是研究者构造出来的；
（2）构念是抽象的、不可直接观察的；
（3）构念是与理论和模型相联系的；

（4）构念应该是清晰而明确的。

在管理研究中，研究者们构造出"企业创新绩效"这个概念，用来表示企业实施新技术研发后，企业在专利和产品的创新等方面所取得的成绩。在现实生活中，"企业创新绩效"并不存在，是研究者为了发展研究理论而构造出来的。"企业创新绩效"是抽象的、不可直接观察的，一般用新产品开发情况或专利申请数量等指标来衡量。构念是用于构建理论的，只有当有理论或模型使用"企业创新绩效"这一构念来解释所观察到的现象，这一构念才有意义。一个构念应该是清晰的、有明确定义的，如果一个构念的定义不够清晰，无法界定其范围，那么是不能对其进行测量的。

2.3 变 量

2.3.1 变量的定义

变量（variable）指具有可测性（measurable）的概念，其属性在幅度和强度上的变化程度可加以度量，如劳动生产率等。变量是概念的一种类型，它是通过对概念的定义和解释而转换来的。也可以说，它是对概念的具体化，反映了概念在具体属性上的变动性。变量是理论的要素之一，在管理研究中处于核心地位。管理研究中有许多概念是可度量的，度量的前提是能够观测，可度量性也可以视作可观测性，所以，有些概念本身具备可度量性，如性别、年龄等，这些概念可以称为变量，而一些概念并不具备可度量性，如悲伤、幸福等，这些概念不能称为变量，而是构念。

2.3.2 变量的属性

变量和属性（attributes）的关系密不可分，但属于两个层次，变量包含若干属性，而属性总是依附某个变量而言。属性指客体的某种特性，例如，描述一个人的特性可以用男人、中国人、项目经理、硕士毕业生等名词。变量则是按逻辑归类的一组属性，例如，男性和女性都是属性，而性别则是由这两种属性组成的变量。学历也是变量，可由初中学历、高中学历、本科学历、研究生学历等属性组成。

对变量的属性结构描述，在研究中占据相当大的分量。例如，描述一所大学的学生情况可以按性别变量来分，男性占60%，女性占40%；按学历分，本科生占50%，硕士研究生占30%，博士研究生占20%等；按学院变量分，经管学院占15%，计算机学院占10%，理学院占8%等。

人们往往期望变量出现某种属性，如劳动生产率高、产品质量高，也希望避免另一些属性的出现，如生产率低、产品不合格等。通过研究并利用变量间的相关或因果关系，通常可以实现人们的期望。例如，探索劳动生产率、产品质量这些变量受哪些变量的影响，工人的技能水平这个变量是否会影响产品质量等。变量（属性）之间关联的研究，构成研究工作的主要内容。

2.3.3 变量的分类

根据不同的视角，变量可以划分为不同的类型。

1. 根据相互影响关系分类

最常用的分类方法是根据变量之间的相互影响关系来划分，可分为自变量、因变量、中介变量、调节变量和控制变量，它们之间的相互影响关系如图2-1所示。

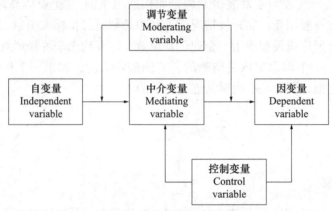

图 2-1 变量相互影响关系图

自变量（Independent variable）是影响或决定因变量的变量，是因变量发生变化的前提和原因。例如，薪资水平影响员工的离职倾向，薪资越高，员工的离职倾向越低；薪资越低，员工的离职倾向越高。其中，薪资水平是自变量。

因变量（Dependent variable）是由其他变量引起变化或决定的变量，它对自变量的变化作出反应。上述例子中员工的离职倾向就是因变量。

中介变量（Mediating variable）是一个过程变量，是自变量对因变量发生影响的中介，是自变量对因变量产生影响的实质性的、内在的原因。如图2-2所示，在上述例子中，薪资水平通过影响员工的工作满意度来改变离职倾向。其中，工作满意度就是中介变量。

调节变量（Moderating variable）界定着自变量和因变量之间关系的边界条件，是影响自变量和因变量之间关系强度或关系方向的变量。它的存在可能会强化或弱化因变量受自变量的影响程度。如图2-2所示，在上述例子中，市场就业率高时，会强化工作满意度对离职倾向的负向影响，即在高市场就业率情境下，工作满意度对离职倾向的负向影响越明显；市场就业率低时，会弱化工作满意度对离职倾向的负向影响，即在低市场就业率情境下，工作满意度对离职倾向的负向影响相对不明显。这样，市场就业率就是调节变量。

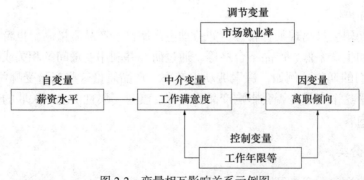

图 2-2 变量相互影响关系示例图

控制变量（control variable）是指除自变量之外，一切能使因变量发生变化的变量。研究中，应对这些变量加以控制的，如果不加控制，其也会造成因变量的变化，会导致所研究的自变量与因变量之间的关系发生偏差。因此，只有将自变量以外一切能引起因变量变化的变量控制好，才能准确得出研究中的因果关系。如图2-2所示，在上述例子中，工作满意度除了受薪资水平影响外，还会受到工作年限的影响。有研究表明，员工的工作年限越长，员工的工作满意度越低。这时，工作年限就是一个控制变量。在研究时需要控制工作年限对工作满意度的作用，才能准确分析出薪资水平对工作满意度的影响。

2. 根据所反映事物的属性特征分类

根据变量所反映的事物的属性特征分类，可分为类别变量、等级变量、等距变量和等比变量。

类别变量（nominal variable）指没有顺序关系的变量。例如，性别和职业等变量，其值不具有顺序关系，属于类别变量。

等级变量（ordinal variable），指变量值之间存在着顺序关系，但不能反映出大小程度的变量。严格地讲，对等级变量不能计算算术平均数。例如，企业中管理者的职级是有顺序关系的，总经理高于副总经理，副总经理高于部门经理，但这些职级无法反映出具体的大小程度，此时，管理者的职级就是等级变量。

等距变量（interval variable）指可以使用任意起点的变量，实际是可以"连续"取值的等级变量。例如，对幸福感赋值表示居民在生活中的幸福程度：1、2、3、4和5，1表示"很不满意"，5表示"很满意"依次类推，数值越大表明幸福程度越高。此时幸福程度就是等距变量。

等比变量（ratio variable）指既有标准的测量单位，又有绝对零点的变量。例如，企业的年利润，有零点，即年利润为零，若企业甲的年利润为200万元，公司乙的年利润为100万元，说明企业甲与乙的年利润比为2。如果双方年利润同时乘以或除以相同的数，这个比例不会发生变化。

2.3.4 变量间的关系

研究工作不论多么复杂，都是为了探索科学知识库中人们未知的某些现象或因素之间的关系，换言之，可归结为探索变量之间关联的新发现。变量间关联的性质概括来说可分为三类：相关关系、因果关系和虚无关系。

相关关系（correlational relationship）指一种相互作用、相互影响的关系，即如果两个变量共同发生变化，但无法认定两个变量发生变化的先后顺序，此时两个变量称为相关关系。例如，两个人之间的沟通和信任的关系，通常情况下，两人沟通越多，彼此之间便越信任；同样的，两个人之间越信任，才会经常沟通。"沟通"和"信任"两个变量相互作用、相互影响，同时发生变化，但如果没有依据可以说明是信任先发生变化引起了沟通的变化或者反之情况，那么二者就视为相关关系。

因果关系（causal relationship）是如果某一变量发生变化，另一变量也随之发生变化，反之则不然。因果关系与相关关系有类似之处，不同的是其是指一个变量的变化是明确地由另一个变量改变所引起的，前者称之为因变量，后者为自变量。在因果关系下，自变量是原因，因变量是结果。例如，薪资水平越高，员工的离职倾向越低；"薪资水平"的改变引起"员工离职倾向"的变化，前者为自变量，后者为因变量，两个变量之间为因果关系。在因果关系中，一定要自变量先发生变化，因变量后发生变化，二者存在明确的先后关系。

虚无关系（null relationship）指两个变量之间没有必然的联系，称它们为无关联。

2.4 模型的提出

在管理研究中，研究的核心任务之一是验证假设，假设通常为两个概念之间的关系，而很多概念是无法直接测度的。此时需要把不可测度的构念转化为可以直接测量的变量。通过研究变量之间的关系，来验证假设。由此，便提出了一种管理研究中常用的模型，如图 2-3 所示。

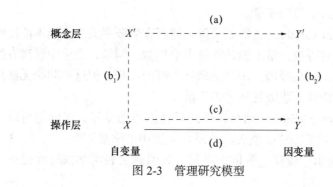

图 2-3　管理研究模型

模型中 X 表示自变量，Y 表示因变量；X' 和 Y' 分别表示 X 和 Y 在概念层上表现出的构念；箭头表示影响或原因的方向。构念和变量之间的关系是用垂直虚线表示；自变量和因变量之间的关系是用水平线表示。模型中显示了概念间三种类型的关系，分别为构念间的关系、变量间的关系和构念与变量的关系，在研究中都很重要。

2.4.1　构念间的关系

模型中顶部的水平线（a）代表一种因果概念关系。因果概念关系描述了一种情况，在这种情况下，认为一个独立的构念会影响另一构念。例如，在研究之前，研究人员认为员工的工作强度对其离职倾向有正向影响，这就是一种关于因果概念关系（causal conceptual relationship）的信念。

在进行研究之前，研究人员通常对这种关系有一个预期。在研究中，这种预期被称为假设（hypothesis），即关于变量之间关系的暂时性信念。研究是为了获得关于假设关系有效性的信息。有效性（validity）是指研究结论的真实性。在这种情况下，有效性指的是 X' 和 Y' 之间因果概念关系的真实性。由于这种关系是需要进行验证的，其有效性必然是试探性的（tentative），所以图 2-3 中水平线（a）用虚线表示，表明这种关系的有效性需要进行验证。

2.4.2　变量间的关系

变量间的关系在图 2-3 中表示为（c）和（d）两线。

1. 实证关系

图 2-3 中变量间的实证关系（empirical relationships）用线（d）表示，指 X 和 Y 测量值之间的对应关系。线（d）实际上可以通过一些统计程序观察到，是相对可靠的，用实线表示。其可靠性称为统计结论效度（statistical conclusion validity），是指在对假设关系进行统计推论时，采用的统计检验手段及所做出的统计决策的可信度。针对统计检验而做出的结论，实际是在一定概率基础上做出的，冒着一定错误的风险。如果假设检验时接受了错误的假设或拒绝了正确的假设，这项研究的统计结论效度就会存在问题。

2. 实证水平上的因果关系

当研究因果关系问题时，除了建立实证关系，还必须能证明实证水平上的因果关系（causal relationships at an empirical level）。在模型图 2-3 中，线（c）表示变量 X 和 Y 之间存在因果关系（即 X 引起 Y 的变化，箭头指向 Y）。当自变量的变化导致因变量发生变化时，存在内部效度。

内部效度（internal validity）指变量间因果关系推论的可信度，其评价的是变量间是否存在真的因果关系，而不是测量结果之间的统计关系。如果研究者发现因变量 Y 随着自变量 X 的变化而变化，并且两者之间存在显著的关系，在由此推断 X 与 Y 变量存在因果关系前，研究者需考虑是否剔除了其他各种可能的解释。某些外生变量的存在可能使解释变量 X 与 Y 关系时出现偏差。

考虑到无法完全排除外生变量的影响，因此 X 和 Y 之间的关系用（c）虚线表示。

2.4.3 构念与变量的关系

在模型图 2-3 中用线（b_1）和线（b_2）表示构念与变量之间的对应关系。将不可直接测量的构念转化成可以直接测量的变量，是构念的操作化（operationalization）。例如，将"同情心"这一不可测量的构念转化为"主动做好事的次数"和"主动向灾区捐款次数"等具体变量，就是构念的操作化。构念效度（construct validity）指测量的准确性，评价的是变量测量的内容和构念的含义是否一致。如果一项实证研究的构念效度偏低，即使最后在统计检验时发现了变量间的显著关系，也无法推断构念之间是否存在因果关系。所以，线（b_1）和线（b_2）用虚线表示，以表明构念效度的暂时性。例如，对于学生"学习积极性"这一构念，若用变量"学生每周自习次数"与"学生每天自习时间"来测量，考虑到有些学生自习次数很多，时间也很长，但并未专注于学习，其学习积极性反而较差；而有的学生自习次数很少，时间很短，但十分专注于学习，其学习积极性反而较好。如果出现这种情况，测量结果就会有一定的偏差。构念效度偏低时，就无法通过变量的关系来推断构念之间的关系。

2.5 模型的质量评价

2.5.1 模型的泛化

实证研究提供了在某个时间点上，一组样本中各变量数据之间关系的信息。而研究人员通常对这种具体的关系本身并不特别感兴趣。他们更感兴趣的是这种具体的关系是否能推广到更普遍的情境中去。例如，这种关系是否可以推广到其他案例或其他时间中去？这就是模型的泛化（generalizing from the model）。

1. 统计泛化

研究人员有两种方法来获取关于研究泛化效度的证据。其中一种是统计验证（statistical validation），它利用概率论思想将在样本中观察到的关系推广到总体中去。当在案例样本上观察到的实证关系有效地估计了样本总体中的关系时，就得到了统计泛化效度（statistical generalization validity），统计验证依赖于基于概率论的内部效度和统计泛化效度。

图 2-4 是统计泛化的示意图。从样本（d）上观察到的实证关系推论到总体中相应但未知的实证关系（D）。例如，民意调查就是一个众所周知的统计泛化的应用。

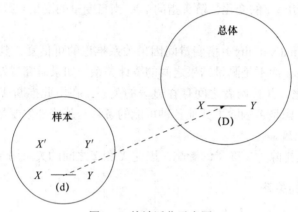

图 2-4 统计泛化示意图

2. 外部泛化

外部验证（external validation）指的是对模型进行其他类型泛化研究的程序。外部效度（external validity）是指，在对研究中获得的结果进行抽象概括（而非统计概括）时，将该研究结论推广到其他群体、时间和情境的可信程度。图 2-5 为外部泛化的示意图。

过去三十年中，学术界在解决外部泛化的方法方面取得了实质性进展。这种外部验证技术通常被称为元分析（meta-analysis）。元分析是一种新兴研究方法，旨在对研究中关系的普遍性进行定量评估。

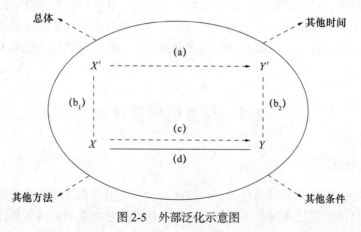

图 2-5 外部泛化示意图

2.5.2 变异量控制

在管理研究中，造成因变量变异的因素有很多，有效地控制这些因素才能提高研究结论的可靠性和科学性。通常情况下，管理研究模型中主要考虑三种变异：系统变异、外生变异和误差变异。例如，在研究员工的薪资水平对工作满意度的影响时，会发现同一家公司的员工，其满意度也会有很大差异，这个差异就是在管理研究中需要解释的变异量。除了自变量员工的薪资水平引起的系统变异以外，因变量工作满意度还会受其他因素影响，如工作强度和员工个人的工作年限等，这些因素为外生变量，即在自变量以外，有可能影响因变量的因素。此外，影响因变量的还有误差变异，其来源于各种随机因素，如被试者在接受测试时的心理状态等。在管理研究中，只有自变量引起因变量的变异是对假设检验有帮助的，研究者通过对变异量进行分割来明确各变量之间的关系。变异量分割的思路有三种，即最大化系统变异（maximizing systematic variance）、控制外生变异（controlling extraneous variance）和最小化误差变异（minimizing error variance），前两者目的在于提高内部效度，后者目的为提高构念效度。

1. 最大化系统变异

系统变异是指由自变量变化而引起的因变量变异。在管理研究中，希望自变量对因变量能产生显著的影响，所以需要研究者们实现自变量对因变量的最大化影响，即最大化系统变异。例如，在研究员工的薪资水平对工作满意度的影响时，如果选择薪资水平差异较小或者工作满意度差异较小的样本时，自变量或因变量变化幅度较小，研究者往往无法得到预期的效果。

2. 控制外生变异

外生变异与研究目的无关，但却影响着研究中的自变量或因变量，研究者需要对外生变量进行有效地控制，将其影响最小化，才能清晰地判断自变量对因变量的影响。

控制外生变量有三种思路：首先可以通过修改模型，将外生变量纳入研究设计，从而将其对因变量的影响与自变量对因变量的影响加以区分。例如，在研究员工薪资水平对工作满意度的影响时，可以将员工的工作年限纳入到模型中，从而将其对工作满意度的影响与薪资水平对工作满意度的影响区分开。

如果无法修改研究模型，可以通过调整抽样的方式来实现对外生变量的控制，常用的控制方式有三种：第一种为设置比较组法，即选择除自变量外其他条件均相同的样本进行分组比较，来控制外生变异。例如，在研究薪资水平对工作满意度的影响时，工作年限、工作环境等因素也会对满意度造成影响，研究者在取样时可以选择除薪资水平外其他条件都相同的员工进行研究，这样就可以排除外生变量的影响。第二种为随机分配法，在实验研究或案例研究时，可将样本随机分配到不同的实验组和控制组中，这样不可控或无法预知的控制变量变化可以通过随机化抵消，就能减小外生变量对因变量变异的干扰。第三种为配对法，指在对被试进行自变量赋值时，创造相对等的研究条件从而控制外生变量。例如，研究员工薪资水平对其工作满意度的影响时，一组被试的薪资水平高、另一组被试的薪资水平低，观察他们的工作满意度是否存在差异。但考虑到工作年限可能是外生变异，对工作满意度也会产生影响。因此，要选择工作年限相同的两组员工进行研究。

如果无法实现对研究对象的操纵，可以通过统计控制（statistical control）的方式来控制外生变量。在研究中，研究人员将外生变量与自变量及因变量一同进行测量，在统计分析时排除它们的效应。

3. 最小化误差变异

误差变异是指由于随机因素而导致的因变量变异。误差变异属于随机性质，不像外生变异那样会在测量中造成系统性的偏差。最典型的随机变异是测量误差，如被调查者注意力不集中、短暂的情绪波动等，随机变异还包括研究者无法控制的未知因素。将误差最小化的目的是尽可能地使系统变异显现出来。误差变异和外生变量对因变量变异的影响往往是无法区分的，这两部分产生的因变量变异之和就是在统计分析时所称的剩余部分（residual）即自变量无法解释的变异部分。

误差变异是由随机因素造成的差异，它的处理方法主要有两个途径：减少个体差异和测量误差。第一是减少受试者的个体差异，在保证最大化自变量变异的同时，尽量减少其他个体差异对因变量的影响。例如，人与人之间的差异越小，由于个体差异带来的误差变异也越小。第二是减少测量误差，为控制测量误差，一方面要提高测量的精确程度和信度，另一方面要有效地控制测量情境，情境控制可以使得测量更精确。例如，在进行管理实验研究时，尽量减少实验者讲话语气等的不同，通过放录音带播放实验指导语，语速和发声要尽量标准化等等。在现场实施问卷调查时，尽量保证室内环境、问卷填答的时间等因素的一致性等。

思 考 题

1. 变量间有哪几种关系？
2. 什么是变量变异？如何控制变量变异？
3. 选择包含一个自变量和一个因变量的因果关系，并做出以下描述：

（1）用一句话从概念层面陈述这个因果关系，并确保自变量和因变量结构清晰且关系方向明确。

（2）用一到两句话定义这个因果关系中的自变量和因变量。

（3）用一到两句话描述这个因果关系中的自变量和因变量应如何度量。

第 3 章 管理研究设计

管理研究的目的是发现管理实践中存在的问题，分析原因并提出具体应对策略。其中，问题是研究的核心，找到原因是研究的目标。用变量来反映二者之间的关系，问题是因变量、原因是自变量。管理研究本质上是研究自变量与因变量之间的关系。但在现实世界中，影响因变量的因素非常多，这会对所要研究的自变量与因变量关系的准确性产生影响。通过研究设计，可以控制这些潜在威胁因素，进而提高研究的效度。

3.1 因果关系及威胁因素

如果因变量（Y）随着自变量（X）的变化而变化，两者之间的关系显著并且没有其他可替代解释，此时便可以把二者之间的关系称为因果关系。变量间因果关系推论的可信度为内部效度（见第 2 章图 2-3 中的线 c）。内部效度评价的是变量间是否存在真实的因果关系，而不是测量结果之间的统计关系。在因果关系中，往往通过三个方面来确认变量间因果关系推论的可信度。其一，理论上，自变量和因变量是有意义且相关的；其二，因变量随着自变量的变化而变化，即自变量先发生变化后因变量随之发生变化；其三，自变量与因变量之间只有一种合理的因果解释，而没有其他的替代解释。

3.1.1 管理研究中的因果关系

在一个因果关系中，自变量（X）先发生变化后因变量（Y）随之发生变化。例如，人们通常认为老师的教学积极性（X）会影响学生的成绩（Y）。然而图 3-1 中的因果关系显示了两种可能不同的解释。在图 3-1 中，A 部分说明了 $Y \rightarrow X$，而不是 $X \rightarrow Y$；图中 B 部分说明了 X 与 Y 变量产生了双向的相互影响关系。

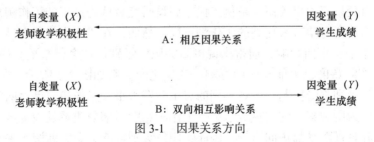

图 3-1 因果关系方向

例如，某项研究结果表明，学生的成绩（Y）也会影响老师的积极性（X）。在这项研究中，一个研究参与者（以下简称甲）来扮演学校的学生，甲和普通学生一起上课、自习、参与社会活动并正常参与测验（该校师生都不知道甲是研究参与者）。甲在不同的课程测验中故意得到不同的分数。在一些课程测验中甲会故意取得较高的分数，而在另一些课程测验中故意取得较低的分数。结果发现，甲取得较高分数的课程老师对他的教学积极性相对较高，而对于甲取得较低分数的课程老师对他的教学积极性则相对较低。这个研究结果恰好说明学生的成绩影响了老师的教学积极性，这个因果关系如图3-1中A所示。在这项研究中，因果关系推论具有较高的可信度，原因有两个：首先，甲的行为先发生，老师的教学积极性后发生；更重要的是，甲的行为是由研究者控制的，它是精心的设计，所以因果关系只能是学生甲影响老师，而不是老师影响学生甲。

图3-1中的B说明了因果关系的另一种情况，它显示了双向的相互影响关系。老师的教学积极性和学生成绩之间的关系可能是相互的。也就是说，老师的教学积极性可能影响学生的成绩，学生的成绩也可能影响老师的教学积极性。

3.1.2 不可控制变量及偏差威胁

在推断自变量 X 与因变量 Y 之间存在因果关系之前，研究者往往需要考虑这一关系是否排除了其他可能存在的替代解释。某些外生变量的存在可能使研究者在解释 X 与 Y 变量关系时出现偏差。例如，在管理学历史上非常有名的霍桑实验中，研究者通过改变监管方式、增加互动时间，发现参加云母片分离实验的员工绩效提高了15%，从而认定人际关系的改善是员工绩效提高的主要解释。Carey（1967）针对这一结论提出了自己的观点。他认为由于外部经济形势的好转和雇佣关系的改善，霍桑工厂5500名工人的平均绩效在实验期间也提高了7%。因此，在控制了外部经济因素对员工绩效的影响后，人际关系因素能够在多大程度上提高员工绩效是一个疑问。从这个例子可以看出，如果对所研究的管理现象以及相关研究缺乏足够的了解，研究设计方案极有可能忽略与替代解释相关的构念，最终致使变量之间的因果关系缺乏可信度，从而影响到研究的内部效度。

错误设定（misspecification）是指在构建因果关系模型时，未将其他影响因果关系的变量考虑在内，进而得出错误的或不准确的研究模型。如果这些变量在研究中未加以控制，会对研究结论的准确性产生影响，因而称之为干扰变量（nuisance variables）。它们对研究者所要研究的因果关系提供了可替代的解释。

1. 偏差（Bias）

当自变量和因变量之间的因果关系被低估或夸大时，就会产生偏差。这是错误设定导致的后果。偏差产生的原因有很多，其中比较常见的情况是未被控制的变量与因变量有因果关系或者与自变量有因果关系。举例来说，假设研究者认为员工的工作满意度取决于薪资水平。更高的薪资有望带来更高的工作满意度。然而，在研究中往往容易忽视员工的职位级别对薪资水平有正向影响，通常来说更高的职位级别往往会带来更高的薪资。同时，职位级别对工作满意度也可能有正向影响。变量之间关系如图3-2所示。在这个例子中，如果员工的职位级别不受控制，所观察到的员工薪资水平和工作满意度之间的因果关系可能会被夸大，因为所观察到的"薪资水平—工作满意度"部分关系是因为员工的职位级别对工作满意度和薪资水平都有正向影响。因此，职位级别可能会夸大薪资水平和工作满意度之间的关系，它必须被加以控制，以消除偏差。

2. 虚假关系（Spurious relationships）

虚假关系是偏差的一种特殊情况。当一个因果关系中有未被控制变量（即干扰变量），且该变量和因变量、自变量都有因果关系时，则自变量和因变量之间的因果关系可能是虚假的。例如，假设薪资水平对工作满意度与生活质量均有正向影响，同时假设生活质量和工作满意度之间没有因果关系（如图3-3中虚线所示）。但是一项只研究生活质量和工作满意度之间关系的研究会发现两者之间存在因果关系，如图3-3所示。由于干扰变量（薪资水平）对生活质量与工作满意度均有正向影响，并且在研究二者关系时，干扰变量（薪资水平）没有被考虑在内，从而导致了"生活质量—工作满意度"在研究中出现虚假的关系。

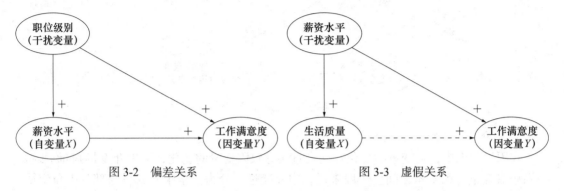

图3-2　偏差关系　　　　　　　　图3-3　虚假关系

3. 抑制变量（Suppressor variables）

抑制变量是造成因果关系出现偏差的另一种情况——导致真正因果关系被低估。抑制变量通常对自变量有正向影响，与因变量无关系或有较弱的负向关系。例如，如果工作量大小对薪资水平有正向影响，但与工作满意度无关系（如图3-4所示）。由于抑制变量（工作量大小）越大自变量（薪资水平）就会越高，从而导致了工作满意度也越高，如果忽视对抑制变量（工作量大小）的控制，那么抑制变量（工作量大小）则会抑制薪资水平与工作满意度之间的关系，从而导致薪资水平和工作满意度之间真实因果关系被低估。

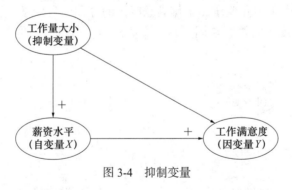

图3-4　抑制变量

由于潜在干扰变量对自变量的影响，可能会使拟研究的因果关系被夸大、抑制甚至出现虚假关系，因此在研究中需要引起足够的重视。

4. 噪声（Noise）

噪声变量与因变量相关，但与自变量无关。一般来说，噪声变量不会影响自变量和因变量之间的关系强度，但却会对因变量产生影响。例如，在薪资水平与工作满意度的研究中，假设工作环境对工作满意度也有正向影响，如图3-5所示。通常来说拥有更好工作环境的员工对工作满意度会更高。工作环境与自变量薪资水平没有直接关系，但却会影响因变量工作满意度。也就是说，在工作满意度的变化中，有一部分是由工作环境所引起的。工作环境引起的因变量变化，是不能够被薪资水平解释的那部分变化。如果噪声变量在研究中不加以控制，那么研究者就难以得出准确的因果关系，研究的内部效度也无法得到保证。

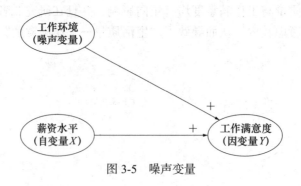

图 3-5　噪声变量

5. 中介变量（Mediators）

在因果关系中，自变量的变化往往会直接导致因变量的变化，而中介变量则介于因果关系中自变量与因变量之间。一般来说，中介变量可分为完全中介变量与部分中介变量。在完全中介变量中，自变量将通过中介变量间接影响因变量；在部分中介变量中，自变量的一部分将直接影响因变量，而另一部分将通过中介变量间接影响因变量。例如，假设员工的工作家庭冲突会对离职倾向产生正向影响，而员工的工作家庭冲突同时对工作满意度产生负向影响（一般来说工作家庭冲突越多工作满意度就越低），工作满意度也会对离职倾向产生负向影响，变量之间关系如图 3-6 所示。其中的工作满意度完全中介了工作家庭冲突和离职倾向之间的关系。如果只研究工作家庭冲突和离职倾向之间的关系，那自然只能得出一种因果关系。然而，如果工作满意度作为中介变量也包含在所研究的模型中，通过图 3-6 可以发现，由于中介变量（工作满意度）的存在，自变量（工作家庭冲突）通过中介变量（工作满意度）间接影响因变量（离职倾向）。此时，便称工作满意度为完全中介变量。

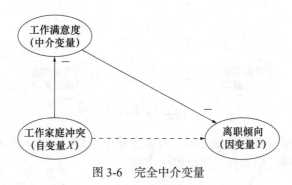

图 3-6　完全中介变量

在图 3-7 中显示了工作满意度部分中介了薪资水平和离职倾向之间的关系。假设薪资水平对离职倾向产生负向影响，同时薪资水平对工作满意度产生正向影响，而工作满意度会对离职倾向产生负向影响。通过图 3-7 可以发现，由于中介变量（工作满意度）的存在，自变量（薪资水平）既直接影响因变量（离职倾向），又通过中介变量（工作满意度）间接影响因变量（离职倾向）。此时便称工作满意度为部分中介变量。

在管理研究中，中介变量广泛存在于因果关系中。研究的目的是通过利用中介变量解释为什么自变量的变化会影响因变量的变化。例如，研究薪资水平对工作满意度的影响可以帮助解释薪资水平对离职倾向的影响。在研究设计中可以根据研究内容的需要，考虑引入或不引入中介变量进行研究。

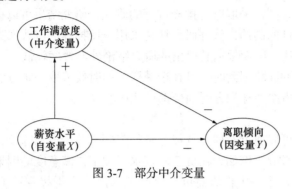

图 3-7　部分中介变量

6. 调节变量（Moderators）

在因果关系中，调节变量影响自变量与因变量之间的关系，即：在调节变量取不同值的情况下，自变量与因变量的关系表现会有所不同。在心理学科，调节变量通常被称为交互变量（interaction variables）；在社会科学中，则有时被称之为边界条件（boundary conditions）。例如，假设工作家庭冲突会对工作满意度产生负向影响，如图3-8所示。这种因果关系可能只存在于女性员工之中；而对于男性员工来说，工作家庭冲突与工作满意度之间可能没有关系。因此，员工的性别（男性或女性）会调节工作家庭冲突和工作满意度之间的关系。如果研究者没有控制调节变量，那么所观察到的"工作家庭冲突—工作满意度"之间的因果关系，由于调节变量（性别）的存在，对男性员工来说将被夸大，而对女性员工来说则可能被低估。

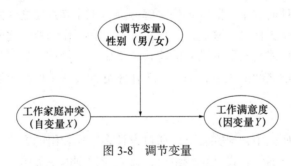

图 3-8　调节变量

3.2　通过研究设计控制威胁因素

3.1中的例子都涉及自变量和因变量之间的因果关系，通过这些例子可以发现，这些因果关系可能并不在研究者所预期的方向上。这是因为，因果关系中存在的干扰变量会导致最终得出的因果关系出现偏差。由此可见，在研究中控制威胁因素对于得出准确的因果关系至关重要。一项好的研究不仅能够给出令人信服的因果关系，而且能够通过研究设计控制潜在干扰变量的影响。通常可以采用以下三种方式，即研究样本的选择、测量的决定和研究样本的分配方式，帮助减少因果关系中的威胁因素，以提高研究的效度。

3.2.1 研究样本的选择

研究样本的选择会决定研究结果泛化的情况。概率抽样是指在调查的总体样本中每个个体被抽中的可能性相同。采取概率抽样进行的研究,研究结果可以推广至其所代表的总体之中。由于现实条件的制约,管理研究往往采用方便抽样的方式选择研究样本。方便抽样是非概率抽样的方法,因而根据其得出的研究结论外部效度较低。

在控制因果关系的威胁因素时,可在选择样本的时候采取一定方法控制可能存在的干扰变量。这些方法对概率抽样和方便抽样都可适用。

1. 限制范围

在研究设计中,可以通过对样本选择范围的限制来减少或消除干扰变量对"自变量—因变量"之间关系的影响。例如,在员工薪资水平和工作满意度的因果关系中,员工的职位级别是影响"薪资水平—工作满意度"之间关系的一个干扰变量(图3-2)。为排除干扰变量(职位级别)对因果关系的影响,可以限制干扰变量的可变范围。例如,可以选择职位级别相同的员工进行研究,这样薪资水平和工作满意度之间的关系就不会再受职位级别的影响。这种方法就是通过样本的选择限制了职位级别的变化,从而排除了职位级别对"薪资水平—工作满意度"之间关系的影响。

如果研究结论的泛化是关注重点时,并不推荐使用该方法限制干扰变量的可变性(调节变量除外)。因为干扰变量与自变量或因变量可能都存在关联。因此,如果限制干扰变量的变化范围,那必然也会限制自变量和因变量的变化范围。这就意味着所观察到的因果关系可能比实际因果关系体现的范围要小。

当调节变量是干扰变量时,如果它与自变量或因变量无关,那么限制范围是一种较合理的控制方法。如图3-8所示的员工性别作为调节变量恰好能说明这一情况。可以限制只让女性员工参与到这项研究中,因为工作家庭冲突与工作满意度之间的关系可能只存在于女性员工之中,而对于男性员工来说,工作家庭冲突和工作满意度之间可能没有关系。但是,限制调节变量也可能会对研究结果的泛化产生影响。例如,如果只研究女性员工工作家庭冲突和工作满意度之间的关系,那么"工作家庭冲突—工作满意度"的关系就不能推广到男性员工中。

2. 设置比较组

在一些管理实验研究中,研究者可以通过设计多个比较组的方式,去比较它们之间的因变量是否存在差异。通常在设计比较组时,首先应识别因果关系中可能存在的干扰变量并确保该变量对这些比较组的影响是相同的,这样才能确保实验的可比性。例如,研究员工的工作年限与工作满意度之间的关系。通过实验设计,把工作3年以下的普通员工组成一组,把工作3年以上的普通员工组成一组,然后比较两组员工工作满意度之间是否存在差异。如果两组员工除了工作年限之外,其他条件如薪资水平、工作环境等情况都相同,那么就可以通过比较两组员工工作满意度是否存在差异,分析工作年限对其的影响。这一研究设计的关键在于分配到不同比较组中的被试,除自变量取值不同之外,其他条件均相同。

3.2.2 测量的决定

在进行研究设计时,为了提高变量间因果关系推论的可信度——内部效度,往往通过自变量的控制、测量与统计控制两种方法，对因果关系中可能存在的干扰变量进行有效控制，从而使变量之间的因果关系具有较高的可信度。

1. 自变量的控制

管理研究的核心是研究自变量与因变量之间的关系，但如果研究设计操作不恰当，可能会使研究的内部效度受到威胁，得到预期之外的、甚至是错误的研究结论。例如，在研究"老师教学积极性—学生成绩"之间的因果关系中，研究者通常会同时收集老师教学积极性和学生学习成绩这两个变量的数据，并对它们之间的关系进行统计分析。但这种研究设计对提高内部效度无益，因为其无法排除"学生成绩—老师教学积极性"的可能性。此外，干扰变量（例如，老师教学水平）也可能会影响该因果关系的内部效度，因为干扰变量（老师教学水平）通常也与学生成绩显著相关。

为解决上述可能存在的问题，可以采取两种方法实施自变量的测量来提高内部效度。其一，当自变量的取值为客观事物的特征或外部事件时，可以排除相反因果关系的可能。例如，研究人们的职业与购买人身意外险的因果关系。假设购买人身意外保险是因变量（Y），从事职业是否高危职业为自变量（X）。根据这一假设，一般情况下，从事高风险职业（如警察、消防员、战地记者）比非高危职业人群（如行政人员、白领）更愿意购买人身意外险。因为没有人为了购买人身意外险而故意从事高危职业，所以排除了"$Y \rightarrow X$"。其二，通过控制自变量与因变量的变化时序，可以排除相反因果关系的可能。本章3.1.1中"老师教学积极性—学生成绩"恰好能说明这一情况。在该研究中，通过研究参与者（甲）的测验成绩来观察不同老师所表现的积极性，由于甲的行为是由研究所控制的（即研究者先让自变量发生变化，再观察因变量的变化），故甲的成绩影响了老师的积极性。因此，通过控制自变量和因变量发生变化的先后顺序，可以排除因变量影响自变量的可能。

2. 测量与统计控制

测量与统计控制相结合也有助于限制或消除干扰变量、中介变量和调节变量的影响。具体来说，当研究者测量需要控制的变量时，可以将它们包含在所研究的因果关系统计模型中。例如，研究者打算研究工作能力和薪资水平的关系，但也认识到，如果不受控制，干扰变量（例如，受教育程度）可能会影响这种关系。在这种情况下，可以使用多元回归（第9章）来调查薪资水平和受教育程度之间的关系，将干扰变量（受教育程度）纳入研究的模型中，从而控制其对因果关系的影响。

3.2.3 样本的分配方式

当研究者不仅能控制一个自变量（X）的变化，而且还能将自变量的取值分配到不同的样本上时，就可以建立强大的因果设计。这种设计不仅能排除相反的因果关系，而且能消除干扰变量。例如，在"老师教学积极性—学生成绩"研究中，假设老师的教学水平是一个潜在的干扰变量，可以将教学水平相同的老师作为样本进行"老师教学积极性—学生成绩"这一研究。可以知道，在教学积极性高和低的两组教师被试中，老师们的教学水平都相同，因而他们对学生成绩的影响也是相同的，甚至教学水平如果对教学积极性有影响，他们的影响也是相同的。在这种情况下，教师教学水平就不会干扰教学积极性对学生成绩影响的研究。

1. 配对法

配对法是指在自变量不同取值情况下，在对研究样本进行分配时，可以在不同自变量取值的分组中设置取值相同的干扰变量，从而消除干扰变量影响的方法。例如，假设研究员工的性别和工作满意度之间的因果关系，而薪资水平和职位级别是该因果关系的干扰变量。把薪资水平和职位级别完全相同的男、女员工按性别进行分组，其中男员工一组、女员工一组。此时，员工的性别和工作满意度之间的因果关系就不受这些干扰变量的影响，因为每一组员工中的薪资水平和职位级别都完全相同。

对研究样本的配对是一种非常有效的控制方法，但是它通常难以实现。因为要选择配对的样本量要足够多，这样的研究才有说服力。例如，在一个公司中很难找到多个薪资水平和职位级别完全相同的男女员工。此外，随着干扰变量数量的增加，找到符合配对标准的样本的难度也在增加。

配对法与设置比较组法在排除干扰变量方面的本质思想相同。二者的区别是，设置比较组是选择研究样本时采取的方法，即选择除自变量以外其他条件均相同的被试者进行比较；配对法是对自变量赋值时采取的方法，即在干扰变量取值相同的情况下给不同被试者赋予自变量的不同取值，然后观察因变量的变化情况。

2. 随机分配

另一种消除干扰变量的方法是对研究样本进行随机分配。例如，在"老师教学积极性—学生成绩"的研究中，将参与研究的老师随机分配到两个组中，一个组中的老师教学积极性较高，另一个组中的老师教学积极性较低，通过一段时间后发现，老师教学积极性对学生成绩确实有正向影响。虽然老师的个人特征、教学能力不同可能是影响因果关系的干扰变量，但是通过随机分配的方式，每一组内老师们的个人特质、教学能力差异被"中和"——即干扰变量的均值为零。或者可以说，表现出高教学积极性和低教学积极性的两组教师们的个人特质和能力整体均值是相同的。由此，就可以排除一些潜在干扰变量对研究的影响。

在对研究样本的分配方式中，随机分配比配对法更有优势。首先，随机分配可以消除研究者未知的干扰变量。只要确保研究样本数量足够，通过对样本的随机分配，相关干扰变量的不同取值会相互抵消，干扰变量对因果关系的影响就可以排除。其次，因为随机分配不需要知道特定的干扰变量，所以在研究中不需要测量它们。不过，在利用随机分配对样本进行研究时，需要随机分配的样本量要足够多，结果才能更有说服力。就像抛10次硬币偶尔可能出现8次正面朝上、9次甚至10次，只有抛硬币的次数越多，才能越接近预期出现的5次正面朝上的结果。因此，在随机分配中，分配的样本量越大，那么干扰变量对因果关系的影响就会越小。

3.3 研究设计的类型

在管理研究中，不同的研究内容往往需要采用不同的研究类型，选择合适的研究类型可以使得研究事半功倍。通常情况下，管理研究包括实验研究、准实验研究、问卷调查研究、二手数据研究和案例研究五种类型。

3.3.1 实验研究（Experiments）

一般来说实验研究是研究者根据研究的问题设置一定的情景开展管理实验，通过对被试在实验中的表现进行观察和分析，验证假设、建构理论的一种方法。实验研究的依据是自然和社会中客观存在的现象或现象之间普遍存在的因果关系。

1. 基本原则

实验研究根据自变量的取值情况，设置不同的实验组，每个实验组赋予自变量的一个值。研究者通过控制不同组中自变量的变化，观察因变量是否存在差异，进而验证因果关系是否显著。实验研究要求被试被随机分配到不同实验组中去，这样有利于排除潜在干扰变量对研究的影响。例如，"教师教学积极性—学生成绩"的研究就可以用实验研究的方法进行。

2. 实验研究中的效度问题

在实验研究中，有些实验的操作方式或事件的发生会影响研究结论的有效性，通常把这些不恰当的操作方式或事件称作效度威胁因素（threats to validity）。根据实验方式或事件是影响内部效度还是影响外部效度，通常将其分为内部效度威胁因素（threats to internal validity）和外部效度威胁因素（threats to external validity）。比如，如果某个因素只影响一个实验组的被试，而不对其他实验组的被试产生影响，那么归为内部效度威胁因素，反之，如果对所有的实验组都产生等效影响，那么归为外部效度威胁因素。

3.3.2 准实验研究（Quasi-experiments）

准实验研究具有实验研究的一些特征，如果实验是在自然环境下进行或无法对被试进行随机分配时，就称之为准实验。

1. 基本原则

准实验设计是在接近现实的条件下，尽可能地满足实验设计的原则和要求，最大限度地控制潜在威胁因素，进行管理实验的研究方法。准实验研究的实验结果更加贴合现实情景，即现实性较强。在准实验研究中，可以通过方便抽样或随机抽样的方式选择被试。但由于被试不能被随机分配到不同实验组中，因此是准实验研究。

2. 准实验设计中的效度问题

在准实验设计中，研究者应尽量控制所有可能的替代解释或干扰因素，以免造成研究结论出现偏差，无法准确得出研究结论。因为准实验研究是在现实自然状态下开展的研究，或者是无法对被试进行随机分配的实验研究，因此任何外部不可控因素或被试之间的个体特征差异，都可能对因果关系产生影响，因此研究结论内部效度相对于实验研究而言较低。对于无法对被试随机分配的情况，研究者可通过上述的设置比较组和配对等方式，控制干扰变量对研究的潜在影响。

3.3.3 问卷调查研究（Questionnaires survey）

问卷，是管理研究中研究者为测量被调查者的行为、态度和社会特征而设计的一系列问题的集合，是一种用日常语言表达规范化测量方案的工具。研究者通过问卷来收集信息，对所研究的构念进行有目的测量，通过构建统计模型对数据进行分析，对研究所提出的假设进行验证，进而对研究问题做出理论上的解释。

1. 基本原则

研究者需要注意问卷设计的合理性、逻辑性、明确性、非诱导性和可行性等。通过以上设计原则，研究者依照标准化的程序，把问卷分发或邮寄给与研究主题有关的答卷人员，然后对问卷回收整理，并进行数据的处理和分析，从而得出有价值的、可靠的研究结果。

2. 问卷调查研究中的效度问题

关于问卷答卷者的选择，应在研究的群体中进行随机抽样，才能确保研究结论具有较高外部效度。此外，为了提高问卷研究的内部效度，可以在问卷中加入对其他干扰变量的测量，并将其纳入到研究的统计模型之中，这样可以消除干扰变量对自变量和因变量因果关系的影响。

3.3.4 案例研究（Case studies）

案例研究同样是一种正式、严谨的管理研究，具有独特的设计逻辑、特定的数据收集和独特的数据分析方法。案例研究通过对真实场景和真实事件的分析，探索管理现象背后的潜在逻辑和深层次原因，实现从具体问题到一般理论的升华。

1. 基本原则

案例研究是一种经验性实证研究，所描述的是真实生活事件的过程或结果。案例研究是对一个人、一件事件、一个组织或一个社区所进行的深入全面的研究。在案例研究中通过广泛收集案例材料，包括收集公开数据和档案材料、面对面访谈、直接观察等，运用多重证据来源，全面了解案例的发展历程或现状，尤其强调对案例事件的真相和前因后果进行深刻剖析。案例研究的目的在于探索案例事件是如何和为什么发生的，以期发现案例事件所隐含的一般规律。

2. 案例研究中的效度问题

由于现实条件的制约，案例研究一般通过方便抽样的方式进行。因此，案例研究的结论能否推广到其所代表的总体中去，是个问题。此外，由于研究者无法在案例研究中控制自变量的变化，只能通过分析案例中的各类资料去发现和验证因果关系，因此多重证据来源的佐证对于提高内部效度就极其重要。案例研究的一个优点是可以通过跨时期的纵向研究，观察自变量变化之后因变量变化的情况，因而其得到的因果关系结论也更为可靠。

3.3.5 二手数据研究（Secondary data research）

相对于研究者为特定研究目的而收集的一手数据而言，二手数据是指那些出于数据开发者特定目的而整理和发布的数据，例如统计年鉴、上市公司年报等。与一手数据相比，二手数据具有公开性、易获取、收集成本低等优点。在管理研究中，研究者也可利用社会公开的二手数据，将其应用于构建的统计模型，对提出的假设进行验证。

1. 基本原则

在使用二手数据进行研究时，往往需要考虑以下几个方面。首先，需要考虑二手数据与所需要研究的构念是否一致。一致性程度越高，二手数据越有价值。其次，需要注意二手数据的时效性。由于大部分二手数据都是历史数据，所以在时间上可能并不一定完全满足研究者的需要。最后，还要考虑数据的准确性。在使用二手数据之前，应尽量确保数据来源的可靠性和权威性，以免因为数据的不准确而产生研究偏差，从而影响研究结论的科学性。

2. 二手数据研究中的效度问题

在使用二手数据进行研究时，研究者往往把研究重点放在可获取的数据上，即能够获取到什么数据就只研究什么数据，至于这些数据是否能准确地反映研究者当前将要测量的构念，则可能会忽视，这样就会带来所谓研究效度的问题。

思 考 题

1. 在偏差和虚假关系中都包含了干扰变量，如何区分二者的不同？
2. 噪声和抑制变量分别对自变量和因变量有什么样的影响？
3. 如何通过研究样本的选择来控制干扰变量？限制范围作为一种控制方法有什么局限性？
4. 配对法与设置比较组法有什么相似之处？又有什么不同之处？
5. 如何将研究样本随机分配到自变量中来控制干扰变量，应注意什么？
6. 如果一项因果关系中存在未知的干扰变量，为了确保研究设计的有效性，你会选择什么设计方法，为什么？

第4章 构念测量的原理、指标与评价方法

4.1 测量的概念与意义

在管理研究中，经常需要测量各种构念。能否准确地测量相关的构念在很大程度上决定着研究结论的可靠程度。根据测量理论，测量是研究者根据一定规则或惯例，用数量的形式描述研究对象所具备的某种特征或行为。具体而言，测量就是对非量化对象按一定规则进行量化赋值的过程。测量对象是指要研究的事物或现象，规则是指通过测量工具分配具体的数字到各类事物上的标准和方法，要求所分配的数字必须能够准确地反映测量对象的特征，例如用刻度尺上的数字来表示某个物体的实际长度。

测量的意义在于：首先，研究者通过这些直观的数字，可以更加客观和精确地探究各种自然现象和社会现象存在的状况，进而还可能发现一些未知的现象；其次，使用测量工具通常比仅靠人的自身感觉要更加精确，且结果不会随观察者的变化而变化。研究者通过对变量的测量，可以就变量之间的关系进行直观的、量化的推断，从而得出精确且有意义的研究结论。可以说，测量在整个管理研究中都处于非常关键的地位。

在管理研究中，实验研究和问卷调查研究经常会需要对所要研究的构念进行测量。在实验研究中，研究者通常是通过改变被试者外部环境来实现对变量的控制和测量，如设置不同的物理环境（光照、温度）等，以观察被试者的反应。在采用问卷调查的研究中，主要是应用各种形式的测量量表实现对所要研究构念的测量。量表是一种测量工具，它是由多个可观测指标形成的一系列测量题项，可以用不同的规则为每个题项分配数字并让被试者进行选择，试图通过实际观测揭示抽象概念的变化水平。它通常用来测量人们的主观态度、意见或价值观念等抽象的概念。在本章中，主要集中讨论问卷调查研究中的测量问题。

4.2 管理研究中的测量

4.2.1 理论构念与测量的关系

管理研究是用抽象的理论来解释管理现象，管理学的理论或假设主要是在阐释构念之间的关系。这些构念（construct）是研究者基于研究需要，所想象创造的抽象概念，它们是建立理论的基础，是对管理现象的一种高度精确的概括。这些构念本身是抽象的、潜在的、不可直接观察的，需要通过测量将抽象的构念具体化。因此，需要找到合适的测量指标（indicator），以实现对管理现象的测量。这些指标通常都是可观察的行为或特征，是可测量的。例如，一个学生的智力水平是一个不可观察的构念。但是，人们可以利用这个学

生的智力测验成绩来表现其智力水平。因此，智力测验成绩就是智力水平这个抽象构念的一个可观测的、可测量的指标。

再比如，"顾客满意度"是一个抽象的构念，研究者在管理研究中将其定义为"一位顾客通过对某品牌产品可感知的效果（或结果）与自身期望值相比较后，所形成的愉悦或失望的感觉状态"，可以通过询问顾客对下列陈述与事实情况的符合程度来对"顾客满意度"进行测量。

	完全不符合				完全符合
我认为该品牌的产品质量或服务达到预期	1	2	3	4	5

如果顾客选择"5"，表明该顾客对某品牌的满意程度较高；若选择"1"，则表明满意度较低。上述询问顾客的这个问题，就可以作为"顾客满意度"这个构念的测量指标。再引入一个"顾客忠诚度"的构念，同样可以让顾客对以下陈述与事实情况的符合程度做出选择来完成对这个构念的测量。

	完全不符合				完全符合
我愿意再次购买该品牌的产品	1	2	3	4	5

若研究者希望检验在理论上提出的假设——"顾客满意度对顾客忠诚度有正向影响"，则"顾客满意度"和"顾客忠诚度"这两个构念，以及与其指标之间的关系可以用图4-1来表示：

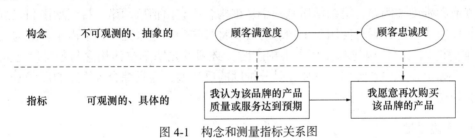

图4-1 构念和测量指标关系图

构念一般分为反映型构念（reflective construct）和形成型构念（formative construct）。其中，反映型构念一般不分维度，单一的指标就可以反映其整体概念；而形成型构念则包含多个维度，每个（类）指标只能反映其中的一个维度。如图4-2所示，研究者假设每个指标都在测量某个构念整体，只是各自的测量误差不同，且每个指标之间具有高度相关性，这就是反映型构念的表示。例如测量"顾客信任度"，可以使用"我认为该品牌有良好的口碑和信誉"（x_1）、"我相信该品牌不会做损害消费者利益的事"（x_2）和"我相信该品牌的产品安全性很高"（x_3）三个指标进行测量，每一个都可以反映构念的真实值，它们彼此可以相互替代。而形成型构念则恰好与之相反，如图4-3所示，研究者假设每个指标都只是部分地测量了构念所包含的内容，一个构念通常由几个方面的指标构成，且这些方面不一定必须具有相关性，这就是形成型构念的表现形式。例如，测量一个购物网站的质量，评估指标可以分为"操作便捷性"（x_4）、"视觉效果"（x_5）和"在线服务"（x_6）三个方面，此时这三个指标之间就不能相互替代了，因为它们分别测量了构念中不同的部分。

此外，还有一些构念既可以用反映型构念来表示，也可以用形成型构念来表示，这取决于研究者如何进行操作性定义，这种类型的构念称为双面型构念（ambivalent construct）。例如，测量顾客满意度，一种方法是如前文中提到的让顾客对收到的产品与自身预期的符合程度进行打分，另一种方法是从感知质量、感知价值和品牌形象三个方面进行打分并计算加权总分。前者属于反映型构念，后者属于形成型构念，这取决于研究者如何对其进行定义。

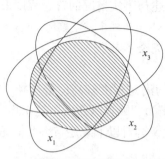 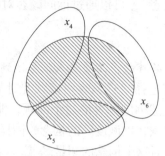

图 4-2　反映型构念　　　　　图 4-3　形成型构念

构念还可以分为单维构念（unidimensional construct）和多维构念（multidimensional construct）。单维构念比较具体，它只有一个维度，可以通过可观测的、具体的单个指标或一组类似的指标来直接进行测量。现实世界中，还存在多维度的、比较抽象复杂的多维构念，它和单维构念在抽象层次上有所不同，它存在于多重范围内并且包含一组相互关联的属性或者维度。例如，组织承诺是一个多维构念，它由情感承诺、持续承诺和规范承诺三个维度组成。研究者在使用单维构念时可以将其作为变量来处理，但由于多维构念是由多个维度构成的，在构建和使用多维构念时，必须首先明确整体构念与各维度之间的关系，然后确定多维构念类型（例如，是分维度的反映型，还是综合各维度的形成型）之后再进行处理。

4.2.2　测量模型

1. 古典测量模型

在图 4-1 所示的例子中，"我认为该品牌的产品质量或服务达到预期"和"我愿意再次购买该品牌的产品"分别是"顾客满意度"和"顾客忠诚度"两个构念的测量指标，可以把顾客 A 在这两个题项的打分分别记为 x_a 和 x_b。例如，研究者用李克特 5 点量表（Likert-Type 5-point scale）进行测量，顾客 A 的回答也许分别是 $x_a = 2$ 和 $x_b = 4$，但事实上，顾客 A 的顾客满意度的真实水平（记为 θ_a）可能是 3，顾客忠诚度的真实水平（记为 θ_b）也可能是 3。此时就会形成一个观测分数与真实分数之间的差异，这个差异是由测量的误差引起的。误差就是在实际测量中与测量目的无关的因素所产生的不准确或不一致的结果，且不可避免。误差一般分为随机误差和系统误差。其中，随机误差是指与测量目的无关的偶然因素引起的不稳定的误差，它使得多次的测量结果不一致。系统误差是指与测量目的无关的固定因素引起的恒定的有规律的误差，它稳定地存在于每一次测量中。

根据真分数理论（True Score Theory），观测分数（X）与真分数（T）之间是一种线性关系，并只相差一个随机误差（E），表达式如公式（4-1）所示。这里的测量误差仅包括随机误差，不包括系统误差，系统误差被认为包含在真分数中。测量次数越多，观测分数 X 的平均值越接近真分数。

$$X = T + E \tag{4-1}$$

- 真分数（true score）：是指测量没有误差时所得到的真实值。
- 观测分数（observed score）：是指实际观测中测量到的值。

在管理研究中，可以将观测值与真实值之间的关系用公式（4-2）所示的测量模型表示，其中 x 为观测值，θ 为真实值，ε 为随机误差。

$$x = \theta + \varepsilon \tag{4-2}$$

在上述的例子中，顾客 A 的顾客满意度和顾客忠诚度如表 4-1 所示：

表 4-1 顾客 A 的顾客满意度和顾客忠诚度

构念名称	指标（可观测的）	构念（不可观测的）	误差（不可观测的）
	观测值（x）	真实值（θ）	随机误差（ε）
顾客满意度	2	3	-1
顾客忠诚度	4	3	+1

	完全不符合				完全符合
我认为该品牌的产品质量或服务达到预期	1	②	3	4	5
我愿意再次购买该品牌的产品	1	2	3	④	5

若假设误差项服从随机正态分布（即均值为 0，标准差为 σ），则公式（4-2）就称为古典测量模型（classical measurement model）。在古典测量模型中，每一个指标都完全反映构念。

$$x = \theta + \varepsilon \quad x = 观测值，\theta = 真实值，\varepsilon \sim N(0, \sigma)$$

试想在医院测量血压时，通常需要连续测量三次血压后计算平均值，才能准确反映当时血压的真实情况，目的就是为了尽量减小随机误差的影响。同理，为了更加准确的测量构念，找到最接近真实值的观测值，可以采用多个指标形成的量表来估计 x、θ 和 ε 的值。例如，使用以下三个指标来对顾客 A 进行顾客忠诚度的测量。

	完全不符合				完全符合
我愿意再次购买该品牌的产品	1	2	3	4	⑤
我愿意将该品牌的产品推荐给朋友和家人	1	2	3	④	5
我对该品牌的价值理念高度认可	1	2	③	4	5

由于这三个指标都是测量"顾客忠诚度"这同一构念的，因此，通过计算它们的平均值，就可以减小随机误差。用数学式表示为：

$$\begin{aligned} x_1 &= \theta + \varepsilon_1 \\ x_2 &= \theta + \varepsilon_2 \\ x_3 &= \theta + \varepsilon_3 \end{aligned} \tag{4-3}$$

计算三个指标的平均值为 $x = (x_1 + x_2 + x_3)/3 = \theta + (\varepsilon_1 + \varepsilon_2 + \varepsilon_3)/3$，在每一个指标的测量中，随机误差的值都有可能大于 0 或小于 0，随着指标数目的增加，误差的均值项会越来越小，最终接近 0。

2. 同属测量模型

还有一种测量模型叫作同属测量模型（congeneric measurement model），它是在古典测量模型的基础上增加了一个假设——每个指标都不同程度地反映了真实值。在同属测量模型中，不同的指标所反映构念的程度可能不同。如式（4-4）所示，根据每个指标对真实值反映的准确程度为它们分别确定一个权重值 λ_k，λ_k 的范围在 0 到 1 之间（1 代表完全反映构念的真实值，0 代表完全不能反映构念的真实值，权重值越大说明这个指标越能代表所测的构念），k 为指标数量。

$$\begin{aligned} x_1 &= \lambda_1 \theta + \varepsilon_1 \\ x_2 &= \lambda_2 \theta + \varepsilon_2 \\ &\cdots \\ x_k &= \lambda_k \theta + \varepsilon_k \end{aligned} \quad (4\text{-}4)$$

当设每个 λ 都为 1 时，就会发现，古典测量模型实际上是同属测量模型的简化形式。也就是说，古典测量模型假设每个指标都可以同样程度地代表一个构念。同属测量模型是结构方程模型（structure equation modeling，SEM）中的默认测量模型，具体内容详见第 11 章。

4.2.3 测量指标

在管理研究中，测量是指一个构念从抽象到具体的过程，因此，每一个构念都可能会有不止一个指标对其进行测量。根据上述构念的类型，测量指标也可以分为两类：反映型指标（reflective indicator）和形成型指标（formative indicator）。在区分这两种指标时，需要考察的是理论构念与测量指标的内在关系。

1. 反映型指标

反映型指标（effect indicator/reflective indicator），也叫效果指标，是指理论构念的具体外在表现形式，具有如下特点：

① 符合客观经验主义传统（empiricism），认为构念是抽象的客观存在，指标正是这客观存在的外在表现，当构念发生变化时，测量指标也随之发生变化；

② 受制于认知的局限性，测量过程是有误差的，故需要用多个指标去重复测量同一个构念以尽量消除误差的影响，使测量结果更接近客观现实；

③ 多个反映型指标之间是高度一致的，任何两者在测量上都可以相互替换，缺少某一个指标不会影响测量内容的完整性；

④ 针对同一构念的几个不同指标的共同成分（common factor）就是构念的体现，因此它们之间存在高度共同变异。

无论是古典测量模型还是同属测量模型（k 为指标数量），他们都有一个共同的假设：每一个指标都反映了同一个构念。

I 古典测量模型　　II 同属测量模型
$$x_1 = \theta + \varepsilon_1 \qquad x_1 = \lambda_1 \theta + \varepsilon_1$$
$$x_2 = \theta + \varepsilon_2 \qquad x_2 = \lambda_2 \theta + \varepsilon_2$$
$$\cdots \qquad\qquad \cdots$$
$$x_k = \theta + \varepsilon_k \qquad x_k = \lambda_k \theta + \varepsilon_k$$

例如，在测量"顾客忠诚度"时，顾客 A 在第一个指标"我愿意再次购买该品牌的产品"上的得分 x_1 就是"顾客忠诚度"这个构念真实值 θ 的一个反映。类似地，他在第二个指标"我愿意将该品牌的产品推荐给朋友和家人"上的得分 x_2 也是"顾客忠诚度"这个构念真实值 θ 的一个反映，同理，x_3 也是。而真实值 θ 在三个项目指标中都是一样的。也就是说，x_1、x_2 和 x_3 都是同一个真实的顾客满意度分数的反映或效果。如图 4-4 所示的模型，箭头方向由构念指向测量指标，表明构念是指标的共同成分。管理研究中的大部分指标都是反映型指标。

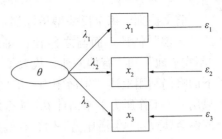

图 4-4 反映型指标测量模型

在古典测量模型和同属测量模型的假设中，每一个指标都能够"无偏"（unbiased）地测量构念的真实值。"无偏"就是指如果使用一个反映型指标（如 x_1）对同一个顾客 A 重复测量无穷多次，所有这些测量值的平均值就等于顾客 A 的"顾客满意度"的真实值。这是因为：若 $x_1 = \theta + \varepsilon_1$，则 $E(x_1) = E(\theta) + E(\varepsilon_1) = E(\theta) = \theta$。因为 θ 是常数，ε_1 是随机误差，故无穷多次重复测量后，x_1 的期望值就等于真实值 θ。

2. 形成型指标

形成型指标（formative indicator/causal indicator），也叫构成指标，是指理论构念不同方面的测量指标，具有如下特点：

① 符合主观建构主义传统（constructism），认为各指标以一定的组合作为一个整体共同构建了构念的意义；

② 使用多个指标测量一个构念是因为它们是这个构念不可或缺的组成部分，不能缺少任何一个指标，否则这个测量就不完整，它们之间也不可以相互替换；

③ 构成同一构念的几个不同指标通过一定的权重组合后产生的主要成分（principal component）就是想要测量的构念，它们之间既可以高相关，也可以低相关，甚至可以没有任何相关。

形成型构念与它的测量指标之间的关系可以用公式（4-5）表示，其中 θ 为真实值，x_k 为每个指标的观测值，γ_k 为每个指标影响真实值的权重，ζ 为残差，k 为指标数量。

$$\theta = \gamma_1 x_1 + \gamma_2 x_2 + \cdots + \gamma_k x_k + \zeta \qquad (4-5)$$

例如，测量一线城市白领的"生活压力"构念，可能是通过"工作压力"（x_1）、"房贷压力"（x_2）和"赡养老人压力"（x_3）等方面来共同测量评估。"工作压力"这个指标不是生活压力的反映或结果，只是在某种程度上造成了生活压力，这也正是形成型指标和反映型指标的区别。本例中，可以用数学公式表示为公式（4-6）所示形式，其中 θ 是不可直接观测的构念"生活压力"，x_1 是工作压力程度，γ_1 是工作压力程度造成生活压力程度的权重，x_2、x_3 同理。

$$\theta = \gamma_1 x_1 + \gamma_2 x_2 + \gamma_3 x_3 + \zeta \qquad (4-6)$$

如图 4-5 所示，形成型指标测量模型中的箭头方向是由测量指标指向构念的，这种关系与反映型指标和构念的关系恰好相反。但需要注意的是，形成型指标不是构念的前因。一个构念的前因一定是另外一个构念。形成型指标只是测量构念的指标而已，不是另外一个构念。例如，经济环境不景气会导致当代白领生活压力增大，那么就可以说"经济环境"（构念 A）是白领"生活压力"（构念 B）的前因。

前文提到，每个反映型指标都是对构念的一个充分的"无偏"估计。而与之相比，每个形成型指标都是"不完全地"和"有偏差地"代表了它们所表示的构念。下面将仍利用上述"生活压力"的例子进行解释，如果只用 x_1（工作压力）来估计 θ，那么即使测量无穷多次，依然会导致对"生活压力"构念有偏差的估计。换言之，在形成型指标测量模型中，只要缺少一个指标，对于构念的估计就都会有偏差。

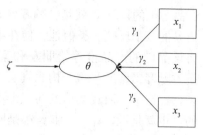

图 4-5　形成型指标测量模型

4.3　测量质量的评价

在管理研究中，为确保准确、完整地完成对构念的测量，还需要对测量质量进行评价，这就涉及构念效度的概念。构念效度（construct validity），是指理论构念与其测量内容之间的一致程度，即评价量表"在多大程度上测量了它想测量的那个理论构念""测得准不准"等问题。一般来说，有两种情形会对构念效度造成影响：一是随机误差的影响，二是系统误差的影响。

例如，测量消费者对智能手机的满意度，研究者对该构念的定义如下："智能手机满意度"是指消费者对智能手机的运行速度、外观设计和价格这三个特征与自己预期进行比较评估后所产生的愉悦或失望的情绪反应。假设这些特征不包括智能手机的电池续航能力和拍照效果。下面是某项研究针对此构念设计的量表。

	完全不符合				完全符合
1. 您对该智能手机的反应速度很满意	1	2	3	4	5
2. 您对该智能手机运行软件的速度很满意	1	2	3	4	5
3. 您对该智能手机的外观工艺很满意	1	2	3	4	5
4. 您认为该智能手机的物理设计很合理	1	2	3	4	5
5. 您对该智能手机的电池续航能力很满意	1	2	3	4	5
6. 您认为该智能手机的拍照效果很好	1	2	3	4	5

（1）随机误差

随机误差（random errors）是指与测量目的无关的偶然因素引起的不稳定的误差，它使得多次测量结果不一致。如外部施测环境（温度、噪声等）的不同、被试者当时情绪的不稳定或者测量工具的不稳定等都会对测量分数产生影响。随机误差不可避免，它的大小和正负都不确定，但经过多次测量后会发现，绝对值相同的正负随机误差出现的概率大致相等，因此它们之间通常能互相抵消，所以可以通过增加平行测定的次数取平均值的办法减小随机误差。测量中的随机误差越大，量表的信度就越低，实际测量结果就越不可靠。其中，信度是指测量工具免受随机误差影响的程度。

例如，在测量"消费者智能手机满意度"的例子中，量表题项中的第 1、2 项都是用来测量智能手机的运行速度的，第 3、4 项都是用来测量外观设计的。还有在 4.2.1 节中提到的测量"顾客信任度"的例子，都是在使用增加测量指标的方法来降低随机误差。

（2）系统误差

系统误差（systematic errors）是指与测量目的无关的固定因素引起的恒定的有规律的误差，它稳定地存在于每一次测量中。系统误差的大小通常恒定或按照一定规律变化，具有明确的方向性。这类误差可以通过周密的研究设计和测量过程标准化等措施加以消除或控制。例如，没有经过校准的体重秤，每次测量时观测值都稳定地比实际体重多0.5kg。系统误差只影响测量的准确性。在实际测量中，是指测量分数与构念定义之间存在的一致性差异。

系统误差同样会降低构念效度，通常包含两种情形。第一种是测量量表受到"污染"（contamination），是指在量表中包含了构念中没有定义的成分，这主要是由于研究者在定义理论构念时不准确而造成的。第二种是测量量表存在"缺陷"（deficiency），是指量表没有包含构念应该测量的成分，即没有充分地反映理论构念。

例如，在测量"消费者智能手机满意度"的例子中，量表题项中的第5项和第6项是调查消费者对智能手机电池续航能力和拍照效果的满意度，这些都不是研究者对构念定义中的一部分，这种情形就是量表受到了"污染"。而整个量表的6个题项中，都没有关于测量价格满意度的题项，没有完整地反映研究者对构念的定义，这种情形说明这个量表是有"缺陷"的。

图4-6对量表的构念效度及影响因素做了总结说明。左边的阴影圆表示在理想状态下应该包括的与构念相关的变异（variance），在本例中，就是对"消费者智能手机满意度"构念定义的预期变异，它包括对智能手机的运行速度、外观设计和价格这三个特征准确测量时得到的变异。右边的空心圆表示在实际测量中得到的变异，由于测量的不准确性，它包括系统误差变异和随机误差变异。两者交叉的深色部分，也就是这个量表的构念效度。两者交叉的部分越大，构念效度就越高。

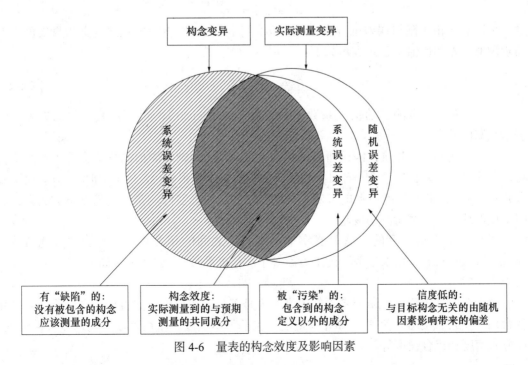

图4-6 量表的构念效度及影响因素

由此可见，为保证量表的构念效度，在进行量表开发时应注意以下三点：第一，对构念进行操作性定义时要清晰详尽，使量表内容最大限度地包括构念中的各个成分；第二，发展清楚的测量指标，最大限度地降低其他相关构念的影响；第三，努力控制各种随机因素对测量过程的影响，如施测时的物理环境和被试者的心情等，提高量表的信度。

4.4 信度与效度分析

为确保量表能够稳定、有效地测量所要研究的目标构念，保证量表具有较高的可靠性及有效性非常重要。本节将详细介绍检验和评价测量质量的方法，即信度与效度的分析。

4.4.1 信度

信度（reliability）即可靠性，是指采用同种方法对同一对象进行重复测量时，多次测量结果的一致性和稳定性。例如，使用同一把尺子测量一个人的身高，如果多次测量的结果均一致，则说明这把尺子（测量工具）是有信度的。信度越高，表示该测量的结果越一致、稳定性越好。但高信度并不是测量追求的最终目的，信度只是检验任何一种测量量表的必要而非充分条件。

在测量理论中，信度的定义为：测量工具免受随机误差影响的程度。换言之，信度不考虑造成量表"污染"和"缺陷"的系统误差。根据真分数理论，观测值由真实值和随机误差两部分组成：

$$X = T + E \tag{4-1}$$

假设随机误差与真实值不相关，则随机误差和真实值的相关系数为0，此时观测值的方差就等于真实值的方差与随机误差的方差之和，记为：

$$\sigma_X^2 = \sigma_T^2 + \sigma_E^2 \tag{4-7}$$

可以看出由于随机误差的存在，$\sigma_X^2 > \sigma_T^2$，因此，可以将信度正式定义为真实值方差与观测值方差的比值，公式表示如下：

$$R_{XX} = \frac{\sigma_T^2}{\sigma_X^2} \tag{4-8}$$

其中，R_{XX}表示测量的信度系数（reliability coefficient），σ_T^2表示真实值的方差，σ_X^2表示观测值的方差。

若一共进行i次测量，假设所有随机误差的和为0，则观测值的均值会等于真实值的均值，这个"方差比"就会等于1。相反，如果随机误差很大（$E \to \infty$）时，"方差比"就会趋近于0。因此，信度系数的范围在0到1之间。故在实际测量中，信度系数越大，说明随机误差越小，测量的信度越好。

还有一个表示信度的方法是真实值与观测值之间的相关系数，称为"信度指数"（reliability index）。"信度指数"的平方就等于"信度系数"，公式表示如下：

$$R_{XX} = R_{TX}^2 \tag{4-9}$$

由于在实际研究中，研究者不知道真实值是多少，故信度无法直接计算。通常，研究者会用一些替代的方法来表示和评价信度：包括复本信度、重测信度、内部一致性信度、评分者信度和组合信度等。

1. 复本信度

复本信度（alternate-form reliability）是指同时开发两份等效但不完全相同的平行量表，被试者同时回答这两份量表，两份量表测量分数之间的相关程度。该相关系数越高，则表明量表的信度也就越高。在测量复本的设计上，应保证两份平行量表测量的是相同的构念，具有相同的均值和方差，它们唯一的区别就是随机误差不同。例如，英语四级考试设置的 A 卷和 B 卷，理论上同一组被试者答 A 卷和答 B 卷的成绩差异应仅仅是由于随机误差引起的。

复本测量有两种方式：一种是在同一时间里连续进行测量，可以判断两次测量内容之间是否等值，用这种方法得到的信度系数被称为等值系数；另一种是间隔一段时间后再进行测量，这种方式不仅可以判断两次测量之间内容的等值状况，而且可以反映出测量受时间因素的影响程度，用这种方法得到的信度系数被称为等值稳定系数。

复本信度法要求开发的两个复本量表除了题项的表述方式有差异外，在格式、内容、难度等方面均需要完全一致。这个开发过程需要投入大量的时间和资源，同时也需要被试者花费更多的时间和精力去完成测量，实施起来比较困难，因此在管理研究中此方法使用频率不高。

2. 重测信度

重测信度（test-retest reliability）是指在不同的时间使用同一个量表对同一组被试者进行测试，两次所得测量结果之间的相关系数。重测信度考察一个量表在不同时间内的稳定性，相关系数越高，则可认为该量表稳定性也就越高。重测信度在使用时有一个很重要的假设，若两次测量的真实值没有发生改变，则产生的差异就全部来源于随机误差。使用重测信度需要满足以下三个条件：

① 所要测量的构念是稳定的。例如事实式问卷，成年被试者的兴趣爱好、个人习惯等人格特质在短时间内不会发生非常明显的改变。

② 确定合适的两次测量的间隔时间，使被试者在第一次测量中练习的记忆被遗忘掉。一般来讲，间隔时间没有严格、明确的规定，应根据测量目的、性质及被试者的特点来确定最适宜的时间间隔。如果间隔时间很短，信度可能会因记忆效应而被高估。例如，被试者也许记得特定的问题，所以就会回答和第一次测量时相同的答案。如果时间间隔很长，所观察的构念在测量期间发生了变化，也会影响信度。

③ 在两次施测期间，被试者在所要测量的构念方面没有获得更多的学习和训练。

总而言之，如果测量结果不易受量表重复使用影响，没有复本可用，现实环境又允许进行重复施测的情况下可以使用重测信度。

3. 内部一致性信度

内部一致性信度（internal consistency）主要用来评估测量指标之间的同质性，相较于复本信度和重测信度，内部一致性信度在管理研究中更为常用。在反映型构念中，由于量表中所有题项测量的都是同一个构念，因此指标之间越一致，整个量表的随机误差也就越小。常用的评价方式有三种：折半信度、库理信度和克隆巴赫系数（Cronbach's α）。

（1）折半信度

折半信度（split-half reliability）是指将测量量表分为相等的两半（如按奇、偶题数分），计算两半得分的相关系数，进而估计整个量表的信度。量表题项的总数量会影响折半信度，题项数量越少，信度越低。两半分数之间的相关系数作为信度系数（R_{xx}），只能表明一半测验的信度，不能代表整个测验的信度，因此还需要使用斯皮尔曼—布朗公式（Spearman-Brown formula）确定整个测验的信度（R'_{xx}），如公式（4-10）所示。

$$R'_{xx} = \frac{2R_{xx}}{1+R_{xx}} \tag{4-10}$$

这种方法需要研究者开发大量的测量题项，并且需要保证各题项的内容和特征相似，难度相当，所以一般不适用于事实式问卷，常用于态度、意见式问卷的信度分析。

（2）库理信度

库德-理查森信度（Kuder-Richardson formulas 20 and 21；KR-20，KR-21），简称库理信度，是一种针对是非选择题型（如答对计1分，答错计0分的二元计分法）的信度估计方法。由于这种非对即错的二元测量方式会丧失很多变量信息，故现实中较少使用此方法。

（3）克隆巴赫系数（Cronbach's α）

克隆巴赫系数（Cronbach's α）是针对李克特（Likert）量表开发出来的评价指标，是管理研究中评价内部一致性最常用的指标。其计算公式为：

$$\alpha = \frac{k}{k-1}\left(1 - \frac{\sum_{i=1}^{k}\sigma_i^2}{\sigma_t^2}\right) \tag{4-11}$$

其中，k为量表的题项数量，σ_t^2为所有被试者的总分之间的方差，σ_i^2为第i题的所有被试者分数的方差。

通常，Cronbach's α的值在0和1之间。一般认为Cronbach's α的值达到0.6即为可接受的信度，如果低于0.6，则认为信度不足，此时就应该重新考虑对量表进行修订，增加新的题项或删除原来的部分题项。但不同研究者对信度系数的阈值有不同看法，有学者认为，在初期的探索性研究中，Cronbach's α达到0.7即可，但在基础研究或具有应用性质的研究中，Cronbach's α至少应达到0.8才能接受。具体判断标准如表4-2所示。

Cronbach's α 系数取值　　　　表4-2

信度范围	参考标准	可信程度
Cronbach's α ≥ 0.9	信度极高	很可信
0.7 ≤ Cronbach's α < 0.9	高信度	可信
0.6 ≤ Cronbach's α < 0.7	中等信度	中等可信
Cronbach's α < 0.6	低信度	不可信，修改量表

另外，研究者在进行预测试时，还有两个指标需要关注，可以用于辅助判断量表题项是否应该进行修正处理，但进行正式分析时只需报告Cronbach's α。一是观察测量指标的"CITC值"（Corrected Item-Total Correlation，校正后项目与总分相关性），它表示构念各题项之间的相关关系，该值大于0.4时，表明某题项与其他题项间具有较高的相关性；若该值低于0.4，则对应题项应被删除。二是观察"题项已删除的α系数"，是指删除某题项后，余下题项的α系数值，若此值明显高于Cronbach's α系数值，可考虑删除该题项。

Cronbach's α 除使用公式计算外，还可以利用 SPSS 软件计算得出，操作步骤参考第 11 章。

需要注意的是，在进行信度分析之前，应首先转换问卷中的反向题。反向题是正向题的反意表达，通常是为检验被试者是否认真作答问卷。在一份问卷中经常会有正向题与反向题交叉出现的情况。如"在工作中能完成许多不同的事情"是正向题，其反向表述为"在工作中不是非常有效率"。如果在计算信度之前未对反向题项数值进行处理，除非所有题项反向一致，否则算出来的 Cronbach's α 值是不正确的。

4. 评分者信度

评分者信度（scorer reliability），是指多个评分者给同一批被试者的答卷评分的一致性程度。例如，某语文试卷中的客观选择题，答案具体而固定，无需考察评分者信度；但其中的作文主观题，答案并不固定，不同的老师评分时必然掺杂有主观判断因素，因此在评定这些主观性题目时，评分者之间的变异是产生误差的重要原因之一。再如，人事选拔中，多名面试官要对一个应聘者的综合能力进行打分，这些打分结果之间的一致性程度越高，说明评分者信度越好，评分越客观。

评分者信度分为评分者间信度和评分者内信度，前者用于度量不同评分者之间的一致性，后者是度量同一评分者在不同的场合下（如不同时间、地点等）的一致性。考察评分者信度的方法是：随机抽取相当份数的试卷，由多位评分者按记分规则分别打分，然后根据每份试卷的分数考察评分的一致性。当由两位评分者打分或同一评分者打分两次时，可以采用皮尔逊（Pearson）积矩相关法和斯皮尔曼（Spearman）等级相关法，两个分数的一致性达到 0.9 分以上，才认为评分客观；当由三位及以上评分者打分或同一评分者打分三次及以上且采用等级记分时，可采用肯德尔（Kendall）和谐系数法，当求得的肯德尔和谐系数 W 值达到显著水平时，说明评分的一致性良好。

5. 组合信度

组合信度（composite reliability，CR），又称构念信度（construct reliability），反映的是由多个测量指标组合而成的整体对构念测量的一致性和稳定性。组合信度的计算公式如下：

$$CR = \frac{\left(\sum_{i=1}^{k} \lambda_i\right)^2}{\left(\sum_{i=1}^{k} \lambda_i\right)^2 + \sum_{i=1}^{k} Var(\varepsilon_i)} \quad (4\text{-}12)$$

其中，k 为量表的题项数量，λ_i 为题项 i 的因子载荷（$\lambda_i \geqslant 0.6$ & $p < 0.05$），$Var(\varepsilon_i)$ 为题项 i 测量误差的方差：

$$Var(\varepsilon_i) = 1 - \lambda_i^2$$

当 $CR \geqslant 0.7$❶时，说明组合信度良好。

例如，某量表为测量构念 X 设置了 3 道题项，每一题项的因子载荷如表 4-3 所示：

则构念 X 的组合信度 $CR = (0.73 + 0.76 + 0.74)^2 / [(0.73 + 0.76 + 0.74)^2 + (1 - 0.73^2 + 1 - 0.76^2 + 1 - 0.74^2)] = 0.79$，说明构念 X 测量的组合信度良好。

---

❶ 对于 CR 的阈值，不同的学者提出了不同的建议。这在很大程度上取决于量表中有多少题项。构念测量题项的数量越少，可靠性水平越低。这里给出的标准是大多数学者采用的一个标准。

表 4-3 构念 X 测量示例

题项	因子载荷（λ）
第 1 题	0.73
第 2 题	0.76
第 3 题	0.74

4.4.2 效度

效度（validity）即有效性，是指测量工具能够准确测量出目标构念的有效程度。测量结果与目标构念越吻合，则效度越高；反之，则效度越低。

在测量理论中效度的定义为：测量中与测量目的有关的真实值方差与观测值方差的比值，公式如下：

$$R_{XY} = \frac{\sigma_Y^2}{\sigma_X^2} \tag{4-13}$$

其中，R_{XY} 表示测量的效度系数（validity coefficient），σ_Y^2 表示与测量目的有关的真实值的方差，σ_X^2 表示观测值的方差。

效度一般又包括以下几种类型，包括内容效度、内部结构效度、校标效度、逻辑关系网、聚合效度和区分效度等。

1. 内容效度

内容效度（content validity），是指量表内容在多大程度上反映或代表了研究者所要测量的构念。一个具有良好内容效度的量表，应具备以下三个条件：

（1）所测量的题项内容应充分并准确地覆盖想要测量的目标构念，即不能遗漏测量指标，也不能包含无关的测量指标。例如，测量消费者对智能手机的满意度，研究者定义满意度与智能手机的速度、外观设计和价格三个方面都有关系，那么测量就应涵盖这三个方面，缺一不可，也不可包含与之无关的其他方面，如手机的拍照效果等。

（2）测量题项的设置应具有代表性，数量分配应能反映所研究的构念中各个成分的重要性比例。比如，测量消费者智能手机满意度，假设研究者准备了 9 道题，而其中的 6 道题都是关于价格的，这显然不具有很好的代表性。

（3）量表的形式和措辞应符合被试者的文化背景和用语习惯，应让被试者准确地理解问题所要提问的内容。

在管理研究中，可以采用定性和定量的方法来检验内容效度。

（1）定性评价法。常用专家判断法，即研究者邀请相关研究领域内没有参与开发量表的专家就每一个测量指标是否符合构念的定义与内涵逐一进行主观判断，然后对有争议的地方进行讨论并修订，直到达成一致。

（2）定量评价法。① 直接评价测量题项与构念定义的匹配程度。请一组被试者，给他们一组构念的定义和所有的测量指标，请他们根据自己的理解把每一个指标放入与其对应的构念中，最后计算每个指标与构念的匹配情况是否和研究者的预期一致。② 评价测量题项的区分度。可以直接请被试者对每一个指标反映某一构念的程度用李克特量表进行打分，最后通过统计分析来比较每个指标在每个构念上的得分是否与预期目标一致。一个指标在目标构念的得分应该显著地高于它在其他构念上的得分。

在提到内容效度时，常常还会涉及到表面效度（face validity）的概念。表面效度容易和内容效度混淆，但实际上有所区别。它是指邀请非专家人员（包括被试者）从表面上看测量是否有效，测量题项与测量目的是否一致，而内容效度是邀请专家对测量题项进行详尽的、系统的评价和判别，故表面效度不是真正的效度指标。

需要注意的是，仅检验内容效度对于整个量表的构念效度来说是不够的，因为在检验过程中专家可能无法提取到一些潜在的"缺陷"信息，也无法从观测分数中提取到可能存在的随机误差的信息。

2. 内部结构效度

内部结构效度（internal construct validity）是检验构念效度最常用的一种方法。它是指测量结果体现出来的结构与研究者对构念预期结构的符合程度。结构体现在构念的维度是单维还是多维、有哪些测量指标对应哪些维度等方面。

有学者认为，因子分析法是检验内部结构效度最理想的方法。因子分析主要是从量表全部题项中提取一些公因子，各个公因子分别和某一类特定的变量高度关联，提取的这些公因子即代表了量表的基本结构，通常公因子就是这些测量题项所反映的构念。在因子分析的结果中，用于评价内部结构效度的主要指标有累积贡献率、共同度和因子载荷。累积贡献率反映公因子（即构念）对量表中题项解释力度的累积有效程度，共同度反映由公因子解释原变量的有效程度，因子载荷反映每个测量题项与某个公因子的相关程度。因子分析法分为两种：探索性因子分析（exploratory factor analysis，EFA）和验证性因子分析（confirmatory factor analysis，CFA）[1]。

（1）探索性因子分析

探索性因子分析，主要目的是找出影响观测变量的因子个数，以及各个因子和观测变量之间的相关程度，以试图揭示变量的内在结构。如果测量同一构念的各个指标能够聚合在一起，各个指标在该公共因子上的因子载荷就越大，同时在其他公共因子上的因子载荷越小，则表示该测验的内部结构效度越高。

可以从实际解释力度和统计显著性以下两个角度来对因子载荷进行评价[2]。

①从实际解释力度来看，因子载荷的绝对值越大，对解释因子矩阵就越重要。对因子载荷评价如下：

因子载荷在 ±0.30 至 ±0.40 的范围内，表明满足结构解释的最低水平；

因子载荷在 ±0.50 以上，表明具有实际意义；

因子载荷超过 ±0.70，表明内部结构效度良好。

上述评价标准适用于样本量为 100 及以上的情况。

②以统计显著性为评价标准，因子载荷大小根据样本量来确定，如表 4-4 所示。

当研究者对构念的内部结构缺乏清楚的理论预期或者第一次使用新开发的量表时，可使用此方法。研究者可以通过分析识别量表内部结构，决定哪些指标应该被剔除，哪些维度应该增加指标等。例如，若某个测量题项的因子载荷非常低，则说明测量指标与测

---

[1] 因子分析的详细知识点见本书第 9 章第 9.4 节内容。

[2] 资料来源：Joseph F H J, William C B, Barry J B, et al. Multivariate data analysis [M]. 7th ed. US：Prentice Hall, 2009.

量构念无关，可删除该题项；若出现负向的因子载荷或同时在两个以上构念上具有较高因子载荷的题项，则可说明该测量指标不符合研究者预期，也应删除。在删除了不合格的题项后，研究者需要重新搜集数据、再次执行因子分析程序以进一步确认测验的内部结构。

根据样本量确定显著因子载荷的评价标准　　　　　　　　　　　　　　表 4-4

因子载荷	达到显著水平所需样本量
0.30	350
0.35	250
0.40	200
0.45	150
0.50	120
0.55	100
0.60	85
0.65	70
0.70	60
0.75	50

注：显著性基于 0.05 显著性水平（α），标准误差假定为常规相关系数的两倍。

（2）验证性因子分析

当研究者对构念的内部结构有清晰的预期，即非常明确测量指标与构念之间的对应关系，或检验别人已开发的成熟量表时，可以采用验证性因子分析方法。它强调在消除测量误差的情况下，检验观测变量的因子个数和因子载荷是否与预先假设的理论预期一致，进而推断其测量结构。该方法不允许交叉载荷（cross-loading）[1]的存在，仅检验构念与测量指标之间的理论关系。如果测量题项在目标构念上的因子载荷系数很高（一般大于 0.7），则可认为量表的构念效度良好。研究者需要注意，对于过去研究已经发展起来的成熟量表，不能仅仅因为因子分析结果不好就擅自删除一些题项，需要审慎地分析原因后再做决定。

在管理实证研究中，绝大多数情况采用验证性因子分析方法。一般只有在开发新构念的量表时才会采用探索性因子分析。两种方法的详细应用步骤见本书第 9 章内容。

3. 效标效度

效标效度（criterion validity），又称效标关联效度、准则效度或实证效度，是指测量对处于特定情境（过去、现在或未来）中个体的表现或行为进行预测的有效性。也就是说，如果预测能被实践证实，则说明这个测量有效。效标效度可以用测量结果和效标之间的相关程度来判断。效标即衡量测量有效性的一种参照标准，常用一种公认比较可靠或权威的测量结果或理论表示。效标效度分析实际上就是用一种已知且被定义为有效的测量结果检验另一个新测量的有效性。可以用一个公认有效的量表作为效标，检验新量表与标准

---

[1] 交叉载荷：是指一个观测变量同时测度两个以上构念的情况。

量表测量结果的相关性，相关系数越大表示问卷的效标效度越好。一般认为相关系数在0.4~0.8比较理想。当新开发量表的变量、效标测量的变量都是连续变量时，通常采用皮尔逊（Pearson）积矩相关法来求相关系数。

效标效度也指借助构念间的因果关系来推断新开发测量量表的效度。如果一个测量预测得越准确，其效标效度就越高；反之，其效标效度就越低。例如，若已有理论指出构念A和B有显著的相关性（即构念A和B的关系不需要怀疑），或者A能够在很大程度上预测B（构念B的测量也不需要怀疑），那么如果构念A的测量是有效的，则实证结果应可以支持A和B的关系。反之，如果检验不出A和B的关系，就需要首先怀疑A的测量可能是不准确的。现在这种检测方法一般也称之为逻辑关系网。

那为什么不采用效标量表测量构念，而是要开发新的量表测量该构念呢？原因是新开发的量表在实施环节比效标量表更加经济有效。

根据效标获取的时间差异和不同的测验目的，可将效标效度分为同时效度（concurrent validity）和预测效度（predictive validity）。

① 同时效度：效标资料与测量分数几乎是同时搜集的，测量目的主要用于判断现状。同时效度选用现有的效标标准，更为简单省时和有效。例如，有大学选择新生入学测试作为分班的依据，可以采用新生的高考成绩作为效标，因为高考成绩是学生综合素质的权威效标工具，若新生入学测试成绩与高考成绩具有较高的相关系数，则说明新生入学测试工具具有同时效度。

② 预测效度：测量目的在于预测未来的结果，效标资料在测量之后过一段时间才可搜集到，需要根据个体实际行为表现来确定。预测效度对于人员的选拔、分类和安置等决策非常重要。例如，员工在入职前参加人才测评，并将入职一段时间之后员工实际的工作表现作为效标，若前后两次结果的相关程度较高，则说明该人才测评具有预测效度。

效标本身需要具备有效性、可靠性和客观性的条件，效标选取也要保证简单、省时、经济实用的原则。效标可以是连续变量（如成绩），也可以是离散变量（如职业）；可以是现成的指标（如产量、薪水等），也可以是公认有效的测验（如高考、英语等级考试等）；可以是主观评判，也可以是客观测量。然而，在实际研究中，选择一个合适的效标往往十分困难，故使得效标效度方法的应用受到一定限制。

4. 逻辑关系网

逻辑关系网（nomological network），也叫法理学网络或诺莫网络，是由Cronbach和Meehl于1955年提出的检验构念效度的一种方法。它是由一个待检验的构念和其他具有因果关系的构念形成的逻辑关系网络，这里其他构念包括待检验构念的前因变量、高相关变量和结果变量等。例如，使用新开发的量表测量构念A，若从实际观测数据中可以得出理论上建立的逻辑关系网（即构念A和其他变量之间的关系）一致的结果，则可以推论新量表的构念效度良好。逻辑关系网侧重于从变量间的因果联系中推断构念效度的质量，而非单纯地评价某个具体测量指标或题项的质量。

例如，在工作满意度对离职倾向的影响研究中，如果以下4个假设在以往研究中已经被证实，这样就建立了一个有关工作满意度这一构念的逻辑关系网络，如图4-7所示。

H1：领导亲和力对工作满意度产生正向影响

H2：工作挑战性对工作满意度产生负向影响

H3：同事关系对工作满意度产生正向影响

H4：工作满意度对离职倾向产生负向影响

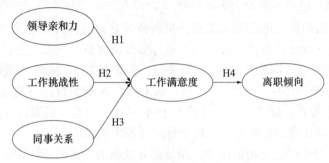

图 4-7　关于工作满意度的逻辑关系网

然后研究者开发了一份量表来测量工作满意度这一构念并将观测到的数据进行分析，如果测量结果能够支持该逻辑关系网络的预测，那这分量表的构念效度也就被肯定。

5. 聚合效度和区分效度

聚合效度（convergent validity），也叫收敛效度，是指在使用不同方法测量同一特质或构念时，所得到的测量结果之间的相关程度，它们之间的相关系数应该比较高。例如，评价学生性格特质时，无论是自己评价还是他人评价，所得分数应该高度一致。区分效度（discriminant validity），也叫判别效度，是指使用不同方法测量两个不同的特质或构念时，其测量结果之间的不相关程度，它们之间的相关系数应该比较低。通过检验聚合效度和区分效度，可以认为所观测的数值主要来自于构念本身，而不是由于相同测量方式而带来的共同方法变异（common method variance，CMV）。

检验聚合效度与区分效度常用的方法是由 Campbell 和 Fiske 在 1959 年提出的"多种特质—多种方法矩阵法"（multi-trait multi-method，MTMM），简称"多质多法"。在多质多法检验中，需要用不同的方法（如自评或他评、问卷或观察）对两个或两个以上的特质或构念进行测量，通过对以下三种情形的相关程度进行计算和比较，则可得到一个 MTMM 相关矩阵，从而得出聚合效度和区分效度的结论。

① 同质异法（mono-trait hetro-method）：使用不同方法测量同一特质或构念；

② 异质同法（hetro-trait mono-method）：使用同种方法测量不同特质或构念；

③ 异质异法（hetro-trait hetro-method）：使用不同方法测量不同特质或构念。

MTMM 矩阵中"同质异法"测得的效度系数（即聚合效度）需要达到显著水平，才能足以作为进一步检验构念效度的依据。理想条件下上述三种情形测得构念相关系数的高低应满足以下关系："同质异法" > "异质同法" > "异质异法"。此外，在 MTMM 矩阵中，使用同种方法测量同一特质或构念所得到的相关系数均为 1，在矩阵中不再体现，而是将该特质或构念的信度系数（即 Cronbach's α）填入相应位置（即"异质同法"矩阵的对角线处）。通常情况，特质或构念的信度系数应该最高。

具体检验过程以国内某项关于人力资源测评模型研究的 MTMM 矩阵为例[1]加以说明，

---

[1] 资料来源：谢小云. 人力资源测评效标模型：效度概化的视角［D］. 杭州：浙江大学，2005. 为便于读者更好理解 MTMM 方法，故对原有数据有所改写，表 4-5 中数据仅供参考，未经过实证检验，特此说明。

如表 4-5 所示。两个虚线三角形中间对角线处 [ ] 内的数字为"同质异法"测得的相关系数，即聚合效度；实线三角形中的数字为"异质同法"测得的相关系数，虚线三角形中的数字为"异质异法"测得的相关系数，这两者都是区分效度；实线三角形上方对角线处（ ）内的数字为构念的信度系数。

表 4-5　4 种特质 2 种方法的 MTMM 矩阵

MTMM		上级评价				自我评价			
		工作完成	合作关系	投入程度	工作推动	工作完成	合作关系	投入程度	工作推动
上级评价	工作完成	(0.93)							
	合作关系	0.72	(0.91)						
	投入程度	0.74	0.75	(0.90)					
	工作推动	0.50	0.57	0.45	(0.88)				
自我评价	工作完成	[0.82**]	0.37	0.44	0.38	(0.87)			
	合作关系	0.26	[0.78**]	0.27	0.31	0.63	(0.88)		
	投入程度	0.34	0.22	[0.72**]	0.08	0.63	0.54	(0.84)	
	工作推动	0.42	0.36	0.35	[0.75**]	0.69	0.63	0.68	(0.89)

注：**$p < 0.01$。

从表 4-5 的 MTMM 矩阵中可以看出，"同质异法"测得的效度系数较高且全部达到了 0.01 的显著水平，说明聚合效度良好。每一个聚合效度系数都大于"异质同法"实线三角形中的相关系数，同时也都大于同行或列邻近的"异质异法"虚线三角形中的相关系数，说明区分效度也很理想。由此可知，整个测评模型的构念效度良好。

MTMM 对研究设计有较高要求，研究者一般需要多个样本、多种测量方法才能获得相关矩阵，因此，研究者大多在发展新量表时才使用 MTMM 方法。

在一般研究中，聚合效度是指某一构念的测量指标之间收敛或共享高比例共同变异的程度，体现在该构念的不同测量指标之间应该具有高度相关性。区分效度是指一个构念真正区别于其他构念的程度，体现在它与其他构念之间的相关性应该较低。大多数研究学者采用结构方程模型（structural equation modeling，SEM）技术，使用 Fornell 和 Larcker 于 1981 年提出的平均方差提取值（average variance extracted，AVE）来检验聚合效度和区分效度，公式如下：

$$AVE = \frac{\sum_{i=1}^{k} \lambda_i^2}{\sum_{i=1}^{k} \lambda_i^2 + \sum_{i=1}^{k} Var(\varepsilon_i)} \quad (4\text{-}14)$$

其中，k 为量表的测量题项数量，λ_i 为题项 i 的因子载荷（$\lambda_i \geq 0.6 \& p < 0.05$），$Var(\varepsilon_i)$ 为题项 i 测量误差的方差：

$$Var(\varepsilon_i) = 1 - \lambda_i^2$$

可简化为：

$$AVE = \frac{\sum_{i=1}^{k} \lambda_i^2}{k} \quad (4\text{-}15)$$

当 AVE 值大于 0.5 时,表明该构念的聚合效度良好。当 AVE 的平方根大于该构念与其他构念的相关系数时,表明区分效度良好(表 4-6)。

例如,按 4.4.1 节计算组合信度的测量数据来计算 AVE。

表 4-6　构念 X 测量示例

题项	因子载荷（λ）
第 1 题	0.73
第 2 题	0.76
第 3 题	0.74

则 $AVE = (0.73^2 + 0.76^2 + 0.74^2) / [(0.73^2 + 0.76^2 + 0.74^2) + (1-0.73^2 + 1-0.76^2 + 1-0.74^2)] = (0.73^2 + 0.76^2 + 0.74^2)/3 = 0.55$,说明聚合效度良好。

需要注意的是:AVE 的计算公式与组合信度(CR)的计算公式很相似但存在区别,CR 是把所有题项的 λ 求和后,再计算方差;AVE 是先计算所有题项的方差 λ^2,然后再求和。

4.4.3　信度与效度的关系

关于信度与效度的概念,二者既有联系又有区别。效度是信度的前提,而信度是效度的基础。

由信度和效度的计算公式可知:

$$R_{XX} = \frac{\sigma_T^2}{\sigma_X^2} \tag{4-8}$$

$$R_{XY} = \frac{\sigma_Y^2}{\sigma_X^2} \tag{4-13}$$

其中,R_{XX} 表示测量的信度系数,R_{XY} 表示测量的效度系数,σ_T^2 表示真实值的方差,σ_Y^2 表示与测量目的有关的真实值的方差,σ_X^2 表示观测值的方差。

根据真分数理论:

$$X = T + E \tag{4-1}$$

可得:

$$\sigma_X^2 = \sigma_T^2 + \sigma_E^2 \tag{4-7}$$

因真实值(T)是包含系统误差(I)的,故不难得出:

$$T = Y + I \tag{4-16}$$

$$\sigma_T^2 = \sigma_Y^2 + \sigma_I^2 \tag{4-17}$$

进而得出以下关系式:

$$\sigma_X^2 = \sigma_Y^2 + \sigma_I^2 + \sigma_E^2 \tag{4-18}$$

式中,σ_I^2 表示系统误差的方差,σ_E^2 表示随机误差的方差。

据此可知信度和效度的关系如下:

(1)信度是效度的必要而非充分的条件

由公式(4-7)可知,当随机误差的方差(σ_E^2)减小时,真实值的方差(σ_T^2)增加,信度（σ_T^2/σ_X^2）随之提高，即随机误差越小、测量信度越好。由公式（4-13）和（4-17）可知，σ_T^2的提高对于σ_Y^2的提高没有必然联系，信度的提高只是给σ_Y^2的增加提供了可能，至于是否能提高效度，关键还要看σ_I^2的大小。因此，信度高不一定效度会高。但要提高效度，σ_T^2必须占较大的比重，即信度必须高。由此可知，信度是效度的必要条件，但不是效度的充分条件。没有信度就不可能有效度，但有了信度不一定有效度。

（2）测量的效度受信度所制约

根据信度和效度的定义公式（4-8）和公式（4-13），以及公式（4-17）可以得出：

$$R_{XY} = \frac{\sigma_T^2 - \sigma_I^2}{\sigma_X^2} = R_{XX} - \frac{\sigma_I^2}{\sigma_X^2} \qquad (4-19)$$

由于$\sigma_I^2 > 0$，所以$R_{XY} < R_{XX}$，也就是说，一个测量的效度总是受它的信度所制约，而且效度系数不会大于信度系数。效度高的测量，信度必定高；但信度高的测量，效度未必高。

在管理实证研究中，效度检验最为有效。如果测量工具效度合格，往往就不需要再进行信度检验，只有在效度不够的情况下才评价信度。例如，用尺子来测量物体长度，量了几次结果都一样，可以证明其信度高，但尺子本身若不符合标准，那么整个测量也是缺乏效度的；若尺子是标准的，测量又有效，则无论测多少次，结果必定可信。在进行测量时，要尽量减少误差，使测量既有效又可信。简言之，信度是测量结果的可靠性和稳定性，效度是测量结果准确反映目标构念的有效性。信度与效度的关系可利用射击过程并结合图4-8来举例说明。把每次射击看作是一次测量，靶心看作目标构念，则子弹相互接近的程度可近似看成测量的信度，子弹平均接近靶心的程度可比喻为测量的效度。图4-8（a）表示高信度、高效度，图4-8（b）表示高信度、低效度，图4-8（c）表示低信度、低效度。

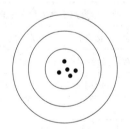
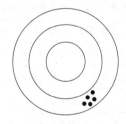
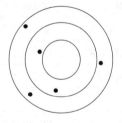

（a）高信度、高效度　　（b）高信度、低效度　　（c）低信度、低效度

图4-8　信度和效度的关系

4.5　常见测量偏差及检验方法

4.5.1　共同方法偏差

共同方法变异（common method variance，CMV）是指使用同种测量工具或单一数据来源测量而导致多个构念间产生的虚假共同变异，而由此引起的构念间真实相关系数的估计偏差则称为共同方法偏差（common method bias，CMB），它是一种与构念无关的系统误差，会对研究结果产生混淆并对研究结论产生潜在误导。共同方法偏差在问卷调查

研究中普遍存在，只能通过一些手段降低其影响但无法完全消除。共同方法偏差的来源包括：

① 共同被试者，指由相同被试者对自变量和因变量的测量题项进行打分时产生的人为共变，如一致性倾向，内隐观，社会期望，宽待偏向，默认偏向，心境，瞬间情绪状态等；

② 题项特征，指单纯由于题项所具有的特性而影响被试者对题项的理解和反应而导致的人为共变，如题项的社会期望、暗示性和模糊性，共同量表格式，共同量表锚定，题项词性的肯定与否定等；

③ 题项语境，指单纯由于某题项与构成测验量表的其他题项的关系而影响被试者对此题项的理解与反应，如题项启动效应、题项的嵌入，语境引起的情绪，量表长度，量表中混用的（或分组的）题项和结构等；

④ 测量背景，指在相同背景下对自变量和因变量进行测量而导致的人为共变，如在相同时间、相同地点、采用相同方法等。

共同方法偏差具体来源释义如表 4-7 所示。

共同方法偏差的来源释义[1]　　　　　　　　　　表 4-7

来源	定义
共同被试者	
一致性倾向	指被试者对题项的反应保持一致性的倾向
内隐观（包括错觉相关）	指被试者认为某种特质、行为和（或）结果存在共变关系
社会期望	指一些被试者对题项反应时更多地考虑社会能否接受而非依据其自身的真实感受
宽待偏向	指被试者倾向于将社会赞许的特质、态度和（或）行为归于熟悉和喜爱的人
默认偏向（答是与答否）	指被试者不考虑问卷题项的内容而回答"同意"（或"不同意"）的倾向
心境（消极或积极）	指被试者在不同心境下会消极（或积极）地看待自身和周围事物
瞬间情绪状态	指近期扰动心情的事件影响了被试者看待自身和周围事物的方式
题项特征	
题项的社会期望	指题项的表述方式更多地反映了社会所赞许的态度、行为和立场
题项的暗示性	指题项可能会传递如何对其反应的隐含线索
题项的模糊性	指题项存在歧义使被试者按某种猜度进行反应或对不同理解作出随机反应
共同量表格式	指使用相同量表形式（如 Likert 量表、语义区分量表等）的问卷而导致的人为共变
共同量表锚定	指问卷中重复使用同样的锚定点（如：非常、总是、从不等）
题项词性的肯定与否定	指在问卷中使用肯定（或否定）词性的题项也可能导致人为的相关
题项语境	
题项启动效应	指构念在问卷中的位置而使被试者感到此构念更为重要且与其他构念隐含着因果关系
题项的嵌入	指中性题项嵌于肯定或否定词性题项中会被赋予肯定或否定的色彩

[1] 资料来源：杜建政，赵国祥，刘金平. 测评中的共同方法偏差 [J]. 心理科学，2005，28（2）：3.

续表

来源	定义
语境引起的情绪	指首先遇到的题项所诱发的心情影响被试者对剩余题项的反应
量表长度	指量表题项较少时被试者在对题项进行反应的过程中会想到先前对其他题项的反应
量表中混用的（或分组的）题项和结构	指不同构念的题项混合在一起可能会减小构念内的相关，增大构念间的相关
测量背景	
相同时间	指不同构念的测量在同一时间进行可能会导致独立于构念内容本身之外的人为相关
相同地点	指不同构念的测量在同一地点进行可能会导致独立于构念内容本身之外的人为相关
相同方法	指不同构念的测量以同一方法进行可能会导致独立于构念内容本身之外的人为相关

例如，在测量顾客满意度（自变量）和顾客忠诚度（因变量）之间关系的研究中，被试者在问卷调查中回答关于顾客满意度和顾客忠诚度问题时，为避免自身认知不一致，可能会将他们对二者的打分高度相关。因此，该调查没能从被试者那里收集到"真实的"分数，由此得出的二者之间的关系是一种虚假的相关性。再比如，由于问卷题项太多或被调查者不耐心，被试者对问卷中的题项都选择一个居中的选项，草草应付了事，这也会导致共同方法偏差的出现。这种情况下，所测构念之间的共同变异就是问卷题项太多或被试者不耐心等因素。

在进行因果关系分析之前，研究者需要对潜在共同方法偏差进行检验。常用的检验方法有两种：Harman 单因素检验法和结构方程模型检验法。具体方法的实际应用见本书第 11 章内容。

（1）Harman 单因素检验法

采用 Harman 单因素检验法的基本假设是共同方法变异出现的广泛性和大规模性，在此基础上进行因子分析，当析出单一因子并解释了大部分的变量变异时，则认为存在严重的共同方法偏差。传统做法是采用探索性因子分析，把所有测量指标加载到单个因素上并对其进行约束，检验未旋转的因子分析结果，确定解释变量变异必须的最少因子数。如果新引入的公共潜在因子解释的方差在 50% 以下，则认为共同方法偏差处于可接受的范围内。Harman 单因素检验的最大优点是简单易用，但它并没有任何控制偏差效应的作用，而且是一种并不十分灵敏的检验方法，产生的检验结果可能会有一定程度的误差。

（2）结构方程模型检验法

在结构方程模型中，将共同方法偏差作为一个潜在变量，代入结构方程模型，承载全部测量指标，在进行模型拟合优度分析的基础之上进行判别。第一种方法类似于 Harman 单因素检验的原理，将模型中构念的所有测量指标只加载在唯一一个潜在变量（即共同方法因子）之上，然后观察该模型的拟合优度指数，如果拟合优度指数达标，则说明存在严重的共同方法偏差。第二种方法检验更为精确，是将研究者所设定的模型加入共同方法偏差潜在变量，将此模型的拟合优度与原设定模型进行比较，如果模型拟合优度优于原设定模型，则证明存在共同方法偏差。进一步地，如果拟合优度指数改善情况并不明显，则说明共同方法偏差问题并不严重。

4.5.2 无响应偏差

无响应偏差（non-response bias）是指在进行调查收集资料时，被试者由于一些原因未能完成调查，导致样本无法代表整体人群时出现的偏差。一般的处理方式是将回收的数据分成前期和后期两组数据进行比较，例如，收回样本的前 20% 和后 20% 数据，利用 t 检验或卡方检验判别两组数据是否存在显著差异，若无显著差异则表明无响应偏差影响并不严重。出现无响应偏差的常见原因包括：

① 调查设计不当，例如量表太长或太难理解，且没有激励措施可能会导致很大比例的被试者无法完成调查；

② 目标受众选择不当，例如被试者对于调查的内容不感兴趣或没有时间完成调查等；

③ 调查涉及隐私问题，会使很多被试者不愿回答；

④ 调查送达失败，例如采用电子邮件形式发送问卷可能会被标记为垃圾邮件，导致被试者未能参与调查；

⑤ 意外遗忘，例如被试者在回答问卷时中途有事离开，之后忘记完成调查。

例如，使用卡方检验比较前期被试者和后期被试者的性别和年龄是否存在显著差异，SPSS 软件操作步骤如下。

（1）录入数据。将回收样本的前 20% 和后 20% 各 50 条数据分成前期和后期两组，并按性别进行分类汇总，将汇总数据输入（或导入）SPSS 软件中。① 在【变量视图】中添加"前后期""性别"和"人数"三个变量，如图 4-9 所示。② 设置变量的【值标签】："前后期"变量中，1.00 代表"前期"，2.00 代表"后期"；"性别"变量中，1.00 代表"男"，2.00 代表"女"，如图 4-10 所示。③ 设置完成后，点击【数据视图】，将分类汇总数据结果分别填入对应的变量列中，如图 4-11 所示。

图 4-9　在【变量视图】中添加变量

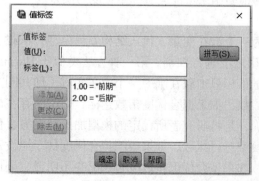
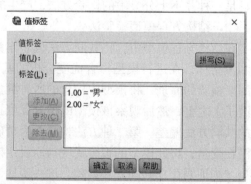

图 4-10　设置【值标签】

4.5 常见测量偏差及检验方法

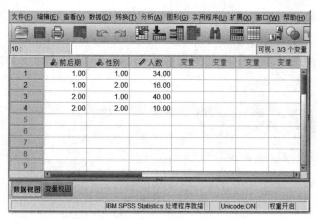

图 4-11 在【数据视图】中输入数据

（2）数据加权处理。因为输入的数据是汇总格式，所以在进行卡方检验之前，需要先对数据加权处理，加权处理后，系统会将"人数"这一列的变量识别为频数，而不是一个数值。在菜单栏点击【数据】—【个案加权】，如图 4-12 所示。

图 4-12 数据加权处理

弹出加权个案操作的对话框，选中【个案加权依据】，将"人数"变量拖入【频率变量】框中，点击【确定】，如图 4-13 所示。

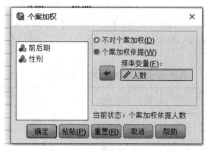

图 4-13 【个案加权】对话框

（3）进行卡方检验。点击【分析】—【描述统计】—【交叉表】，在弹出的交叉表操作对话框中，将变量分别放入对应的分析框中，并设置：点击【统计】—在弹出的对话框中选中【卡方】—点击【继续】—回到交叉表对话框后点击【确定】得出分析结果，如图4-14和图4-15所示。

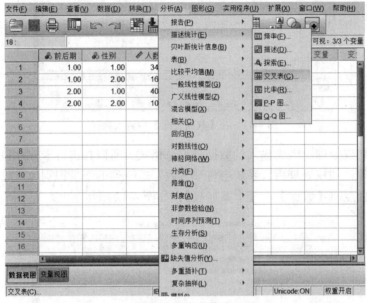

图4-14 卡方检验

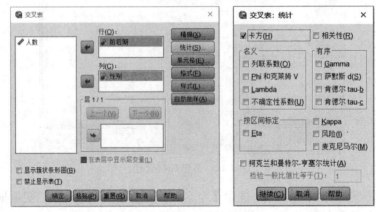

图4-15 【交叉表】对话框

（4）查看卡方检验结果。如表4-8所示，"渐进显著性（双侧）"值为 0.171＞0.05，说明前期和后期回收的样本在性别上无显著差异。

卡方检验结果—性别　　　　　　　　　　　　　表4-8

名称	值	自由度	渐进显著性（双侧）	精确显著性（双侧）	精确显著性（单侧）
皮尔逊卡方	1.871[a]	1	0.171		
连续性修正[b]	1.299	1	0.254		

续表

名称	值	自由度	渐进显著性（双侧）	精确显著性（双侧）	精确显著性（单侧）
似然比	1.884	1	0.170		
费希尔精确检验				0.254	0.127
线性关联	1.852	1	0.174		
有效个案数	100				

a. 0 个单元格（0.0%）的期望计数小于 5。最小期望计数为 13.00。
b. 仅针对 2×2 表进行计算。

（5）用相同的步骤检验前期被试者和后期被试者在年龄上是否有显著差异，得到卡方检验结果如表 4-9 所示，"渐进显著性（双侧）"值为 $0.315 > 0.05$，说明前期和后期回收的样本在年龄上也无显著差异。

卡方检验结果—年龄　　　　　　　　　　　表 4-9

名称	值	自由度	渐进显著性（双侧）	精确显著性（双侧）	精确显著性（单侧）
皮尔逊卡方	1.010[a]	1	0.315		
连续性修正[b]	0.646	1	0.421		
似然比	1.012	1	0.314		
费希尔精确检验				0.422	0.211
线性关联	1.000	1	0.317		
有效个案数	100				

a. 0 个单元格（0.0%）的期望计数小于 5。最小期望计数为 22.50。
b. 仅针对 2×2 表进行计算。

（6）综上，前期被试者和后期被试者的性别和年龄均未存在显著差异，说明没有严重的无响应偏差影响。

思 考 题

1. 理论构念与测量的关系是什么？
2. 古典测量模型与同属测量模型的联系与区别是什么？
3. 反映型指标和形成型指标分别适用何种情况？它们各自有什么特点？
4. 测量误差有哪几种类型？采用哪些措施可以降低测量误差对构念效度的影响？
5. 什么是测量的信度和效度？二者的关系是什么？
6. 内部一致性信度和组合信度的区别是什么？它们判断的标准是什么？
7. 检验内部结构效度时，探索性因子分析和验证性因子分析各适用于何种情况？
8. 聚合效度和区分效度的区别是什么？它们可以采用什么方法进行判别？
9. 组合信度 CR 与平均方差提取值 AVE 有什么区别？
10. 共同方法偏差的来源有哪些？如何进行检验？

第5章 问卷调查研究

5.1 问卷调查研究概述

5.1.1 问卷调查研究的概念

问卷,是管理研究中研究者为测量被试者的行为、态度和社会特征而设计的一系列问题的集合,是一种用日常语言表达规范化测量方案的工具。研究者通过问卷来收集数据,并进行有目的的测量,从而对调查对象的相关情况有一定的了解,进而对研究所提出的假设进行验证,并对研究的问题做出解释。

问卷调查研究是以问卷为工具来收集数据的调查方法,最早由英国学者高尔顿于1882年创立。研究者依照标准化的程序,把问卷分发或邮寄给与研究事项有关的人员,然后对问卷回收、整理,并进行统计分析,从而得出研究结果。英国社会学家莫泽有句经典名言:"十项社会调查中就有九项是采用问卷进行的",这表明问卷调查法是社会调查及管理研究中最常用的方法之一。

5.1.2 问卷调查研究的优势

1. 实用性强

当问卷的信度和效度高,且数据样本量大时,研究者可用问卷法收集到高质量的研究数据,如果实施得当,问卷调查法是最快速有效的数据收集方法;实施问卷调查时对被试者的干扰较小,因而比较容易得到被调查单位及员工的支持,可操作性强;同时,调查的成本较低,是管理研究中较为经济的数据收集方法。

2. 标准化程度高

问卷调查研究使用统一设计和固定结构的问卷,问卷的设计、调查的实施及数据的处理和分析等都严格按照一定的规范来进行,从而保证了问卷调查研究的科学性、准确性和有效性。问卷调查研究的标准化使得调查结果对于调查者的专业素质要求降低,按照预先设定的实施步骤即可获取到想要获得的数据和资料。

3. 过程客观匿名性

管理研究中所需数据的真实性,很大程度取决于被试者是否坦诚回答、诚实应对。在问卷调查方法中,调查者与被试者可以不直接见面,保证了过程的客观性;在回答问卷时可以不要求署名,如此也有利于获取真实数据。匿名参与的被试者可以无顾虑地表达实际情况,使得研究者能够收集到真实的调查数据。

4. 数据方便量化

在管理实证研究中"抽样—问卷—定量分析"这三者的结合,构成了现代统计调查的基本特征。问卷调查可以获得有关以属性、品质、态度为标志的统计数据。这些资料都能通过统计处理的方法进行量化分析，使结果更为客观、系统化，提高了研究结论的科学化水平。如此，研究者能以直观的数据实现对复杂管理世界中现象或问题的精确把握。

5.1.3 问卷调查的种类

1. 按问卷填答方法分类

根据填答问卷方法的不同分类，可以分为自填式问卷和代填式问卷。前者是指由被试自己如实填写回答。后者是指研究者按照事先设计好的问卷向被试提问，根据被试回答，由研究者进行填写的问卷。

2. 按问卷问题方式分类

根据问卷问题方式的不同分类，可以分为结构型问卷、非结构型问卷和综合型问卷。其中结构型问卷，又称封闭式问卷，这类问卷中问题的答案是在所给出的固定选项中选择；而非结构型问卷，也称开放式问卷，其答案内容不受限制，被试可自由作答；综合型问卷则是结合上述两种形式，既有封闭式问题，也有开放式问题。

5.2 问卷的设计

5.2.1 问卷调查研究的替代方案

构建一份问卷既耗时又具有挑战性，特别是在对一些抽象构念进行测量时颇具挑战。因此，研究者在开展问卷调查研究前，应首先考虑是否有其他研究方法的替代方案。

例如，许多管理研究是使用二手数据进行的，此类数据可从多种渠道获得，例如上市公司年报、各级政府公布的统计年鉴等。二手数据通常是由各类组织或机构出于其他目的所收集的，例如，上市公司年报是为了对外公布企业的经营绩效，城市统计年鉴是各地政府为了公布本地国民经济和社会生产发展情况等信息。如果这些二手数据可用且适用，用它们作为开发问卷的替代方案可以有效降低研究成本并节约时间。

5.2.2 量表的设计

在管理研究中几乎每一项实证研究都涉及构念测量的问题，为追求答案形式的规范化，多数问卷中问题及答案采用量表的形式。量表是指对构念测量的问题清单，是调查问卷的核心构成内容之一。

研究者在确定量表时都会面临一个问题：是沿用现有研究中的量表，还是根据研究需要自行开发合适的量表。两种选择各有利弊，需根据研究面临的具体情境及构念量表的发展情况做出合理的选择。

1. 沿用现有的量表

大多数学者在进行问卷调查之前，会首先考虑尽量使用现有的量表。在以往研究中，各学科领域的学者经过反复论证，创建了大量的研究量表，为后续问卷调查研究提供了宝贵的资源。如果能够沿用前人开发的量表，一方面可以确保量表的规范性，另一方面，也在很大程度上减少了研究的工作量以及自行设计量表可能产生的偏差风险。沿用现有量表可以有效提高开展问卷调查的效率。

（1）沿用现有量表的条件

在沿用现有他人编制的量表的时候，须考虑以下几个因素：

该量表施测的对象是否与本研究的研究对象相同？如果研究对象不同，则不可以直接沿用。

该量表编制的年代与现在是否相差过于久远？由于社会发展更新迭代较快，若前人编制的量表与现在相差年代越久，则直接引用造成的偏差可能越大。

量表的信效度是否良好？量表编制的理论基础是否扎实，是否有相关理论支持？

如果上述条件都能满足，则可以考虑直接沿用已有量表。而如果确实找不到相关的可以参考的量表，则研究者可以考虑自行编制量表。

（2）沿用现有量表的益处

1）现有量表一般具有较高的信度和效度

量表的质量取决于其信度和效度。现有的量表，往往已被研究者在不同的研究中使用过。反复的应用确保了这些量表具有较高的信度和效度，故使用这些成熟量表潜在的测量风险和误差都会减少。

2）被反复使用的量表认可度高

在高水平期刊上发表的论文常常采用高质量的量表，论文的发表又会强化量表的权威性。这些量表的反复使用有助于提升其在学术领域的知名度，学术界更加认可它们，因而再次使用它们的风险也较低。

（3）局限性

沿用现有量表也有一定的局限性，包括文化上的局限性、时间上的局限性和语言上的局限性等。

1）文化上的局限性

文化差异对人的认识、情感与行为有着重大的影响。例如，持有个人主义价值观念的人较为重视个人的独立性；而持有集体主义价值观念的人较为重视人与人之间的相互依赖。中国的传统文化与西方文化有很大的差异。虽然全球化进程的加快在一定程度上缩减了文化上的差异，民族文化的内涵及其对人们心态和行为的影响仍是不可忽视的。研究者要时刻重视中国文化的独特性和西方理论及量表的局限性，对西方的量表要审慎而灵活地采用。

2）时间上的局限性

从创建一份量表到完成测试、发表传播通常耗时较长，许多环境因素都可能在这个过程中产生变化，从而对量表的持续适用性产生挑战。在沿用现有量表的时候，需要考虑到：该量表所测量的概念是否已过时？对同一概念是否已有新的量表，新开发量表与以往量表有什么相关性和互补性？

3）语言上的局限性

沿用西方的现有量表，翻译的准确性是研究者面临的一个严峻考验。虽然也已经有许多提高翻译准确性的方法，如回译（在一组研究者将量表英译汉以后，另一组研究者将量表再汉译英，两组研究者共同研究在双重翻译中产生的差异，并予以解决），但仍不能彻底解决在翻译中西方语言差异中存在的客观障碍。

由于中西方文化背景不同，一些词汇在翻译时，就会产生截然不同的含义。每一个词汇都有其内涵和外延。人们对词汇外延的理解是因人而异的、因文化而异的。例如，中国人在听到"面子"这个词汇时，可以有极为丰富的联想，"给面子""不给面子""有面子""没面子""丢面子""打肿脸充胖子"等等。这些有关面子的外延内容来自于中国人的文化、生活及其对周围环境的观察和理解。而"面子"这个词汇翻译成英语就是"face"，face 是一个相当准确的翻译，但西方人对 face 的外延理解比中国人要单薄许多。

相比较而言，英文是一种更直接、简约的语言。有些英语词汇翻译成中文，往往可以有多种词意的选择，如"ambition"这个词汇在中文字典上有"抱负""志气""雄心""野心""奢望"和"热望"等多种诠释，而不同的词意可给予被试者全然不同的感受。如"雄心"及"热望"是褒义词，而"野心"与"奢望"则含贬义。本是中性的英文词汇在翻成中文时导致如此众多的可能性，迫使研究者在多种可能的译意中做出选择。研究者在这个选择的过程中，必然会带入自己的主观意愿，从而影响到量表的测量和结果。

（4）注意事项

为了减小沿用量表的测量误差，提高测量准确性，研究者应注意以下几点事项。

1）确认量表的适用性

概念上的适用性：选用的西方量表是否全面、准确地测量了想要测量的概念？

文化上的适用性：选用的西方量表能否被国内的被试广泛地理解和接受？

样本上的适用性：选用的量表是否可以普遍应用于不同的群体，或者只适合于某一特定的研究群体？如是后者，研究者需仔细审核该量表是否适用于自身研究所关注的群体。

2）确认量表的完整性

确认量表的完整性是指一旦选定了量表，就应该尽量沿用量表中的所有项目。如需删减量表中所含的项目，需要非常谨慎，因为删减项目就可能会影响该量表的信度和效度。除非有理论上的合理性，否则不应随意删减。即使是建立在有理论依据上的删减，也必须仔细地测试和确认该量表在删减项目之后的信度和效度。问卷设计的一个重要准则是准确而简约，切不可为追求简约而放弃准确性。

3）确认翻译的准确性

准确的翻译是量表质量的保证，从事翻译量表的人员应是精通双语和相关学术领域的专业人士。如果一个量表已有现成的译本，而该译本已被证实有相当高的信度，则可选用现有的译本，这些已发表的量表译本多数都具有较好的翻译质量和被证实的信度和效度。

2. 自行设计量表

如果现有的量表不能满足研究的需要，或者研究的目的就是测试某些西方概念在中国的应用时，研究者往往需要自行设计量表。

（1）何时自行设计量表

1）现有量表不能满足研究的需要

比如，中国人家喻户晓的概念"关系"，就是一个极为复杂的社会现象。"关系"的产生与中国文化的发展是同步的。然而，管理学对国人之间"关系"的系统性研究，却只有短短几十年的时间，显然研究者对于"关系"的学术研究尚处于初始阶段。同时，在西方文献中，对于"关系"这一概念的研究却很少，这也与特定的文化情境有关。要研究"关系"在我国特有的人文环境中的前因后果，仅靠西方现有的理论、概念和量表显然是不够的，甚至是不适当的。研究者必须从实地调查开始，设计适应于国内情境的新量表。

2) 研究的目的在于测试某些源自西方概念的跨文化应用性

例如，关于魅力型领导这一概念，西方学者通过实地调查、管理实验等方法对组织中的管理者进行了大量的研究，已经取得丰富的研究成果，然而，国内对魅力型领导的实证研究还较少。也有学者直接应用国外魅力型领导量表在国内开展了相关研究，但并没有注意到国内外文化差异可能对魅力型领导解释的不同，有关其跨文化应用的研究也比较有限。

冯江平[1]等人为探讨我国魅力型领导的特质结构，通过对国内209名企业管理者和员工开展问卷调查，编制了符合我国文化背景的魅力型领导特质量表。这项工作是按照如下步骤开展的。

首先，在量表编制前，研究者进行了魅力型领导特征的收集。研究者选择北京、深圳、郑州、厦门、成都和昆明六个城市若干有工作经验的企业员工，共发放问卷230份，回收209份。其中，男性员工112人，女性97人；平均工作年限5.4年，最长工作时间14年，最短工作时间1年。

在给出魅力型领导的描述性定义后，要求被试者结合其以往经验和观察，列出其认为符合魅力型领导的特征或行为5~6条。收集这些特征后由三名人力资源专业研究生对被试列出的描述根据拟订的标准（① 描述必须具有清楚的含义；② 描述必须是管理者所表现出来的特征或行为；③ 描述不会明显地不符合魅力型领导定义）进行筛选处理，剔除41条不符合要求的描述，保留了1067条描述。根据含义是否具有单一性，研究者又对保留下的每条描述进行了分析，通过对有多个含义的描述进行分解和修订，以保证最终得到的描述都只有单一性含义。最后通过归纳总结，把我国魅力型领导的特征划分为7大维度：愿景规划、任务导向、专业技能、个人品行、亲和力、关心员工和创新精神。

研究者根据魅力型领导7个维度编制出了魅力型领导的量表。通过对每个题项的内容、文字表述和是否符合企业实际情况进行讨论、修订，以确保其内容效度。最终量表保留了42道题项，每个维度6道题项，采用李克特五点等级尺度进行测量，"1~5"分别表示为"非常不同意——非常同意"。

这项研究发现，国内外关于魅力型领导的特质存在一些差异。例如，中国对魅力型领导的个人品行比较重视，这可能与我国文化中强调个人"品德"有关。长期以来，人们在考察和评价一个人时首先要看此人品行如何。并且，国内其他一些研究也发现，品行是一个领导的重要构成要素，因此可以说品行是具有中国特色的领导理论的一个发现。另外，此项研究发现亲和力也是我国魅力型领导的主要特质，但国外相关研究并不突出，这也可能是东西方文化差异上的原因。在中国的组织管理中，管理者与员工往往存在较明显的科层等级，员工们可能认为随和、平易近人的管理者是有魅力的，而在西方文化情境中可能并不这么认为。

除上述差异外，这份量表所包含的其他维度特质与西方文献相似。

（2）自行设计量表的过程

通常量表设计要经过"明确构念定义—生成测量指标—确定问答形式—评审备选题

---

[1] 资料来源：冯江平，罗国忠. 我国企业魅力型领导的特质结构研究 [J]. 心理科学，2009，32（1）：207-209 + 250.

项—测试及量表修订"五个步骤，具体包括以下内容。

1）明确构念定义

构念的定义决定了整个量表的测量内容，没有清楚地对构念进行定义就开始设计量表，很可能使得后面的工作都变得徒劳无功，而同一个构念也可能因为定义不同，开发出不同的量表。比如"创新"这一构念，不同的文献测量内容有所差别，但如果认真研究每一篇文献中对"创新"的定义，就会发现它们都是从某一特定角度定义"创新"的，这是由学者们各自的研究兴趣和所关注的现象决定的。

因此，研究者要根据自身的研究主题，明确所研究构念定义的内涵和外延。例如，在定义"领导与下属关系"时，要明确这个构念是指工作中的同事关系，还是包含工作以外的朋友关系。

2）生成测量指标

当研究者对所研究构念的理论基础有了全面理解，并且明确了其定义后，就可以开始创建初始的测量指标集。生成测量指标有两种方法：分别是演绎法和归纳法。

如果研究者对构念的定义和理论结构有充分的把握，则可以选择演绎法。演绎法是一种"自上而下"开发量表的方法。研究者可以基于对构念及其每个维度的定义和理解，尽可能多地提出可以反映构念内容的指标，以供下一步筛选使用。演绎法要求研究者对所研究的现象有深入理解，并对文献作全面回顾，这样才能从理论上给出清晰的构念定义。如果运用得当，演绎法可以确保最终量表的内容效度。演绎法的缺点在于它非常耗时，并需要研究者对所研究现象有深刻的把握。

如果研究者研究的是一个新兴的构念，该构念当前理论支持不足，还没有清晰、统一的定义，则可以使用归纳法。归纳法是一种"自下而上"开发量表的方法。一般做法是研究者通过各种质性研究方法（如关键事件访谈、个人访谈、小组访谈、开放式问题等）收集构念的不同外在表现的描述，再进行初步筛选，删去内容明显不相关的题项，从而得出初步的测量指标。归纳法的优点是所有题项都直接来源于实践，可以产生丰富的指标以供选择。缺点是尽管研究者会提供给被试者有关构念的定义，但被试者对于定义的理解与研究者的初衷可能存在偏差，这使得回收的指标范围可能远大于研究者的预期，进而对后期的指标筛选也有较高的要求。

无论采用何种方法，得到的指标需要经过第一轮初选以减少数量。对于明显与测量内容不符的题项，经过研究者一致同意后可以删去，对于有争议的题项建议保留，对于明显重复的可只保留一条代表性题项。总之，这个步骤的原则是尽可能多地收集到与构念定义相符的、可以从各个方面反映该构念的指标，但注意删减题项时需要谨慎。

3）确定问答形式

在收集到大量备选题项后，还需要把它们变成被试者能够回答的问题，同一个问题可以以不同的形式呈现出来，因此还需考虑选择量表的类型及答案的度量方式等。

管理研究中有多种类型的量表可供选择，如社会距离量表、语义差异量表、李克特量表（Likert scale）等，其中李克特量表是在绝大多数研究中采用的问答形式。

李克特量表常用于请被试者评价对于一个陈述的同意程度，它用等级表给出不同的程度，供被试者进行选择。例如：

我感到自己的生活非常幸福。

a. 非常同意　　b. 同意　　c. 不确定　　d. 不同意　　e. 非常不同意

虽然这里的 5 个选项只是一个程度的排序，但可以把它们转换成等距尺度的数据（5、4、3、2 和 1 分），这样就可以用于各种统计分析。需要注意的是，李克特量表的核心是相邻两个选项之间的距离要相等。

至于研究中采用几点量表，研究发现 4 点、5 点或是 7 点、9 点等量表对于结果并没有显著的影响。但点数并非越多越好，例如，采用点数过多的量表时，不但被试者自己都区分不出相邻点数的区别，而且也使得不同被试者对同一点数所表达的程度可能已经相差很远而不具有可比性。在实际研究中，使用 5 点和 7 点量表的情况占绝大多数。当点数较多时，被试者判断选项间距离可能会不准确，使得测量出的平均分出现偏低的现象。

当在中国文化情境中使用李克特量表时需要注意，尽可能避免大量使用反向记分的题项，因为大部分中国人可能不习惯表达极端的负面看法，因此遇到反向题项时可能会对自己回答略微调整。例如，在 6 点量表中，被试者对反向题项打 3 分时，其对应的程度可能并不意味着与正向题项的 4 分相等。

4）评审备选题项

可以通过邀请专家或测量对象来对备选题项进行评审，看字面上有无晦涩难懂、意思模糊的地方，以保证量表的内容效度。这里的专家是指对构念的内容和结构比较了解的研究者，通过对测量构念的定义和测量题项进行比较，判断测量题项是否能够代表被测量的构念，是否能够覆盖测量的范围等。对于专家提出的修订建议，研究者应积极采纳。测量对象是指在正式研究中要施测的对象，例如，某项关于企业员工工作积极性的研究，可以在这个步骤中邀请几位企业员工评审测量题项，请他们分析在内容、表述和用词上是否有不符合现实的情况，对于测量对象提出的修改建议，研究者需要讨论确认后再行采纳。

5）测试及量表修订

根据上述步骤编制形成的量表，需再进行两个阶段的测试和修订。

第一阶段测试的主要目的是检验构念题项的因子载荷，一般采用因子分析法。若题项的因子载荷达不到要求，也不可以将题项轻易删除，需要进一步讨论分析原因。若是由于词、句表达不准确引起了歧义，可以对题项进行修订。若确实是题项内容与构念定义不符，才可删去该题项。量表经过第一轮修订，其内部结构效度达到要求后才能进入第二阶段测试。

第二阶段测试的主要目的是对量表的信度和其他效度（如聚合效度、区分效度、效标效度及逻辑关系网等）进行检验，如果不能够达到要求，仍然需要进行讨论并修订后再重复进行检验。

在量表测试及修订过程中，每一次测试结果都需要经过几名研究者共同讨论决定修订方案，因此，量表开发的过程可能会持续很长时间。如果研究者决定开发新的量表，要有充分的时间准备。

3. 量表的尺度

量表的尺度是指量表测量事物属性（或特征）所得数字的表述规则。这种表述规则是由实数列的顺序、距离和原点三种特性所决定的。

变量的赋值指代了变量的特征，不同的测量尺度，其包含实数列的特性也有所不同，具体数值所传达的信息量也会有所不同。通常将测量尺度划分为 4 种类型：类别尺度、等级尺度、等距尺度和等比尺度。

（1）类别尺度

无顺序、无距离、无原点的尺度。类别尺度是最低水平的测量尺度，在大多数定性研究的测量中都会使用。类别尺度的作用可分为标记和类别两种。

标记是指用不同的数值作为可识别的记号。此时数值不表示数量的多少，也不能做加减乘除运算。例如，体育运动中用号码区分运动员：1号运动员、2号运动员、3号运动员，但不能说3号运动员＞1号运动员、1号运动员＋2号运动员＝3号运动员。

使用类别尺度的变量，不同的数值只代表变量的类别不同，所分配的数值也没有顺序等其他含义。例如，为了识别企业中三个部门的员工，如市场部、行政部和技术部，可以使用不同的数值代表不同部门，变量与数值的对应关系可以是任意的。如市场部的员工可以被赋值为1，行政部的员工可以被赋值为2，技术部的员工被赋值为3。值为1的所有员工都与值为2的员工不同，依此类推，1与3、2与3代表的员工亦是如此。

类别尺度对数字的分配可以是任意的。如市场部的员工也可被赋值为3，行政部的员工可被赋值为1。事实上，任何数字都可以赋值给任何部门的员工，只要它不是已经赋值给另一个部门的相同数字。这些数字在这里只传递类别相同或不同的含义。

分类是统计分析的基础。其他几种测量尺度也都包含类别尺度的分类功能。

（2）等级尺度

含有实数列的顺序特性，但无距离、无原点的尺度。其信息量比类别尺度要丰富，也属于低等级的测量尺度。

使用等级尺度变量的数值意味着有顺序区别，表述从"最多"到"最少"、"最大"到"最小"等，反之亦然。例如，在企业中管理岗位的职级通常代表顺序变量。总经理的职级比副总经理高，副总经理的职级比部门经理高。这里的高低只是表达了一种顺序，并不代表几个职级之间差异的大小情况。因此，任何保持一定顺序的数字都可以用来表达它们之间的不同。可以将总经理岗位赋值为1，副总经理为2，部门经理为3；也可以将总经理赋值为10、副总经理为7和部门经理为3，因为这时仍然保持一定的顺序（尽管这两种情况分别为正序和倒序）。

使用等级尺度，一些定性指标可以被准确测量。等级尺度在管理学、心理学和社会学等领域研究中都有广泛的应用。

（3）等距尺度

含有实数列的顺序、距离特性，但无原点的尺度。等距尺度又较等级尺度包含更多信息量，属于高等级的测量尺度。

等距尺度不仅能将事物或现象区分为不同的类别、不同的等级，而且可以确定它们相互之间不同等级的间隔距离和数量差别。也就是说，在等距尺度中，不仅可以判别哪一类别的等级较高，而且还能说明这一等级比另一等级具体高出多少。等距变量具有序数的特征，它们之间的距离是有意义的。但等距尺度不能代表变量的绝对水平以及比例和倍数关系。

例如，以摄氏或华氏测量的温度就代表了一种使用等距尺度的变量。10摄氏度的温差在温度测量的任何情况都是相同的，即15度和25度之间的差距与60和70度之间的差距相同。然而，摄氏和华氏温度都不能提供有关绝对水平的信息，在这两种情况下，零温度都是任意的，也不能说 50 度的温度是 25 度的温度的两倍。

李克特量表是一种常用的等距尺度。如图 5-1 所示，在使用李克特量表测评居民幸福感时，常用 1～5 的赋值表示居民在生活中的幸福程度，1 表示"很不幸福"，5 表示"很幸福"。1～5 的数值越大表明幸福感程度越高，图中相邻两个等级数值间距离相等，表明每个幸福感等级之间的差距也是相等的，此时幸福感就是等距变量。

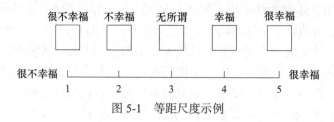

图 5-1　等距尺度示例

（4）等比尺度

具有实数列顺序、距离、原点全部特性的尺度。其所含信息量最多，属于最高级测量尺度。这种尺度除了具有前三种变量的所有特征外，还能够测量事物间比例、倍数关系；另外，等比尺度具有一个绝对的零点，它具有实际意义。即这里的"零"表示真实的"无"。

使用等比尺度的变量具有等距变量的全部特征和真正的零点及比例关系。工资就是一个很好的例子：月薪 10000 元和月薪 20000 元的年薪之间的差额与月薪 50000 元和 60000 元月薪之间的差额是相同的；并且，月薪 20000 元的年薪是月薪 10000 元年薪的两倍；0 元代表无工资，即真实的"无"或是"没有"这一概念。

此外，在管理研究中所测量的变量，根据其变量值是否连续可分为离散型变量和连续型变量，不同变量在测量中所用的尺度也不同。

离散型变量的值是只能用自然数或整数单位计算，如性别，可以设定为男性和女性两个值（0 和 1）；连续型变量在取值之间是无限可分的，如年龄可以按年来划分，也可以按月份、周、天、小时等划分。

四种测量尺度的特点及离散型、连续型变量的适用性如表 5-1 所示。

四种测量尺度的特点比较　　表 5-1

测量尺度	例子	顺序	距离	原点	连续型	离散型	等级
类别尺度	部门、性别	×	×	×	×	√	低
等级尺度	职称、名次	√	×	×	×	√	较低
等距尺度	温度、幸福感	√	√	×	√	×	较高
等比尺度	工资、年龄	√	√	√	√	×	高

从类别—等级—等距—等比尺度，逐渐趋向复杂，测量水平和结果的信息含量也不断提高；每一较高层次的测量尺度都以较低层次测量尺度为基础，每一高层次的测量尺度都包含低层次测量尺度的全部特征。

4. 常见的量表

（1）李克特量表

李克特量表是美国社会心理学家李克特（Likert）提出的，用于测量对某事物的态度或看法的量表，对问题的回答通常分为五类：非常同意、同意、无所谓、不同意和非常不同意，或者赞成、比较赞成、无所谓、比较反对和反对等。李克特量表是管理研究中最常用的一种量表形式。

```
例：请你对下列看法发表意见（选择一个答案打勾）
                        非常同意    同意    无所谓    不同意    很不同意
1. 我对未来生活充满希望    （  ）    （  ）   （  ）    （  ）    （  ）
2. 我觉得未来生活没有希望  （  ）    （  ）   （  ）    （  ）    （  ）
```

图 5-2　李克特量表示例

图 5-2 中 2 个问题的态度倾向是不同的，可以按下列方式计分，对于未来生活充满希望的倾向，可以用 1 代表非常同意、2 代表同意、3 代表无所谓、4 代表不同意、5 代表很不同意；对于未来生活没有希望的倾向，可以用 5 代表非常同意、4 代表同意、3 代表无所谓、2 代表不同意、1 代表很不同意。

（2）社会距离量表

社会距离量表主要测量人们之间的亲疏程度或人们对某一群体的态度。例如，某项研究测量人们对于外国人的态度，提出如下三个问题（图 5-3）。

愿意	不愿意	问题
（ ）	（ ）	1. 您愿意与其交朋友吗？
（ ）	（ ）	2. 您愿意让您的子女和其交朋友吗？
（ ）	（ ）	3. 您愿意让您的子女和其结婚吗？

图 5-3　社会距离量表示例

此量表在问题的设置上，越往后，人们之间的社会距离越近。能接受较高程度亲密度的人一定能接受较低程度的亲密度。例如，若一个人愿意让外国人与自己的子女结婚，则前 2 项内容也一定会接受。

（3）等级顺序量表

将调查的对象同时展示给被试者，并请他们对这些对象排序或分级（图 5-4）。

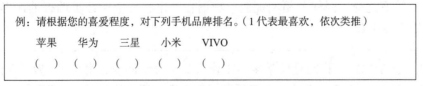

图 5-4　等级顺序量表示例

（4）语义差异量表

语义差异量表，是以形容词的正反意义为基础，通过研究者所设置的两个相反形容词之间的区间，让被试者回答对与调查有关的反应强度。在社会学、心理学领域中，主要用于文化、个人及群体间差异，以及对事物态度的比较研究。在管理研究中，常用于市场调查中商品或公司形象的研究（图 5-5）。

对某品牌方便面的评价								
	1	2	3	4	5	6	7	
好吃的								难吃的
方便的								麻烦的
便宜的								昂贵的
美观的								丑陋的
多样的								单一的

图 5-5 语义差异量表示例

被试者通过对语义差异量表中的不同项目进行作答，给出相应分数。所得数据可用来分析不同测量对象、不同被试者的相同点和不同点；还可将各项目的得分加总，用以比较被试者对不同测量对象整体形象的偏好等级等。

5.2.3 调查问卷其他部分设计

1. 调查问卷的结构

（1）标题

标题的作用是开门见山介绍调查的内容、调查对象等信息。标题是调查问卷的"眼睛"，一般要用一句话简明扼要地概括问卷调查的基本内容，字数不宜过多，阐明目的即可。

> 例如："大学生网购消费行为调查"
> 这一标题就直观展现出问卷的调查群体是大学生，调查的内容是网购消费行为。

（2）导语

导语通常包括问卷调查的目的和内容、调查对象的选取方法、问卷的填写方法、保密措施以及调查者身份等信息。导语是对标题的进一步展开说明，同时交代其他注意事项，包括对问卷的填答方法进行说明，指导被试者正确填写问卷，如选择单选还是多选，打√还是画○等说明；有时，还会告诉被试者对问卷内容保密等信息。导语通常放在标题之后，问题和答案之前，同样要简明扼要。导语在一定程度上保证了调查的严谨性和规范性，其作用不容小觑。

> 例如：同学你好，我们是校学生会工作人员（表明调查者身份），为了全面了解大学生网购消费行为情况，拟对同学们开展问卷调查（调查目的）。我们将非常感谢您作为学校学生代表参加此次调查活动，请您热心提供看法和意见，希望能够得到您的支持。本问卷为单选题（答题要求），可在选项中画√（答题方法）。本次调查是不记名方式，内容不会涉及个人隐私，不会对外公开发表或用于商业目的，我们会对您提供的信息严格保密。请将问卷填写后尽快提交（注意事项）。再次对您的支持表示感谢！
>
> 某大学学生会

（3）问题和答案

问题和答案是指问卷调查的问题和回答方式，是问卷的主要组成部分。调查问卷的问题有多种类型，包括选择题、判断题和问答题等。其中，选择题和判断题属于封闭式问题，在提出问题的同时给出若干答案选项，被试者只需在答案选项上打钩或画圈即可。问答题属于开放式问题，提出问题时不提供具体答案，需要被试者自由填写答案。问卷中，有的问题要求填写数字，如收入、产量等，还有的问题要求被试者根据重要性、喜好程度排序等。问卷的问题一般可以分为两大部分：被试者的基本信息问题和构念的测量问题。

（4）结束语

结束语位于问卷的结尾，会用一段话对被试者的合作再次表示感谢，以及关于不要漏填与复核的请求，同时也可以提出关于本次调查形式与内容感受等方面的问题，以征询被试者对问卷的反馈意见。结束语一般采用如下几种形式：

1）周密式

表达感谢以及关于不要漏填与复核的请求。

例如："对于您所提供的协助，我们表示诚挚的感谢！为了保证资料的完整与详实，请您再花一分钟，翻看一下自己填过的问卷，看看是否有错填、漏填的地方。谢谢！"

2）问题式

提出本次调查研究中的一个重要问题，在结尾安排一个开放式的问题，以了解被试者在标准问题上无法回答的想法。

例如："你对学校制定的学生学籍管理政策有何建议？"

3）响应式

提出关于本次调查的形式与内容等方面，征询被试者的意见。

例如："您对本次调查有何意见或建议？请您提供：_____。"

2. 问卷题项的设计

（1）卷首问题的设计

管理研究中有些情况下，研究者需要对调查对象进行甄别，判断调查对象是否符合调查要求，此时，甄别题可以作为开头问题。

例如，下面是作为问卷开头的甄别题：

华为技术有限公司是全球领先的信息与通信技术解决方案供应商，总部位于广东省深圳市龙岗区。

1. 您是否听说过这家公司？

A. 是（继续回答下一题）　　B. 否（跳转到第 4 题）

（2）基本信息获取

研究者在获得关于研究内容的相关信息前，首先需要获取到被试者的基本信息。在个人特征方面，主要是年龄、性别、学历等信息。在组织特征方面，主要包括组织规模、性质和所提供产品或服务的类型等。例如管理研究的组织信息，多为企业规模、企业性质（国有还是民营）、经营年限等。

（3）开放式问题和封闭式问题

开放式问题即只提出问题，不为被试者提供具体答案，由被试者根据自身的情况自由填答的问题。

例如：请告诉我们您在工作中感受到最有趣的一件事。

这就是一个开放式的问题，被试者可以无拘束地告诉研究者任何他们认为在工作中遇到的有趣的事件、场合及感受等。开放式问题更有利于研究者理性思维的开启和发展。当研究者对某一现象只有感性、粗浅的了解，希望得到更多的第一手信息时，采用开放式的问题很有效。然而，开放式问题的答案是不能直接转化为统计数据进行分析处理的，且被试者需要花费较多时间来回答开放式问题。

封闭式问题则要求参与者在一系列的选择答案中做出决策，每道题给出一个答案。

例如：您认为自己的生活是幸福的吗？
A.非常同意　　B.同意　　C.不确定　　D.不同意　　E.非常不同意

当研究者对某一管理现象已有相当的了解，而希望为预测的关系找到数据支持时，采用封闭式的问题最为有效。封闭式问题有助于收集系统性的、可直接转化为统计数据的信息，其主要优点是填答方便、省时省力、易于做统计分析，缺点是收集到的信息缺少自由发挥和表现力，在作答时被试者选择接近自我想法答案的一些偏差也不易被发现。

（4）正向和反向的问题

建议在问卷中加上一些反意的问题，以测试被试者是否认真地回答了每一个问题。例如，在某心理测量量表中，同时使用正意和反意的句子。

如表5-2，问题1是测量心理健康的正向问题，问题2是反向问题，如果被试者在回答问题1时选择了4或5，那么他在回答问题2时应该选择取值较低的答案（2或1）。如果被试者对两个问题的答案都是5，那么答案便缺少内在的逻辑性，由此可推断被试者或许没有仔细阅读问题，或许没有认真答题。

正向和反向问题示例　　　　　　　　　　　　　　表5-2

	非常不同意	不同意	中立	同意	非常同意
1. 我常对未来生活充满希望	1	2	3	4	5
2. 我常觉得未来生活没有希望	1	2	3	4	5

（5）问卷题项的措辞

在问卷调查中，题项的措辞是否合理直接影响到被试者是否能对问卷做出完整客观的回应。

在题项的措辞上，主要有以下几点建议：

1）题项的措辞要以调查的被试者为中心

首先应考虑被试群体的基本情况，包括被试者的知识和能力、提供信息的意愿等。不要询问其不能提供或不愿提供的信息，如收入等关于个人隐私的问题。同时也要考虑被试者的知识和能力，确保问题能够被其理解和作答，避免设置过于复杂和难以理解的问题。

2）题项的措辞最大程度做到简单化

这是提高答卷效率和保证答卷质量的基础。

3）措辞应明确具体

明确相关的上下文特征非常重要，如明确何人（Who），何事（What），何时（When），何地（Where）和如何（How）。

4）问卷题项措辞做到诚实客观

题项要避免引导被试者向研究者希望的方向作答，排除隐性偏见。

（6）问题的顺序

问题的顺序可能会影响被试者的答题意愿，进而影响问卷收集数据的质量。

一份问卷中所收集的信息一般可分为基本信息与研究信息。基本信息一般是人口统计信息，包括调查对象的职业、性别、学历等，用于统计及回访等后续工作；研究信息是与研究构念直接相关的信息，这是未来进行假设验证的基础。一般在问卷中的顺序是，先收集基本信息，再收集研究信息。

难以回答的或者敏感的问题应该放在问卷的后面。因为当被试者已经回答了问卷的大部分问题之后，便与调查建立起了较为友好的关系，在这个时候再回答一些涉及个人相对敏感的问题，拒绝的可能性会小一些。因此，如个人的收入、联系方式等方面的敏感问题，一般都应放在问卷的后面。

由此可见，通常的问卷题项排序策略如下：

① 甄别题，判别被试者的资格；
② 基本信息，例如年龄、性别、学历；
③ 预热题，简单问题，让被试者易于配合；
④ 过渡题，让被试者稍微思考便可作答；
⑤ 困难和复杂题，需要被试者较多思考，例如评价性问题、开放式问题等。

此外，问题排列要有一定的逻辑，层次分明。询问同一类事物的问题尽可能放在一起，不要将它们打乱，以免干扰被试者答题时的思路和注意力。

5.3　问卷的预测试

问卷调查需要投入时间、人力等方面成本，一些长期追踪调查积累下来的成本会更高。研究者在正式开始问卷调查前会考虑：所设计的问卷能不能收集到研究所需的信息？流程是否会出错？在数据回收后，常会发生因为问卷设计上的失误而导致数据缺失、错误等问题；并且，一些数据上的错误由于未能及时发现，会给研究者的认知或决策带来负面影响，进而导致最终得出错误的研究结论。因此，数据收集的每一个环节都需要采取有效的控制措施，才能规避错误，避免前期研究投入的资源付诸东流。

在问卷设计环节，当初稿编制完成后，不宜直接开展正式调查，必须进行预测试。预测试的过程是从正式调查的总体中抽取一定数量的被试者样本对问卷进行预先测试。在预测试过程中，要遵循一定的程序和技巧，可以有效发现问卷在内容、逻辑等方面可能存在的问题。

1. 预测试的目的

（1）检测问卷中是否存在一些语言表达问题

通过预测试可以检验问卷中是否存在语言措辞不当或含糊不清的表达。例如，如果通过预测试发现被试者对某一问题的理解与问题设计的初衷存在一定差异，就需要在明确构念定义的基础上重新修订该问题。

（2）检验预先设计的调查方案是否可行

通过此项程序，可以提前发现问卷调查实施中可能出现的问题，例如，采取线上收集问卷回收率是否可以得到保证等，并据此及时调整方案。

2. 预测试的关注点

对预测试结果进行分析时，需关注以下方面：

（1）选择率很低的选项（选择率在5%以下），选择过度集中的选项，选项之间是否存在包含关系，选项是否包含了所有可能。

（2）是否存在与问卷调查目标不相关的题项，是否存在错误选项或答案的题项、多数被试者没有回答的题项、表达有误的题项。

（3）问卷标题、导语、结束语是否存在问题，问题的排列顺序、排版、印刷等是否存在错误。

（4）问卷发放的时间和场合，问卷调查实施的方式。

预测试完成后，需要分析问卷中可能存在的问题。如上所述，分析的重点一般包括题项的回答率、区分度、选项百分比等。区分度分析一般只针对问卷中的量表型问题使用。对于不同构念的测量题项，区分度越高的题项越有保留价值。可计算每道题项之间的相关性，如果不同构念题项之间存在高相关（大于0.80），则可能题项内容设计存在问题，需要进行修订。

3. 预测试的注意事项

（1）预测试的实施过程、问卷发放形式要与正式调查保持一致，例如，如果正式调查为现场发放，则预测试也应为现场发放。

（2）所抽取样本量至少20以上，一般为20~60，以减少抽样误差，便于进行统计分析。

（3）所选的被试者样本应具有一定代表性，可代表总体的基本情况。

预测试完成后，根据过程中发现的问题对问卷进行修订，核心是对问卷的题项内容进行修订，例如，删除不必要的题项、修改表达不合适的题项、增加新的题项、调整题项的排序和选项的设置等。除此之外，问卷的导语、内容排版等若有问题也需修改。

需要注意的是，若问卷修改幅度较大，在修订完之后还需要再进行问卷的预测试，直到问卷达到较高的信度和效度。

5.4 问卷的发放与回收

5.4.1 问卷的发放

1. 现场发放

如果问卷调查在征得相关方同意与配合后，研究者亲自到现场发放和收回问卷是最有效的方法。这一方法的优势在于：

① 可以快速地收集到数量较多的问卷；

② 可以在现场激励被试者参与答卷，并向其强调答卷的重要性；

③ 可以在现场解释和解答有关问卷的问题；

④ 可确保被试者身份的真实性。

其劣势在于：现场发放问卷的取样范围和数量相对有限。

2. 邮寄调查问卷

如果调查问卷将在多地征集，或企业管理者不同意将员工组织起来一次性答卷，邮寄调查问卷是切实可行的方法。这一方法的优势在于：

① 被试者可自行决定何时答卷；

② 被试者没有同侪压力（是指在企业统一集中答卷时，部分员工可能并不想参与问卷调查，但因同事们都参加了，亦迫于同侪压力不得不参加的现象）。

其劣势在于：如果被试者对所研究的问题不关心或不感兴趣，或他们受自身答题外部环境干扰时，都可能影响问卷的回收率。为此，可在信封里附上一封感谢信或有关专家或有影响力人士的推荐信，以便提高问卷回收率。

3. 通过网络发放问卷

随着信息技术的发展，现在管理研究也大多采用电子邮件或使用"问卷星"等网络平台在线上发放调查问卷。这一方法的优势在于：

① 拥有传统邮寄问卷同样的优点，并且相比邮寄更能节约成本，实施起来更为便捷；

② 通过线上平台收集的数据可以实现实时统计分析，省去了输入数据的工作以及减少了输入时可能出现的人为差错。

其劣势在于：通过网络发放调查问卷时，由于缺乏研究者在现场的激励与指导，被试者对问卷的回答可能会千差万别，这在一定程度上可能会影响回收数据的质量。

5.4.2 问卷的回收

为确保研究进度，调查问卷发放后要及时进行回收。回收调查问卷后，应在剔除无效问卷后计算问卷回收率。保持较高的问卷回收率是问卷调查成功的关键。

1. 影响问卷回收率的因素

（1）问卷编写的质量

一份编写质量高的问卷，被试者也会倾向于高质量地完成，进而回收率高；反之，当问卷的质量较差时，被试者填写问卷的意愿以及回答的有效性都会降低。

（2）调查对象的选择

在开展问卷调查前应充分考虑所选调查对象对于填写问卷的适配度。首先考虑其阅读及理解能力是否符合要求；其次对于所研究的内容，调查对象是否能够在作答中提供有效的答案信息。

（3）问卷的发放形式

一般而言，通过网络发放问卷的回收率普遍不高；邮寄纸质问卷的回收率为30%~60%；而现场发放问卷的回收率可达到80%~90%，并且在现场可以检查问卷是否有漏填或不认真作答现象（如短时间内迅速填完问卷），以便及时进行更正、提醒，保证回收问卷的质量。

因此，要想提高问卷的回收率，必须设计出高质量的问卷，并最好采用现场发放问卷的方法。

2. 提高问卷回收率的方法

（1）提高问卷设计质量；
（2）在问卷导语中进行必要说明，打消被试者的顾虑，鼓励他们积极填写问卷；
（3）选择有代表性的调查对象；
（4）邮寄调查问卷时随问卷附送回信的信封及邮票，提前填写好邮寄地址；
（5）发放问卷附赠小礼品或给予一定的金钱奖励，以提高被试者作答积极性；
（6）问卷发放后对被试者进行适当督促，确保问卷及时回收。

5.5 调查问卷的效度与信度

1. 常见的效度与信度参数

效度（validity）即有效性，是指测量工具能够准确测量出目标构念的有效程度。测量结果与构念越吻合，则效度越高；反之，则效度越低。信度是指问卷测量的稳定性和一致性。通过调查问卷收集回来的数据，要首先进行信、效度检验，只有信、效度检验通过之后，才能进行假设验证的应用。在管理研究中，常用的效度指标包括内容效度、内部结构效度、聚合效度和区分效度，常用的信度指标包括内部一致性信度等。

（1）内容效度

内容效度（content validity）是指衡量调查问卷的内容反映出切合研究主题的程度，即问卷内容在多大程度上反映或代表了研究者所要测量的构念。可邀请相关研究领域的专家对构念的测量题项内容进行判别，分析其是否能准确反映要测量的构念。

（2）内部结构效度

内部结构效度（internal construct validity）是指测量结果体现出的结构与研究者对构念预期结构的符合程度。通常使用因子分析法来对内部结构效度进行判别。

（3）聚合效度

聚合效度（convergent validity），也叫收敛效度，是指某一构念的测量指标之间收敛或共享高比例共同变异的程度，体现在该构念的不同测量指标之间应该具有高度相关性。通常使用平均方差提取值 AVE 来对构念测量指标的聚合效度进行判别。

（4）区分效度

区分效度（discriminant validity），也叫判别效度，是指一个构念真正区别于其他构念的程度，体现在它与其他构念之间的相关性应该较低。当 AVE 的平方根大于该构念与其他构念的相关系数时，表明构念之间可以加以区分。

（5）内部一致性信度

内部一致性信度（internal consistency reliability）是指用多个指标测量同一构念时的一致性和稳定性。通常使用克隆巴赫系数（Cronbach's α）和组合信度 CR 来进行判别。

2. 问卷信、效度低的原因

如果遇到问卷信、效度低的情况，可能是由于以下原因所导致的。

（1）问题设计不合理

问卷中的测量题项表述不明确或者被试者对构念的认知存在偏差，可能会影响测量的结果。此外，题项中的一些绝对副词的使用也可能会对被试者产生影响。

（2）未进行预测试

通过预测试不断修正问卷中可能存在的问题，是提高问卷效度的有效途径。

（3）系统误差

系统误差也会影响问卷调查的信、效度，例如，问卷题项的内容具有暗示性，被试者现场填答问卷时遇到外部环境干扰，被试者对答题态度不认真、应付了事等等。研究者对此类因素进行控制便可以降低系统误差，从而提高问卷效度。

（4）问卷题项过多

问卷题项过多，会导致被试者出现不耐烦的情况，进而会对问卷后面题项随意填答，影响问卷调查的结果。对于题项数量的设计，一般建议作答时间控制在15分钟以内。

3. 问卷设计其他注意事项

（1）避免在问题中包含因果关系

调查问卷中的每个题项都只代表一个变量，因果关系是通过分析变量之间的关系得出的。倘若在问卷的题项中包含对于因果关系的提问，只是得到被试者的主观看法，缺乏严谨性与可靠性，得到的数据也无法进行因果关系分析。

例如，下面这个问题就是一种错误示范：

1. 您认为很多人辞职是由于收入低所导致吗？

A. 非常同意　　B. 同意　　C. 不确定　　D. 不同意　　E. 非常不同意

显而易见，研究者想研究的是企业员工收入与离职倾向之间的关系，但是直接对两者的因果关系进行设问，得到的结果只是一种大众看法，而非严密的验证。这个例子中离职倾向作为因变量，受到的影响不只来自于收入这一自变量，而当想要研究两者之间的关系，可以尝试以下方式设问：

1. 您每月的收入大约是?

A. 5000元以下　　B. 5000~10000元　　C. 10000~20000元　　D. 20000~30000元

E. 30000元以上

2. 您在工作中有辞职的想法吗？

A. 非常想　　B. 想　　C. 不确定　　D. 不想　　E. 非常不想

在研究中，应当根据被试填写的收入情况及其辞职意愿，来分析二者是否相关，而不是直接在提问中加入因果关系。

（2）避免使用诱导性的问题

研究者在设计量表时，应避免将自身的价值趋向带入问题以求得到被试者的呼应。研究者必须保持客观和中立。

（3）避免使用被试者须依赖记忆才能回答的问题

有时研究者不得不要求被试者追溯已经发生的往事。在设计这样的问题时必须要注意几点：

1）不是所有的人都拥有良好的记忆能力，被试者很可能已经不记得问卷中问题所涉及的场景、事件和后果；

2）被试者可能模糊地记得被调查的往事，而这种模糊的记忆往往会导致有偏见的答案；

3）被试者本不承担为研究者记忆某事件的责任和义务，可能会对这种类型的问题产生反感。

因此，研究者应尽量少用依赖于被试者记忆的问题。如必须要用，则应尽量缩短需要记忆的时段，如"您在过去三年中平均每年缺勤几天"是一个难以准确回答的问题，如果换成"您在过去半年中缺勤几天"会好得多。然而，要求被试者追忆过去半年的缺勤天数又可能导致信息收集不全面或出现偏差，如果被试者在过去半年中因某种特殊情况缺勤很多天，那么他的回答将不能准确地表达其一贯的缺勤率。针对这种情况，研究者可以同时加上一个控制条件的问题，比如，问被试者在过去的半年中缺勤状况是否与往年基本持平（或过去半年中是否存在特殊事件发生使被试者不得不缺勤多日）。

（4）避免采用被试者为满足社会期望的答题

每一个社会都有被公众认可的道德标准和行为准则，每一个人多多少少会有一些取悦他人的动机和行为。如果问卷中的问题触及了被公众认可的道德标准和行为准则，便可能引起被试者自我保护的动机，使其从社会期望值的角度来回答问题，而不展露自己的真实想法，这就是所谓的社会期望反应偏差。

例如：面对"您认为有残疾的人应该工作吗"的问题，谁又会说"不应该"呢？社会、文化以及所受的教育都使我们认同残疾者的平等权利，即使一个被试者的真实想法和社会准则不同，他亦不会公开地承认这一点。

为了满足社会期望而扭曲的答题趋向有两种表现形式。其一是真实而被夸大了的正面的自我表达，其二则是印象管理，即有意地改变自己的意见或行为去取悦他人。研究者的任务是力求问卷调查的参与者提供真实的答案。为此，要尽量避免提出一些直接与社会期望相关的问题，以降低被试者因此而引起的偏差。

（5）避免在问题设计中使用含糊不清的形容词或副词

在问题设计中不恰当地使用含糊的形容词、副词，特别是在描述时间、数量、频率时，使用"有时、经常、偶尔、很少、很多、几乎"之类的词，则可能因为不同的人对同一个可塑性概念的不同理解而失去题项设计的意义。例如在题项中出现"经常"的选择时，被试者会因为没有一个"经常"的明确概念，而被迫猜测究竟什么样的频率是"经常"。这样猜测的结果，被试者就只能根据自己的主观判断猜测一个标准，然后依照这个标准判定这个问题。建立在这样的数据基础上的结论是不可靠的，甚至可能让研究者由于数据的误导而做出错误的决策。因此这些词应尽量采用定量表述来代替。

例如：你每个月到超市的采购情况如何？（　　）

A.从不　　B.很少　　C.有时　　D.经常　　E.定期

显然在这个问题中，由于被试者对于频率的评判标准不同，容易根据主观猜测作答。可改为：

你每个月到超市的采购情况如何？（　　）

A.少于1次　　B.1到2次　　C.3到4次　　D.4到5次　　E.5次以上

采用定量的表述，问卷的调查结果也会更精确。

（6）问卷题型选择应适当

通过网络方式发放的问卷，不适合使用过多的"开放式问题"提问，建议使用选择题的形式，这便于被试者填答。若使用开放式问题提问，不同于线下调研可进行多次追问，网络问卷回答的内容会相对广泛，最终得出的结果对于分析不够方便，同时在遇到无效答案"无/不知道/不清楚等"内容时，对于结果的分析也毫无意义。

（7）问题题干描述应清晰

问卷结构应清晰，问题题干应简洁易懂。在问卷设计时必须站在被试者的角度进行换位思考，且一道题项只能出现一个问题，题干内容不得产生歧义，否则也会影响后期数据处理和分析。

（8）添加反向问题的陷阱题

在进行问卷设计时，可以在中间或结尾部分添加反向问题，以检查识别出未认真作答的无效问卷。

（9）添加甄别题

根据研究目的，指定某类人群才能填答，可以在问卷中加入甄别题，有效终止不符合条件的人群填答，最终收集到的结果可有效减少数据偏差。

（10）选项要穷尽所有情况

题项中的选项不穷尽，往往会使被试者无法选择或随便选一个答案，造成调查数据不真实或信息有效性降低。

例如：您的家庭收入主要用于（　　）

A. 购买生活必需品　　B. 购买住房　　C. 用于教育　　D. 用于投资

这个问题的选项就没有穷尽，显而易见，还有其他选择。如按照以上方式设置则不可避免地使被试者家庭收入消费方式限制于以上几种。

若改为：您的家庭收入主要用于（　　）

A. 购买生活必需品　　B. 购买住房　　C. 用于教育　　D. 用于投资　　E. 其他

题项的选项则更为完备一些，给被试者更多的选择，也使调查更符合实际情况。

思 考 题

1. 沿用已有量表有哪些益处和局限性？
2. 在什么情况下需要研究者自行设计量表？请简述自行设计量表的步骤和过程。
3. 量表一般有哪些尺度？它们具有什么特点？
4. 管理研究中有哪些常用类型的量表？它们具有什么特点？
5. 问卷调查中，采用封闭式问题的优点有哪些？
6. 为什么有的研究会在问卷中加入反向问题？在数据处理时应注意什么？
7. 导致问卷的信、效度低下的原因可能有哪些？

第6章 实验室研究与准实验研究

6.1 实验室研究（Experiments）

在研究者提出假设之后，需要对假设进行验证。目前已经有很多验证假设的方法，在管理学科中常用的有观察性研究、现场实验与实验室实验。

6.1.1 观察性研究（Observational study）

观察性研究是指通过搜集自然发生的数据进行分析，得出新的发现。例如，在某些国家献血是无偿的，但是在另外一些国家献血是有补偿的，那么可以通过搜集献血数据观察这两个国家献血的比例，从而得出补偿是否能够提高民众献血积极性的结论。

在一项研究刚开始时，收集自然发生的数据可以帮助研究者了解所要研究的问题。例如，如果想研究在工作中员工之间互相帮助的关系是怎样形成的，可以观察一些企业中员工之间的帮助行为，这有利于研究者找到关键的因素。

观察性研究的优越性并不仅仅体现在一项研究工作的开始阶段。如果一项研究主要在实验室里进行，获得了实验室数据之后，再回到现实生活中进行观察性研究，可以帮助研究者证实在实验室里获得的结果是否在自然环境下也会发生。例如，在实验室的环境下，发现女性员工比男性员工更容易获得同事的帮助，要验证在现实的工作环境下是否如此，可以采用实地观察性研究。

观察性研究也有一些不足之处。首先，自然发生的数据会受到很多和假设无关的因素的影响。在"献血与补偿"的例子里，一个国家有没有献血的传统，人们是否认为献血有害健康等都会影响献血的比例。由于这些因素的影响，研究者无法清楚地分辨出献血人口比例的高低到底是因为有无补偿还是其他因素。其次，自然发生的数据只能说明两个变量之间的相关关系，但不能确认两者之间的因果关系。例如，如果搜集了一组关于老师教学积极性的数据，同时也搜集了学生成绩的数据，通过对数据的分析发现，学生成绩好的老师教学积极性更高。但是这些数据并不能反映，到底是因为学生成绩好导致老师教学积极性高，还是因为老师教学积极性高，所以学生的成绩好。也就是说，通过这些自然发生的数据，只能说明"两个变量是相关的"，但是无法确认变量之间的因果关系。

因此，研究者通常不是收集自然发生的数据，而是通过实验的方式来对假设进行检验。实验大致上可以分为两类：一类是现场实验，另一类是实验室实验。

6.1.2 现场实验（Field experiment）

现场实验是在自然环境下进行的有控制的实验，是准实验的一种情形。实验者在自然环境下操纵自变量，来检验自变量的变化对因变量所造成的影响，从而探究自变量和因变量之间的因果关系。例如，在研究是否有补偿对献血积极性的影响时，实验者可以选择两家医院来进行现场实验。在一家医院，实验者给参加献血的人一些金钱补偿，在另外一家医院里实验者不提供任何补偿，实验者可以记录在有补偿和没有补偿两种情况下分别有多少人来参加献血。

但是和观察性研究一样，现场实验也很容易受到无关因素的影响。例如，一家医院周围居住的老年人比例较高，另一家医院则在年轻人聚集区，很可能年轻人比老年人参加献血的积极性更高，或者两家医院工作人员的态度有差异，这也会影响人们的献血积极性。这些无关因素影响了人们献血的积极性，并不能说明补偿和献血积极性之间的关系。因此，要做好一个现场实验是非常难的。

6.1.3 实验室实验（Lab experiment）

实验室实验是指研究者需要对其他因素加以严格控制，只改变希望改变的自变量，然后监测因变量的变化。实验室实验可以保证实验能够检测自变量和因变量之间的因果关系。仍以献血为例，研究者将参加实验的人聚集到实验室里，然后把他们随机分配到有补偿和没有补偿的两种实验情况中去。告诉有补偿组的被试，如果他们参加献血，可以得到500元的金钱补偿；告诉没有补偿组的被试，他们参加献血是无偿的。然后请这些参加实验的人回答，他们有多大的可能性会参加献血。

通常在实验室实验中，一个自变量总是取几个可能的值，例如献血有补偿和无补偿。实验中，按不同自变量水平取值的组为实验组。上面的实验中涉及两个实验组：一组是献血有补偿的情况，一组是没有补偿的情况。

6.1.4 现场实验和实验室实验的比较

现场实验的局限性主要在于：由于实验发生在现实自然环境中，这和收集自然发生的数据一样，很多影响实验结果的潜在因素不能得到很好的控制，实验的内部效度往往比较差。比如前面所说的，有可能有补偿的那家医院周围住的都是老年人，而没有补偿的另一家医院周围都是年轻人，结果发现没有补偿的那家医院有更多的人献血，这很有可能是因为年轻人参加献血的积极性更高，而不是因为人们不想要补偿。一个精心安排的现场实验通常会尽量去除那些实验者能够预见到的干扰因素。

相较而言，在实验室实验中，研究者可以对实验过程和影响实验的因素进行有效的控制，从而尽量排除已知的干扰因素，因此内部效度较高。实验室实验设计灵活，实验费用也较低。但是实验室实验也有明显的缺点：首先，在实验室实验中，研究人员营造了特殊的实验环境和条件，因此被试和实验过程都处于一个"非自然态"；其次，实验室受自身规模和经费等所限，实验样本难以完备，因此外部效度较低。实验者总是希望得到的实验结果能够代表一个普遍的现象，而不是仅仅发生在参加实验的人身上，因此实验的可重复性（replicability）十分重要，也就是实验结果是否在不同的被试和实验环境下仍旧能够被重复证实。例如，如果"教师积极性—学生成绩"的实验结果只对某一个学校的师生有效，那么这样的研究结果必然不具备理论意义上的重要性。这时现场实验的优点就显现了出来：在内部效度高的前提下，现场实验是在自然状态下进行的，实验样本相对较为完备等，因此结论具有较高的外部效度。实验室实验和现场实验的主要优劣势对比概括如表 6-1 所示。

实验室实验和现场实验主要优劣势对比 表 6-1

	实验室实验	现场实验
被试是否易察觉参与了实验	是	否
接近现实的程度	低	高
不相干因素的干扰	少	多
检验因果关系的能力	好	差
外部效度	低	高

如果一项研究更加关注两个变量之间的因果关系，实验室实验会是一个更好的选择，因为在实验室中研究者可以通过各种手段来去除其他无关因素的影响。实际上，内部效度高是外部效度高的必要非充分条件。在必要的情况下，我们可以先在实验室里对假设进行检验，以明确自变量与因变量的因果关系，然后在自然环境中用现场实验的方法再次进行实验，来检验这个假设的外部有效性。

6.2 实验设计的基本原则

实验设计的两条基本原则是：随机化（randomization）和复制（replication），这两条原则是统计分析的基础，也是实验高效度的基石。

1. 随机化（Randomization）

随机化指实验材料（包括被试）在各个实验组之间的分配方式，被试的实验顺序等是随机产生的。如果这些因素都是随机的，那么称之为完全随机化（complete randomization）。其中被试被随机分到各个实验组的过程，称之为随机分配（random assignment）。研究者可以用电脑里的各种统计软件或者简单的随机数发生器来进行随机化操作。

在做实验过程中，随机分配十分重要。首先，随机化是进行统计分析的需要。在统计分析中要求误差的大小独立于观测值的大小。在对被试进行随机分配后，可以认为与被试有关的误差是独立随机的，它们不会对因变量的变化造成系统性的影响。更重要的是，随机化可以减小甚至去除某些额外因素（extraneous factors）的影响，尤其是没有得到控制的干扰因素的影响。例如，在研究补偿对献血影响的例子中，随机分配被试可以保证在有补偿组和无补偿组被试的平均年龄大致相同。如果不进行随机分配，就有可能存在年龄在35岁以上和35岁以下的被试被分别分到补偿和没有补偿的两个实验组中去的情况。这样，年龄作为一个额外因素就会影响实验结果。实验结果可能显示没有补偿的实验组献血更积极，但是这个结论是不准确的，因为更高的献血积极性可能是由被试年龄造成的，而不是由于补偿造成的。在样本足够大时，将被试随机分配到两个实验组就可以基本消除这种情况。也就是说，当样本足够大时，随机分配被试可以降低因诸如被试的年龄等无关因素导致产生系统性差异的可能性。

需要注意的是，随机分配必须在所有的实验组之间进行。仍以献血的例子说明，一开始只有两个实验组：有补偿组和无补偿组。研究者对被试在两个实验组之间进行了随机分配。但是后来研究者还希望了解如果补偿采取礼物而不是金钱的形式,是否会影响献血的积极性。因此,研究者又找了一些被试,把他们分配到了礼物补偿组,然后比较这三个组的献血人数。但是这样做是不对的,因为三个组的被试不是随机分配的。研究者必须重新做实验,随机在三个实验组之间分配被试,因为如果只单独把礼物补偿组作为一个实验组分配被试,这个组的被试有可能和第一次做实验的被试存在系统性差异,从而影响实验结果。例如,礼物补偿组的被试总体可能比另外两个实验组的被试都年轻,从而导致实验结果的不准确。

2. 复制(Replication)

复制指在相同的处理下,独立重复实验以得到类似的实验结果。首先,复制可以让实验者对实验误差有一个估计。这种估计能够帮助实验者了解实验结果是否有统计意义上的不同。其次,由统计分析性质可知,相较于一次测试,多次的复制可以帮助研究者更精确地估计样本均值(sample mean)。另外,统计分析需要一定的数据量才可以达到一定的置信度,对于复杂的实验设计来说尤其如此,复制可以提供一定的数据量。一个可以复制的实验才有较高的可信度。

需要特别指出的是,复制和重复测量不一样,重复测量只是从测量角度提高准确度,而复制则是重新测量整个实验从头到尾被试受到的影响。比如,研究运动与心律的关系时,被试运动后测量心律,休息一定时间进行同样的运动后再测量就是复制;被试运动后两个研究者分别通过左右手动脉同时测量其心律就是重复测量。

6.3 实验室实验中应该注意的问题

1. 定义好一个概念,做好可操作性定义

管理研究中的概念通常是抽象的,实验者需要将它转换成具体的可以操作或者观察的形式。那么,实验者用来操纵或者衡量的关于这个概念的可操作的形式就是可操作性定义。概念的抽象程度不同,它所需要的可操作性定义的难易也不同。例如,工作时间是一个相对来说具体的概念,可以用小时数来衡量。而工作积极性就是一个比较复杂而且抽象的概念,会涉及很多因素。

关键在于,研究者必须先有一个方法来有效衡量或者操纵这个概念,才能具体地实施一个实验。一般来说,如果研究者不能根据一个假设给出可操作性定义,那么这个假设就是没有办法证伪的。在实验设计中,包括形成可操作定义的过程中,保证构念效度是需要时刻考虑的问题。

此外,还要特别注意的是,在考虑如何使构念可以操作时,要避免天花板效应(ceiling effect)[1]和地板效应(floor effect)[2]。

2. 事先请少数被试做一些"测试性研究",小规模地测试一下实验

研究的初始实验设计可能并不完备,尤其在实验复杂的情况下,所以有的时候,实验者会事先请少数被试做一些"测试性研究",小规模地测试一下实验,看看是否有意料之

---

[1] 天花板效应是指在实验中会产生所有的数据都集中在取值范围最高值周围的情况。
[2] 地板效应是指所有的数据都集中在取值范围最低值周围的情况。

外的情况发生。

为了更好地达到测试的目的，在测试性实验结束后，参加测试性实验的被试通常需要回答一些和实验的变量无关但是和实验设计有关的问题，例如，"您觉得我们的实验是否介绍得清楚而且容易理解""您在实验过程中是否有理解的困难"等。实验者也会征求被试的意见，从而对实验进行改进。

3. 对实验结果的理解

做完实验收集好数据之后，研究者需要进行数据分析。数据的分析结果和假设不一致并不意味着假设是错误的，也有可能是因为实验设计不妥当。例如，被试没能很好地理解研究者的指示，或者是被试在实验后期比较疲劳，没有认真回答问题等。

此外，研究者还需要思考："实验里有没有干扰变量？"。消除干扰变量的影响是保证得到可靠数据的一个非常重要的方面，研究者应该确认干扰变量得到了应有的控制，是否漏掉其他可能的控制变量，样本量的大小是不是能够保证随机分配以消除随机差异，以及真正操作实验的人是否公正且没有倾向性等。

除了干扰变量，研究者还需要考虑变量的可操作性定义是否有效。例如，对"快乐"和"悲伤"的可操作性定义是分别让人们听一段欢快和缓慢的音乐。如果音乐没有达到让被试感到"快乐"或者"悲伤"的效果，那么研究者需要考虑修改可操作性定义。此外，如前所述，在考虑变量的可操作性定义时，要注意选取适当的取值范围，避免产生天花板效应和地板效应。如果研究者发现实验中可能存在这两种效应并导致两个实验组没有区别，那就需要对可操作性定义进行改进，然后再重新进行实验。

6.4 实验设计 ❶

6.4.1 横断组间设计（Cross-sectional between-cases design）

横断组间设计是指把不同的被试分配到不同的可能值上，且自变量和因变量只测量一次的设计。在横断组间设计中，参加不同实验组的人是不同的，每个人只能参加一个实验组。

图 6-1 所示是最简单的横断组间设计。它有一个自变量 X，分别取值 $X=0$ 和 $X=1$。X 的取值分别被分配给一组由垂直框表示的被试。自变量 X 对因变量是否有影响取决于两组之间的 Y 分数是否不同，即 $\mu_{Y|0}$（$X=0$ 时 Y 的平均值）$\neq \mu_{Y|1}$ 时，自变量 X 对因变量有影响。

例如，公司想要评估上级对员工的正向反馈对员工工作绩效的影响，Y 为工作绩效。让一组员工收到正向反馈，$X=1$；另一组作为控制组，不收到反馈，$X=0$。通过比较两组员工的工作绩效的平均值，观察正向反馈对工作绩效是否有影响。

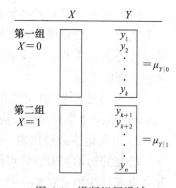

图 6-1 横断组间设计

---

❶ 本节主要介绍实验研究中的实验设计情况，有些实验设计也同样适用于准实验研究。

由于不同实验组中的被试之间存在个体差异，研究者在分组时需要对被试进行随机分配，尽可能抵消差异。

6.4.2 纵向组内设计（Longitudinal within-cases design）

纵向组内设计是指被试要参与某个自变量的所有可能情况，并且对自变量和因变量进行多次测量的设计。对于纵向组内设计来说，所有的被试参加所有的实验组，被试之间的个体差异都发生在实验组之内，所以并不需要随机分配。

图 6-2 所示为简单的纵向组内设计。纵向组内设计在单个实验组上研究自变量变化的结果，首先测量因变量 Y_b，然后引入自变量值 $X = 1$，并测量因变量 Y_a。如果 $\mu_Y^a \neq \mu_Y^b$，则可以得出自变量 X 对因变量有影响。

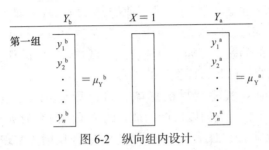

图 6-2 纵向组内设计

纵向组内设计也可用于评估正向反馈的影响。在引入正向反馈之前，统计员工的工作绩效，然后使员工接收正向反馈，再对员工的工作绩效进行测量。通过比较 μ_Y^a 和 μ_Y^b 来评估正向反馈的效果。

6.4.3 横断组间设计和纵向组内设计的选择

横断组间设计与纵向组内设计都是对自变量的不同取值进行对比，在横断组间设计中，对比较为明显，而在纵向组内设计中，对比则较为隐晦。

横断组间设计可以是实验或者准实验，当被试被随机分配到两个 X 组时，为实验；当被试以其他方式（例如匹配）被分配到两个自变量 X 组，则为准实验。纵向组内设计必然是准实验，因为只研究了一组，无法将被试随机分配。

在资源充沛的情况下，实验者更偏向于组间设计。首先，组间设计较为保守，在组间设计中不会出现一个实验组污染另一个实验组的情况。其次，组间设计的需求特性❶ 没有组内设计明显。在组内设计中，如果一个被试回答了自变量不同取值情况下的所有问题，他就可以相对容易地把这些问题进行比较，也就更可能猜测出实验者的意图，从而调整自己的行为。这就会影响实验结果的真实性。例如，研究者想采用组内设计的方法来检验人们喝酒精饮料对反应速度的影响。由于被试在喝酒精饮料之前和之后做的测试相同，他们很容易猜测到研究者是想检验喝酒精饮料对他们的影响。不管他们把自己的反应速度调慢还是调快，实验的结果都会存在一些偏差。在组内设计中，可以通过一些实验设计的技巧来减少需求特性的影响。例如，可以让被试在喝酒精饮料之前和之后做不同的测试。这样被试就很难分辨实验者的真实意图，也很难分辨哪些问题是实验者真正关心的。但是，尽

---

❶ 见 6.5 实验的效度问题。

管我们可以减少需求特性在组内设计中的影响，组间设计仍旧是减少需求特性更简便、更可靠的实验设计方式。

组内设计的另外一个问题就是可能产生传递效应（carryover effect）。当所有的被试都以同样的顺序经历所有的实验组时，很容易产生传递效应。例如，测试正面反馈和负面反馈对工作绩效的影响。如果采用组内设计，被试先接受正面反馈，然后测量他们的工作绩效；之后被试再接受负面反馈，再次测量他们的工作绩效。由于对因变量的测量都是通过让被试参加相同的测试，因此被试在第二次参加这个测试时的成绩会提高，但是这不一定是反馈对绩效的影响，而很有可能是由于人们在第一次做测试的时候获得的一些经验可以被用在第二次测试中，从而提高了成绩。这种传递效应称为练习效应（practice effect）。但是如果被试因为重复已经做过的测试而感到无聊并逐渐对测试敷衍了事的话，成绩会降低，这也不是反馈对绩效的影响，而是另一种传递效应，称为疲劳效应（fatigue effect）。在实验中应该尽量消除练习效应和疲劳效应。去除传递效应有一些常见的方法，如让被试回答不同的测量因变量的问题。例如，研究者想测试被试在不同环境下的记忆力，那么不应该让他背诵相同的内容，而是背诵类似的内容。

为了减少传递效应对实验结果的影响，可以用 ABBA 互相抵消的方法（ABBA counterbalancing）设计实验。仍旧以反馈和绩效的关系的研究为例，可以对每个被试都采用这样的顺序：正面反馈→负面反馈→负面反馈→正面反馈（ABBA）。把正面反馈放在第一和第四个位置可以在某种程度上消除练习效应。但是，当自变量有三个可能值时，上面这种完全互相抵消的方法就不太可行，因为这三个可能值的顺序组合有 6 种，实在是太多了。

在这种情况下可以采用抵消平衡法。随机将被试分配到不同的实验顺序中去，如果是有两个可能值的自变量，这两个可能值的顺序排列只有两种情况：AB 和 BA。那么可以随机选取一半被试采用 AB 的顺序，另外一半采用 BA 的顺序。例如，有一半的人是先接到正面反馈，另一半的人是先接到负面反馈。需要注意的是，在抵消平衡法中，顺序是一个组间变量。如果是有三个可能值的自变量，就要把所有的被试随机分成 6 组，每组采用一种排列顺序。不难看出，ABBA 互相抵消的方法一般来说只适用于自变量有两个可能值的情况，但是抵消平衡法却可以适用于自变量有两个或者两个以上可能值的情况。

但是随着自变量的可能值的增多，可能的顺序也在增多，仍然会存在一些问题。例如，3 个自变量的值有 6 种顺序，4 个自变量的值有 24 种可能的顺序，5 个自变量的值甚至有 120 种可能的顺序。有的时候不同自变量值的排列顺序的数目甚至比参加实验的人还多，那么随机分配被试到不同的实验顺序中去的方法也就不适用了。

这种情况下，就无法做到完全的平衡抵消，需要采用不完全的平衡抵消方法，即实验组需要保证每个可能值出现的次数相同，而且这些值可能出现的位置的次数也相同。例如，如果有 A、B 和 C 三个自变量的值。那么要保证三个值出现在第一位、第二位和第三位的次数相等。这种不完全平衡抵消的方法叫作拉丁方设计（Latin-square design）。

如表 6-2 所示为有四个实验组（A、B、C、D）的拉丁方设计。

如表 6-2 所示的拉丁方设计，需要被试的人数为 4 的倍数。例如，假设有 16 个被试，那么被试者 1、5、9、13 采用第一个实验顺序，被试者 2、6、10、14 采用第二个实验顺序，以此类推。

表 6-2　有四个实验组的拉丁方设计

被试编号	顺序			
	第一位	第二位	第三位	第四位
1	A	B	C	D
2	B	C	D	A
3	C	D	A	B
4	D	A	B	C

当然，组内设计也有它自身的优点：由于不存在被试的组间差异，组内设计更容易做出显著的效果。如果能很好地控制其他对组内设计的不利因素，组内设计也不失为一个好的选择。

6.4.4　纵向组间设计（Longitudinal between-cases）

图 6-3 所示为纵向组间设计，结合了横断组间设计中的组间特征与纵向组内设计中的纵向特征。在两组被试取值 X 前后均对因变量 Y 进行测量。在引入 X 之前，第一次测量 Y 用于确定不同组之间是否具有可比性。

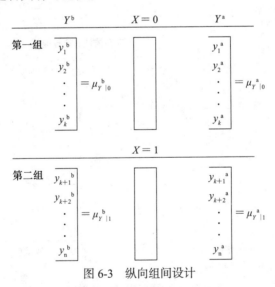

图 6-3　纵向组间设计

纵向组间设计可能会既存在纵向设计的威胁因素（例如测试关联❶），也存在组间设计的威胁因素（例如实验组间污染❷）。当实验中存在被试选择偏差这一威胁因素的可能性较大，而发生纵向设计中潜在威胁因素的可能性较小时，采用纵向组间设计更加有优势。

图 6-4 为纵向组间设计的两种可能的结果。在示例中，$X=1$ 表示正向反馈等条件，$X=0$ 表示对照。此外，在每个例子中，对照组中的 Y 平均分数增加了 $5-3=2$。这些分

---

❶ 见 6.5 实验的效度问题。
❷ 同上。

数的增加可能是由于存在成熟程度[1]或者其他与纵向组间设计相关的威胁因素。另外，每个例子中的实验组的Y比对照组均有所增加。

图6-4（a）为没有被试选择偏差的情况，$\mu_{Y^b|0} \cong \mu_{Y^b|1}$，如果被试者是随机分配到$X=0$与$X=1$中，则$\mu_{Y^b|0} \cong \mu_{Y^b|1}$是预期的结果。在这种情况下，可以通过观察$\mu_{Y^a|1}$与$\mu_{Y^a|0}$的差异，即$7-5=2$，从而评估$X$对$Y$的影响。

如果被试是随机分配的，那么是否需要在引入自变量X之前对因变量Y进行测量仍然有待考虑，因为随机化应该使两组的Y值相等。

图6-4（b）为可能存在被试选择偏差的情况，$\mu_{Y^b|0} \neq \mu_{Y^b|1}$，在这种情况下，可以通过计算差值的差值$[(\mu_{Y^a|1}-\mu_{Y^a|0})-(\mu_{Y^b|1}-\mu_{Y^b|0})]$来评估$X$的影响。对于$X=1$的一组，在测试前后平均$Y$分数分别为5和9，对照组的分数分别为3和5，计算$(9-5)-(5-3)=2$，即为正向反馈对$Y$的影响。

但图6-4（b）中所示的结果可能存在内部效度问题，不一定能通过计算差值的差值来克服，因为任何导致测试前Y分数差异的因素都可能与X一起影响测试后Y的分数。

例如，接受正向反馈的实验组中的被试可能具有表现良好的动机，这是其在测试前Y平均分数较高的原因。此外，由于其具有更高的动机，这一群体可能会更充分地利用正向反馈。因此，（有动机的）实验组Y分数的改善程度大于当对照组也接收正向反馈时的情况。这时，动机调节X和Y之间的关系。

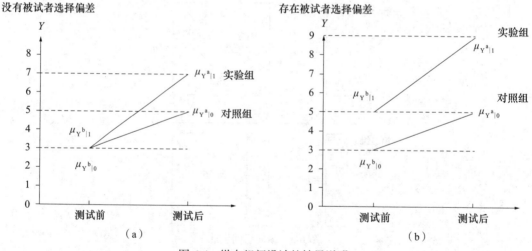

图6-4 纵向组间设计的结果说明

6.4.5 横断因子设计（Cross-sectional factorial design）

目前的实验设计中均只考虑了一个自变量，但因变量通常受到不止一个自变量的影响，因此在研究中需要考虑多个自变量的情况。

由研究人员操纵的具有两个或多个自变量的设计称为因子设计。

图6-5所示为因子设计。它有两个自变量（XA和XB），每个变量有两个自变量水平。

---

[1] 见6.5实验的效度问题。

因变量测量一次，使其成为横断设计。在因子设计中，可以同时检验多个假设，既可以研究自变量 XA 对因变量的影响，也可以研究自变量 XB 对因变量的影响。单独检验自变量 XA 或 XB 对因变量的影响得出来的效应叫作主要效应（main effect）。同时考虑两个自变量，研究它们之间的组合对因变量的影响得出来的效应就叫作交互效应（interaction effect）。之所以采用因子设计，是因为预测实验的结果会产生一个交互效应。

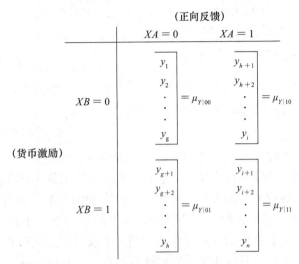

图 6-5　两个独立变量的因子设计

例如，组织可能想知道员工绩效（Y）是否受正向反馈（XA）和货币激励（XB）的影响。$XA = XB = 0$ 表示每种情况下的控制条件。$XA = XB = 1$ 分别代表正向反馈和货币激励条件。

使用横断组间设计的两项研究可分别用于调查正向反馈和货币激励的效果。但是，相比横断组间设计而言，研究因子设计中的变量有两个重要的优点。

首先，在一项研究中使用横断因子设计比分别在两项研究中使用横断组间设计更有效。例如，假设一名研究人员希望每组包括 20 个被试者。使用横断组间设计时，对正向反馈的研究需要 40 个被试者（20 位处于实验状态，20 位处于对照状态），对货币激励的研究也需要 40 个被试者，一共需要 80 个被试者分别进行这两项研究。使用横断因子设计时，正向反馈和货币激励的只需要 40 个被试者，如图 6-6 所示，20 位接收正向反馈的被试者（n_{10} 与 n_{11}）可以与 20 位不接收正向反馈的被试（n_{00} 与 n_{01}）进行对比，同理，20 位接受货币激励的被试（n_{01} 与 n_{11}）可以与 20 位不接受货币激励的被试（n_{00} 与 n_{10}）进行对比。

其次，一项使用横断因子设计的研究比两项使用横断组间设计的研究能提供更多的信息。这是因子设计的另一优点，它允许研究人员直接研究调节变量的作用（即交互效应）。图 6-7 所示为正向反馈与货币激励如何影响工作绩效。$\mu_{Y|11}$（$= 70$）比 $\mu_{Y|01}$（$= 35$）大，$\mu_{Y|10}$（$= 25$）比 $\mu_{Y|00}$（$= 20$）大，说明正向反馈对工作绩效有影响；同样，$\mu_{Y|11}$（$= 70$）比 $\mu_{Y|10}$（$= 25$）大，$\mu_{Y|01}$（$= 35$）比 $\mu_{Y|00}$（$= 20$）大，说明存在货币激励的影响；同时 $\mu_{Y|11}$（$= 70$，表示同时存在正向反馈和货币激励的结果）大于 $\mu_{Y|01}$（$= 35$，只存在货币激励的结果）与 $\mu_{Y|10}$（$= 25$，只存在正向反馈的结果）的加和（$= 60$），说明存在调节或交互效应。

XB（货币激励）	XA（正向反馈）	
	$XA=0$	$XA=1$
$XB=0$	$n_{00}=10$	$n_{10}=10$
$XB=1$	$n_{01}=10$	$n_{11}=10$

图6-6 正向反馈和货币激励的因子设计

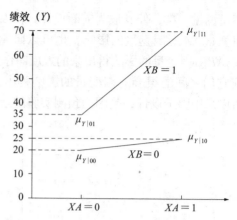

图6-7 正向反馈（XA）和货币激励（XB）对工作绩效的影响

利用图像的形式可以让人更直观地观察到是否存在交互效应。一般来说，如果两条线是平行的，可以推测实验结果没有交互效应；如果两条线的斜率存在较大差异，可以推测实验结果是存在交互效应的。图6-7中两条线并不平行也说明了这一点。

调节变量（交互作用）表明，一个自变量对Y的影响取决于另一个自变量的值。在本例中，有正向反馈时，货币激励对绩效的影响大于没有正向反馈时；有货币激励时，正向反馈的效果比没有货币激励时更大。需要注意的是，交互效应并不以主要效应的存在为前提。

如果一个因子设计有两个自变量，相对应的交互作用就叫作双重交互作用（two-wayinteraction）。如果有多于两个的自变量，这样的设计叫作高阶设计（higher-order design）。需要注意的是，到底是几重交互作用，取决于有多少个自变量，并不取决于自变量水平的个数。

6.5 实验的效度问题

在实验中，有些实验方式或事件会影响效度，这些实验方式或事件称作效度威胁因素（threats to validity）。按照其对内部效度或外部效度的影响将其分为内部效度威胁因素（threats to internal validity）和外部效度威胁因素（threats to external validity）。如果某个因素只影响一个实验组的人员，而不对其他实验组的人员产生影响，那么归为内部效度威胁因素；反之，如果对所有的实验组都产生等效影响，那么归为外部效度威胁因素。

6.5.1 常见的内部效度威胁因素

1. 研究环境威胁因素（Research environment threats）

（1）需求特性（Demand characteristics）

被试在参与一项研究之前通常已经有一定的知识积累。在参与一项研究之后，他们往往知道自己处于一项研究之中，根据研究所述目的、说明、与研究者的互动以及作为研究的一部分要求提供的自身信息，被试能获取一些额外信息。这些信息可以作为需求特性，它们为被试提供了关于研究内容的预期。这些信息，再加上被试的动机（例如，成为一个好的或坏的被试），可能会导致因变量取决于被试的期望和动机，而不是自变量的水平。这些因素会威胁自变量和因变量之间关系的内部效度。

（2）预期效应（Expectancy effect）

在进行研究时，环境会影响研究者的态度和行为，从而影响研究结果。特别值得注意的是，研究人员可能会对因变量产生一些非预期影响。例如，以热情友好的方式对待被试的研究人员得到的回应可能会与冷漠的研究人员不同。

当研究者希望得到预期的研究结果，并在实验中朝着这个方向对待被试时，就会出现预期效应。例如，与接受一种形式正向反馈的被试相比，接受另一种形式正向反馈的被试可能在某些任务上表现更好。这些差异会导致研究者认为第二种正向反馈形式更好。研究者无意中以与正向反馈本身无关的方式对待这两组人。这种差异可能涉及甚至研究者自己都不知道的微妙心理过程，例如各种形式的非言语交流（如肢体语言交流）。

这种研究者对被试的差别对待也是一种干扰变量，它们和自变量的水平有关，因此会使观测到的自变量和因变量之间的关系产生偏差。

2. 组间设计威胁因素（Between-cases threats）

（1）被试选择偏差（Selection）

被试选择偏差指经历不同自变量水平的被试之间存在的差异。这些差异可能会导致因变量的差异，即对内部效度产生威胁。

在之前的例子中，让一组接受正向反馈的员工作为实验组，另一组未接受正向反馈的员工作为对照。两组被试在动机或能力等方面的差异（即被试选择偏差）也可能对接受反馈后测量的平均工作绩效产生影响。

被试选择偏差是一个严重的威胁因素，因为不同的被试组之间存在的差异可能会产生各种可能的干扰，包括偏差、虚假或抑制等，从而对实验结果产生影响。

（2）组内经历差异（Intragroup history）

组内经历差异表示对一个组的影响不同于另一个组的外源性事件。例如，接受过正向反馈的团队可能使用更好或更差的设备，对它的监管可能更好或更差。如果不加以控制，这类组内经历差异也会成为一种干扰变量。

（3）实验组间污染（Treatment contamination）

组间设计可能会受到实验组间污染这一威胁因素的影响，这是指因不同组的被试相互交流，获知其他被试在实验中的经历而带来的影响。

3. 组内设计威胁因素（Longitudinal threats）

（1）历程事件（History）

历程事件是指在实验过程中发生的没有预料到的影响因变量的事件，历程事件随着自变量 X 的变化而发生。例如，在上述反馈示例中，给员工分配的材料或设备出现质量变化就是一种历程事件，它可能对员工工作绩效产生影响。

（2）成熟程度（Maturation）

成熟程度指随着时间的推移，被试在心理或生理上发生变化。一般在实验周期很长时，会存在这种变化。例如，假设在一组新员工中进行实验，工作绩效的变化可能只是因为员工获得了工作经验，而不是因为接收了正向反馈。

（3）被试流失（Mortality）

当一些被试在两次因变量测量之间离开时，就会发生这种情况。在研究完成之前离开的被试可能与其他被试不同，因此，可能会导致结果发生变化。例如，如果表现不佳的员工不成比例地离开实验，平均工作绩效可能会提高，因为剩下的员工工作能力更强。

（4）测试关联（Testing）

如果初始测验影响再次测验时的分数，即一次测验影响随后另一次测验，也会导致实验结果发生变化。例如，当要求被试第二次填写测量 Y 的初始问卷时，如果他们记得第一次是如何回答的，那么他们可能会根据第一次测验的经验有意识地提高第二次测验的成绩，从而导致实验结果发生变化。

（5）测量手段（Instrumentation）

在对因变量进行测量时，测量手段发生变化会对结果产生影响。例如，用于测量 Y 的程序可能会随着时间的推移变得更加复杂。因此，得到的结果可能会变化。如果测量系统在测量因变量 Y 时有差异，则会错误地判断 X 对 Y 的影响效果。

（6）统计回归（Statistical regression）

统计回归是指在进行重复测量时，前测中获得的极高或极低分数会在后测时倾向于向平均值偏移，即随着时间的推移高分者成绩下降，低分者成绩升高。统计回归的发生取决于两种情况。首先，它来自于因变量的不可靠测量。不可靠测量导致分数有时过高，有时过低。其次，当第一次测量中选择极端（高或低）分数的被试时，可能会受到统计回归的影响。如果这两种情况都成立，则在后续测量中，统计回归会导致分数从极值向平均值靠近。

例如，假设组织测量若干员工的工作绩效。然后选择平均绩效最低的一组进行实验。第二次测量结果他们的绩效可能会有所提高。然而，这种提高可能是由于统计回归，而不是正向反馈的影响。

6.5.2 常见的外部效度威胁因素

1. 样本不具代表性（Non-representative sample）

作为样本（sample）的被试不能代表总体（population）的情况。比如，研究中国短视频广告对消费者购物倾向的影响时，如果只研究汽车类广告对购物倾向的影响，那就不具有代表性。实际上，很多其他因素都可以使样本不具有代表性。保证样本具有代表性是保证外部效度的基石。

2. 霍桑效应（Hawthorne effect）

当研究人员在实验现场时，由于紧张等原因，被试的表现会与平时不一样，从而影响结论的外部效度，这种现象称为霍桑效应。如果无法判断霍桑效应是否会对测试结果产生重大影响，可以再安排一个对照组，对照组与实验组一样会被观察，但是不需要接受测试，目的只是测试霍桑效应。当然，如果假设决定了有两个实验组，除非有特殊理由，一般认为两个组都会受到霍桑效应的影响，而且影响的大小应该大致相同。如果只关心这两个组之间的区别，而不是每个组的绝对值，就不需要加对照组。因为霍桑效应只会影响两组数据的绝对值，不会影响两组数据的相对值。但是，如果霍桑效应完全掩盖希望检验的行为，那么即使加入对照组，还是可能得不到理论上预测的结果。在这种情况下，就需要考虑如何消除霍桑效应。例如，为了让被试感觉他们是在正常的环境下做某些正常的行为，研究者可以在被试者看不到的地方观察他们。

3. 安慰剂效应（Placebo effect）

安慰剂效应是指即使被试没有真的接受实验，也会给出有效果的反馈。最典型的例子是药剂实验。假定研究者告诉被试他们吃的是止痛片，但是实际上只是维生素 C，很有可能被试也觉得疼痛减轻了，但并不是因为维生素 C 可以止痛，而是因为被试认为他们吃的是止痛片，心理上感觉疼痛得到了缓解。那么，如果一个被试吃了止痛片，疼痛减轻了，这并不能说明是止痛片起作用，因为痛觉的减轻也有可能是因为被试觉得他吃了药感觉更好而已。如果想要测出止痛片的真实效果，研究者需要设立一个对照组，告诉被试他们吃的是止痛片，但是实际上给他们吃的是维生素 C。如果实验组的数据好于对照组，才能得出止痛药有效的结论。

6.6 实验研究案例 ❶

本节选取刘承林等人于 2022 年发表在《管理工程学报》上的一篇论文进行分析，介绍在实验研究中如何提出问题以及进行实验设计。该论文基于 Hovland 说服理论研究了电商主播信息源活跃度对消费者购买意向的影响，是一个实验室实验。

6.6.1 案例背景与假设

研究者通过三个实验研究了电商主播信息源活跃度通过消费者的社会临场感和心流体验对其购买意向的影响，并检验了消费者情绪易感性的调节作用。

心流体验指人们从事某件感兴趣的活动时因身心投入其中而产生的忘却环境、乐在其中、甚至忘却时间的一种心理状态。在本研究情境下，心流体验特指消费者在参与直播活动时完全投入到直播过程中，被主播吸引的一种身心愉悦的状态。

社会临场感指的是个体在使用媒介过程中，能够感知他人存在而产生的一种主观感受，即能够感知作为一个独立真实的个体与他人联系、互动的程度。在电商直播情境中，在线消费者虽然无法和主播真实地面对面交流，但是主播可以通过活跃的表现和营造的情境为在线消费者带来社会临场感，从而影响消费者的行为意向。

情绪易感性是指情绪感染过程中个体的情绪被他人影响的特质，是个体被他人情绪感染的差异程度。在电商直播情境中，由于消费者个体的差异，不同消费者的情绪易感性不同，所产生的情感反应和行为意向也就不同。

基于理论分析的结果，研究者提出下列假设。

H1：高电商主播信息源活跃度比低电商主播信息源活跃度能引发消费者更积极的购买意向。

H2：心流体验在电商主播信息源活跃度和消费者购买意向之间起中介作用。

H3：消费者情绪易感性对消费者购买意向有调节作用。

H3a：当消费者情绪易感性高时，高电商主播信息源活跃度能引发更为积极的消费者

---

❶ 本案例来源：刘承林，刘鲁川，孙凯，孙怡璐. 电商主播信息源活跃度对消费者购买意向的影响——基于 Hovland 说服理论的实验研究 [J/OL]. 管理工程学报，2022，37（2）：60-70.

购买意向。

H3b：当消费者情绪易感性低时，电商主播信息源活跃度对消费者购买意向的影响不显著。

H4：消费者情绪易感性可以通过心流体验的中介作用，有效地调节电商主播信息源活跃度与购买意向之间的关系。

H5：在消费者情绪易感性高的情况下，电商主播信息源活跃度对消费者购买意向的影响在心流体验的中介机制下，进一步受到社会临场感的中介解释。

综合上述假设，研究假设模型如图 6-8 所示。

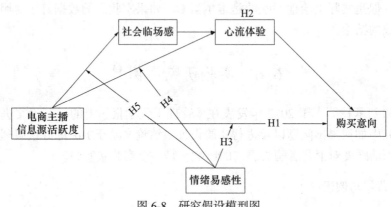

图 6-8 研究假设模型图

6.6.2 实验设计

本研究通过实验方法对电商主播信息源活跃度进行操纵，以检验不同电商主播信息源活跃度对被试社会临场感、心流体验和购买意向的影响作用。

在变量的测量方面，电商主播信息源活跃度、心流体验、购买意向和情绪易感性均通过借鉴前人研究的量表进行测量。

1. 实验 1 电商主播信息源活跃度对消费者购买意向的影响

首先进行预实验，以确保对主播信息源活跃度的操纵。研究者选取日用类中的纸巾作为本次实验的刺激商品。根据电商主播信息源活跃度概念，录制某电商平台中所属同一家店铺的高、低两个不同活跃度的主播，在不同时间段对该店铺同一款纸巾进行直播介绍的场景视频作为刺激材料，两视频时长均在 3 分钟左右且两视频中直播场景陈设相同。

为确保刺激材料在正式实验中能够体现高、低主播活跃度的属性，能够便于被试区分高、低主播活跃度的作用，研究者在网上招募了 43 位大学生作为被试（年龄 20～28 岁，女性比例 60.47%）参与预实验，进行电商主播信息源活跃度的操纵检验。

每位被试观看高、低主播活跃度直播场景视频后，通过完成电商主播信息源活跃度量表分别对视频中主播的活跃度进行测量，最终根据对量表数据的方差分析结果检验直播视频里的主播是否符合高、低活跃度的区分。为保证对电商主播信息源活跃度的有效操纵，排除其他可能的主播信息源特性对被试的干扰影响，依据已有研究对网红主播信息源特性的划分方式，被试同时被要求填写主播可信度量表和主播专业度量表。

结果显示，研究者选取的高活跃度视频的主播活跃度要显著高于低活跃度视频的主播活跃度。

然后进行正式实验。研究者在山东省某大学招募了110位大学生作为被试（年龄18～27岁，女性比例58.18%）参与正式实验，被试被随机分配到高活跃度组（55人）和低活跃度组（55人）。

研究者给予高活跃度组的被试观看高主播信息源活跃度的直播场景视频，邀请低活跃度组的被试观看低主播信息源活跃度的直播场景视频。被试在观看完直播场景视频后，被要求在不考虑商品价格、品牌喜好以及对主播喜爱、熟悉等因素的前提下，仅根据视频中主播的活跃程度通过填写心流体验和购买意向量表来完成各自所产生的心流体验和购买意向因素的测量。

结果：通过实验1，验证了假设H1和H2，结果表明高电商主播信息源活跃度比低电商主播信息源活跃度能引发更为积极的消费者购买意向，并且消费者的心流体验在此效应中起中介作用。

2. 实验2　电商主播信息源活跃度对消费者购买意向的影响：情绪易感性的调节作用和心流体验的中介作用

实验2采用2（电商主播信息源活跃度：高 vs 低）×2（情绪易感性：高 vs 低）的组间实验设计。

首先进行预实验，以确保对主播信息源活跃度的操纵。研究者选取食品类别中的坚果棒作为本次实验的刺激商品，刺激材料的选取和设计方式同实验1。为确保本刺激材料在正式实验中能够体现高、低主播活跃度的属性，能够发挥被试区分高、低主播活跃度的作用，研究者在网上招募48位大学生作为被试（年龄20～30岁，女性比例62.5%）参与预实验，进行电商主播信息源活跃度的操纵检验。操纵检验的方式同实验1的预实验。

结果显示，研究者选取的高活跃度视频的主播活跃度要显著高于低活跃度视频的主播活跃度。

然后进行正式实验。研究者在山东省某四所大学共招募235位大学生作为被试（年龄18～21岁，女性比例57.02%）参与正式实验。研究者首先邀请被试填写情绪易感性量表来完成对其情绪易感性因素的测量。其次，针对所提假设H3a、H3b内容，借鉴已有研究在实验过程中的分组方式，以被试的情绪易感性平均分为标准划分为高易感组（136人）和低易感组（99人）。随后，将高易感组的被试随机分配到高易感高活跃度（68人）和高易感低活跃度（68人）2个组，将低易感组的被试随机分配到低易感高活跃度（49人）和低易感低活跃度（50人）2个组。

研究者给予高易感高活跃度组和低易感高活跃度组的被试观看高电商主播信息源活跃度的直播场景视频，邀请高易感低活跃度组和低易感低活跃度组的被试观看低电商主播信息源活跃度的直播场景视频。被试在观看完直播场景视频后，被要求在不考虑商品价格和品牌喜好以及对主播喜爱、熟悉等因素的前提下，仅根据视频中主播的活跃程度通过填写心流体验和购买意向量表来完成对各自所产生的心流体验和购买意向因素的测量。

结果：实验2验证了假设H3、H3a、H3b和H4，结果表明，消费者的情绪易感性对购买意向有调节作用。当消费者为高情绪易感性时，电商主播信息源活跃度对购买意向的直接影响效应显著；当消费者为低情绪易感性时，该直接效应不显著。并且，消费者的情绪易感性可以通过消费者心流体验的中介，有效地调节电商主播信息源活跃度与消费者购买意向之间的关系，当消费者为高情绪易感性时，心流体验在电商主播信息源活跃度对购买意向影响关系中的中介效应显著；而当消费者为低情绪易感性时，该中介效应不显著。

3. 实验3　电商主播信息源活跃度对消费者购买意向的影响：社会临场感和心流体验的链式中介作用

首先进行预实验，以确保对主播信息源活跃度的操纵。研究者选取电子类别中的便携式颈部按摩仪作为本次实验的刺激商品，刺激材料的选取和设计方式同实验1。为确保本刺激材料在正式实验中能够体现高、低主播活跃度的属性，能够发挥被试区分高、低主播活跃度的作用，研究者在网上招募43位大学生作为被试（年龄18～30，女性比例60.5%）参与预实验，进行电商主播信息源活跃度的操纵检验。操纵检验的方式和使用的量表内容同实验1的预实验。

结果显示，研究者选取的高活跃度视频的主播活跃度要显著高于低活跃度视频的主播活跃度。

然后进行正式实验。研究者在山东省某四所大学共招募289位大学生作为被试（年龄18～33岁，女性比例71.63%）参与正式实验。研究者首先邀请被试填写情绪易感性量表进行情绪易感性因素的测量。随后，借鉴已有研究在实验过程中的分组方式，以被试的情绪易感性平均分为标准，划分为高情绪易感性组（149人）和低情绪易感性组（140人）。在实验2中已验证当消费者为低情绪易感性时，情绪易感性的调节作用消失，电商主播信息源活跃度对消费者购买意向的影响没有显著差异。因此，在实验3中研究者仅将高情绪易感性的被试随机分配到高易感高活跃度（75人）和高易感低活跃度（74人）2个组。

研究者给予高易感高活跃度组的被试观看高电商主播信息源活跃度的直播场景视频，让高易感低活跃度组的被试观看低电商主播信息源活跃度的直播场景视频。被试在观看完直播场景视频后，被要求在不考虑商品价格和品牌喜好以及对主播喜爱、熟悉等因素的前提下，仅根据视频中主播的活跃程度通过填写社会临场感、心流体验和购买意向量表来完成对各自所产生的社会临场感、心流体验以及购买意向因素的测量。

实验结果：在消费者为高情绪易感性的情况下，电商主播信息源活跃度对消费者购买意向的影响在心流体验的中介机制下，进一步受到社会临场感的中介解释。在消费者高情绪易感性的情况下，电商主播信息源活跃度对消费者的购买意向影响受到消费者的社会临场感（中介变量1）到心流体验（中介变量2）的链式中介作用。电商主播信息源活跃度会通过影响消费者的社会临场感进而影响其心流体验，从而使得消费者产生不同的购买意向。在社会临场感和心流体验的链式中介存在时，电商主播信息源活跃度对消费者购买意向的直接影响并不显著，证明社会临场感和心流体验起完全中介效应。假设H5得到验证。

6.7　准实验研究（Quasi-experiment）

很多时候，一个假设所涉及的自变量不是研究者能操纵的。例如，性别、种族、年龄等。如果有这样一个假设：男性比女性在工作中更加容易受到天气的影响。要检验这样一个假设，研究者需要让一组男性和一组女性分别参加实验。这个时候，一个人到底是男性还是女性是不受实验者控制的，所以没有办法在实验中做到对所有被试随机分配。准实验研究有两种情况：一是在自然环境下进行实验，二是研究者无法对被试进行随机分配，这两种情况都称之为准实验（quasi-experiment）。

准实验与实验室实验不同的地方主要在于前者并没有随机分配实验对象到实验组和控制组。

尽管实验室实验有许多优点，但是也存在一些不足。一个常见的缺点是它们局限于实验室内进行，因此不能有效地代表被试所在的真实环境。并且，研究者往往难以控制一些关键变量（key variables）的发生，因此真正的实验并不总是可行的。例如，被试的流失等情况。如果不能有效控制这些变量，研究者很难区分随机分配组与实验组。准实验拥有真正实验的许多好处，它的外部效度高，能有效研究设定环境下的因果推论，同时它放宽研究者对随机分配组与实验组区别的控制，并且放宽研究者对自变量的操控。准实验在设计上经常包括了自变量在环境里的自然变化，而不是操控它。此外，根据要探讨的问题，准实验设计让研究者能够在现场灵活地协调和控制实验对象，按照实验过程的自然结果来推断最接近现实的答案。

6.7.1 准实验设计中的效度问题

在准实验设计中，由于存在一些潜在的干扰因素，容易导致实验结果不准确，因此，可以采取一些措施，尽量消除这些因素的干扰，从而提高准实验的效度。

1. 传统实验方法的使用

在自然环境下做实验时，研究者可以利用传统实验方法，例如双盲设计，可以去除参加者和执行者在实验过程中引发的反应和情绪。此外，还可以加入控制组，研究人员引入一组几乎在所有方面都与实验组相同、只是没有加入实验因素的被试，当差异被剔除后，研究者对比两者的结果就可以对所研究的因素做合理推论。

2. 测量方式

时序测量（time-series measurement）目前被广泛使用。在自然环境下做实验时，如果是长期研究，如果在实验前和实验后进行多次数据搜集，根据实验组和控制组显示的不同趋势，就能做出更有力的推断。

3. "显著性"检验

研究者可以应用统计学的显著性检验分析从准实验中搜集的数据。例如，利用 p 值来测试结果是否具有显著性，从而证明其效度。

6.7.2 准实验研究设计

1. 只进行后测

这种设计既没有控制组，也没有前测，只有一次后测以观察被试接受实验后的改变。

$$X \quad O_2$$

X 指被试接受实验，O_2 是后测观察的结果，由左向右表示时间次序。本设计操作较为简单，但是由于没有进行前测，研究者难以知道实验过程中是否发生变化；并且，由于没有控制组，研究者亦难以知道没有经过实验的结果是怎样的。

2. 进行前测和后测

此设计中被试在实验前后都会接受观察，新增的前测研究模式是根据之前的设计来建构的，被试会接受一次前测观察（O_1），然后进行实验（X），再按照和之前的设计相同的度量方式接受后测观察（O_2）。

$$O_1 \quad X \quad O_2$$

本设计相比第一种更能检验出实验前后的差异，但是尽管已经加入了前测的研究设计，对于被试从头到尾都未接受实验的情况，结果尚不清楚。因此，在推论被试行为受实验影响方面的理论依据仍然非常薄弱。

3. 只有后测并加入控制组

一般情况下，要为实验提供理论依据来推论因果关系，可以通过加入一个没有接受实验的控制组，这个控制组要尽可能与实验组接近，且应在进行实验之前建立（非随机分配）。加入一个控制组和一组只有后测的设计，如下所示，横线上方为实验组，下方为控制组，在控制组中不进行实验，但进行观察。对比实验组和控制组的 O_2 是否存在差异。若存在差异，则说明 X 对因变量有影响。

$$\begin{array}{c|ccc} \text{实验组} & X & O_2 \\ \hline \text{控制组} & & O_2 \end{array}$$

由于进行前测往往会增加被试的敏感度，从而影响后测的分数，因此研究者也更愿意采用本设计方式。

4. 前测和后测一并加入控制组

在实验组和控制组中都加入前测这个前置变量作为对照，两个组别同样会搜集前测和后测的数据。

$$\begin{array}{c|ccc} \text{实验组} & O_1 & X & O_2 \\ \hline \text{控制组} & O_1 & & O_2 \end{array}$$

加入前测并使用控制组作对比，会更容易发现影响效度的威胁因素。例如，当实验组和控制组的前测存在差异时，可能是因为存在被试选择偏差。

5. 双前测和后测一并加入控制组

两组人在不同的时间分别进行相同的前测，至于第二次前测和后测，最好是两个组别都延迟相同的时间进行。

$$\begin{array}{c|cccc} \text{实验组} & O_1 & O_2 & X & O_3 \\ \hline \text{控制组} & O_1 & O_2 & & O_3 \end{array}$$

使用双前测能够帮助研究者了解实验过程中可能存在着的偏差——假设实验带来的影响已经在 O_1 至 O_2 的分析里出现，类似的偏差便同样可以在 O_2 至 O_3 的分析里出现。因此，假设 O_1 和 O_2 的比例与 O_2 至 O_3 的比例一样没有改变，研究者便可以利用双前测评估所选择的被试。

6. 前测和后测，加入控制组互相切换角色

研究人员在第二阶段将控制组引入实验，起初控制组没有进行实验。

$$\begin{array}{c|cccc} \text{实验组} & O_1 & X & O_2 & O_3 \\ \hline \text{控制组} & O_1 & & O_2 & X & O_3 \end{array}$$

后一组别在第一阶段主要是扮演监控的角色，但在第二阶段切换了角色变成实验组。这种互相切换角色的设计是强而有力的，因为利用两个组别在不同时期里角色的转变，模拟实验进行的时序，得出的结果便能够互相解释。

6.7.3 研究案例[1]

本节以涂红鸣等人于2011年在《心理学报》上发表的一篇论文为例进行分析，通过论文中的实例介绍如何进行准实验设计。该论文通过一个纵向现场准实验设计，研究了工作丰富化对员工工作满意度和工作绩效的影响，并证实了工作类型的调节作用，即工作丰富化对知识型员工和体力工作者工作产出的影响存在显著差异。

工作丰富化是指在工作中赋予员工更多的责任、自主权和控制权。研究者研究了工作丰富化对不同类型员工的工作满意度和任务绩效的影响。知识型员工通常被称为"白领"，他们利用所学到观念、思想和理论开展工作，在现代企业中发挥着越来越大的作用，同时他们掌握和分享组织知识，代表着企业的智力资本，是组织当前和未来的盈利保证。而体力工作者通常被称为"蓝领"，他们在组织中运用手工技能和体力劳动完成工作。

研究者选取计算机编程人员和后勤人员（清洁工人和维修工人）各140名作为研究对象，实施现场准实验。其中，计算机编程人员通常被认为是知识型员工的代表，而清洁工和维修工一般被认为是体力工作者。

样本来自于深圳某IT公司总部的研发部和后勤部。研发部门中大多数为从事类似软件开发的员工，样本符合从事知识工作的知识型员工特征，而后勤部门中的大多数员工从事日常清洁和维护工作，符合体力工作者进行体力劳动的特征。

在实验操纵前后，研发部门的6位项目经理和后勤部门的4位管理者分别评估本部门员工的绩效。

研发部门的知识型员工和后勤部门的体力工作者分别被随机平均分配到实验组和控制组，形成四个小组。在实验组中，实行工作丰富化；在控制组中，工作任务保持不变。

在接下来的4周内，员工被指定从事基准工作。在结束时，每个参与者均填写一份问卷，问卷内容包括工作丰富化和工作满意度的测量。问卷由研究者亲自发放，参与者匿名作答。同时，参与者被告知这次研究的目的是为了了解他们如何应对来自工作不同方面的挑战。在此阶段，两部门的领导者对他们员工的工作绩效进行评估。

然后，四个小组的参与者被安排在四个不同的房间，并被告知他们的工作从下周开始将会发生变化。但是实际上，实验组的员工参与丰富化水平更高的工作，而控制组的人员被分配与之前一样的工作。

在接下来的6个月内，实验组的员工参加丰富化水平更高的工作，控制组的员工工作保持不变。在此期间，公司和以往一样运作，没有特殊事件发生。6个月后，再次收集数据。四个小组中的每个参与者在相同的环境中匿名填写调查问卷。研究者借助于问卷编号，将员工个体前后测试的结果进行准确配对。同时，在此阶段，两部门的10位管理者对他们各自员工的工作绩效进行评估。

假设1：工作丰富化设计会提高知识型员工的工作满意度和任务绩效。

假设2：工作丰富化设计会降低体力工作者的工作满意度和任务绩效。

结果：通过对比两种实验环境中员工的不同反应发现，实验组员工的工作满意度和工

---

[1] 本案例来源：涂红伟，严鸣，周星. 工作设计对知识型员工和体力工作者的差异化影响：一个现场准实验研究[J]. 心理学报，2011，43（07）：810-820.

作绩效在前测和后测中存在着显著差异,而控制组员工的工作满意度和工作绩效几乎没有变化,这一发现意味着工作丰富化对员工产生了实质性的影响。此外,工作类型在这些因果关系中的调节效应显著。知识型员工的工作丰富化与工作满意度和工作绩效之间存在着正向的关系,而体力工作者的工作丰富化与工作满意度和工作绩效之间存在着负向的关系。假设1和假设2均得到证实。

思 考 题

1. 实验室实验和现场实验两种方法各有何优缺点?
2. 横断组间设计和纵向组内设计的区别是什么?
3. 在什么情况下,研究者更倾向于使用纵向组间设计而不是横断组间设计?
4. 为什么有些实验研究要采取因子设计的实验方案?
5. 组间设计通常有哪些威胁因素?
6. 什么是统计回归?会对实验研究产生什么影响?
7. 与准实验设计相比,实验设计可以减少或排除哪些威胁因素?

第7章 案例研究

7.1 案例研究的概念

案例研究作为一种实证研究，不仅具有探索性功能，而且兼具描述性与解释性功能。案例研究是在考量研究现象与研究问题契合性的前提下，以现实生活中的典型案例为素材，提出研究问题与理论假设，通过多种来源收集数据并对数据进行分析，最后推导出研究结论，从而建立新的理论或对现存理论进行检验、发展或修正。作为一种研究策略，案例研究是一种非常完整的研究方法，它同时包含了特有的设计逻辑、特定的资料搜集及独特的资料分析方法。

7.2 案例研究的适用范围及优劣势

7.2.1 案例研究的适用范围

案例研究主要用于解释个人、团体、组织或社会中相关现象是"如何"以及"为什么"起作用，或是对一个已有的研究主题提供新颖的理论视角。从案例研究中构建理论不需要基于过去的文献或先前的实证证据，因此案例研究一般适用于某一研究领域的早期阶段。案例研究与历史分析有相同之处，但与传统的历史研究法相比，案例研究获取资料的渠道更广泛。

7.2.2 案例研究构建理论的优劣势

案例研究的宗旨是以案例为基础从中归纳产生理论，理论的构建通常是在案例数据、形成的理论及现有文献三者之间的反复循环中进行的。相比于其他研究方法，通过案例研究构建理论有其优势和劣势。

1. 优势

（1）案例研究具有产生新颖理论的潜质

创新性的理论通常会在矛盾或相悖的证据的比较中出现，化解这些矛盾的过程迫使研究者构建一个新的框架。在通过案例研究构建理论的过程中，研究者需要广泛接收来自不同案例和其他研究者的各种数据进行分析，并将研究结果与已有文献进行对话，这一过程可以增加在新理论视角下产生创新性框架的可能性。

（2）案例研究形成的理论是可检验的

案例研究遵照严谨的步骤进行，具有较强的信度和效度。在构建理论的过程中，研究者已经研发出一套完善的、具有可操作性的测量方法对构念进行准确测量，并通过数据分析反复检验、修正假设，使研究结论具有说服力，后人可以重复实施这一案例研究获得相同的结论。

（3）案例研究所获得的理论具备实证效度

案例研究是一种在不脱离现实生活环境的情况下研究当前正在发生的现象的科学方法。案例研究的理论构建过程与实际情境中搜集到的证据紧密联系，并以此证据为基础进行分析归纳，因此所获得的结论也与实证观察相一致，能产生准确反映现实的理论。

2. 劣势

首先，通过案例研究构建的理论可能会过于复杂。经典理论的特征是简洁流畅，但在面对案例研究中的海量数据时，研究者难免会试图构建包罗万象的理论，以至于所建立的理论在细节方面很丰富，但是缺乏简洁的总体视角。其次，通过案例研究构建的理论可能会较为狭隘和特殊。案例研究是一种自下而上的方法，无法由具体的数据产生一般性的理论，这就有可能导致所构建的理论，描述的是一个非常特殊的现象，进而导致研究者无法提升理论的普适性水平。

7.3 案例研究的分类

根据不同的角度，案例研究可以划分为不同的类型。

7.3.1 根据研究目的分类

根据研究目的的不同，案例研究可以分为规范性案例研究和实证性案例研究。

规范性案例研究：强调回答"是什么"的问题，是为建立理论而进行的案例研究。

实证性案例研究：强调通过观察或者感觉获得知识，是为检验理论而进行的案例研究。

7.3.2 根据案例选择数量分类

根据案例选择数量的不同，案例研究可以分为单案例研究和多案例研究。

单案例研究：主要用于证实或证伪已有理论假设的某一方面，但通常不适用于系统构建新的理论框架。单案例研究适用于研究关键的、极端的、常见的、启示性的、纵向的案例。例如，可以利用单案例研究进行一个重要理论的关键检验、分析偏离了理论的规范或者日常发生的情景、捕捉日常情景中的环境和条件、观察和分析社会科学调查以前无法接触到的现象、在两个或多个不同时间点研究同一个案例。例如，基于小米企业进行的有关智能互联产品重塑企业边界的研究[1]即属于单案例研究，研究者以小米企业为研究对象，开展纵向案例研究，以小米企业的发展阶段为时间轴进行数据分析，探讨小米企业如何通过发展智能互联产品推动企业边界持续拓展的过程及其背后关键要素。

多案例研究：为了更好、更全面地反映案例背景的不同方面，尤其是在多个案例同时指向同一结论时，应选择多个案例进行研究。在多案例研究中，首先进行案例内分析，将

---

[1] 案例来源：曹鑫，欧阳桃花，黄江明. 智能互联产品重塑企业边界研究：小米案例［J］. 管理世界，2022，38（4）：125-142.

每个案例作为独立个体进行深入分析；然后进行跨案例分析，对所有案例进行归纳、总结，从而得出抽象、精炼的研究结论。多案例研究有助于提高案例研究的有效性。例如，基于中小企业进行的有关流动性风险治理的研究❶即属于多案例研究，研究者在中国融资担保行业选取了10个代表案例机构，探究流动性风险的微观传染机制及管理策略，并通过对另外24家机构的调研进行理论检验，这种真实案例和多案例间的重复验证有助于研究某一类问题的作用机制。

7.3.3 根据研究任务分类

根据研究任务的不同，案例研究可以分为探索性、描述性、解释性案例研究。

探索性（exploratory）案例研究：适用于当研究者对于案例特性、问题性质、研究假设及研究工具不是很了解时所进行的初步研究，以提供正式研究的基础，研究的侧重点是寻找新的假设，其特点是缺乏系统的理论体系的支撑，且研究成果有限。在进行探索性案例研究时，实地考察和数据收集工作可以在确定研究问题之前开始，并事先制定研究大纲。例如，关于传统制造业企业战略演进的案例研究❷即属于探索性案例研究，研究者以传统家电制造业企业海尔为研究对象，借助矛盾论的思想分析其发展过程中面临的内外环境，对海尔不同战略阶段进行分析和梳理，从而归纳中国传统制造企业战略的演进。

描述性（descriptive）案例研究：适用于当研究者对案例特性与研究问题已有初步认识，需要进一步对案例进行更仔细的描述与说明，以提升对研究问题了解的情况。描述性案例研究并不局限在对真实情况的描述，一般是对理论进行描述，这种描述可以从深度和广度上覆盖被研究的案例，从而生成假设。例如，关于城市社区治理的案例研究❸即属于描述性案例研究，研究者提出的研究问题是：国家和社会组织边界制度的调整对社区治理活动产生了哪些实质性影响，政府与居委会互动行为结构是什么样的。研究者选择了与研究问题相关的政府职能部门、街道办事处、社区工作站和社区居委会作为分析单位开展研究。

解释性（explanatory）案例研究：适用于观察现象中的因果关系，以了解不同现象间的确切函数关系。解释性案例研究侧重于运用已有的理论假设来理解和解释现实中的组织实践活动，解释因果关系是其基本任务。在一些复杂的、多变量的案例中，模式匹配的分析技术能够帮助研究者认清一些因果关系。例如，某一生产安全事故的分析即属于解释性案例研究。

7.4 案例研究的质量

进行案例研究时，研究者也要遵守科学研究中有关效度和信度的要求，案例研究中的

---

❶ 案例来源：谭智佳，张启路，朱武祥，李浩然. 从金融向实体：流动性风险的微观传染机制与防范手段——基于中小企业融资担保行业的多案例研究［J］. 管理世界，2022，38（3）：35-59.

❷ 案例来源：许庆瑞，陈政融，吴画斌，刘海兵. 传统制造业企业战略演进——基于海尔集团的探索性案例分析［J］. 中国科技论坛，2019，（8）：52-59.

❸ 案例来源：王巍. 国家、社会互动结构中的社区治理——一个描述性案例研究［J］. 武汉大学学报（哲学社会科学版），2008（2）：256-262.

效度和信度与量化研究中有一些区别，效度包括构念效度、内部效度和外部效度，而信度指研究的可复制性。研究者可以在数据的搜集和分析阶段采用各种方法来提高研究的信度和效度。

7.4.1 构念效度

构念的定义是清晰明确的，与理论和模型相联系，具有抽象、不可直接观察的特征。构念效度指针对所要探讨的构念，所进行的准确、可操作性测量的程度。在案例研究中，可以采取如下方法来提高构念效度。

1. 多重证据来源的三角验证

研究者需要尽量通过多种渠道搜集证据，使用多种来源的资料有利于研究者全方位地考察问题，其最大优点是让各种来源的证据能够取长补短、相互印证。这些证据来源通常包括文件（如信件、公报、备忘录、研究报告等）、档案记录（服务记录、组织记录、地图与图表等）、访谈、直接观察、参与性观察和实物证据等。当不同做法都能获得类似的资料与证据时，案例研究中的测量即具有构念效度。三角验证的具体方法包括：与多学科研究团队合作、运用不同数据收集技术、设计不同的试点案例研究等。

2. 建立证据链

建立证据链旨在令搜集的证据具有连贯性且符合一定的逻辑，使得报告的阅读者能够在最初的研究问题到最终的研究结论之间进行推导，得出每项证据的各种推论，构建逻辑。当逻辑越清晰、越连贯时，构念效度就越高，这种做法类似量化研究中逻辑关系网的建立。

3. 重要信息提供人的审查

通过重要信息提供人的审阅报告与资料，来确保资料与报告能反映所要探讨的现象，而非只是研究者个人的偏见，这可以避免因为研究者个人的选择性知觉，而产生不恰当的研究结论。

4. 安排唱反调者

安排能够挑战资料、证据及结论的唱反调者，要求他们针对资料的搜集、分析及结果与报告提出严苛的批评，用以检视研究者的盲点与偏见，以确保搜集的资料能够反映所研究的构念。

7.4.2 内部效度

内部效度指所建立的因果关系，即某些条件或某些因素会引发其他条件或其他因素的发生，且不会受到无关因素干扰的情况。内部效度仅用于解释性案例研究，不能用于描述性、探索性案例研究。为了避免因果关系之外解释的影响，案例研究者可以采用模式匹配（pattern matching）、解释的建立及时间序列设计等来执行研究，以提升内部效度。

1. 模式匹配

模式匹配是用来检验资料与理论是否契合。观察各构念之间的关系是否能够与资料契合，契合即表示提供了支持的证据。根据此种想法，如果所搜集的各种资料，都能肯定原先推论的关系，则可接受原先发展出来的命题或假设；否则，则需要加以修正。例如，当一组性质不同的（nonequivalent）因变量可被预测，且得出类似的结果，而未有其他结果时，即可获得较强的因果推论。

2. 建立解释

首先，研究者陈述可能的理论，并提出一连串的命题；然后，再检视理论、命题与经验数据是否符合，据以修正理论与命题；接着，再重复以上的过程，直到两者趋近为止。通过这种持续性的调整过程，来提升内部效度。这种过程与冶金很类似，研究者需要逐步精炼想法，接受可能的对立假设，最后建立最佳的解释。

3. 设计时间序列

先分析所要观察的变量或事件在时间上是否具有先后顺序，再推论其中的前后因果关系。当某些变量或事件总是发生在先，且导致后续变量或事件发生或改变时，即可推论变量间具有时间上的因果关系。如果经验数据亦证实的确具有此类因果关系，则可提供内部效度的证据。编制大事年表是案例研究中常用的技巧，可以将其看作是一种独特的时序模型。

7.4.3 外部效度

外部效度指的是研究结果可以推广的范围。由于研究人员通常只是在单一时间和地点针对一种类型的案例进行研究，因此，需要确定这个案例研究的结论是否可以运用到其他类型的案例或者不同的时间和地点的案例中去，以判断研究结论的普适性水平。

讨论案例研究的外部效度时，常用的方法是分析类推，而不是定量研究中的统计类推。分析类推指的是，案例研究所得到的结论可以在以后的案例中重复出现，以此来证实该案例所获得的结论确实存在。

7.4.4 信度

案例研究的信度阐明了研究的复制性，例如，数据搜集可以重复实施，并可以得到相同的结论。因此，进行案例研究通常需要准备周详的案例研究计划书，让后来的研究人员可以重复研究过程。其次，还必须建立研究资料库，让后来的研究人员能够重复分析。最后，对于电子数据要尤其谨慎。

1. 编制研究计划书

研究计划书不仅要说明特定的研究过程、所依循的资料搜集与分析原则，而且至少要包括以下的内容：

（1）研究目标与探讨议题

例如，研究目的、问题的背景等。

（2）研究场域与研究程序

例如，研究地点的详细描述、资料来源，甚至是研究者的保证书等。

（3）研究问题

例如，特定而具体的问题、访谈表的时程与内容、访谈对象、资料分析方式与过程。

（4）研究报告的结构

例如，研究结果、如何组织、进行对话的理论，以及如何获得结论等。

2. 建立研究资料库

这些资料库至少包括现场研究笔记、参与观察记录、访谈录音、观察录像、文字誊稿稿件、档案资料以及资料分析记录等，以便后来的研究者能够进行再检查与再分析。通过这种详细的文字记录与资料档案，强化案例研究的信度。

3. 谨慎使用电子数据

研究者对电子数据要保持高度的警惕。一方面，电子数据可能并不准确，存在错误信息。例如，社交媒体通信内容可能掺杂无关动态，以此为证据来源不利于研究者分析数据。另一方面，在案例研究中使用某些网站的材料，尤其是照片等，需要获得许可，以避免侵权事件的发生。

7.5 案例研究的步骤

开展案例研究对研究者提出了有关技能和价值观方面的基本要求：研究者对研究问题要有敏锐的洞察力，能够提出好的问题，并公正地解释答案；善于做一个好的"倾听者"，能毫无偏见地吸收大量的新信息，理解受访者感知的世界，不被现有的意识形态或先入为主的观念所束缚；保持良好的适应性，遇到意外情况时，积极调整案例研究的程序或计划；愿意了解相反的观点来避免对研究问题的偏见，遵守学术研究道德。

好的案例研究不仅需要研究者们付出努力，还离不开惯例的程序。

案例研究不一定完全遵循固定的顺序，可能会是一个反反复复的过程，但仍然有一定的程序。案例研究可以划分为启动、研究设计和案例选择、研究方法、案例研究培训、试点案例研究、数据搜集、数据分析、形成假设、文献对话以及结束等十大步骤，并归结为准备、执行及对话三大阶段。本节将按照时间上的先后顺序对这些步骤和阶段展开详细介绍，但在实际研究时，各步骤之间可能具有循环回路关系。

7.5.1 准备阶段

案例研究的准备阶段，包括启动、研究设计和案例选择、研究方法、案例研究培训、试点案例研究五项主要活动。当准备阶段思考越周详、准备越充分时，案例研究成功的机会也就越大。

1. 启动

在启动案例研究时，研究者必须先确定要探讨的研究问题，其主要的构念是什么。即使案例研究所欲检验的理论此时不一定清晰，研究者仍然要有清楚的方向与清晰的焦点来加以依循，用以指引研究者系统地搜集资料，并回答问题，否则，研究将会失去焦点，可能导致搜集到一堆浩瀚如海却无关紧要、没有用处的资料。只有当研究问题清楚时，研究者才能掌握要采用何种研究设计、选择何种研究案例以及如何搜集资料等重要事项。

2. 研究设计和案例选择

（1）研究设计

研究设计是将实证数据、研究的初始问题和最终结论相联系起来的逻辑顺序。研究设计至少需要明确四个问题：研究什么问题、相关数据是什么、如何收集数据、如何分析数据。研究设计需要特别注意如下五个要素。

1）研究问题

尽管问题的实质各不相同，但问题的形式只有——"谁""什么事""在哪里""如何"

和"为什么"几种类型，这为将要使用哪种研究方法提供了重要的线索。案例研究最适合回答"如何"和"为什么"的问题，所以案例研究设计的初始任务是明确问题的形式。

2）研究假设

假设会给研究者指引，将研究者的注意力引导到研究范围内需要审查的东西上，告诉其去哪里寻找相关的证据。例如，在有关企业联盟的案例研究中，研究者提出企业之间以互惠互利为目的进行联盟的假设，这一假设指导研究者继续去界定和证明各个企业所获得的既定利益。然而，有些研究可能无法提出假设，即研究的问题属于探索性问题，但此时仍应该提出具体的研究目的。

3）分析层次

研究者在开始案例研究时需要考虑两件事——确定分析层次和案例数量。案例研究的分析层次可能是个体、群体、组织或社会，视研究者的需要而定；案例数量指研究者所要研究的案例的数目。每一个案例研究都要事先确定分析层次，否则研究的问题可能太模糊或太繁杂。依照分析层次与案例数量的多少，可以得出四种案例设计方式：单案例单层次、单案例多层次、多案例单层次、多案例多层次。

4）将数据与假设联系起来的逻辑

将数据与假设联系起来的分析技术包括模式匹配、构建解释、时间序列分析、逻辑模型和跨案例综合分析等。在研究设计阶段，研究者需要了解可供选择的分析技术以及它们是否适合此次案例研究，这为之后的数据分析做好了准备。

5）解释研究结果的标准

进行案例研究时，研究者还需要关注了解该研究领域与自己研究结果存在的竞争性观点，这些竞争性观点也是解释案例研究结果是否可靠的标准，将研究结果与竞争性观点的区别和联系论述的越清晰，所取得的研究结果就会越可靠。

（2）案例选择

在进行案例选择时，研究者需要对潜在案例的数据有足够的访问权限，包括被采访人、文献、记录、实地观察等。如果有超过一个的候选案例，研究者需要选择最可能阐明研究问题的案例。

例如，有关中美合资企业的协商与控制的案例研究❶，其研究问题是在全球化冲击的背景下，采用合资者协商的观点（interpartner negotiations perspective），探讨合资企业的形成以及合资双方的协商权、管理控制和合资绩效之间的关系，属于一种解释性案例研究，在于验证既有理论。研究者采用了多案例单层次的设计方式，依照四项标准来选择案例：第一，将案例局限在制造业，以避免因性质差异太大而产生变异；第二，必须是典型的中美合资企业；第三，已经成立有一段时间，以便取得较长期的合资绩效资料；第四，要有良好的信息提供人，以便获得数据，并有利于研究的进行。

3. 研究方法

案例研究通常采用多元方法来搜集资料，这些方法除了一般量化研究法之外，还包括各种质化方法。质化方法通常包括深度访谈、直接观察及文件调阅等方式。此外，在案例

---

❶ 案例来源：Yan A, Gray B. Bargaining power, management control, and performance in United States-China joint ventures: A comparative case study [J]. The Academy of Management Journal, 1994, 37 (6): 1478-1517.

研究中，强调多研究者、多资料源的观点。首先，多研究者可以强化研究的创新性，由于每位研究者的长处不同，可以集思广益。其次，当多位研究者都能获得一致的结论时，研究者对结论更有信心。因此，不少研究者采用团队的方式来进行案例研究。同样，当资料来源广泛时，可以互相印证，从而提高可靠性。

（1）深度访谈

1）非结构访谈

非结构访谈是指研究者邀请受访者畅所欲言，但并未事先准备完整的访谈表，仅使用一份备忘录来核察访谈的进行，查看是否有遗漏的议题。因为很多案例研究都是关于人的研究，特定的受访者能说明并解释人们所做的事情，见多识广的受访者还可以为特定情境提供一些重要的见解，这有助于研究者快速了解该案例的基本情况，找到相关的资料来源。

2）半结构访谈

半结构访谈是指研究者会事先准备一份访谈表，并依照表中的内容逐项询问，引导受访人以聊天式叙述，据以搜集资料。因为访谈是口头陈述，因此研究者要保持客观的态度，细致周详地设计访谈表，避免访谈问题因描述不清、不确切等问题给受访者带来疑惑，阻碍访谈的顺利进行。

例如，在中美合资的案例研究中，研究者通过半结构访谈的方式来获得数据，预先设计访谈表，深度访谈中美双方的首席执行官与经理等信息提供人，这些人大多参加过合资时的协商会谈或经历过合资企业的初始阶段，每项访谈平均三小时，每人至少一次，除非信息提供人反对，否则访谈都会加以录音，方便后期进行数据编码与分析。

（2）直接观察

1）参与性观察

参与性观察是指研究者会置身于被观察者的活动场所中，察看被观察者的所作所为，并尽可能与被观察者进行互动。参与性观察可以使研究者深入了解某些事情的细节和某些群体的内部，获得有价值的数据；但也存在参与活动消耗大量精力，研究者没有足够的时间记笔记等缺点，运用参与性观察时必须全面考虑权衡这些优缺点。在对不同的文化群体、社会群体进行的人类学研究中，经常用到参与性观察这种方法。

例如，基于科大讯飞智能语音技术开展的有关关键核心技术突破的案例研究中[1]，研究团队连续4年参加了科大讯飞全球1024开发者节，期间与产品开发者及消费者开展了9次非正式交流，这加强了研究人员对科大讯飞开放底层技术以及获取应用场景及数据端口流程细节的理解。

2）非参与性观察

非参与性观察是指观察者是一位旁观者，通常以不介入的方式进行观察。这种方式有助于研究者客观地获得数据，避免因个人主观偏见而对数据造成影响，但当受观察者察觉有人在观察时，可能会调整、掩饰自己的行为，不利于观察的进行。

例如，在有关科大讯飞智能语音技术的案例研究中，研究团队2次到科大讯飞人工智

---

[1] 案例来源：胡登峰，黄紫微，冯楠，梁中，沈鹤. 关键核心技术突破与国产替代路径及机制——科大讯飞智能语音技术纵向案例研究[J]. 管理世界，2022，38（5）：188-209.

能体验厅和科大讯飞研究院，实地观察人工智能研发与产品应用场景，收集现场资料，针对理论问题形成情景化认知。

（3）文献调阅

指研究者收集并阅读与研究主题有关的各类文件，包括档案、信件、备忘录、议程、会议记录、公文、企划书及媒体报道等，也有可能在被研究者同意的情况下，将其私人信件或日记作为资料来源。

例如，在中美合资的案例研究中，研究者通过调阅档案的方式来获得数据。研究者同时搜集了20页以上的合资双方的档案资料，包括合约书、合资企业与母公司的组织结构、公司年度经营报告以及报纸与杂志的报道等。

4. 案例研究培训

在进行案例研究之前，需要对研究者们进行培训。案例研究通常需要一个团队来进行，培训的目的是让团队所有成员了解与研究相关的基本概念、术语和方法，使每个成员都清楚"为什么要进行案例研究""如何寻找证据""意外及相关处理措施"等问题。同时，开展案例研究培训的侧重点如下。

（1）注重保护案例研究的受访者

受访者是案例研究中获得数据的重要来源之一，在进行案例研究时，要注重保护受访者。第一，研究者要提前告知所有可能参与案例研究的受访者有关案例研究的性质，并正式邀请他们自愿参与研究，获得他们的知情同意；第二，研究者需要保护受访者的隐私，杜绝欺诈行为；第三，需要采取可能需要的特别预防措施来保护特别脆弱的群体，例如，涉及儿童的研究；第四，应该公平地选择受访者，确保不会有任何群体或个人被不公平地纳入或排除在研究之外。

（2）注重研究者的能力

一旦研究者开始收集数据，就应该认为自己是一个独立的个体，不能依赖于一个僵化的制度来指导调查，且研究者必须在整个数据收集的过程中做出明智的决策。培训工作的关键部分是讨论，而不是讲课，以检验团队成员是否达到了预期的理解水平。培训还提供了一个重要机会，以发现案例研究设计中的问题，以便及时调整。

5. 试点案例研究

开展一项试点案例研究，可以帮助研究者就数据的内容和所遵循的程序两方面完善数据收集计划。一般来说，选择一个或多个试点案例的主要标准是方便访问和地理邻近，这将使研究者和受访者之间的关系更贴近真实案例研究，可能发生的意外更少。试点案例可以承担详细描述研究者方案的"实验室"的角色，使研究者可以从许多不同的角度观察不同的现象。此外，试点案例研究报告与实际案例研究报告之间的一个区别是，试点案例研究报告应该明确说明在研究设计和数据收集程序方面的经验教训，以便后续改进。

7.5.2 执行阶段

案例研究的执行阶段，包括数据收集、数据分析、形成假设等。在此阶段中，数据收集、分析及形成假设是反反复复、来来回回进行的，而不是直线式地一直往前推进。

1. 数据收集

在案例研究中，数据收集与分析常常是同时进行的。数据收集需要制定一套程序，对预计在指定时间内完成的数据收集活动制定明确的时间表（如受访者的日程时间安排），并为意外事件做预案，以便在需要时向其他团队成员或同事寻求帮助和指导。在进行数据收集时，要准备足够的资源，包括个人电脑、书写工具、纸张等，以便现场记录下笔记，对于无法带离原地的文件原件，要及时进行复印。此外，研究者需要定期或在有需要时，进行团队会议，讨论数据收集的进展，分享彼此的想法，为下一阶段数据收集的方向提供参考。

2. 数据分析

数据分析是案例研究的核心，研究者需要从厚达千页的笔记与数据中抽丝剥茧，获得结论，分析的难度比较大。因此，一般情况下，研究者最好在熟悉各种分析工具的前提下，选定每一案例研究最基本的分析方法，并确定分析的侧重点。下面介绍数据分析的基本策略和一般步骤。

（1）数据分析的基本策略

1）遵循理论假设

案例研究的最初目标和方案设计是基于理论假设，这些理论假设反过来会帮助研究者提出一系列问题，指导检索已有的文献，以及产生新的理论与假设。理论假设有助于研究者组织整个案例研究过程，尤其是有关因果关系的理论假设，即对"怎么样""为什么"这一类问题的回答，对指导案例研究的分析过程尤其重要，这些理论假设会影响研究者的数据收集计划，据此会产生数据分析的优先级。

2）进行案例描述

根据描述性框架来组织案例研究，可以有效地组织、衔接数据分析过程。在一些情况下，案例研究的最初目标可能不是描述性的，但是描述性的方法可能有助于研究者对研究问题做出适当的解释，引导数据分析的方向。

3）考虑与之相反的竞争性解释

当研究者对数据分析毫无头绪时，可以关注其他研究者就这一问题所给出的竞争性解释，在研究竞争性解释的过程中可能会有新的发现。此外，如果进行数据分析时能考虑并且一一验证、排除竞争性解释，那么所得出的结论就会更有说服力和解释力。

例如，在中美合资的案例研究中，研究者以研究假设为出发点，采用分析归纳（analytic induction）的方式，通过案例类别的比较，逐渐精炼既有理论，特别着重对例外案例的分析，以修正既有的理论。

（2）数据分析的一般步骤

1）建立文本

根据收集到的数据建立文本，如誊写录音稿、参与观察笔记及相关文件摘录等。

2）发展编码类别

研究者应详细阅读每一个段落的内容，并参照全文主题，将每一段落分解成一或两个小单位，以一句话简述，并加以编码；同时，将分析出的小单位，依据内容与性质的相近程度加以整理，以形成自然类别。如果已有初步理论，亦可根据理论来架构类别。

3）指出相关主题

仔细思考每一自然类别的内容和类别与类别之间的可能关系，依据可能的逻辑关系排列出来，并给予命名；接着，审视前一步骤是否有不合宜之处，或结果不合逻辑的地方，予以修正。修正时，一方面去掉不合适的小单位，另一方面加入原先未能分类的小单位。

4）数据聚焦与检验假设

进行初步假设或发现的复核，让数据主题与假设进行初步对话，以了解数据与假设配合的情况，作为接受或拒绝假设的依据。

5）描绘深层结构

整合所有数据、脉络及理论假设，来建构理论架构，作为未来进一步研究的基础；或是与打算验证的理论进行对话，并加以修正。

例如，在有关科大讯飞智能语音技术的案例研究中，研究团队就能够反映关键核心技术突破的过程特征、执行机会、替代策略等的理论构念进行了三次编码整理，不断凝练聚合；之后根据编码的分析结果，构建关键核心技术国产替代与企业赶超过程间的构念关系；最后归纳出关键核心技术国产替代过程中的基于基础技术科学创新的演化路径，发掘出其中的关键因素与驱动机制。

3. 形成假设

在经过数据分析之后，所有构念及构念间的关系，都会逐渐浮现，接着就可以进行系统地对比，查看数据与构念间的契合程度，并逐一形成假设、验证假设，并建立理论。其中，注意事项如下。

（1）注意检视数据的构念效度

看数据是否能够代表所要探讨的构念。一方面精炼或重新界定构念，另一方面提供构念效度的证据。此外，数据要多元，尽量避免偏见，当所有来源的证据都指向某一类型构念时，则可以认为构念效度存在。

（2）注意检视内部效度

考察构念与构念之间的关系是否能与各案例所提供的证据契合：契合时，提供了支持的证据；反之，则提供了不支持的证据。换言之，在许多案例都支持假设的情况下，研究者对某一关系的信心就会更加强化；反之，则提供了对假设进行修正的机会，或提出迥然不同的新颖假设。通过这一过程，可以确保案例研究的内部效度。

例如，在中美合资的案例研究中，不管是数据的搜集或是数据的分析，研究者都依赖三角验证来提升数据的准确度和分析的严谨度。数据源包括访谈数据与档案文件，而数据分析则通过信息提供人与研究者的复核，来确保一致性与准确度。

7.5.3 对话阶段

在数据搜集、数据分析、形成假设等工作告一段落之后，研究者需要将现有的理论假设纳入到案例研究当中来，进行对话。在对话阶段，研究者必须熟悉与该案例有关的研究进展的主张与争议，并与现有的文献进行对话。或提供支持的证据，扩大文献的应用范围；或提供反证，对文献提出修正的看法。

1. 文献对话

文献对话的目的是将获得的研究结果与既有的理论或构念进行比较，以促进理论或构念的发展。比较的内容通常包括两项：与现有文献有何相似之处，又有何相异之处。就相似之处而言，当研究结果与过去研究类似或支持现有理论时，代表证据更为强有力，理论所具备的内部效度更为坚韧，外部效度更强，同时构念的可信度与正当性更高。就相异或矛盾之处而言，与既有文献矛盾的研究结果可以促使研究者寻找进一步的原因，并提供另一个思考的窗口，从而可以对理论或构念提出进一步的修正，或产生重大的突破，或掌握重要的调节因素。

例如，在中美合资的案例研究中，研究者首先依据 Yin（1989）的理论验证的做法，回顾了既有文献，并提出一个初步的理论框架，用以发展先验的理论假设。其研究结果扩大了既有的变量范围，纳入新的变量，相当程度地拓展了既有研究，提出了一项整合模式及五大命题，用以描述合资双方协商权、控制管理及合资绩效之间的关系与动态历程，包括协商权与管理控制的正向关系、管理控制与合资绩效的关系、互信等调节因素的作用、环境变化与协商权的关系以及合资绩效对协商权的影响等，进一步深化了跨国合资领域的相关研究。

2. 结束

什么时候可以结束案例研究？这个问题涉及两项重要的考虑因素，其一为现实上的考虑，其二是研究上的考虑。

（1）现实上的考虑

一个研究没有现实上的限制当然是最完美的，可是案例研究通常费时费力，不可能一直进行下去，所以当研究时间不允许、经费已经用尽或没有可供选择的合适案例时，案例研究就得结束。

（2）研究上的考虑

主要考虑案例所提供的信息是否已达饱和，数据对理论的改善是否幅度有限。

1）信息饱和

当新增的案例无法提供更多的信息，或研究者很难从新的案例中学到更多新知识时，就是结束案例的时机。案例搜集的个数在四个至十个当中是最为恰当的，理由是当搜集的案例在四个以下时，由于案例数太少，可能无法掌握组织或管理的复杂度，从而无法构建坚实有用的理论；而案例在十个以上时，数据过于浩繁庞杂，数据分析难度高。

2）理论与资料的契合

当来来回回、反反复复的分析已经逐渐趋于饱和，理论或概念与数据契合的改善十分有限时，就可以终止数据的分析。换言之，研究者通常会检视案例研究的证据，修正理论假设，再根据新的观点检视证据，并反复进行此项过程。此项内容类似论文初稿的修改，当能够修改的空间越来越有限、改善幅度越来越小时，就可以结束。

7.5.4 案例研究实例

为进一步介绍案例研究实施的具体步骤，本节以同济大学的解学梅教授团队于 2022 年发表在《管理世界》上的一篇论文❶为例，进行分析。研究者立足于我国"双碳"战略目标，聚焦本土制造业企业如何实现绿色转型的变革模式和路径选择，探究现象背后有关"为什么"和"如何"的问题，属于探索性案例研究。

---

❶ 案例来源：解学梅，韩宇航. 本土制造业企业如何在绿色创新中实现"华丽转型"？——基于注意力基础观的多案例研究［J］. 管理世界，2022，38（3）：76-106.

1. 研究问题

本研究聚焦于"本土制造业企业如何实现绿色转型"这一核心研究问题，遵照"制度逻辑驱动—资源编排过程—绿色转型结果"的逻辑主线，以注意力基础观（attention-based view）作为元理论分析框架，以纵向多案例研究的方式，进一步探索中国本土情境下"制造业企业实现绿色转型必经的三个阶段是什么""制造业企业实现绿色转型的典型模式有哪些"以及"制造业企业实现绿色转型的典型路径有哪些"这三个研究问题。

采用纵向多案例研究的具体原因如下：首先，本研究涉及企业绿色转型前后的对比研究，关注企业在不同阶段的绿色创新行为，由此，采用纵向案例研究能够从多个时点对案例企业进行深度挖掘，构建合理的因果链条。其次，相比单案例研究，多案例研究能够通过复制逻辑得到更加稳健和普适的结论。

2. 案例选择

本研究以绿色转型中的中国制造业企业为研究对象，设定了如下筛选标准：第一，符合中国国民经济行业分类与代码中的制造业企业；第二，至少拥有 1 项国家工信部"绿色制造体系"认证（例如国家绿色工厂、绿色设计产品或绿色供应链认证）；第三，成立时间在 10 年以上的非新创企业，便于获得长期的有效数据；第四，信息披露更加详细的上市企业优先，上市企业拥有翔实的企业年报、企业社会责任报告、环境信息披露报告等，原始数据更加完备。基于上述四条标准，本研究选择了 HT 集团、RL 公司、SH 集团和 ZOE 公司共四家制造业企业。这一数量的案例能够支持本研究进行深入的跨案例分析，以确定各案例之间的相似之处和不同之处。

3. 数据收集

本研究严格遵循案例研究中数据收集的三角验证原则，尽可能使用多种渠道和多元化方式收集资料，包括企业提供的内部档案资料，文献查询、手动检索和网络爬虫所得的外部网络资料，以及实地调研得到的一手访谈资料和现场观察资料，并完整地记录与所研究过程相关的事件序列。此外，与传统案例研究数据搜集方法不同，本研究引入计算机辅助文本分析（computer-aided text analysis）和大数据爬虫技术作为辅助技术，实现更高效率和更综合全面的数据收集和编码工作。具体而言，本研究主要使用"八爪鱼"爬虫软件进行二手资料收集，并使用 Nvivo12 和 MAXDQA 软件进行全过程编码工作、文本分析和可视化词云图绘制，辅助提炼案例企业特征规律。

考虑到"双碳"目标提出时间为 2020 年 9 月，企业响应时间存在滞后期，研究团队正式调研为 2021 年 3~6 月，去往案例企业累计访谈 5 次，访谈对象为群体访谈，参与人员以企业高层管理者和环保项目实际负责人为主，时间为 2~4 小时，共计形成访谈原始材料 19.1 万字。此外，鉴于直接观察与访谈相结合能够让研究团队与实际情景更好地建立关联，研究团队同时参观了 4 家案例企业的车间和厂区，实地观察了生产制造流程和工作规范，经过案例企业同意后，收集了厂区、车间、无人工厂和对外展厅的照片、视频、音频资料等共计 5.5G。

4. 数据分析

首先，整合多渠道数据资料，建立案例企业原始关键事件和"绿色关键事件"时间轴，并借助 Visio 和思维导图软件实现可视化；其次，对案例企业进行逐个编码，研究团队基于理论建构和实际情况，引入编码方法作为辅助分析工具，使用了初始编码、聚焦编码、轴心编码和理论编码4种编码方法。

数据编码的具体操作步骤如下：首先，从原始资料中抽离出与本研究相关的内容，使用MAXDQA和Nvivo12质性分析软件进行编码和识别构念，并基于第三方专家对关键构念和争议部分的修正意见，对多个案例进行编码迭代和初步分析，直至编码内容能够体现关键构念并实现理论饱和；其次，使用Eisenhardt数据分析方法进行跨案例分析，一方面，选定时间维度，借助时序区间法对各案例企业划分发展阶段，另一方面，对不同案例企业的绿色转型模式进行溯因，寻找案例之间的共性和差异，归纳差异化路径下的绿色转型模式选择；最后，基于案例企业的时序区间、转型模式与跃迁路径建立本研究的总体分析框架，提炼出本土制造业企业绿色转型过程的共性规律。

5. 研究结果

本研究立足于注意力基础观元理论框架，分析了企业绿色转型的时序区间、转型模式和跃迁路径，并在此基础上建构了中国本土情景下制造业企业绿色转型的"APCC"理论框架，为本土制造业企业的绿色转型研究提供了新的理论研究视角。

借助关键里程碑事件将案例企业绿色转型过程划分为传统发展期、绿色转向期和绿色转型期3个时序区间；基于对已有文献以及4家案例企业资料的系统挖掘，构建了制造业企业的绿色转型模式矩阵，为动态分析制造业企业"殊途同归"的绿色转型问题提供新的解释思路；通过引入过程和情境机制探讨4家案例企业绿色转型的生命周期过程，其中A代表前因（antecedent）、P代表过程（process）、C代表结果（consequence）以及情境（context），分别对应企业注意力影响下的制度逻辑前因，企业绿色转型过程中差异化的资源编排过程，企业形成的绿色转型模式与跃迁路径以及企业所处的独特的中国情境。APCC理论认为，组织和高层管理者的注意力决定了注意力配置对象和注意力聚焦方向，影响了资源编排过程的不同结构特征，最终形成了差异化的绿色转型模式——追赶、蝶变、整合或集成模式。

7.6 案例研究报告的撰写

案例研究报告是根据主要的故事轴线或问题焦点，铺陈研究目的、研究过程及研究结果。案例研究报告是把研究的结论和新观点呈现出来的最终成果，一旦报告完成，案例研究也就宣告结束。此外，案例研究报告也可以作为一类研究资料与其他资料相结合，看作采用多种方法进行范围更广、更复杂的科学研究的一部分，这也是案例研究的一大优势。下面将具体介绍案例研究报告的撰写要点及写作结构。

7.6.1 案例研究报告的撰写要点

1. 以读者需求为导向

案例报告的形式应该由读者的喜好决定，避免研究者以自我为中心。一方面，可以事先明确案例报告的读者群，包括学术界同事、政策制定者、从业者、社会科学研究领域之外的专业人士、论文评审委员、研究项目资助者等，按照读者群的阅读习惯设计报告。另一方面，分析以往同读者成功进行交流的案例报告的特点，从中获得有益的启示。此外，好的报告需要写作生动，有一个清楚的主题，从而能吸引读者一直阅读下去，并留下深刻印象。

2. 合理安排写作时间

案例研究报告的写作通常比较繁琐，要合理安排写作时间。在案例研究的早期阶段就应该给予足够的重视，为写作过程设计一个时间表，克服写作中的惰性。由于案例研究方法和理论假设是在案例研究之前确定的，因此可以在案例研究过程中即开始对研究方法和相关文献进行梳理和写作，不必等到案例研究结束后再开始。

3. 案例的信息提供者评阅报告初稿

这种评阅并非仅仅是出于职业礼貌，更是对研究中所引用的事实和证据真实性进行确认的程序。案例的信息提供者可能对研究者的结论和解释保留看法，但他们对案例的事实应不持异议，如果他们在评阅过程中对案例的真实性提出异议，那研究者就必须进一步寻找相关证据对异议进行解释。此外，评阅初稿的过程也可能会产生更多的证据，因为信息提供者可能会回忆起来他们在之前数据收集阶段所遗忘的信息。

7.6.2 案例研究报告的写作结构

用某种方式把一份报告的章、节、小标题及其他组成部分协调好，这就构成了案例研究报告的写作框架。本节介绍六种写作的结构类型，分别是线性分析式、比较式、时间顺序式、理论构建式、悬念式、无序式。前三种结构对描述性、探索性和解释性的案例研究都适用，第四种结构主要适用于探索性和解释性的案例研究，第五种结构适用于解释性案例研究，第六种结构适用于描述性案例研究。

1. 线性分析式结构

线性分析式结构是撰写研究报告的一种标准结构。子题目顺序遵照研究的问题或项目的顺序，且以对相关文献资料的综述开头，然后概述所使用的研究方法，从收集和分析的数据中得出了什么成果，以及这些成果的结论和意义。这种结构特征与实验科学的大部分期刊文章相同，当案例报告的主要读者是研究同行或论文评审委员时，适合采用这种写作结构。

2. 比较式结构

比较式结构是把同一个案例重复两次以上，比较相同案例的不同陈述或解释。即使一个案例研究以描述而非解释为目的，也可以采用此结构。同一个案例可以从不同的视角或者用不同的叙述手法进行反复描述，以便确定该案例如何依据描述目的采取最佳分类。

3. 时间顺序式结构

案例研究通常包括一定时间跨度上的一些事件，时间顺序式结构就是将章节的顺序根据案例发展早期、中期和末期的时间顺序来安排，这种结构在解释性案例研究中具有重要意义，因为事件的因果顺序必须一件接一件以时间顺序展开。时间顺序式结构通常要克服一个缺陷：即对早期事件关注过多，而对后来的事件关注不足。最常见的是，研究者会花费过多精力撰写报告的介绍部分，包括早期历史和背景介绍，而对该案例的现状描述不足。为了避免这种情况，可以采用倒序的手法起草案例报告，与案例现状有关的章节先写，之后再写背景介绍，初稿完成后，再按时间的先后顺序编撰案例研究报告的终稿。

4. 理论构建式结构

理论构建式结构的章节顺序依照一些理论构建的逻辑来安排，每一章或每一节都应揭示出理论论证的创新部分。如果结构处理得好，整个顺序就具备独特的表述风格，给人以深刻的印象。这种结构适用于解释性和探索性案例研究,这两种研究都涉及理论构建。解释性案例研究需要研究因果论证的几个方面,探索性案例研究需要论证进一步研究的几种假设或命题的价值。

5. 悬念式结构

悬念式结构与线性分析式结构正好相反。悬念式结构将案例研究的结果在开头的章节里陈述,剩下的部分——引人入胜的主要部分,则用于解释这种结果的形成。这种结构主要适用于解释性案例研究,因为描述性案例研究并没有十分重要的结果。自如运用这种写作结构,通常会创造漂亮的行文。

6. 无序式结构

无序式结构中章节的顺序并不是特别重要,但要注意对完整性的检查。如果某些重要章节疏漏了,整个报告就会显得不完整,研究者必须熟知这个题目,或者能够参考相关模式,以避免此类问题。例如,在对机构的描述性案例研究中,会用独立的章节描述机构的起源和历史、隶属关系和雇员、组织模式、财政状况等,安排这些章节的顺序并不是特别重要,因此多采用无序式结构。

思 考 题

1. 单案例研究和多案例研究的适用环境是什么?
2. 开展案例研究时,提高研究的信度和效度的方法有哪些?
3. 研究者进行案例选择时,一般需要考虑哪些因素?
4. 开展案例研究时,收集数据的方法有哪些?注意事项有哪些?
5. 开展案例研究时,进行数据分析的一般步骤是什么?

第 8 章 二手数据研究

8.1 二手数据的含义和表现形式

8.1.1 二手数据的含义

二手数据或次级数据（secondary data）指那些并非为正在进行的研究而是为其他目的而专门收集的数据。二手数据主要具有以下特征：

（1）原始数据是他人（或者机构）收集的；

（2）最初的收集目的一般不同于当前的研究目的；

（3）研究者在使用二手数据时，通常不与数据中涉及的研究对象发生直接的调研接触；

（4）通常可以通过公共及公开的渠道获得（若数据尚未公开，使用前应首先取得数据所有者的同意）。

8.1.2 二手数据的表现形式

在大数据时代下，数据的表现形式多种多样。二手数据通常以数字、符号、图像、文字的形式表现出来。其中，数字、符号等形式的二手数据结构简单，信息一目了然，是管理研究中最常用的二手数据，包括公开出版的统计资料、专利数据、企业经营数据等。该类数据常用的收集渠道有：国家统计局发布的统计公报与统计年鉴、国家知识产权局的专利数据库、Wind 数据库等。

图像、文本等形式的二手数据通常具有不规则的数据结构，所含信息较为隐蔽，需要进一步处理分析，常被称为非结构化数据。该类数据的来源较广，报纸、期刊、杂志都可以成为获取数据的渠道，中国知网、万方等文献检索平台也是重要的文本数据来源。目前，随着网络技术的不断进步，网络媒体平台（例如微博、豆瓣、知乎等）逐渐成为获取文本类二手数据的热门渠道，其中的用户评论等网络信息已被广泛应用于各个研究领域。

在管理研究中，研究者经常使用以下二手数据来源开展相关领域的研究。

一是我国的专利信息，数据来源为国家知识产权局的专利公布公告网站（cnipa.gov.cn）。该网站提供我国各年份各类型的专利信息，包含专利的申请时间、发明人、专利权人、发明内容等。这些数据常被用于企业技术创新、企业合作创新网络等方面的研究。

二是我国国家和各省、自治区、直辖市统计数据，数据来源主要为国家统计局网站（stats.gov.cn）。该网站提供我国国民经济和社会发展各方面的统计数据，包括年度统计公报、各类统计指标及其解释等，可用于分析我国的政策分析、产业发展评价、区域发展评价等。这些数据通常用于管理研究模型中的自变量、因变量或控制变量，并且具有权威性、完整性和长期性等特点。

三是我国上市公司的经营财务数据，数据来源包含 Wind 数据库（wind.com.cn）、同花顺 iFinD- 金融数据终端（51ifind.com）等。这些数据库不仅提供金融财经领域的数据，包括股票、基金、债券、外汇、保险、期货、金融衍生品等信息，还可以从中检索各上市公司的年报，主要目的是为投资机构、研究机构、监管部门等提供数据服务。如果研究者拟以上市公司为样本进行研究，这些数据库是理想的二手数据来源。

8.2 二手数据的优缺点

8.2.1 二手数据的优点

二手数据的优点有很多，主要包括：（1）获得途径多、数据更易获得，节省了研究的人力和时间；（2）多数情况下，二手数据的收集成本低于一手数据的收集成本；（3）一些二手数据具有时间跨度，能够快速为研究提供所需的纵向数据；（4）与问卷调查结果相比，二手数据一般具有较高的客观性；（5）二手数据公开透明，能够使研究具有高度的可复制性与可信度；（6）二手数据可以辅助一手数据的收集（指通过二手数据帮助研究者熟悉行业用语等，从而帮助收集一手数据）。得益于这些优势，二手数据已成为许多研究者在进行实证分析时的首选数据来源。同时，研究分析二手数据也是许多企业提升自身商业价值、市场竞争力的主要手段，能够帮助企业更清晰地了解目前的市场现状、发现商业机遇等。

8.2.2 二手数据的缺点

由于二手数据是基于原始数据开发者的特定目的而专门收集的，数据并不一定完全符合研究者的需要，因此二手数据也具有一定的局限性，主要包括：（1）二手数据的度量标准、分组标准等可能与研究所需的标准不符；（2）当原始数据收集时的目的与情境与当前研究有差异时，可能会造成研究结果的偏差；（3）难以核实数据的可信度、准确度；（4）数据可能存在过时的风险；（5）一些二手数据形式并不规范（例如文本数据等），难以直接应用于研究，或无法进行信息的横向对比，需要进行一定程度的预处理。

8.3 二手数据的主要分析方法

8.3.1 数字类数据的分析方法

数字类数据能够为研究者提供更直观的信息，是研究中最常用的二手数据。使用数字类二手数据的研究一般包含四个主要步骤：设计变量、构建模型、收集数据、检验分析。在数据收集过程中，应根据变量的设计对数据进行编码和分类，便于导入 SPSS 等数据处理软件进行后续的检验分析。由于原始数据中可能存在异常数据及缺失数据，或原始数据与研究要求不匹配，在数据分析前还应进行数据筛选与清洗、缺失值处理、数据变换等过程。按照研究目的汇总的数据分析方法如表 8-1 所示，本节主要介绍其中几种最为常见的分析方法。

二手数据的常见用途与分析方法　　　　　　　　　表 8-1

数据用途	常用的研究方法
变量间关系检验、预测	结构方程模型、线性回归分析、logistic 回归、Poisson 回归和负二项回归等
评价与决策	案例研究法、双重差分法、数据包络分析法（DEA）等

管理研究变量之间的相关关系往往伴随着随机性，因此难以利用确定的函数关系进行描述，此时需要应用回归分析找出其中的规律。回归分析法是确定两个或两个以上变量之间定量关系的一种统计方法。根据所涉及变量的个数，回归分析可分为一元回归分析和多元回归分析；根据自变量与因变量之间的关系类型，可以分为线性回归分析和非线性回归分析。常用的回归分析方法包括线性回归、负二项回归和 logistic 回归。

1. 线性回归（Linear regression）

（1）方法介绍

线性回归是利用线性回归方程对一个或多个自变量（X）和因变量（Y）之间的关联关系进行建模的一种回归分析方法。根据自变量的个数，线性回归可以分为简单线性回归和多元线性回归。由于管理研究中的许多变量之间都会存在一定程度的相关，因此多元回归分析在实际研究中更为常见。在线性回归分析中，自变量与因变量的关系由回归模型表示，自变量对因变量的影响大小由回归系数反映。回归模型与回归系数的相关知识点可参见第 9 章 9.2、9.3 节相关内容。

（2）应用步骤

线性回归分析法的基本步骤为：

1）根据自变量与因变量的关系，初步设定回归方程；

2）根据数据计算回归系数；

3）进行相关性检验，确定相关系数；

4）如相关性符合要求，可根据获得的回归方程，结合实际研究背景计算预测值的置信区间。

（3）适用范围

线性回归常用于：

1）确定几个特定的变量之间是否存在相关关系，若存在则进一步确定合适的回归模型；

2）根据一个或几个变量的值，预测或控制另一个变量的取值，并且判断这一预测或控制的精确度；

3）根据已知或可测量的变量预测未知或难以测量的变量；

4）对于共同影响一个因变量的多个自变量之间，分别找出影响因变量的重要因素和次要因素。

例如，通过线性回归分析可以确定人们学历（X）与年收入（Y）之间的作用关系。同时，在获得作用关系的基础上，也能够根据学历预测未来的收入。若年收入有多种影响因素，如企业类型，则可以判断学历与企业类型哪一因素对年收入有更大的影响。

需要注意的是，相关分析与回归分析法均适用于变量间关系的研究，但二者也具有一定的区别：首先，相关分析中的变量处于同等地位，可以互换位置，而回归分析中的变量具有解释与被解释的关系,不能随意互换位置;其次,相关分析强调变量之间关联的密切程度与方向,而回归分析则是建立了由自变量推算因变量的具体关系式,不仅可以分析变量间的作用关系,也可用于预测因变量的未来发展情况等,应用更加广泛。在管理研究中,相关分析和回归分析经常被一起使用,以便提高研究结论的可靠性。

2. 逻辑回归(Logistic regression)

(1)方法介绍

logistic 回归是一种广义线性回归(generalized linear model),与线性回归有很多相同之处。与线性回归不同的是,线性回归的因变量是连续变量,而 logistic 回归的因变量不是连续变量而是类别变量。logistic 回归的目的是为了解决分类问题,当因变量的类型属于二元(1/0,真/假,是/否)变量时,则应该使用逻辑回归。其输出结果为类别相对应的值0或1。相应的,logistic 回归中自变量的回归系数的含义为当自变量变化一个单位,因变量1所代表事件发生的概率相对于因变量0所代表事件发生的概率的比值。

logistic 回归的因变量可以是二分类的,也可以是多分类的,但是二分类的更为常用,也更加容易解释。logistic 回归的自变量既可以是连续的,也可以是分类的。二分类的 logistic 回归模型的数学表达式为:

$$Y(名义二分变量) = a + b_i X_i (连续变量) \qquad (8-1)$$

其中,a 为常数项,b_i 为 X_i 的特征系数(影响程度),X_i 为影响 Y 的第 i 个自变量。

例如,有研究以房地产上市公司财务预警分析为例,探讨引发财务危机的危险因素,并根据危险因素预测财务危机发生的概率。选择两组公司样本,一组是财务困境公司样本,一组是财务正常公司样本,两组公司样本的财务指标的取值必定不同。此时,因变量为是否出现财务危机,值为"是(1)"或"否(0)",自变量可以包括资产负债率、速动比率、总资产收益率、总资产周转率和现金流动负债比率等。自变量既可以是连续的,也可以是分类的。通过 logistic 回归分析可以得到自变量的权重,从而了解到底哪些因素是导致诱发房地产上市公司财务预警的关键因素,并可以同时根据危险因素及其权重值预测一个房地产上市公司出现财务危机的可能性。

(2)应用步骤

logistic 回归的基本步骤为:

1)确定变量赋值。logistic 回归的因变量 Y 通常为二分类变量,其赋值为0和1;自变量可以是连续变量或分类变量,如果 X 是定类数据,如性别或学历等,则需做虚拟哑变量处理;

2)进行参数估计;

3)对 logistic 回归模型的拟合优度及其自变量参数进行检验;

4)模型及模型中的参数通过检验后,利用 logistic 回归模型进行预测、判别或分类。

(3)适用范围

1)logistic 回归是一种广义的线性回归分析模型,主要适用于如下领域:第一,寻找管理问题的影响因素。例如,探究引起某一危机事件发生的影响因素。第二,对管理问题进行预测。例如,预测在不同自变量情况下,某一危机事件发生的概率。第三,对管理问题进行判别。例如,判断某公司发生某种危机事件的概率有多大;

2)逻辑回归数据必须呈现S形的概率分布,也称为 Logic 分布,如图8-1所示。因此,逻辑回归常用最大似然法来解决方程估计和检验问题；

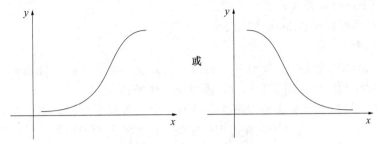

图 8-1　S 型概率分布

3）因变量为二分类的分类变量或某事件的发生率，并且是数值型变量；
4）自变量和 logistic 概率是线性关系；
5）各观测对象间相互独立；
6）需要大的样本量，因为在样本数量较少的情况下，极大似然估计的效果比普通的最小二乘法差；
7）不能用 logistic 回归来解决非线性问题，因为它的决策边界是线性的。

3. 泊松回归（Poisson regression）和负二项回归（Negative binomial regression）

（1）方法介绍

如果研究 X 对于 Y 的影响，Y 是计数数据（例如人口数量、专利数量、奖牌数量、手机销售数量等非正态分布数据），一般可以使用 Poisson 回归进行研究。很多计数数据均满足 Poisson 分布，但 Poisson 分布对数据要求较为严格，包括数据的平稳性、独立性和普通性❶，并且 Poisson 分布的数据应满足平均值等于方差，即等离散性。泊松回归模型的数学表达式为：

$$\log(\mu) = \beta_0 + \beta_1 X_1 + \beta_2 X_2 + \cdots + \beta_n X_n \tag{8-2}$$

其中，μ 为均值；系数 β_i 表示 X_i 每增加一个单位时 $\log(\mu)$ 的变动量。

在实际研究中，一些事件的发生和分布是非独立的，计数数据可能存在聚焦现象和过离散现象。比如企业专利数量，由于大型企业具有技术和资源集中的优势，这类企业相对于小型企业的专利数量具有聚焦现象，在此情境下数据的方差会明显大于平均值，因而产生数据过离散现象。此种数据若采用 Poisson 回归进行分析，则会导致模型参数估计值的标准误偏小，即参数检验中不应该显著的项表现出显著。因此，实际研究中更常使用负二项回归分析此类数据。

负二项回归模型的数学表达式为：

$$\log(\mu_i) = \beta_0 + \beta_1 X_1 + \beta_2 X_2 + \cdots + \beta_n X_n + \varepsilon_i \tag{8-3}$$

其中，ε_i 为随机误差项。

（2）负二项回归应用步骤

1）通过特征值（如平均值与方差是否相等）的描述统计分析判断数据是否存在过离散现象，即判断是否适用于负二项回归方法；

2）通过"负二项回归模型似然比检验"对负二项回归模型整体进行检验；

---

❶ 普通性：发生频数足够小，即低概率性。

3）模型似然比检验通过后，进行负二项回归分析，得到回归系数，建立模型；
4）利用模型进行预测、判别和分析。

具体计算过程可以通过 Stata 和 SPSS 实现。

（3）适用范围

1）因变量是计数变量，只能取非负整数，比如专利申请个数、自然灾害次数以及区域的交通事故发生频次等，需要利用计数模型进行建模；

2）负二项回归至少需要满足以下 2 个条件：一是各观测行间是非独立的，事件的发生有空间聚集现象；二是因变量存在过离散现象，即方差远大于均数。

近年来，负二项回归在技术创新、社会网络等领域有较多研究。例如，杨张博和高山行（2017）《生物技术产业集群技术网络演化研究——以波士顿和圣地亚哥为例》，以美国波士顿和圣地亚哥集群 1976—2006 年间的技术网络为研究样本，结合负二项回归模型，探究了生物技术产业集群技术网络的演化，并揭示了集群演化过程中技术流动和技术连接的特点；易兰丽等（2019）在《基于社会网络分析的政府信息共享机制研究——以广东省 D 市办事服务信息为例》❶一文中，通过社会网络理论分析构建 D 市办事服务信息共享网络，在此基础上采用负二项回归检验了审批时速的影响因素。

4. 双重差分法（Differences-in-Differences，DID）

（1）方法介绍

双重差分法最初是由医学家 John Snow 在 1855 年研究伦敦的霍乱流行时提出的。双重差分法是定量研究中较为常见的一种统计技术，常用于政策评估效应分析，如研究"提高最低收入""开通高铁""房屋限购"等政策效应时，分析政策效应带来的影响情况。其原理是利用政策的准自然实验将研究对象随机的分成实验组和对照组，其中受到政策影响的个体称为实验组（treatment group，treated = 1），反之是对照组（control group，treated = 0）。通过比较政策实施前后被解释变量数据的差异效应反映政策效应。

在管理研究中，由于各种各样因素的限制，很难有类似物理学科中普遍采用的真实实验的机会，很多学者基于这种自然实验或者准实验的研究思路来进行因果推断。当某些外生事件（如出台新政策）改变了行业或企业的发展环境时，就产生了准实验研究设计的机会。在真实实验中，实验组和对照组是随机而明确的；但在准实验中，实验组和对照组都是来源于某个政策的改变。为了控制好两组间的差异，研究者需要两个时间阶段的数据，一个在政策出现之前，另一个则是政策出现之后。双重差分法的基本数学表达式为：

$$y_{i,t} = \alpha_0 + \alpha_1 \times treat_i + \alpha_2 \times post_t + \alpha_3 \times treat_i \times post_t + \alpha_4 X_{i,t} + \varepsilon_{i,t} \qquad (8\text{-}4)$$

双重差分模型加入了实验组虚拟变量 treat，将实验组（受到政策或事件冲击的样本）赋值为 1，控制组（未受到政策或事件冲击的样本）赋值为 0，系数 α_1 表示实验组与对照组不随时间变化的差异；$y_{i,t}$ 为被解释变量，i 表示个体，t 表示时间；post 表示政策实施或事件冲击的虚拟变量，在政策或事件冲击的当年及以后取值为 1，其余年份取值为 0，系数 α_2 表示政策实施或事件冲击前后，除了政策或事件冲击外的其余因素随时间变化对被解释变量的影响；$treat_i \times post_t$ 为实验组虚拟变量和政策实施或事件冲击虚拟变量的交

---

❶ 文献来源：易兰丽，王友奎，黄梅银. 基于社会网络分析的政府信息共享机制研究——以广东省 D 市办事服务信息为例[J]. 情报杂志，2019，38（05）：92-101.

互项，即当政策开始实施或事件开始冲击且个体属于实验组时取 1，其他情况为 0，系数 α_3 反映政策净效应；$X_{i,t}$ 表示可能影响被解释变量变化的控制变量集合，系数 α_4 反映控制变量对被解释变量的影响；$\varepsilon_{i,t}$ 表示误差项。

理论上，双重差分法可在很大程度上避免数据内生性问题。"政策效应"通常为外生项，因而不存在双向因果关系。此外，双重差分也有着一定的前提性要求，通常其希望满足"平行趋势假设"，即某一政策实施前，实验组和对照组之间被解释变量的数据变化情况无明显的差异性。

图 8-2 解释了双重差分法的基本原理。首先，图 8-2 反映了双重差分法最为重要和关键的前提条件：共同趋势，即实验组和对照组在政策实施之前必须具有相同的发展趋势。图中虚线表示的是假设政策并未实施时实验组的发展趋势。在进行政策干预或事件冲击后，通过对比实验组和对照组之间被解释变量的差异，反映政策或事件冲击的实际效果。

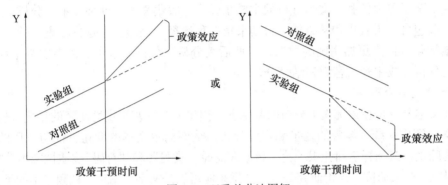

图 8-2 双重差分法图解

（2）应用步骤

1）根据获取的二手数据中显示的政策或事件的冲击情况，确定实验组和对照组；
2）进行对照组虚拟变量和政策实施虚拟变量的赋值，建立 DID 模型；
3）进行平行趋势检验；
4）进行回归分析；
5）稳健性检验。

具体计算过程可以通过 Stata 实现。

（3）适用范围

1）一般来说，DID 的使用场景为研究被解释变量是否受到政策或事件冲击，即必须存在一个具有试点性质的政策冲击，以便确定实验组和对照组，一次性全铺开的政策并不适用于双重差分分析。

2）常见的数据形式有时间序列数据（time series data）、截面数据（cross-sectional data）和面板数据（panel data）。DID 使用的是面板数据。

3）DID 需要满足的前提是，实验组与对照组在未受到政策或事件冲击前必须具有相同的变化趋势。

4）必须具有一个相应的至少两年（政策实施前后各一年）的面板数据集；如果考虑政策的滞后效应，面板数据的时间间隔需要更长。

双重差分法作为政策评估效应分析的最常用方法，在管理学、经济学等领域的研究中应用较多。读者可以通过检索、阅读双重差分法相关论文，进一步了解这种方法在实际研究中的应用。例如：何凌云和马青山（2021）在《智慧城市试点能否提升城市创新水平？——基于多期 DID 的经验证据》❶ 中，基于智慧城市试点的准自然实验，利用 2003—2016 年中国 227 个城市面板数据，结合双重差分法检验了智慧城市试点对城市创新的影响；Gao 和 Tian（2020）❷ 应用双重差分法检验了具有实质性激励/支持措施的政府政策对现代预制施工方法推广的激励作用。

8.3.2 文本数据的分析方法

随着大数据时代的来临，文本数据量越来越大、内容也越来越丰富，其研究价值逐渐受到越来越多研究者的关注。如今，文本数据已被广泛应用于多种研究领域。充分分析文本数据，有助于发现文本中隐含的知识，为研究开辟新思路。此外，文本数据的易获得性也为研究带来了更大便利。文本分析的主要步骤为：收集文本、处理文本、分析文本。收集文本一般包含人工收集和网络技术自动采集两种途径；处理文本是将收集到的文本转化为更加结构化或信息更加明确的数据，以便后续分析；分析文本主要依靠主观定性分析、客观机器分析，或主观与客观相结合分析。

1. 质性文本分析

质性文本分析是在传统文本分析的基础上，提出的一种基于定性研究的量化分析方法，能对文本内容作系统、客观的定量和定性分析，从而揭示文本的变化特征与背后的逻辑，其理论基础是古典阐释学和扎根理论，核心概念是"类目"和"符码"。质性文本分析适用于案例研究、政策研究、评价研究等，其数据来源可以是文字、图片、视频等不同类型。

质性文本分析主要分五个步骤展开：第一步是阅读和阐释文本，通过仔细阅读文本内容，识别出文本中的重点信息，并进行标注和建立备忘录；第二步是构建类目，主要方法有推论式类目构建、归纳式类目构建，在质性文本分析中，可以混合使用这两种方法；第三步是编码文本片段，对文本进行多次阅读，选择合适的编码方式创建编码；第四步是文本分析，包括主题分析（分析文本之间的关联性）、评估分析（对文本内容进行等级评估）、建构分析（组建模型）；第五步是呈现结果，即最终编码列表的呈现。在实际研究中，以上五个步骤并不遵照严格的先后顺序，而是围绕研究问题进行不断循环反复的分析。

文本资料种类多、数量大，人工处理不仅耗时，而且费力，为了解决这一问题，出现了计算机辅助质性文本分析工具。与传统的人工方法相比，使用计算机软件进行文本分析有许多优势，研究者既与原始数据保持了联系，又不必浏览几百页的文本来搜索某个文本段，可以轻松地对符码、概念和类目等出现在文本中的频率进行概览，也可以编码和检索文本，为质性数据创建主题类目或可视化图表。常用的计算机软件包括 MAXQDA（Qualitative Data Analysis）、Nvivo12、Atlas.ti 等，这些软件可以进行质性数据分析，主要适用于管理和分析非结构化或定性数据，例如访谈文本、文献、社交媒体中的留言等。由于 MAXQDA 软件的可视化性能较好，运行速度很快，编码功能更加完善，比 Nvivo12 和

---

❶ 文献来源：何凌云，马青山. 智慧城市试点能否提升城市创新水平？——基于多期 DID 的经验证据［J］. 财贸研究，2021，32（3）：28-40.

❷ 文献来源：Gao Y, Tian X L. Prefabrication policies and the performance of construction industry in China [J]. Journal of Cleaner Production, 2020, 253: 13.

Atlas.ti 都更适合初学者使用，下文将借鉴李沣芮等人的研究成果❶，以 MAXQDA 软件为例，进行有关政策文本分析操作步骤的演示。

（1）研究对象：2017—2021 年间中央公开颁发的政务新媒体政策。

（2）研究设计：

1）政策样本来源。以"政务新媒体""互联网""政务服务"等为关键词，通过中国政府网、北大法宝法律数据库、中华人民共和国国务院新闻办公室等来源进行检索，主要收集国务院办公厅所颁布的政策文件，剔除部门规章以及非正式决策文件，并将样本政策导入 MAXQDA 软件，如图 8-3 所示。

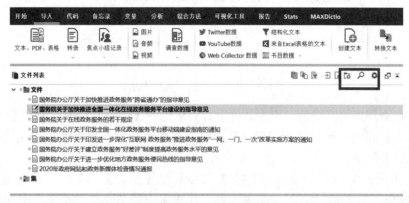

图 8-3　导入文本

2）文本编码。首先，根据政策内容提取出重要信息，对其进行逐条编码，形成初级编码；其次，再将初级编码进行归类，形成二级编码，通过此步骤可初步显示出政策文本的基本关注重点；最后将二级编码进行概念化总结，从而形成三级编码，得到政府决策者对于政务新媒体政策制定的倾向和重点。具体操作步骤如图 8-4 所示。

在文件浏览器窗口，点击第四个标识，进入【开放式编码模式】，鼠标左键选中所要进行编码的段落或词语，编辑代码名称并进行颜色标记。

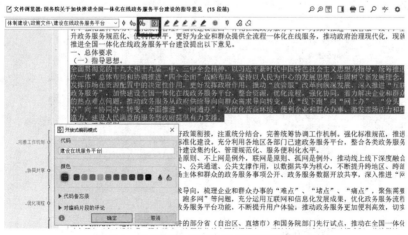

图 8-4　采用开放式编码方式进行逐条编码

---

❶ 资料来源：李沣芮，赵迎红. 政务新媒体政策的文本分析——基于 Nvivo 的质性研究［J］. 新闻世界，2022（3）：28-32.

当对一个政策文件编码完成后,可以点击软件上方菜单栏的【可视化工具】标识,在【MAXMaps】界面进行选择,查看编码完成后文件及代码的可视化表示。此外,也可以在界面左下角的代码列表窗口查看所有代码的名称,如图8-5所示。

图8-5 文本编码的可视化表示

初级节点全部编码完成后,点击软件上方菜单栏的【代码】标识,进入【创意编码】界面。将需要编辑的代码拖动到右侧操作区域,点击【开始整理代码】,可以进行二级编码、三级编码的归纳,如图8-6~图8-8所示。

整个文本分析完成后,点击软件上方菜单栏的【报告】标识,可以将编码结果以Excel格式导出,如表8-2所示。"参考点数"代表所编码节点在政策文本中的重要程度,节点的参考点数越高意味着其在政策文本中出现的频度越高、重要性程度越高,反之则越低。基于此,可以分析政务新媒体政策制定上的倾向问题并给出政策建议。第一,政策分布不均衡。"功能建设""体制建设"的参考点数明显高于"内容生产""要素资源"以及"传播体系建设",这在一定程度上会导致政务新媒体政策体系构建失衡;第二,各三级编码内部出现偏倚。"功能建设""体制建设""内容生产""要素资源"以及"传播体系建设"的内部二级编码所占比例最高和最低的节点参考点数差额分别为40、42、28、8、11。据此,可以提出相应的政策建议,例如:加大要素资源投入、注重公民使用管理、建立效果评估模式等。

图8-6 初级编码的代码列表

8.3 二手数据的主要分析方法

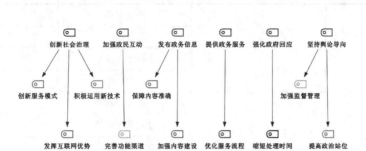

图 8-7 采用创意编码方式进行二级编码归纳

图 8-8 进行概念化总结，形成三级编码

政务新媒体政策文本编码结果　　　　　　　　　　表 8-2

三级编码	总参考点数	二级编码	参考点数
传播体系建设	25	渠道拓展	6
		平台建设	15
		公民使用	4
体制建设	90	政策文件	21
		统筹规划	9
		思想理念	9
		管理机制	51
内容生产	40	强化宣传	6
		内容建设	31
		内容保护	3

续表

三级编码	总参考点数	二级编码	参考点数
要素资源	25	资金支持	2
		信息支持	7
		技术支持	6
		人力资源	10
功能建设	123	创新社会治理	10
		加强政民互动	20
		发布政务信息	27
		提供政务服务	44
		强化政府回应	18
		坚持舆论导向	4

  质性文本分析作为一种聚焦于发现文本特征，深入挖掘文本内容的研究方法，在管理学、心理学、教育学等领域得到了普遍应用。质性文本分析的结果可以帮助研究者进一步探析研究对象内部的关联性与差异性，找到研究对象的特征，厘清各概念之间的关系，基于核心内容构建认知体系，找到现阶段存在的不足，并提出相应的建议。读者可以检索、阅读如下论文，进一步了解这种方法在实际研究中的应用。例如：《利益相关者视域下科学数据开放政策协同研究——基于Nvivo12的质性文本分析》❶，该论文利用质性文本分析对多个利益相关者之间的政策协同程度展开评估分析，以期构建开放科学数据的政策体系；《我国老年教育政策的演变及逻辑理路——基于1978—2021年政策文本的质性分析》❷一文，由质性文本分析得到了老年教育政策三维七要素的框架体系和政策演变特征；《管理者短视行为阻碍了企业数字化转型吗——基于文本分析和机器学习的经验证据》❸，本文以上市企业的公司年报为数据来源，结合质性文本分析的方法，检验了管理者短视行为对企业数字化转型的影响机理。

  2. 文本挖掘

  在信息技术不断发展的背景下，文本分析方法逐渐由传统的人工主观分析过渡到客观高效的计算机辅助分析，其中最常用的分析方法为文本挖掘（text mining）方法。本节主要对文本挖掘进行总体介绍，并总结文本挖掘常见的应用方向与适用范围，详细知识可参考专业性书籍。

  （1）文本挖掘概述

  文本挖掘由数据挖掘发展而来，以数理统计学和计算机科学为基础，主要依靠将非结构化文本转化为结构化文本的方式提取文本中潜在的、有价值的信息，具有高效性与准确

---

❶ 文献来源：姜鑫，王德庄. 利益相关者视域下科学数据开放政策协同研究——基于Nvivo 12的质性文本分析 [J/OL]. 情报理论与实践：1-14 [2022-09-08].

❷ 文献来源：汪洋，陈功. 我国老年教育政策的演变及逻辑理路——基于1978—2021年政策文本的质性分析 [J]. 成人教育，2022，42（4）：30-38.

❸ 文献来源：王新光. 管理者短视行为阻碍了企业数字化转型吗——基于文本分析和机器学习的经验证据 [J]. 现代经济探讨，2022（6）：103-113.

性的双重优势。文本挖掘包含文本聚类、文本分类、情感分析、关联分析等方向。在文本挖掘时，通常需要首先对文本进行预处理，即基本的自然语言处理（Natural Language Processing，NLP），例如分词、词性标注、新词发现、自动提取标签等，将文本变为可被计算机识别与处理的数据，再根据不同目的分析文本。因此，文本挖掘的基本步骤可概括为："文本数据采集—文本预处理—文本分析"。文本挖掘的一般过程如图 8-9 所示。

图 8-9　文本挖掘的一般过程

除了从非结构化文本中提取可用的研究数据，文本挖掘还有助于发现以往研究中未被注意到的规律，这一挖掘"新知识"的过程可以拓展研究的深度与广度，加之学科交叉融合主流的驱动，使文本挖掘成为当前学术界的热门研究方法之一。

（2）文本挖掘的应用方向

1）文本聚类（Text clustering）

文本聚类专注于将不同文本或文档划分为不同类别，其实现方法大多属于机器学习中的无监督学习，即在文本标记未知的情况下，对大规模文本进行分析，以发现文本数据中的结构性规律，从而推断出某些结论。在文本聚类中，文本被看作若干单词的集合，文本聚类技术将单词转换为权值，并将文本转化为由权值构成的向量，通过对比分析向量的特征，从而得出不同向量的"相似度"。文本聚类的结果可由"聚类假设"解释，即同类别的文本具有一定的相似性，且对比不同类别的文本，同一类别的文本间相似程度更高。主题建模（topic modeling）是一种常见的文本聚类技术，它将文本的主题看作单词的多项式分布，基于聚类的思想，通过逆向模拟文本的生成过程，计算单词的分布概率，从而找出单词的聚类结果用以体现文本主题。

文本聚类在研究中常用于提取复杂信息中包含的核心观点；识别某一领域的研究热点、归纳研究方向；归纳消费者或用户等主体的需求；提炼关键信息以辅助构建评价指标体系；聚类以往的试验记录以缩小现有的选择方案等。

2）文本分类（Text classification）

文本分类指将文本划分到人为事先确定的类别，其实现方法大多为机器学习中的监督学习，基本原理为：首先，按照事先定义好的分类规则对样本数据进行人工标注，再对其实施自动分析（这一过程也被称为"训练"，被训练的样本则被称为"训练集"），学习并找出文档特征与文档类别之间的最佳映射模型（或分类器、分类模型），进而利用学习得到的模型对目标文本进行分类判断。传统的分类算法有：朴素贝叶斯（Naive Bayes）、决策树（Decision Tree）、支持向量机（Support Vector Machines）等。

文本分类在研究中常用来模拟专家进行指标打分或评价注释；分析复杂文本所属的类别，例如：通过演讲稿分析演讲者的政治派别；筛选、过滤信息等。

3）情感分析（Sentiment analysis）

情感分析又称为意见挖掘，用于挖掘人们从文本中表达出来的对于产品、服务、组织、事件、话题等的观点、情感和态度。情感分析主要依靠两种方法实现：基于情感字典的方法和基于机器学习的方法。基于情感字典的方法，前提是要有已经建立好的情感词库，所有单词及其对应的情感值均已包含在词库中，随后根据词库标记目标文本中的情感词及其得分，再结合上下文语境与相关公式计算出整个文本的情感得分，或通过阈值判断文本的情感倾向。基于机器学习的方法实际上是一个分类问题，在情感分析前，应准备好已标注的数据，即事先对一些文本的情感值进行人工评分，再基于标注好的数据训练出最佳的分类模型或打分模型，将其用于目标文本的情感分类或打分。

情感分析在研究中常用于分析用户对某一产品的喜爱或支持程度；识别从业者对行业发展的感受；对公众对某一话题的态度及态度变化趋势进行舆情分析等。

4）关联分析（Association analysis）

关联分析又称关联规则挖掘，指从大量数据中抽取其相互间的关联性，解释数据间未知的依赖关系。"购物篮"分析就是一个典型的关联分析问题❶。文本关联分析的原理为：通过将非结构化文本转化为结构化向量，在大规模文本集中发现基于向量的关联规则，进而发现文本内部或文本间的结构化规律。支持度（support）、置信度（confidence）、提升度（lift）是关联分析中的三个衡量指标。在文本的关联分析中，支持度表示 A、B 两个文本向量在总文本集 I 中同时出现的概率，即 $P(A,B)/P(I)$；置信度指 A 向量出现的情况下 B 向量也出现的概率，即 $P(B|A)$；提升度指 A 向量出现的情况下 B 向量同时出现的概率与 B 向量在 I 集中出现的概率之比，表示为 $P(B|A)/P(B)$。共词网络分析（co-word network analysis）属于关联分析领域的一个细分方向，主要针对文本中单词的共现情况进行关联分析，在文本分析的研究中被广泛应用。在共词网络分析中，若文本中两个词共同出现在同一单元或范围，则认为这两个词在语义上相互关联，且共现频率越高，关联度就越紧密。

关联分析在研究中常用于分析不同事件之间的联系；根据某一数据间的关联关系推断其他数据间的关联关系，或预测未来的发展情况；根据关联关系揭示事物间的潜在规律，并提供决策支持等。

8.4 文本挖掘研究实例

本节将借鉴 Ying Wang 在论文中提供的研究方法❷，来展示文本挖掘的过程和软件操作步骤。

研究背景：装配式建筑具有"工厂预制构件、现场吊装组装"的特点，能够减少建设过程的污染物排放与资源消耗，提高工程建设的品质与效率，已成为国家大力推行的新型建设模式。根据技术接受理论，公众对装配式建筑的认知与态度将直接影响装配式建筑的市场接受度，进而对装配式建筑的推广产生影响。因此，本研究通过微博平台收集有关装

---

❶ "购物篮"分析源自一个经典案例：美国一家沃尔玛超市的经理发现，有许多啤酒和尿不湿一起购买的订单，经过调查发现，男性给孩子买尿不湿的同时通常会顺带为自己买几瓶啤酒。后来，经理将超市中的啤酒和尿不湿摆在一起，大大提高了两者的销量。

❷ 文献来源：Ying W, Heng L, Zezhou W. Attitude of the Chinese public toward off-site construction: A text mining study [J]. Journal of Cleaner Production, 2019, 238.

配式建筑的公众言论,并采用文本挖掘方法分析言论文本中蕴含的公众看法与情感。其中,采用主题建模方法提取文本的主题(即微博用户的言论主题),分析公众的关注焦点;通过情感分析方法计算文本表达的情感值,探究公众对装配式建筑的情感态度;利用词频统计技术识别微博文本中的高频词汇,从而进一步分析公众情绪产生的原因。

在软件应用方面,文本挖掘方法通常基于 Python 语言实现,Jupyter Notebook、PyCharm 等是最常用的 Python 开发工具,本节研究实例使用 PyCharm(Version 2021.1.3)作为文本挖掘的开发软件。

8.4.1 数据收集

首先以"装配式""预制"等为关键词,在微博中搜索并收集相关信息,包括发布内容、上传时间、评论等。由于微博的发帖量大、评论数量多,采用人工收集的方式会耗费大量人力和时间,故采用网络爬虫技术自动采集所需数据❶。需要注意的是,爬虫所收集到的数据可能包含许多无用信息,例如:广告、链接等无关信息、与研究主题相关性不大的内容以及重复数据等。因此,在数据收集完成后,需要对原数据进行清洗,再将过滤后的数据保存为"txt"格式文件。

8.4.2 数据预处理

在自然语言处理中,词是具有独立意义的最小分析单元。中文语言以字为基本书写单位,词语之间没有明显的区分标记,因此,分析中文文本前需要先将汉语文本中的字符串切分成合理的词语序列,再在此基础上进行后续处理与分析,这一过程叫作中文分词。中文分词是中文文本处理的基础,"Jieba"是最常用到的中文分词工具,其原理为:首先生成所有可能的句子切分,再基于中文词典,通过动态规划算法寻找最大概率的切分路径,获得最大概率的切分组合,从而按照该组合切分文本。

本研究采用"Jieba"在 PyCharm 软件中对收集到的数据进行分词,软件操作的具体过程如下。

(1)导入项目。打开 PyCharm 软件,点击左上角的【File】,选择【Open】导入单一文件或文件包,如图 8-10 所示❷。此时左侧将出现一个【Project 菜单栏】,显示所有已导入的文件,如图 8-11 所示。本研究导入的中文分词文件中含有已编辑好的中文分词代码及参照字典等其他配套文件。为了方便查看代码运行结果,本研究将分词结果输出存储的文件位置设置为该文件包的文件路径,并将文件命名为【txt_test.dat】。除中文分词的文件包外,在这一步中可同时将其他文本挖掘代码文件包一并导入。

(2)调整代码。在左侧的菜单栏中双击中文分词代码文件【cut_words.py】,右边的代码界面将显示出文件中已编辑好的代码框架。接下来,在框架中的对应位置输入待处理的文本文件路径,并设置好预先确定的结果存储位置,如图 8-12 所示。

---

❶ 爬虫及其他文本挖掘的相关代码可在 GitHub、CSDN、知乎等网站上寻找,注意应在法律许可的范围内使用网络爬虫技术采集数据。

❷ 本研究是将已整理好的文件包直接导入。若还未编辑好代码或准备好其他配套文件,也可以在软件中编写代码、创建新文件等。

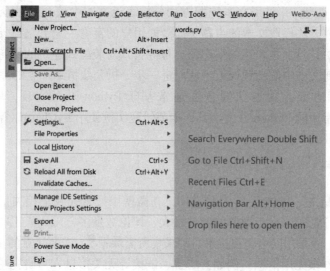

图 8-10　导入代码文件

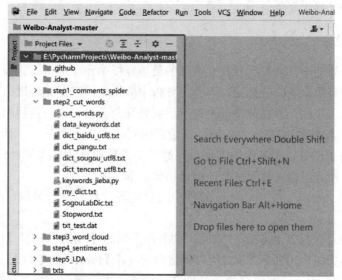

图 8-11　导入后的文件菜单栏

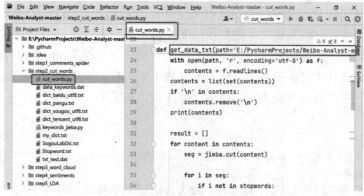

图 8-12　调整中文分词代码

（3）运行程序。鼠标右键点击代码界面上方的文件标签，选择【Run】运行中文分词程序；或在代码界面上方的代码选择框中选择分词代码项目并点击右边的运行符号，如图8-13所示。

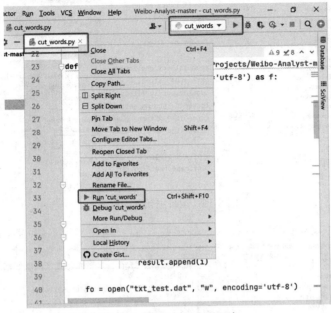

图8-13 运行中文分词程序

（4）查看结果。程序运行后的结果将显示在预先设定好的结果存储文件【txt_test.dat】中。打开该文件，结果会呈现在代码界面中，点击上方文件标签的关闭按钮即可关闭该文件界面。运行结果如图8-14所示。

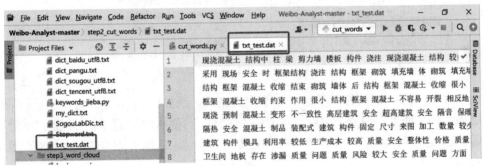

图8-14 中文分词结果

8.4.3 文本分析

文本预处理之后，可采用主题建模、情感分析、词频统计等方法对文本进行分析。

（1）主题建模。第一步，在主题建模代码框架的相应位置输入分词结果的存储文件路径【txt_test.dat】，使文本挖掘的分析对象为分词后的文本；第二步，打开已经导入的主题建模代码文件【lda.py】并运行，如图8-15所示；第三步，打开预先设置好的文本挖掘结果存储文件【model_towards.dat】，查看主题建模的结果，如图8-16所示。

133

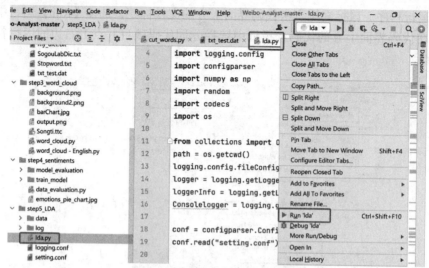

图 8-15　运行主题建模程序

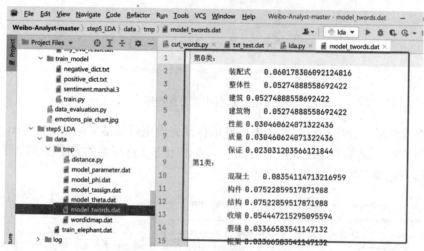

图 8-16　主题建模结果

图 8-16 显示了主题建模计算出的 2 个聚类结果。例如,"第 0 类"为主题建模的一个聚类结果,即微博言论的一个主题,主要由"装配式""整体性""建筑""性能""质量""保证"等词组成。可以看出,这些微博用户的其中一个讨论话题可能与装配式建筑的性能和质量有关。

(2)情感分析。与主题建模类似,首先在情感分析代码框架的相应位置输入分词后的文本文件路径,再运行程序,如图 8-17 所示。程序运行完毕,有两种方式查看结果:一种方式与上述过程相同,即找到预先设置好的结果存储文件并查看;另一种方式为点击最右侧的图片结果栏【SciView】进行查看,结果如图 8-18 所示。

根据图 8-18,在本实例收集的微博言论中,有 44.4% 的言论被识别为消极言论,55.6% 的言论被识别为积极言论,表明这些用户大多对装配式建筑持积极态度,但也存在许多消极态度。微博言论内容蕴含着公众发表负面言论时的关注点,通过分析这些关注点,可以进一步推断公众负面情绪产生的原因。

8.4 文本挖掘研究实例

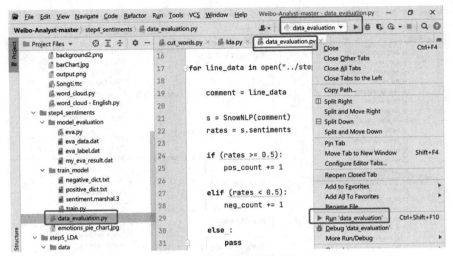

图 8-17 运行情感分析程序

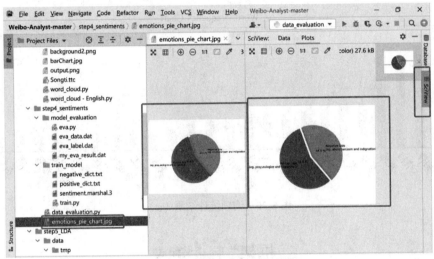

图 8-18 情感分析结果

（3）词频统计。为找出公众负面情绪的产生原因，本研究实例运用词频统计（word-frequency analysis）提取微博言论中的高频词。词频统计也属于文本挖掘领域的一个细分方向，是一项自动统计文本中各单词出现频次或频率的技术。词频统计的操作过程与情感分析一致，即运行词频统计程序【word_cloud.py】，如图 8-19 所示。随后，可在结果存储文件或右侧的图片结果栏【SciView】中查看结果，如图 8-20、图 8-21 所示。

（4）结果分析。根据以上的文本挖掘结果，研究者可以再进行深入分析并得出相关研究结论。本研究实例不再详细展开论述。

除上述实例进行的主题建模、情感分析、词频统计之外，还可以运用关联分析、文本分类等方法对文本进行分析。例如，采用关联分析探究文本中词语间的关联关系，通过研究公众在谈论装配式建筑话题时常提及的词汇，分析装配式建筑发展的障碍、推广中存在的问题等。总之，文本挖掘是一种基于文本的二手数据分析新兴技术，在未来的管理研究中存在广阔的应用空间和前景。

第 8 章　二手数据研究

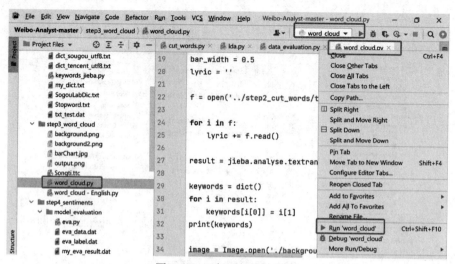

图 8-19　运行词频统计程序

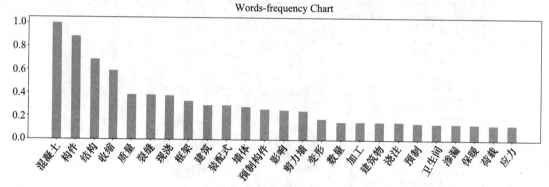

图 8-20　词频统计结果（a）

图 8-21　词频统计结果（b）

8.5　二手数据研究中需要注意的问题

使用二手数据进行研究时，有以下几点问题需要注意：

（1）不能一味贪图"现成"数据的便利，而忽略了数据对研究的适用性以及数据本身的质量；

（2）不可无原则地妥协于二手数据的局限；

（3）不可盲目地陷入二手数据的挖掘中，而忽视对管理实践的关注，使研究"索然无味"。

思 考 题

1. 什么情况下可以使用二手数据进行研究？
2. 二手数据分析中常用的方法有哪些？
3. 应用 logistic 回归时对数据和变量有怎样的要求？
4. 开展质性文本分析的主要步骤是什么？
5. 如何利用 MAXQDA 软件对文本内容进行三级编码？

第 9 章 数据处理与分析

9.1 数据的初步处理与分析

9.1.1 数据处理

管理研究中的数据大多都是通过各种渠道收集得来的,这些收集得到的原始数据中可能存在不完整、不一致、有异常的数据,如果直接使用将会严重影响后续的数据分析,甚至会导致研究者得出错误的结论。因此,数据处理在整个研究过程中具有非常重要的作用。

对于所取得的数据的质量及其具体表现形式,实验研究、问卷调查研究或案例研究均有较高的要求,因此,在进行数据分析前,需要进行严谨的数据处理。数据处理是将原始观测数据转换成清晰、规范的数字、代码,供后续定量分析之用。例如,在问卷调查研究中,原始数据为答案中的"√"或"×"等符号,数据处理主要通过编码和分类,将这些符号和答案内容转换为代码,然后归类。数据处理完毕后,将其存储在计算机内供后续分析使用。在数据处理中,每个变量的各种属性都由不同代码表示,一个变量的所有数据都存在一个文件中,还需要编制一份代码本记录各个变量的名称及其代码。

所收集数据类型不同,数据处理的方法也各不相同,一般包括数据审核、数据筛选、数据排序、数据清洗、缺失值处理、数据变换等处理过程。

9.1.2 数据分析

1. 数据分析和统计

数据分析是从实际观测数据中发现变量的特征、变化规律以及变量之间关联的过程。统计技术是管理研究中被普遍采用的数据分析方法。它通过计算研究对象的样本平均值、方差及所占百分比等特征,来研究样本特征值与总体特征值的关系,研究变量之间的关系(特别是因果关系),从而可以发现被研究对象的变化规律,验证有关假设、结论是否成立,或者验证有关理论在新的时空中是否成立。

数据分析中应用统计技术有两个目的:描述和推断。与此相对应,分别是描述性统计与推断性统计两种统计类型。描述性统计可以概括所取得数据的分布特征,推断性统计能够帮助研究者对数据做出判断。统计技术可以把大量的数据提炼出一定量有价值的信息,从而帮助研究者更好地认清数据之间的相互关系。

2. 变量的分类

在管理研究中,每个操作变量都可以用数值来度量。研究者可以按照以下两种方法对变量进行分类,以便进行数据分析。

（1）按测量尺度分类

变量的取值取决于所使用的测量方法或测量尺度，而这是统计分析的基础。对于同一个测量对象，利用不同的测量尺度可以得到不同的测量结果。测量尺度可以划分为类别、顺序、等距、等比四种类型；相对应的，变量可以分为类别变量、等级变量、等距变量和等比变量。相同的变量名称，可以用不同的量尺来测量，以反映不同的测量内容。

不同测量尺度的变量，有其相应的分析与处理方法，因此拟研究的构念采用何种尺度进行测量是非常重要的决策。高等级的测量尺度（如等比尺度）除了可以进行更复杂的统计分析外，也有较大的转换弹性。也就是说，高等级的测量尺度可以转换成低等级的测量尺度，但是低等级的测量尺度无法转化为高等级的测量尺度。

例如：测量身高这个变量时，可以选用等比尺度，单位是厘米，它可以转换成高、中、低三组，这时它就成为等级变量，甚至类别变量。但如果研究者从一开始就在问卷中以等级尺度来测量身高，将被观察者的身高按一定的标准归类为高、中、低三档，那么日后研究者就无法将其转化为以厘米为单位的等比类身高变量。

四种不同等级的变量与统计分析策略的选择有密切关系。当研究者能够正确判断资料的性质时，才能选择适当的统计方法，得到有意义的分析结果。

（2）按离散或连续分类

按照离散或连续分类，变量也可分为两类：离散变量和连续变量。离散变量指变量的取值可以按一定顺序一一列举，通常以整数位取值。例如：性别、学历水平、职位级别等。连续变量可以在一定区间内任意取值，其数值是连续不断的，相邻两个数值可做无限分割，即可以取无限个数值。例如：身高、体重、年龄等。年龄虽然一般按整数计算，但如果按照出生时刻的信息，则可以精确到更小的时间单位（如分、秒），其取值范围在理论上是连续不断的。

离散变量和连续变量之间的区别对于统计验证方法的选择和研究报告中数据的呈现非常重要。为了简单起见，研究者通常会将某些连续变量表达成为离散变量。例如，将年龄值四舍五入到最接近的全年，或将使用李克特量表测量的变量赋值为 1~5 或 1~7 等。

9.1.3 单变量描述性统计

表 9-1 是一个从 17 个样本中获得的四个变量得分的数据矩阵。其中，$X1$ 和 $X2$ 是从 1 到 7 的离散变量。例如：$X1$ 可以代表学历水平，从 1 到 7 分别为文盲、小学、初中、高中、大学、硕士、博士；$X2$ 可以代表职位级别，从 1 到 7 分别为初级员工、中级员工、高级员工、部门副经理、部门经理、副总经理、总经理；$X3$ 可以代表年龄；$X4$ 可以代表身高。仅仅从表 9-1 的 17 个样本数据中很难提取到有用的信息，因此，需要进行描述性统计分析来对各个变量做进一步的概括和解释。

数据矩阵　　　　　　　　　　　　　　　表 9-1

样本	$X1$	$X2$	$X3$	$X4$
1	4	5	25.4	160.5
2	4	7	56.4	190.0
3	2	3	55.8	172.7

续表

样本	X1	X2	X3	X4
4	3	5	44.7	163.4
5	5	4	32.6	159.3
6	3	7	45.0	175.4
7	4	6	46.2	165.5
8	5	2	53.3	184.1
9	7	7	62.7	155.1
10	6	6	62.7	167.2
11	3	1	48.1	201.3
12	4	7	36.5	177.1
13	1	5	55.6	157.9
14	2	6	32.1	183.2
15	6	4	25.3	164.3
16	5	7	48.9	182.5
17	4	6	37.7	178.5

1. 频数与频率分布

频数与频率分析经常被用于直观地反映一组测量数据的分布状况。频数分布描述变量各属性值出现的次数，频率分布则用比率的形式来表示：各属性值出现的次数除以样本总数即可得到该属性值的频率。

频率表可以显示离散变量的每个取值或连续变量在每个区间内的取值及其所占比例，它能够总结数据矩阵里的数据分布情况。例如，表 9-2 是工作满意度 $X1$ 的频率表，$X1$ 是一个范围从 1 到 7 的离散变量。表 9-3 是年龄 $X3$ 的频率表，年龄是一个连续的变量，样本数据按照年龄区间分组。频数和频率分布可以通过频率表或直方图的形式体现，通常直方图比频率表更直观，如图 9-1、图 9-2 所示。

工作满意度 $X1$ 的频率表　　　　　　表 9-2

满意度	频数	频率（%）
1	1	5.9
2	2	11.8
3	3	17.6
4	5	29.4
5	3	17.6
6	2	11.8
7	1	5.9
合计	17	100.0

年龄 $X3$ 的频率表 表 9-3

年龄段	频数	频率（%）
20~30	2	11.8
30~40	4	23.5
40~50	5	29.4
50~60	4	23.5
60~70	2	11.8
合计	17	100.0

注：年龄段含下限、不含上限。

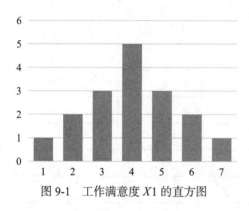

图 9-1　工作满意度 $X1$ 的直方图

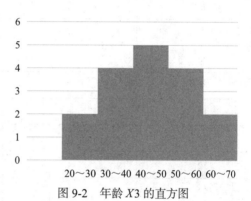

图 9-2　年龄 $X3$ 的直方图

2. 中心趋势

中心趋势指一组数据向某个中心值靠拢的倾向。描述数据中心趋势的指标有平均数、中位数和众数。平均数用一组数据的和除以这组数据的个数来计算，其计算公式如下：

$$\bar{x} = \sum x_i / N = (x_1 + x_2 + \cdots + x_N)/N \tag{9-1}$$

其中，$\bar{x}$ 为平均数，x_i 为样本值，N 为样本总数。

中位数是按顺序排列的一组数据中居于中间位置的数值，众数是在观察值中出现频率最高的数值。例如，有一组数据是 9 名销售人员的月销量：96、96、97、99、100、101、102、104、155，则平均数为 105.5，中位数为 100，众数为 96。

3. 离散趋势

离散趋势反映了观测值偏离中心的分布情况，其常用指标有：极差与标准差。极差（range）指测量数据中的最大值与最小值之间的差异，由两个极端值来决定，用于等距和等比数据。标准差（standard deviation）综合反映所有数据的离散程度，与平均数结合使用，同样适用于等距和等比数据，其计算式为：

$$\sigma = \sqrt{\frac{\sum (x_i - \bar{x})^2}{N}} \tag{9-2}$$

其中，σ 为标准差，x_i 为样本值，$\bar{x}$ 为平均数，N 为样本总数。

表 9-4 总结了表 9-1 中 $X1$ 的标准差的计算步骤。首先计算 $X1$ 的平均数 $\bar{x} = 68/17 = 4$，然后令每个 $X1$ 观测值减去均值得到第二列（$X1 - \bar{x}$），最后将（$X1 - \bar{x}$）再平方得到第三列。将第三列各个数值的和除以 N，取其平方根即为标准差 $\sigma_{X1} = \sqrt{40/17} = 1.53$。综上，得出 $X1$ 的离散程度为 1.53。

X1 的标准差计算步骤　　　　表 9-4

样本	X1	$(X1-\bar{x})$	$(X1-\bar{x})^2$
1	4	0	0
2	4	0	0
3	2	−2	4
4	3	−1	1
5	5	1	1
6	3	−1	1
7	4	0	0
8	5	1	1
9	7	3	9
10	6	2	4
11	3	−1	1
12	4	0	0
13	1	−3	9
14	2	−2	4
15	6	2	4
16	5	1	1
17	4	0	0
合计	68	0	40

4. 分布形态

变量分布的形态由其围绕中心趋势的对称性以及其峰值或平坦度来描述。统计学中应用最广泛的分布形态是正态分布，它适用于描述管理研究中许多变量的属性分布，如：销售量、生产周期和工时等。正态分布的众数、中位数和平均数相等。

许多变量的分布近似于正态分布。例如，人的身高、考试分数、测量误差等等。在抽样分布中，当总体服从正态分布时，样本均值一定服从正态分布；当总体不服从正态分布时，如果样本容量很大，样本均值也近似服从正态分布。因此，正态分布在统计分析中被广泛使用，并成为判断其他分布类型的标准。图 9-3 是一个标准正态分布。

（1）偏度

偏度（skewness）是指变量的概率分布偏离正态分布的程度。正态分布是没有任何偏度的概率分布。偏态分布是相对正态分布而言的，指的是频数分布的高峰位于一侧，尾部向另一侧延伸的分布。分布不对称且尾部在右边的分布是正偏态分布，尾部在左边的分布是负偏态分布。

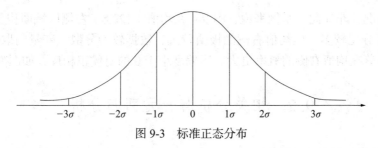

图 9-3　标准正态分布

正偏态分布的偏度大于 0，平均数＞中位数＞众数，曲线的最高点偏向 X 轴的左边，位于左半部分的曲线比正态分布的曲线更陡，而右半部分的曲线比较平缓，并且其尾线比起左半部分的曲线更长，无限延伸直到接近 X 轴。

负偏态分布的偏度小于 0，平均数＜中位数＜众数，曲线的最高点偏向 X 轴的右边，位于右半部分的曲线比正态分布的曲线更陡，而左半部分的曲线比较平缓，并且其尾线比起右半部分的曲线更长，无限延伸直到接近 X 轴。

图 9-4 是表 9-1 中变量 $X4$ 的分布图，可以看出 $X4$ 为正偏态分布。图 9-5 是表 9-1 中变量 $X2$ 的分布图，可以看出 $X2$ 为负偏态分布。

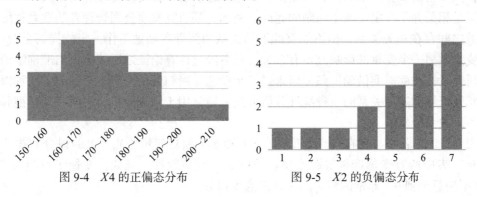

图 9-4　$X4$ 的正偏态分布　　　　图 9-5　$X2$ 的负偏态分布

（2）峰度

峰度（kurtosis）与偏度类似，它表示变量的概率分布相对于正态分布的陡缓程度。峰度为 0 表示概率分布类似于正态分布。当概率分布的峰部比正态分布更为陡峭时，峰度大于 0；反之，峰度小于 0。

5. 各参数之间的关系

（1）偏度与中心趋势

对称分布的平均数和中位数相等。在不对称分布中，由于极端数据的"拉动"，平均数向极端值的某一方偏移，负偏态分布的平均数往低偏移，小于中位数；而正偏态分布的平均数则往高偏移，大于中位数。

例如，个人收入分配的偏度通常大于 0。虽然高收入人群相对较少，但这部分人群能"拉动"平均数高于中位数。相比之下，员工绩效评估在组织中的分布往往是负偏态分布，大多数员工获得中等或较高的评价，而少数得到低评价的员工将平均数"拉"到中位数以下。因此，当分布明显偏移时，平均数和中位数对数据分析能起到重要作用。

（2）偏度与离散趋势

在对称分布中，均值左右两侧相同区间的面积占总面积的百分比相同。然而，当分布发生偏移时情况并非如此。举例来说，图 9-4 在均值（172.8）左侧区域面积更大，落在此区域的个体百分比较多；但均值右侧的极值较远，数据较为分散，变量的取值范围更大，因此某个个体落在均值右侧的概率更大。当偏度小于 0 的时候正相反，如图 9-5 所示。

9.2 相关分析与一元回归分析

9.2.1 相关分析与回归分析概述

描述性统计分析针对的是单一变量。但在管理研究中，许多时候要分析多个变量之间的关系，例如，员工的工作满意度与离职倾向之间是否相关，招聘中员工的面试成绩与工作能力是否相关等。相关分析和回归分析都是研究中经常被采用的方法，二者一起使用可以提高研究结论的可靠性。

在统计学中，事物之间的相关程度称为相关度，用相关系数 r 表示，相关系数介于 -1 到 $+1$，它反映了变量之间的两个特征：方向和强度。方向反映事物之间是正相关还是负相关，强度反映事物之间的关联程度，系数越接近于 ± 1 表明相关程度越高。

但是相关并不一定反映了问题的起因。例如，某研究发现公司管理者的勤勉程度与企业绩效之间存在相关关系，但不能就此下结论认为管理者勤勉工作一定能提高企业绩效。一个变量对另一个变量的影响究竟有多大，只有经过计算论证之后才能得出准确结论，此时，研究者往往就需要借助回归分析来进一步验证。回归分析是确定两种或者两种以上变量间相互依赖的定量关系的一种统计分析方法，通常用于预测分析、时间序列模型和变量间的因果关系分析。

表 9-5 是 7 名参与者在一个因变量（Y）和 5 个独立变量（X_j）上的得分和描述性统计数据。表中所有变量都是等距变量，数据为离散型数据。例如，变量 Y 可能代表从 1（非常不满意）到 9（非常满意）的工作满意度得分。

6 个变量的得分和描述性统计　　　　　　　　　　表 9-5

样本	Y	X1	X2	X3	X4	X5
1	3	2	9	5	2	2
2	3	4	4	3	8	2
3	6	6	6	2	5	5
4	6	4	5	8	2	5
5	6	8	5	6	3	5
6	9	7	2	9	2	8
7	9	9	4	2	8	8
$\bar{x}$	6	5.71	5	5	5	5
σ	2.27	2.31	2.00	2.62	2.78	2.27

散点图可以显示两变量之间的相关关系。它以直角坐标系的横轴和纵轴分别代表两个变量，将变量值用坐标点的形式描绘出来。图 9-6 和图 9-7 分别为 Y 与 $X1$、$X2$ 的散点图。

如图所示，图9-6中$X1$与Y呈正相关，$X1$的数值越大，Y的数值越大。图9-7中$X2$与Y呈负相关，$X2$的数值越小，Y的数值越大。散点图是研究相关关系的直观工具，在进行详细的定量分析之前，一般可借助散点图粗略判断变量之间是否存在相关关系，以及相关关系的方向、形式和密切程度。

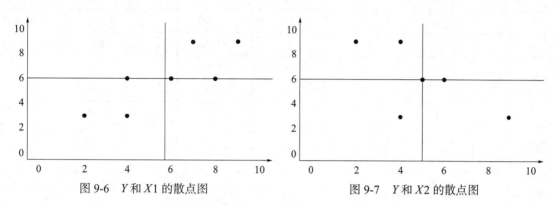

图9-6　Y和$X1$的散点图　　　　　　图9-7　Y和$X2$的散点图

9.2.2　相关分析

1. 简单相关

相关指变量之间表现出的相随变化的关系，相关分析即是对这种相随变化关系的具体讨论和研究。例如，人的身高和体重之间、网购满意度和重复购买意愿之间的相关关系都是相关分析研究的问题。

相关系数是用来描述两个变量之间的关系或关联程度的统计分析指标，其范围在-1和$+1$之间。相关系数的符号表示两个变量之间关系的方向：正号表示随着一个变量的值增加，另一个变量的值也会增加；负号表示随着一个变量的值增加，另一个变量的值减小。相关系数的大小表示关系的强度。完美线性关系的值为± 1。相关系数为0表示两个变量之间没有线性关系。当相关系数从0向± 1移动时，关系强度增加。

2. 相关公式

计算相关系数有几种代数等价的方法，这里只对其中两种作出解释。

（1）协方差

协方差（covariance）在统计学中用于衡量两个变量的总体偏差情况。计算公式如下：

$$Cov_{YX} = \sum [(Y_i - \mu_Y) \times (Xi - \mu_X)] / N \tag{9-3}$$

其中，Cov_{YX}为Y和X的协方差，μ_Y和μ_X为Y和X的平均数，N为样本量。

协方差提供了变量原始单位的关系信息，必须经过标准化才能计算相关系数。标准化处理是通过将协方差除以相应变量的标准差的乘积实现的。

$$\rho_{YX} = Cov_{YX} / (\sigma_Y \times \sigma_X) \tag{9-4}$$

其中，ρ_{YX}为Y和X之间的简单线性相关系数，σ_Y和σ_X为Y和X的标准差。

表9-6总结了使用以上公式计算Y和$X1$的简单相关系数的步骤。首先计算Y和$X1$的偏差值$Y-\mu_Y$，$X1-\mu_{X1}$。然后，将Y和$X1$的每个样本的偏差分数相乘再除以N得到最后一列，该列的和为Y和$X1$的协方差（$Cov = 4.28$）。将协方差除以Y和$X1$的标准差的乘积，最终得出Y和$X1$之间的相关系数$\rho_{YX1} = 0.82$。

Y 和 $X1$ 的相关系数计算步骤　　　　　　　　　　　　　表 9-6

样本	Y	$X1$	$Y-\mu_Y$	$X1-\mu_{X1}$	$(Y-\mu_Y) \times (X1-\mu_{X1})/N$
1	3	2	−3	−3.71	1.59
2	3	4	−3	−1.71	0.73
3	6	6	0	0.29	0.00
4	6	4	0	−1.71	0.00
5	6	8	0	2.29	0.00
6	9	7	3	1.29	0.55
7	9	9	3	3.29	1.41
Σ					4.28
μ	6.00	5.71			
σ	2.27	2.31			

$$\rho_{YX1} = Cov/(\sigma_Y \times \sigma_{X1}) = 4.28/(2.27 \times 2.31) = 0.82$$

（2）标准分数

计算相关系数的另一种方法是标准分数。标准分数（standard score，又称 z-score）是将变量与其平均值之差除以标准差所得的商数，它是一个抽象值，不受原始测量单位的影响。标准分数可以将变量进行标准化和无量纲化处理，以便研究者进行进一步的统计分析。标准分数的计算公式如下：

$$z_{Xi} = (x_i - \mu_X)/\sigma_X \tag{9-5}$$

其中，z_{Xi} 为变量 X 的标准分数。

表 9-7 是根据表 9-5 中的数据计算变量 Y 的标准分数的过程。首先，将每个样本中 Y 的观察值减去 Y 的平均数得到偏差值，这就创建了一个 $\mu_Y = 0.00$ 的分布。然后，将每个偏差值除以标准差即可得到 Y 的标准分数。此时，标准分数的平均值 $\mu_{Z_Y} = 0.00$，标准差 $\sigma_{Z_Y} = 1.00$。求得标准分数的过程不会改变原始分布的对称性或不对称性。

Y 的标准分数计算步骤　　　　　　　　　　　　　表 9-7

样本	Y	$Y-\mu_Y$	z_Y
1	3	−3	−1.32
2	3	−3	−1.32
3	6	0	0.00
4	6	0	0.00
5	6	0	0.00
6	9	3	1.32
7	9	3	1.32
μ	6	0	0
σ	2.27	2.27	1.00

标准分数以标准差为单位，度量原始分数离开其平均数多少个标准差。例如，表 9-7 中样本 1 低于平均值 1.32 个标准差；样本 7 高于平均值 1.32 个标准差。相关系数也可以根据标准分数计算：

$$\rho_{YX} = \Sigma\left(z_{Yi} \times z_{Xi}\right) / N \quad (9\text{-}6)$$

其中，ρ_{YX} 为 Y 和 X 之间的简单线性相关系数，z_{Yi} 和 z_{Xi} 为变量 Y 和 X 的标准分数，N 为样本数量。

表 9-8 显示了表 9-5 中变量 Y 和 $X1$ 利用标准分数计算相关系数的过程。首先计算 Y 和 $X1$ 的标准分数，将每组结果对应相乘再求和后除以样本数量，即可由公式（9-6）求得相关系数为 $\rho_{YX1} = 0.82$。这与第一种方法得到的结果相同。

Y 和 $X1$ 的相关系数计算步骤　　　　　表 9-8

样本	Y	$X1$	z_Y	z_{X1}	$z_Y \times z_{X1}$
1	3	2	−1.32	−1.61	2.12
2	3	4	−1.32	−0.74	0.98
3	6	6	0.00	0.12	0.00
4	6	4	0.00	−0.74	0.00
5	6	8	0.00	0.99	0.00
6	9	7	1.32	0.56	0.74
7	9	9	1.32	1.42	1.88
Σ	42	40	0.00	0.00	5.72
μ	6.00	5.71	0.00	0.00	0.82
σ	2.27	2.31	1.00	1.00	

$$\rho_{YX1} = 5.72/7 = 0.82$$

3. 偏差解释

相关系数可以直接用于相关分析，但它只描述变量之间协变关系的密切程度，而不指出哪个是自变量，哪个是因变量。若想在运算中体现直接的解释意义就要用到一个新的指标——决定系数。决定系数 ρ_{YX}^2（通常称为 r^2）表示 Y 中由某个 X 变量解释的偏差比例。它的范围从 0 到 1，计算公式如下：

$$\rho_{YX}^2 = \left[\Sigma\left(z_{Yi} \times z_{Xi}\right)/N\right]^2 \quad (9\text{-}7)$$

其中，ρ_{YX}^2 为决定系数，例如 Y 和 $X1$ 的决定系数为 $0.82^2 = 0.67$。

决定系数是在拟合回归方程之后进一步评价方程的解释作用的参数，决定系数越大表示回归方程的拟合优度越大，自变量对因变量的解释程度越高，即自变量引起的 Y 的变化占其总变化的百分比越高。决定系数为 0.67 表示在 Y 的变化中，自变量引起的变化占 67%，它体现了回归方程的解释力度。

图 9-8 和图 9-9 是表 9-5 中 Y 与 $X4$、$X5$ 的散点图。在这两种情况下，Y 的取值范围都是从 3 到 9，即 Y 在这两种情况下的可变性是相同的。

在图 9-8 中，已知 $X4$ 并不能求出 Y 的值。例如，如果 $X4 = 2$，Y 的范围为 3 到 9；如果 $X4 = 8$，其范围也在 3 到 9 之间。因此，$X4$ 与 Y 的相关性为 0，即 X 的变化无法预

测 Y 的变化，二者之间没有关联，进而得出决定系数为 $\rho_{YX4}^2 = 0.00$。而图 9-9 中已知 $X5$ 可确定 Y 的值。如果 $X5 = 2$，$Y = 3$；$X5 = 5$，$Y = 6$；$X5 = 8$，$Y = 9$。它们之间是完全线性关系，可以通过 $X5$ 的变化来准确预测 Y 的变化，因此决定系数为 $\rho_{YX5}^2 = 1.00$。

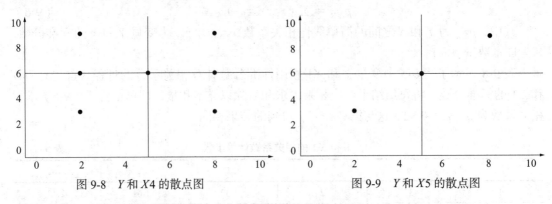

图 9-8　Y 和 $X4$ 的散点图　　　　　图 9-9　Y 和 $X5$ 的散点图

另一种描述决定系数的方法是用圆的面积来表示 Y 和 X 的可变性。图 9-10 显示的表 9-5 中的 Y 和 $X1$ 的关系说明了这一点。每个圆都是代表的该变量得分的 100% 可变性。重叠显示了 $\rho_{YX1}^2 = 0.67$，这是两个变量共同的偏差比例。

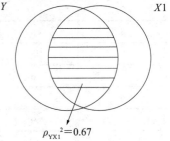

图 9-10　用圆解释 ρ_{YX}^2

9.2.3　一元回归分析

相关系数及决定系数主要提供有关变量之间相关程度的信息，相关分析是回归分析的基础，回归分析是研究变量间具体关联关系的方法。

假设研究者对年收入（Y）和受教育年限（X）之间的关系感兴趣，根据日常经验可知二者之间是有关系的，因此 ρ_{YX} 和 ρ_{YX}^2 大于 0。然而研究者可能还想知道受教育年限的变化和年收入的变化之间的准确关系，例如，额外一年的教育对收入水平的平均影响是怎样的？这个问题可以用回归模型来进行解答。

1. 回归模型

回归分析是一种数学模型，最简单的情形是一元线性回归，由有线性关系的一个自变量和一个因变量组成。它通过将 Y 值表示为 X 值的直线（线性）函数来实现，这一函数线叫作回归线。Y 的值可通过以下公式确定：

$$Y_i = \alpha + \beta_{YX} X_i + \varepsilon_i \tag{9-8}$$

其中，α 为回归截距，表示回归线在 $X = 0$ 时与 Y 轴相交。β_{YX} 为回归系数，表示 X 每变化 1 单位值时，Y 会变化多少。ε_i 为随机误差。

回归预测模型为：

$$\hat{Y} = \alpha + \beta_{YX} X \tag{9-9}$$

其中，$\hat{Y}$ 为给定 X 的 Y 的估计值。

此公式没有下标，因为它适用于在 Y 和 X 上的所有数值。它没有误差项，只有当 $\rho_{YX} = \pm 1.00$ 时，回归模型是完全拟合的。因此，因变量 Y 有一个上标"^"表示它是估计值，而不是实际值。在预测模型中,回归截距 α 是指 $X=0$ 时 Y 的估计值。回归系数 β_{YX} 是表示自变量 X 对因变量 Y 影响大小的参数,X 每变动一单位,Y 将变动 β_{YX} 单位。

图 9-11 是表 9-5 中的 Y 和 $X1$ 的散点图和回归预测线。Y 和 $X1$ 的回归方程为 $\hat{Y}=1.42+0.80X$,其中,截距 $\alpha=1.42$,回归系数 $\beta_{YX1}=0.80$。样本 2 对应的 $X2=4$,$Y=3$,$\hat{Y}=4.62$,误差 $\varepsilon_2=-1.62$;同理,样本 6 对应的 $X6=7$,$Y=9$,$\hat{Y}=7.02$,误差 $\varepsilon_6=1.98$。

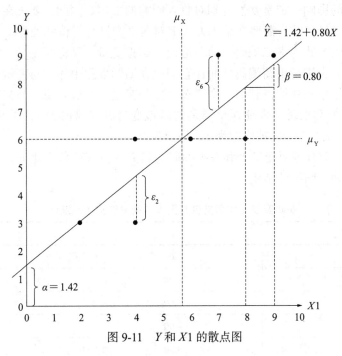

图 9-11　Y 和 $X1$ 的散点图

在回归过程中,回归线不可能经过所有数据点,因此可以利用最小二乘法寻找最佳的拟合曲线,应满足的条件是:全部观测值 Y_i 与回归线上的估计值 $\hat{Y}_i$ 间的误差平方和最小。理论上讲,数据越多效果越好,即所估计的回归方程越能更好地反映变量之间的关系。

$$\sum(\varepsilon_i)^2 = \sum(y_i - \hat{Y}_i)^2 = min \tag{9-10}$$

2. 回归公式

用最小二乘法求得回归系数和回归截距,就可以得到回归方程,计算公式如下。

$$\beta_{YX} = (\rho_{YX} \times \sigma_Y)/\sigma_X \tag{9-11}$$

其中,β_{YX} 为回归系数。

α 的公式为:

$$\alpha = \mu_Y - \mu_X \times \beta_{YX} \tag{9-12}$$

其中,α 为回归截距。

3. 名义自变量

到目前为止,上述相关和回归关系里描述的 Y 和 X 都是等距变量,可以用数值表示。然而,当 X 代表名义变量(即类别变量)时,这些规则同样适用。与等距变量不同,名义变量的数值编码不具有任何数量上的意义,而只代表类别之间的差异。由于这一特性,在回归分析中,名义变量不能直接作为自变量纳入模型。但是,名义变量可以转换成一组对应的虚拟变量,研究者可以将这些虚拟变量纳入回归模型,从而在回归分析中达到以名义变量作为自变量的目的。

由名义变量的性质可知，变量各个分类的数值编码大小并不能代表变量各个分类之间的实质性差别。但是，如果直接将名义变量作为自变量纳入回归模型，就意味着假定类别之间存在量的差别。比如，在对性别与收入关系的研究中，将性别中的男性编码为2、女性编码为1，并将性别变量直接作为自变量纳入回归模型，那么，这种编码方式就暗含了男性性别对收入的影响一定是女性性别对收入影响的2倍。因此，要想在回归分析中纳入名义变量作为自变量，首先需要在编码方式上对名义变量进行特殊处理。

最常用的编码方式为虚拟编码。简单地说，虚拟变量（又称哑变量、指示变量）是一种对名义变量各分类进行重新编码从而让它们能在回归方程中作为自变量的方式。它是将某一初始名义变量重新建构得到的一个或多个二分变量。一般来说，当某个样本观测值属于名义变量的某个类别时，表征这个类别的虚拟变量就被赋值为1，否则就被赋值为0。比如，女性为1，男性为0；被雇佣为1，失业为0。

表9-9是一个带有等距变量Y和虚拟编码的名义变量X的数据矩阵，表中还列出了其描述性、相关性和回归统计结果。

等距变量Y和名义自变量X的得分和描述性统计　　　表9-9

样本	Y	X
1	6.00	1
2	4.00	1
3	5.00	0
4	4.00	0
5	3.00	0
6	5.00	1
7	4.00	0
μ	4.43	0.43
σ	0.90	0.49
ρ_{YX}		0.55
$\alpha = \mu_Y - \mu_X \times \beta_{YX}$		4.00
$\beta_{YX} = (\rho_{YX} \times \sigma_Y)/\sigma_X$		1.00
$\mu_{Y|X=0}$		4.00
$\mu_{Y|X=1}$		5.00

自变量的虚拟编码不会改变其相关性和回归分析的计算方式和实质结论。因此，相关系数表明Y和X标准分数乘积的平均值为0.55。决定系数（$0.55^2 = 0.30$）意味着Y中30%的变化可以由X的变化来解释。截距显示，当$X = 0$时，Y的估计值为4.00，回归系数表明当X发生单位变化时，估计值Y增加1.00。

然而，因为X是虚拟编码的，截距和回归系数有了额外的意义。它们不仅提供有关Y的预测值的信息，还提供有关Y的平均值的信息。具体来说，当$X = 0$时，截距也等于

Y 的平均值。因为截距是通过最小二乘法来确定的,当 $X = 0$ 时,只有 Y 取平均值才能使实际值与预测值之间的误差平方和最小。

$$\alpha = \mu_{Y|X=0} \tag{9-13}$$

同理,当 $X = 1$ 时,截距加上回归系数等于 Y 的平均值。

$$\alpha + \beta_{YX} = \mu_{Y|X=1} \tag{9-14}$$

图 9-12 为表 9-9 中 Y 和 X 的散点图和回归预测线。这条回归线与 Y 轴相交于 4.00,即 $\mu_{Y|X=0}$。当 X 从 0 变为 1(单位变化)时,它增加 1.00,因此这条线经过了 $X = 1$、$Y = 5$ 的点,即 $\mu_{Y|X=1}$。因此,当自变量被赋值为 0 和 1 时,回归预测线是可以直接被确定的。

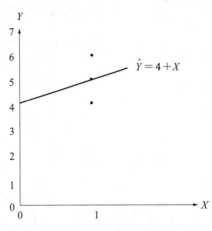

图 9-12 虚拟编码的 X 和 Y 的散点图

4. 相关系数、决定系数、回归系数的联系和区别

对于任何反映两变量属性值的数据集合,研究者都可以画出一条回归直线。这条直线可能是拟合的最好的一种,但因为数据点是分散的,直线不可能通过所有数据点。相关程度实际上就是回归直线与数据点贴近的程度,数据与回归直线离得越近,两变量相关程度越强,越远则越弱,如果所有数据点都在回归线上,则两变量之间是完全线性关系。因此,任何回归直线都可以计算出其相关系数,以表示此直线与数据点的贴近程度。

相关系数的概念是从回归方程因变量的偏差分析中导出的。在回归方程中,如图 9-13 所示,y 的观察值 y_i 对其平均数 $\bar{y}$ 的总偏差可以看作两部分构成。一是 y 的估计值与平均值的偏差 $(\hat{y} - \bar{y})$,其呈线性关系,完全是由回归方程决定的,称为可解释偏差;二是 y 的观察值 y_i 与估计值的偏差,呈随机变化,称作不可解释的偏差,即使求出估计值,这部分误差始终存在。故总偏差(即 $y - \bar{y}$)的组成为:

$$(y - \bar{y}) = (\hat{y} - \bar{y}) + (y - \hat{y}) \tag{9-15}$$

即总偏差=可解释偏差+不可解释偏差。而可解释偏差的平方和除以总偏差的平方和即为决定系数 r^2,它反映的是因变量总体变化中,可以由回归方程解释的比例。由于:

$$\sum (y - \bar{y})^2 = \sum (\hat{y} - \bar{y})^2 + \sum (y - \hat{y})^2 \tag{9-16}$$

故有

$$r^2 = \frac{\sum (y - \bar{y})^2 - \sum (y - \hat{y})^2}{\sum (y - \bar{y})^2} = 1 - \frac{\sum (y - \hat{y})^2}{\sum (y - \bar{y})^2} \tag{9-17}$$

决定系数也可由此公式求出,它反映了回归方程对数据的拟合程度。根据表 9-5 中的 Y 和 $X1$,由公式(9-17)求出的 $r^2_{YX1} = \rho^2_{YX1} = 0.67$,与公式(9-7)求出的结果相同。$\sqrt{r^2} = r$ 即相关系数。如果 $r = 0.7$,决定系数 $r^2 = 0.49$,表示因变量有约一半的偏差可以通过自变量 X 及回归方程来解释,也可以理解成两变量双方共同变异的程度。

回归系数(即回归直线的斜率)和相关系数的含义不同。回归系数表示因变量随自变量变化而发生多少变化,相关系数表示变量之间的相关程度。现实中,完全可能出现回归直线斜率大而相关系数小的情况,这意味着自变量每变化 1 单位,因变量变化多但回归直线并不贴近各数据点。反之，也有可能出现回归直线斜率小而相关系数大的情况，这意味着因变量随自变量的变化而变动不大，但回归直线却能很好地贴近数据点。图9-14列出了几种回归和相关分析的不同结果。

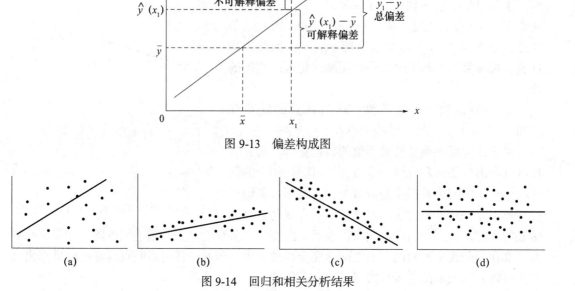

图9-13 偏差构成图

图9-14 回归和相关分析结果

回归直线的斜率取决于变量间客观存在的关联和所选择变量的度量单位，它的大小一般不涉及研究者的偏好，但研究者一般希望相关系数大，即变量之间相关程度高，直线的拟合好，很贴近数据点。

9.3 多元回归分析

多元回归分析的内容和功能与一元回归分析基本一致，其基本原理也与一元回归分析相似。所不同的是，多元回归方程中包含两个或更多的自变量。在现实世界中，一个因变量的变化通常受多个自变量的影响。例如：企业员工的工作满意度可能会受到薪资水平、同事间信任和工作—家庭冲突等多个因素影响。也就是说，在线性回归模型中，员工工作满意度的解释变量可能有很多个。这种多个自变量影响一个因变量的问题可以通过多元回归分析来解决。表9-10显示了16名调查参与者在一个因变量（Y）和三个独立变量（X_i）上的得分情况。应用到上述案例中，Y代表员工从1（非常不满意）到5（非常满意）的工作满意度得分，X_1代表员工的薪资水平得分，X_2代表员工的同事间信任情况得分，X_3代表员工的工作—家庭冲突情况得分。表9-11显示了这些变量之间的平均值、标准差和简单相关系数r。

当只涉及两个自变量时，多元相关和多元回归最容易理解，因此本节主要阐述只有两个自变量的情况。

9.3 多元回归分析

四个变量的得分 表 9-10

序号	Y	X1	X2	X3
1	5	5	5	2
2	4	5	5	2
3	5	4	4	2
4	4	3	4	2
5	4	3	4	3
6	5	5	4	2
7	3	2	3	4
8	4	4	4	2
9	5	4	4	2
10	5	4	3	2
11	5	5	4	2
12	5	3	5	1
13	4	3	4	3
14	4	4	4	1
15	4	3	4	2
16	4	4	4	3

四个变量的平均值、标准差和简单相关系数 表 9-11

变量	μ	σ	Y	X1	X2	X3
Y	4.28	0.625	1			
X1	3.74	0.886	0.547*	1		
X2	4.06	0.588	0.436	0.412	1	
X3	1.97	0.747	−0.721**	−0.546*	−0.498*	1

注：Y 为工作满意度，X1 为薪资水平，X2 为同事间信任，X3 为工作—家庭冲突

9.3.1 多元回归分析图形表示

一个因变量（Y）和两个自变量（X）之间的关系可以用图或表来表示。表 9-11 显示了 Y，X1，X2，X3 之间的平均值、标准差和简单相关系数。图 9-15 显示了表 9-10 中 Y 和 X1，X2 的散点图。

一个因变量（Y）和两个自变量（X）之间的回归一般是根据两个 X 变量得分建立一个 Y 得分平面，在所建立的平面中，两个自变量 X1，X2 的得分最好地"拟合"因变量 Y 的得分，即通过建立多元回归分析模型，使实际值 Y 与估计值 $\hat{Y}$ 之间的偏差平方和最小。

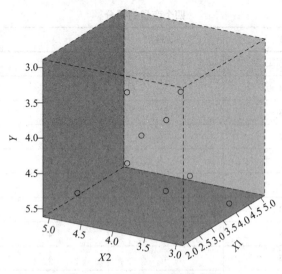

图 9-15 Y, $X1$, $X2$ 的散点图

9.3.2 多重相关

多重相关系数❶R 以标准化的形式描述了一个因变量与两个或多个自变量之间的线性相关程度。它的统计值的范围在 0 到 1 之间。统计值越趋近于 1，表示相关性越强；反之则越弱。

多重决定系数（multiple coefficient of determination）R^2，是度量多元回归方程拟合程度的一个统计量，反映因变量 Y 的变异中能被估计的多元回归方程所解释的比例，多重决定系数的范围为 0 到 1 之间。$R^2 = 0$ 时，表示因变量 Y 与自变量 Xi 之间没有线性关系；$R^2 \neq 0$ 时，表示因变量 Y 被自变量 Xi 解释的比例。R^2 越大，因变量 Y 与自变量 Xi 的线性关联越强，亦即误差消除比例越大。$R^2 = 1$ 时，表示因变量 Y 的变异可以由自变量 Xi 共同、完全解释。它的剩余误差（即 $1 - R^2$），通常称为疏离系数（coefficient of alienation）。

通常情况下，研究报告中大多采用多重决定系数 R^2 来说明整个回归模型的解释力度。以二元回归为例，R^2 的计算公式为：

$$R^2_{YX1X2} = (r^2_{YX1} + r^2_{YX2} - 2 \times r_{YX1} \times r_{YX2} \times r_{X1X2}) / (1 - r^2_{X1X2}) \quad (9\text{-}18)$$

其中：

R^2_{YX1X2} 为 Y 和两个自变量 $X1$，$X2$ 之间的多重决定系数；

r^2_{YX1} 为 Y 和 $X1$ 之间的简单决定系数（其他变量同理）；

r_{YX1} 为 Y 和 $X1$ 之间的简单相关系数（其他变量同理）。

其他条件相同时，每个 X 和 Y 之间的简单决定系数越高，R^2_{YX1X2} 就越高。然而，如果 $X1$ 和 $X2$ 也相关，分子的第二部分（$2 \times r_{YX1} \times r_{YX2} \times r_{X1X2}$）增大，使得 R^2_{YX1X2} 减小。也就是说，自变量之间的相关系数 r_{X1X2} 越大，R^2_{YX1X2} 越小。

自变量之间的简单相关性称为多重共线性。当存在多重共线时，每个自变量对 Y 的变

---

❶ 多重相关系数与简单相关系数的区别在于简单相关系数的取值范围是 [−1, 1]，而多重相关系数的取值范围是 [0, 1]。这是因为，在简单一元回归涉及两个变量的情况下，回归系数有正负之分，所以在研究相关时，也有正相关和负相关之分；但在含有多个变量的多元回归中，偏回归系数有两个或两个以上，其符号有正有负，但不能按正负来区分，所以多重相关系数只取正值。

异的解释方差是冗余的,需要予以删除,以便真实反映由自变量解释的因变量 Y 的变异。

9.3.3 多元回归

1. 多元回归模型

多元回归分析(multiple regression analysis)是指在相关变量中将一个变量视为因变量,其他两个或两个以上变量视为自变量,描述这两个或两个以上的自变量与因变量之间数量变化关系的统计分析方法。在多元回归分析中,为描述数量关系所建立的线性数学模型关系式被称为多元回归模型。

多元回归方程的基本形式为:

$$Y = B_0 + B_1 X1 + B_2 X2 + \cdots + B_n Xn + \varepsilon \tag{9-19}$$

其中,B_0 表示回归截距;B_i 表示在其他自变量保持不变的情况下,自变量 Xi 变化一单位时因变量 Y 的变化量;ε 表示随机误差。

多元回归方程并不能反映出各个自变量的相对重要性,因为 B_i 值与自变量的度量尺度有关,B_i 大于 B_j 并不表示 Xi 和 Y 的关联较 Xj 和 Y 的关联更强,可能是由于 Xi 采用了较小的尺度单位。

为了评判各个自变量的相对重要性,可以将回归方程的系数 B_i 进行标准化处理,即考虑到各个自变量的均值和标准差。经过标准化处理后,各回归系数 B_i 转换成标准化回归系数 β_i(Beta)。β_i 可以反映出在解释因变量 Y 的变化中多个自变量 Xi 的相对重要性。β_i 的取值范围在 $-1 \sim +1$,表示引起因变量变化的方向以及变化的数量。

多元回归分析对于因变量总偏差的解释程度与一元回归分析类似,即可用多重相关系数 R 和多重决定系数 R^2 来表示。多重决定系数 R^2 表示因变量 Y 的变异中可以由各个自变量共同变化来解释的比例。R^2 越大,Y 与 $X1, X2, \cdots, Xn$ 的线性关联越强,亦即误差消除比例越大。如:$R^2 = 0.83$ 则表示 Y 的总偏差中的 83% 可以由 $X1, X2, \cdots, Xn$ 这几个自变量的变异来解释。

2. 多元回归系数

多元回归描述了 Y 和两个或多个变量 X 之间的关系。以两个自变量为例,因变量得分可以通过以下方式确定:

$$Y_i = B_0 + B_{YX1X2} X1_i + B_{YX2X1} X2_i + \varepsilon_i \tag{9-20}$$

其中:

B_0 为回归截距,即当 $X1_i = X2_i = 0$ 时,回归平面与 Y 轴的垂直线相交;

B_{YX1X2} 为偏回归系数,即当 $X2$ 保持不变时,每单位 $X1$ 变化引起的 Y 的估计值的变化,B_{YX2X1} 同理;

ε_i 为随机误差项,即 Y 的估计值与实际值之间的偏差。

这两个自变量的多元回归预测模型为:

$$\hat{Y} = B_0 + B_{YX1X2} X1 + B_{YX2X1} X2 \tag{9-21}$$

$\hat{Y}$ 表示给定 $X1$ 和 $X2$ 的情况下 Y 的估计值。

与一元回归的预测模型相似,多元回归预测模型没有下标,因为它适用于在 Y、$X1$ 和 $X2$ 上的所有数值。它没有误差项,只有 $R^2_{YX1X2} = 1$ 时,回归模型是完全拟合的。$\hat{Y}$ 的上标"^"表示它是估计值,而不是实际值。

(1) 截距和偏回归系数 (Partial regression coefficient)

两个自变量的偏回归系数公式为：

$$B_{YX1X2} = \left(\frac{\sigma_Y}{\sigma_{X1}}\right) \times \left[(\rho_{YX1} - \rho_{YX2} \times \rho_{X1X2}) / (1 - \rho_{X1X2}^2)\right] \quad (9\text{-}22)$$

$$B_{YX2X1} = \left(\frac{\sigma_Y}{\sigma_{X2}}\right) \times \left[(\rho_{YX2} - \rho_{YX1} \times \rho_{X1X2}) / (1 - \rho_{X1X2}^2)\right] \quad (9\text{-}23)$$

其中：

B_{YX1X2}，B_{YX2X1} 为 $X1$ 和 $X2$ 的偏回归系数；

ρ_{X1X2}^2 为 $X1$ 和 $X2$ 之间的简单决定系数；

ρ_{YX1} 为 Y 和 $X1$ 之间的简单相关系数（其他变量同理）；

σ_Y，σ_{X1}，σ_{X2} 分别为 Y，$X1$ 和 $X2$ 的标准差。

有两个自变量时的截距公式为：

$$B_0 = \mu_Y - B_{YX1X2} \times \mu_{X1} - B_{YX2X1} \times \mu_{X2} \quad (9\text{-}24)$$

其中：

B_0 为截距；

μ_Y，μ_{Xi} 为 Y 和 Xi 的平均值。

(2) 偏 β (Beta) 系数 (Partial Beta coefficient)

B_{YX1X2}，B_{YX2X1} 是非标准偏回归系数，因为它们是用原始变量单位表示的。一般在进行研究时，会将回归系数转换为标准化形式。β (Beta) 系数就是标准化的回归系数，此时 Y 和 Xi 的均值为 0，标准差为 1。

在一元回归中，偏 β 系数与相关系数相同。如果自变量之间存在多重共线性，多元回归中的偏 β 系数与相关系数则不存在等同关系。两个自变量情况下的偏 β 系数公式为：

$$Beta_{YX1X2} = B_{YX1X2} \times \left(\frac{\sigma_{X1}}{\sigma_Y}\right) \quad (9\text{-}25)$$

$$Beta_{YX2X1} = B_{YX2X1} \times \left(\frac{\sigma_{X2}}{\sigma_Y}\right) \quad (9\text{-}26)$$

其中：$Beta_{YX1X2}$ 和 $Beta_{YX2X1}$ 为 $X1$ 和 $X2$ 的偏 β 系数。

当研究需要评估不同自变量对因变量解释的相对贡献时，偏 β 系数是进行贡献率比较的一个有效参数。由于偏 β 系数是标准化的，因此可以直接比较偏 β 系数，以确定哪个自变量对 Y 的影响最大。

9.3.4 多元回归示例

以表 9-10，表 9-11 中数据为例，假设 Y 在 $X1$ 和 $X2$ 上回归，此时偏回归系数为：

$$B_{YX1X2} = \left(\frac{\sigma_Y}{\sigma_{X1}}\right) \times \left[(\rho_{YX1} - \rho_{YX2} \times \rho_{X1X2}) / (1 - \rho_{X1X2}^2)\right]$$

$B_{YX1X2} = (0.625/0.886) \times [(0.547 - 0.436 \times 0.412) / (1 - 0.412^2)] = 0.312$

$B_{YX2X1} = (0.625/0.588) \times [(0.436 - 0.547 \times 0.412) / (1 - 0.412^2)] = 0.270$

这说明，当 $X2$ 保持不变时，对于一个单位 $X1$ 的变化，Y 预计将增加 0.312；当 $X1$ 保持不变时，对于一个单位 $X2$ 的变化，Y 预计将增加 0.270。

案例中的多元回归截距为：
$$B_0 = \mu_Y - B_{YX1X2} \times \mu_{X1} - B_{YX2X1} \times \mu_{X2}$$
$$B_0 = 4.28 - 0.312 \times 3.74 - 0.270 \times 4.06 = 2.02$$

这说明，当 $X1$ 和 $X2$ 为 0 时，Y 的值为 2.02。

因此，可以得出基于 $X1$ 和 $X2$ 的 Y 的回归预测模型：
$$\hat{Y}_{X1X2} = 2.02 + 0.312 \times X1 + 0.270 \times X2$$

案例中各自变量的偏 β 系数为：
$$Beta_{YX1X2} = 0.312 \times \left(\frac{0.886}{0.625}\right) = 0.442$$

$$Beta_{YX2X1} = 0.270 \times \left(\frac{0.588}{0.625}\right) = 0.254$$

比较标准化偏回归系数的相对大小，即 $X1$ 和 $X2$ 的偏 β 系数，结果显示，相对于 $X2$，$X1$ 对 Y 的解释贡献较大。

9.3.5 两个以上自变量的多元回归

在多元回归分析中，一个因变量可以被任意数量的自变量解释，所以经常出现自变量多于两个的情况。例如，表 9-10 中的因变量 Y 就可以由自变量 $X1$ 到 $X3$ 来解释。此时，研究者就可以利用 $X1$ 到 $X3$ 这三个自变量进行多重相关和回归。相较于两个自变量的情况，虽然公式变得更复杂，但是统计信息更加全面，对因变量的解释力度也更强。

涉及三个或三个以上自变量的多元相关回归统计可以使用统计软件包 SPSS 进行分析。具体步骤为：

步骤一：导入或输入分析数据。

步骤二：选择【分析】→【回归】→【线性】（图 9-16）。

图 9-16 SPSS 软件操作步骤二

步骤三：选择所要分析的因变量与自变量，并确定分析方法（图9-17）。

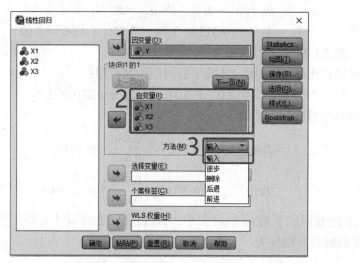

图 9-17　SPSS 软件操作步骤三

步骤四：点击【Statistics（统计）】勾选所需的回归系数；点击【保存】勾选各种所需的统计量；点击【选项】勾选自变量的选入条件与遗漏值的处理模式（图9-18）。

步骤五：点击【确定】，输出结果（图9-19）。

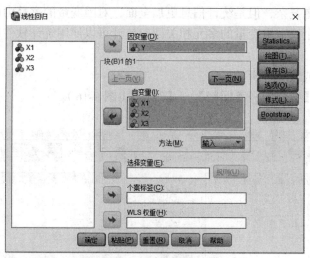

图 9-18　SPSS 软件操作步骤四

系数 a

模型		非标准化系数		标准系数	t	显著性
		B	标准错误	贝塔		
1	（常量）	4.436	1.371		3.237	.007
	X1	.309	.158	.454	1.958	.074
	X2	-.107	.259	-.099	-.413	.687
	X3	-.367	.201	-.445	-1.826	.093

a. 因变量：Y

图 9-19　SPSS 软件操作结果输出

表 9-12 显示了具有三个自变量时的回归结果。数据显示,当 $X1$,$X2$,$X3$ 均为 0 时,Y 的截距为 4.28;$R^2 = 0.508$ 表示 Y 的总偏差中 50.8% 可由 $X1$,$X2$,$X3$ 这几个自变量的变异来解释;非标准化系数 B 表示其余两个变量保持不变时,一个自变量 Xi 变化一个单位时 Y 的变化量;从标准化系数 $Beta$ 可以判断自变量 Xi 对 Y 的解释贡献程度。在确定回归截距和各自变量的回归系数后,还需对整体回归模型及自变量的回归系数进行显著性判断,此知识点将在第 10 章详细介绍。

三个自变量的多元回归结果　　　　　　　　　　　表 9-12

	非标准化系数 B	标准化系数 $Beta$
$X1$	0.309	0.454
$X2$	−0.107	−0.099
$X3$	−0.367	−0.445
a	4.28	
R^2	0.508	

9.3.6 多元回归的类型

1. 逐步回归

以逐步回归分析(stepwise regression)策略来决定具有解释力的预测变量,多出现在以预测为目的的探索性研究中。一般的做法是引入多个自变量后,由各自变量与因变量的相关程度的高低来决定每一个自变量是否能够进入回归模型,最后得到一个以最少自变量解释最多因变量变异量的最优回归模型。这种程序性的回归分析,有向前选择法、向后选择法和逐步法三种变量选择程序。

(1)向前选择法

向前选择法(forward selection)是一种回归模型的自变量选择方法,其特点是把候选的自变量逐个引入回归方程,故称向前法。具体操作步骤是:先把与因变量 Y 有最大相关系数的自变量拟合模型进行回归系数的显著性检验,决定是否把该自变量引入模型;然后,在未被引进模型的自变量中,把与 Y 有最大偏相关系数的自变量引入模型并进行回归系数的显著性检验,决定取舍,依次类推。直至在排除了已选入变量对 Y 的影响之后,未选入自变量对 Y 的回归系数的显著性检验结果都不显著为止。这种方法比较简单,但主要缺点是,如果存在多重共线性,最后的模型中可能混有不太重要的自变量,因此,在实际执行时,研究者需要指定进入回归方程的判别标准。例如,以 F 检验的显著水平 $p = 0.05$ 为标准,如果自变量满足 F 检验值的显著性小于 0.05,即可被选入模型中,当没有变量满足 F 检验条件时,选择变量过程终止,此时所得到的回归方程为最优回归方程。向前法只考虑选入变量,一旦自变量进入回归模型,则不再考虑剔除。

(2)向后选择法

向后选择法(backward elimination)也称向后剔除法、向后消元法,是一种回归模型的自变量选择方法,其过程与向前选择法相反:开始时将全部自变量放在方程中,然后按照各个自变量对因变量贡献率大小由小到大依次剔除。具体执行步骤为：对各个自变量进行偏F检验，将最小的F值记为FL，与预先规定的显著性水平F0（例如$p = 0.10$）进行比较，若FL＜F0，就剔除该变量，每剔除一个变量，则重新计算未被剔除的自变量对因变量的贡献，重复上述步骤，直到模型中所有自变量均符合选入标准而不能剔除为止。最后一个回归方程，即为最优的回归方程。向后法只考虑剔除变量，一旦自变量被剔除，则不再考虑进入回归模型。

（3）逐步法

逐步法整合了向前选择法与向后选择法两种策略，该方法的主要思路是考虑全部自变量对因变量的作用大小、显著程度大小或贡献率大小，由大到小的逐个引入回归模型，作用不显著的自变量可能始终不会被引入回归模型。此外，已经被引入回归模型的变量在引入新的自变量之后也可能失去重要性，所以需要从回归模型中剔除。引入一个变量或从回归方程中剔除一个变量都称为逐步回归的一步，每一步都需要进行检验以保证在引入新的自变量之前回归模型中只含有影响显著的自变量，而影响不显著的变量已经被剔除。

逐步法的执行程序如下：首先，依据向前法的原理，将与因变量相关程度最高的或F检验最显著的自变量纳入回归方程，然后将相关程度和F检验的显著程度（前提是小于选入标准）次之的第二个自变量纳入方程式中。此时，模型中已经包含了两个自变量，需要对已经选入模型的第一个自变量进行检验，观察第一个引入的自变量在新变量引入后是否还显著，如果第二个变量纳入后，原回归模型中自变量的F检验显著性低于选入标准，则会被排除于模型外，以确保每次引入新的变量之前回归方程中只包含显著性变量。依循此原理进行反复地纳入和排除变量的检验，直到没有任何新变量可被选入并且没有旧变量可以剔除之时，即得到最后的模型。

2. 同时回归

同时回归（simultaneous regression）是将所有的解释变量同时纳入回归方程式当中，对因变量进行估计的变量处理方法。此时，整个回归分析仅保留一个包括全部自变量的回归模型。除非自变量间的共线性过高，否则每一个自变量都会一直保留在模型中，即使对于因变量的边际解释力没有达到统计水平，也不会被排除在模型之外。

以同时回归技术来进行的回归分析，又可称为解释型回归，因为研究者的目的是在厘清其所提出的解释变量是否能够用来解释因变量。一般在管理研究中，由于每一个解释变量对于因变量的影响都是研究者所欲探讨的对象，因此不论显著与否都有学术上的价值与意义，因此多采用同时回归法来进行变量的选择。

3. 分层回归

分层回归分析（hierarchical regression）也是一种区分成多个步骤，"逐步依序"来进行的回归分析。与逐步回归分析由相关程度或F检验结果作为解释变量取舍的依据不同的是，分层回归分析中解释变量由研究者基于理论或研究的需要而定。

在一般的管理研究中，解释变量间可能具有特定的先后关系，必须依特定顺序来进行分析。例如，以性别、婚姻状况、工作投入与努力程度来预测工作表现时，性别与婚姻状况两变量在概念上属于人口统计学变量，不受任何其他解释变量的影响；而工作投入与努力程度则为信息变量，彼此之间可能具有高度相关，亦可能受到其他变量的影响。进行变量解释时可以分为两个阶段，先将人口统计学变量视为一个区组，以逐步回归法引入回归模型中进行回归分析，计算回归系数；随后再将信息变量作为第二个区组投入回归模型，计算工作投入和努力程度的预测力，完成对于因变量的回归分析，此种方法称为分层分析法。

在实际执行中，分层回归分析最重要的工作是决定变量的阶层关系与进入模式。变量间的阶层关系如何划分，必须基于文献、理论或现象上的合理性来考虑，即必须要有理论根据。

4. 三种回归方法的比较

基于预测或解释的不同目的，多元回归可分为预测型回归与解释型回归两类。在预测型回归中，研究者的主要目的在于对因变量进行预测与控制；解释型回归的主要目的则在于分析自变量对因变量的解释力。在操作上，预测型回归最常使用的方法是逐步回归法，解释型回归则常使用同时回归法。

由各种回归方法的原理可以看出，解释型回归所重视的是研究者所提出的解释变量是否具有解释力，以及参数的相对重要性的比较。至于回归方程式本身，以及分数的预测，并不是研究的焦点。更具体来说，解释型回归的每一个解释变量都是研究者经过深思熟虑，或是基于理论检视所提出的重要变量，不重要的或无关的独立变量都尽可能省略，以减少不必要的混淆。因此，在建立解释型多元回归模型时，多采用同时回归分析法来检验各变量的关系，如果采用的是逐步分析法，则有违解释型回归分析对全体独立变量相互比较与复杂关系探究的初衷。

解释型回归的另一个特性是对于共线性问题非常敏感。因为共线性问题除了反映解释变量在概念上可能存在混淆关系，也影响了每一个解释变量对因变量解释力的估计。相对的，预测型回归则将共线性问题交给逐步分析来克服，而不作理论上的讨论。因为预测型回归更加注重回归模型的实际应用价值，即以最少的自变量（最低的成本）来达成对因变量最大的预测力（最大的实际价值）。总体来说，学术上对于多元回归的应用重视 R^2 的检验与 Beta 系数的解释与比较，而实际问题中对多元回归的应用以建立最佳方程式对因变量进行预测与控制等目的为主。因此，学术上的回归多为同时回归分析法和分层回归分析法，而解决实际问题时多采用逐步回归分析法。

最后，分层回归可以说是最具有理论与实际双重意义的回归分析方法。由于变量的投入与否可以由研究者基于理论或研究需要来决定，反映了分层回归在本质上是一种验证性的技术，而非探索性的方法。在科学研究上分层回归有其独特的价值与重要性。从技术层次来看，分层法能够将解释变量分组处理，如果结合同时进入法则适合研究一组解释变量的重要性；如果结合逐步法，则类似于预测型回归分析，可利用分组来决定最佳模型。此外，当解释变量是类别变量，欲进行虚拟回归（dummy regression）时；或是当解释变量对于因变量具有非线性关系，需要进行多项式回归时；以及解释变量间具有交互作用，欲进行混合回归时，都必须采用分层回归方法。由此可知，分层回归是一种整合性的多层次分析策略，兼具统计决定与理论决定的变量选择方法，是一种弹性很大的回归分析策略。

9.3.7 多重共线性诊断

多元回归分析是对两个或两个以上变量之间的相关关系进行定量研究的一种统计分析

方法。研究者们利用多元回归分析进行预测，主要是发现和分析因变量和自变量之间的相关关系，从而利用这些相关关系来对因变量进行预测。但是，在实际应用场景中，因变量和自变量存在相关关系，而自变量与自变量之间也会存在相关关系，有时还会是强相关关系。在回归分析中，如果两个或两个以上自变量之间存在相关性，这种自变量之间的相关性，就称作多重共线性，也称作自变量间的自相关性。

共线性问题是影响多元回归分析最重要的因素之一。当存在严重的多重共线性时，也就是自变量之间高度相关时（简单相关系数 r 在 ±0.7 或以上），不同自变量解释的可能是因变量的同一种变化，从而使得判定每一个单独的自变量对需求的影响程度非常困难。也就是说，如果自变量是各自独立的变量（即不存在多重共线性），这时根据相关分析就能得知哪些自变量对因变量有显著影响，哪些没有影响，能很好地进行回归分析。但是，当存在严重的多重共线性时（即各个自变量之间有很强的相关关系），自变量之间相互影响和相互变化，且无法固定其他自变量来避免这些影响和变化，也就无法得到这个自变量和因变量之间的真实关系（图 9-20）。

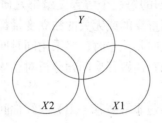
不存在共线性
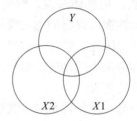
存在共线性

图 9-20 共线性问题图形表示

为解决共线性问题，统计软件提供了容忍值（*tolerance*）或变异数膨胀因素（方差膨胀因子，variance inflation factor，*VIF*）来评估共线性的影响。具体公式为：

$$Tolerance = 1 - R^2 \tag{9-27}$$

$$VIF = 1/Tolerance = 1/(1 - R^2) \tag{9-28}$$

其中，R^2 为表示某一自变量的变异部分可以被其他自变量解释的比例。$1-R^2$（容忍值）为该自变量无法被其他自变量解释的残差比。R^2 比例越高，容忍值越小，代表这一自变量不可被解释的残差比越低；*VIF* 越大，即自变量之间的共线性问题越明显。例如：容忍值 0.40、*VIF* 值为 2.5 的变量，相较于容忍值 0.80、*VIF* 值为 1.25 的变量的多元共线性问题更严重。也就是说容忍值越大、*VIF* 值越小，则越好。一般认为，如果 *VIF* < 5，基本不存在共线性，而 *VIF* 超过 10 就应该认为存在共线性，如果超过 20 就存在极为严重的共线性。

多重共线性可以利用 SPSS 软件进行诊断，具体操作如下：

步骤一：导入或输入分析数据。

步骤二：选择【分析】→【回归】→【线性】（图 9-21）。

步骤三：选择所要分析的因变量与自变量（图 9-22）。

步骤四：点击【Statistics（统计）】选项勾选【共线性诊断】，随后选择【继续】输出结果（图 9-23）。

9.3 多元回归分析

图 9-21 共线性诊断步骤二

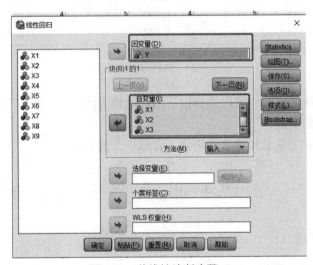

图 9-22 共线性诊断步骤三

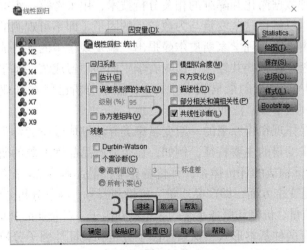

图 9-23 共线性诊断步骤四

步骤五：结果解读

根据输出的共线性诊断结果，判断是否存在共线性。一般 VIF 超过 10 则认为存在共线性（图 9-24）。

系数 a

模型		共线性统计	
		容许	VIF
1	X1	0.273	3.658
	X2	0.335	2.987
	X3	0.370	2.700
	X4	0.304	3.289
	X5	0.412	2.425
	X6	0.308	3.252
	X7	0.480	2.084
	X8	0.590	1.695
	X9	0.652	1.533

a. 因变量 Y

图 9-24 共线性诊断结果

针对存在的共线性问题，可以选择以下两种处理方法：
（1）删除共线的变量；
（2）将多个贡献变量求和或者求均值，合成一个变量。

9.4 因子分析

9.4.1 因子分析概述

1. 因子分析的基本思想

因子分析是一种数据简化和降维的相关分析技术，用来考察一组变量之间的协方差或相关系数结构，并用以解释这些变量与为数较少的因子（即不可观测的潜变量）之间的关联。因子分析最早由英国心理学家斯皮尔曼提出。他发现学生的各科成绩之间有一定的相关性，从而推想是否存在某些共性因子影响着学生们的学习成绩。基于此，他提出了二因素论，从而形成了因子分析的最早版本。如今，因子分析已经在管理学、教育学、社会学、心理学等研究领域中被广泛使用。

因子分析的结果体现在将原来的一组变量聚类并浓缩成较少的称为因子的新变量，而这些因子能涵盖原来变量的主要特征。例如，在企业产品品牌形象的研究中，消费者可以通过一个有 24 个指标构成的评价体系，评价各企业产品品牌在 20 个方面的优劣，但消费者可能主要关心的是 3 个方面，即产品质量、价格和服务。因子分析方法可以通过 20 个变量，找出反映产品质量、价格和服务水平的 3 个潜在因子，对企业品牌形象进行综合评价。

因子分析主要有两种基本形式：探索性因子分析和验证性因子分析。探索性因子分析不事先假定因子与测量项之间的关系，而让数据"自己说话"。验证性因子分析事先假定因子与测量项之间的关系，即哪个测量项对应于哪个因子是事先知道的。两种方法之间既有联系也有区别。

2. 两种因子分析基本思想的异同

探索性因子分析和验证性因子分析都是把普通因子分析模型作为理论基础，其主要目的都是浓缩数据，即通过对诸多变量的相关性研究，可以用假想的少数几个变量（因子、潜变量）来表示原来变量（观测变量）的一些主要信息。比如，求职者可以利用因子分析来了解自己对工作的需求和期望，他首先需要收集所有可能获得的有关这份工作的信息：福利待遇、工作环境、职业保障、同事关系、荣誉奖励、晋升空间等等。该求职者也许不太清楚哪些信息是最基本、最关键的，但可以利用探索性因子分析来找出控制每一个具体信息的关键潜在因素。由此会发现：福利待遇、工作环境、职业保障等方面的信息都属于生理安全需要，而同事关系、荣誉奖励、晋升空间等方面的信息则是出于尊重需要。因此求职者想深入了解自己这份工作的需求和期望就只需抓住生理安全需要以及尊重需要这两个关键的控制变量就可以了。而这两个关键的控制变量是否能够真正准确、全面地反映求职者的工作期望，就可以通过先假定这一内在结构的合理性，再在此基础之上检验此结构是否能够与真实数据很好地吻合，即通过验证性因子分析进行检验。

寻找公共因子以实现降维的目的是因子分析的基本思想。探索性因子分析主要是为了找出影响观测变量的因子个数，以及各个观测变量与各个因子之间的相关程度，以试图揭示一套相对比较大的变量的内在结构。探索性因子分析是在事先不知道影响因素的基础上，完全依据资料数据，利用统计软件以一定的原则进行因子分析，最后得出因子的过程。进行探索性因子分析之前，不必知道要用几个因子，各个因子和观测变量之间的联系如何。在管理研究中，若只是从数据出发，要想得到较为科学的结果是比较难的，甚至还可能与现有的经验或理论相左。因此，探索性因子分析更加适合在无理论支撑时对数据进行试探性分析。但是，这种试探性分析的准确性就需要利用验证性因子分析进行进一步检验。

验证性因子分析的主要目的是检验事先定义因子的模型拟合实际数据的能力以及观测变量的因子个数和因子载荷是否与预先建立的理论预期一致。理论变量是基于先验理论选出的，研究者的先验假设是每个因子都与一系列观测指标或测量项相对应，用来检测此种结构与观测数据是否一致，而且要求预先假设模型中因子的数目，但有时也预期哪些变量依赖哪个因子。如此一来，验证性因子分析充分利用了先验信息，在已知因子结构的情况下检验所搜集的数据资料是否按事先预定的结构方式产生作用。

9.4.2 探索性因子分析

1. 探索性因子分析的概念

探索性因子分析（exploratory factor analysis，EFA）是一项用来找出多元观测变量的本质结构，并进行处理降维的技术。因而，EFA能够将具有错综复杂关系的变量综合为少数几个核心因子。它根据相关性大小把原始变量分组，使得同组内的变量之间相关性较高，而不同组的变量间相关性则较低。每组变量代表一个基本结构，并用一个不可观测的综合变量表示，这个基本结构就称为公共因子。对于所研究的某一具体问题，原始变量可以分解为两部分，一部分是少数几个不可测的公共因子的线性函数，另一部分是与公共因子无关的特殊因子。

探索性因子分析的一般表达形式为：
$$Xi = a_{i1}F_1 + a_{i2}F_2 + \cdots + a_{in}F_n + e_i \tag{9-29}$$

其中，Xi 为观测变量；F_n 是彼此独立的公共因子，均值为 0，方差为 1；a_{in} 为因子载荷；e_i 为特殊因子，与每一个公共因子均不相关且均值为 0。

2. 探索性因子分析的基本步骤

（1）收集观测变量

由于总体的复杂性和统计基本原理的保证，为了达到研究目的，通常采用抽样的方法收集数据，并且必须按照实际情况收集观测变量，获得真实的观测值。

（2）构造协方差矩阵

如果观测量纲有差异或数量级不同，需要先对样本观测数据进行标准化处理，使标准化后的变量均值为 0，方差为 1。在参数标准化的情况下，此协方差矩阵反映所研究变量间的相关性，可以为后面的分析做铺垫。

（3）确定因子个数

可根据实际情况事先假定因子个数，也可以按照特征根大于 1 的准则或碎石准则来确定因子个数。但有 n 个变量最多只能提取 n 个因子，研究者通常希望最后的模型能用尽可能少的因子来解释尽可能多的变量。究竟采用哪种方法确定因子个数，具体操作时可以视情况而定。

（4）提取公共因子

公共因子的提取方法有很多种，主要包括主成分分析法、主轴因子法、最小二乘法、极大似然法等。这些方法求解因子载荷的出发点不同，所得的结果也不完全相同。其中最常用的是主成分分析法，主成分分析法将一组变量转换为一组相互独立的因子，这些因子是原始变量的线性组合。研究者可以根据自己的需要选择合适的因子提取方法。

（5）因子旋转

由于初始因子综合性太强，容易使因子的意义含糊不清，不便于对实际问题进行分析，因此一般都需要对因子进行旋转，以便于对因子结构进行合理解释。旋转方法也有多种，如正交旋转、斜交旋转等。经过正交旋转得到的新的公共因子仍然保持彼此独立的性质，而斜交旋转则放弃了因子之间彼此独立的限制，因而可能达到更为简洁的形式，其实际意义也更容易解释。但不论是正交旋转还是斜交旋转，都应当使新的因子载荷系数要么尽可能地接近于零，要么尽可能地远离零。最常用的是方差最大化正交旋转，有时需要进行多次才能得到令人满意的效果（图 9-25）。

（6）解释因子结构

最后得到的简化的因子结构是使每个变量仅在一个公共因子上有较大载荷，而在其他公共因子上的载荷比较小。这样就能知道所研究的这些变量到底是由哪些公共因子影响的，以及影响变量的主要因素和次要因素。

（7）计算因子得分

因子分析的数学模型是将变量表示为公共因子的线性组合，由于公共因子反映了原始变量的相关关系，往往需要反过来将公共因子表示为变量的线性组合，更有利于描述研究对象。即建立如下以公共因子为因变量、原始变量为自变量的方程：

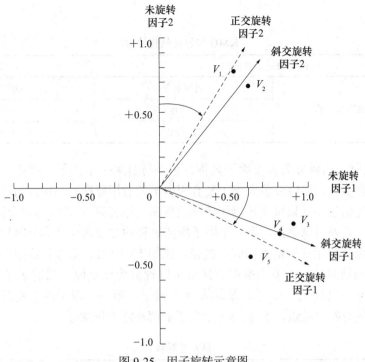

图 9-25 因子旋转示意图

$$F_j = \beta_{j1}X1 + \beta_{j2}X2 + \cdots + \beta_{jm}Xm, \quad j = 1, 2, \cdots, n \quad (9\text{-}30)$$

其中，β_{jm} 为因子得分系数，由因子载荷除以各自的方差得到。

此处因为原始变量与公共因子均为标准化变量，所以回归模型中不存在常数项。这样，在得到一组样本值后，就可以代入公式（9-30）求出公共因子的估计得分，从而用少数公共因子去描述原始变量的数据结构，用公共因子得分去描述原始变量的取值。在估计出公共因子得分后，可以利用因子得分展开进一步分析，如变量之间的比较分析、对变量的聚类分析等。

3. 探索性因子分析案例

在对求职者最关心工作的哪些方面的研究中，研究者提出了6个问题，收集到200个有效样本数据。将数据录入 SPSS 数据窗口，依次点选【分析】→【降维】→【因子】，进入因子分析对话框，将6个指标变量选入【变量】框中。然后在【描述】对话框中的【相关性矩阵】框架下选中【系数】和【KMO 和巴特利特球形度检验】；在【提取】对话框中的【显示】部分选中【碎石图】；在【旋转】对话框中【方法】部分选中【最大方差法】；在【得分】对话框中分别选择【保存为变量】和【显示因子得分系数矩阵】。点击【继续】回到主对话框，点击【确定】运行，输出结果如下。

在进行因子分析之前，要先了解变量之间的相关性，以判断是否适合对数据做因子分析。其中 KMO 检验用于检查变量间的相关性和偏相关性，KMO 统计量的取值在 0~1 之间。取值越接近 1 表明变量间的相关性越强，偏相关性越弱，因子分析的效果越好。在实际分析中，当 KMO 的统计量在 0.7 以上时，认为做因子分析的效果比较好。

由表 9-13 可知，样本的 KMO 值为 0.823，巴特利特检验的结果显示，在 0.01 的显著性水平下，拒绝协方差阵为单位阵的原假设，即 $p = 0.000$，表明量表适合做因子分析且效果较好❶。

KMO 和巴特利特检验　　　　　　　　　　　　　　　　　　　　　　　表 9-13

KMO 取样适切性量数		0.823
巴特利特球形度检验	近似卡方	607.161
	自由度	15
	显著性	0.000

表 9-14 中第一列成分为各个因子名称，第一行是第一个因子的特征。第二列总计为每个因子的特征值，初始特征值大于 1 是有用因子的通用标准；当特征值小于 1 时说明这个因子中得到的信息不足以证明该因子应该被保留。第三列方差 % 为每个因子的贡献率。在因子分析中，方差贡献率指的是一个因子所能解释的方差占全部方差的比例，这个值越大，说明因子综合原始变量信息的能力越强。比如 59.719%，意味着该因子提取出所有分析项 59.719% 的信息量，方差贡献率直接就可以理解为权重值。当前 m 个因子的累计方差贡献率达到某一特定值，就可以保留前 m 个因子。第一个因子的方差贡献率最大，它能解释原始变量的能力最强，第 2、3⋯个因子的解释能力依次递减。

总方差解释　　　　　　　　　　　　　　　　　　　　　　　　　　　表 9-14

成分	初始特征值			提取载荷平方和			旋转载荷平方和		
	总计	方差 %	累积 %	总计	方差 %	累积 %	总计	方差 %	累积 %
1	3.583	59.719	59.719	3.583	59.719	59.719	2.913	48.551	48.551
2	1.041	17.350	77.069	1.041	17.350	77.069	1.711	28.518	77.069
3	0.449	7.477	84.546						
4	0.395	6.578	91.124						
5	0.302	5.034	96.158						
6	0.231	3.842	100.000						

提取方法：主成分分析法。

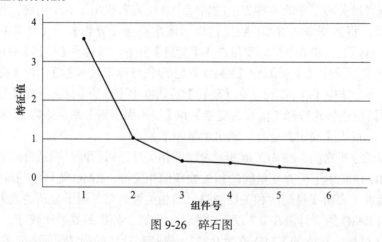

图 9-26　碎石图

---

❶ Bartlett 球形检验原假设为单位阵，变量间相互独立，不存在相关性。

依据特征值大于 1 的标准，确定两个公共因子。从碎石图（图 9-26）可以看出，前两个因子呈现明显的陡坡，之后陡坡平缓，说明前两个因子已经能够解释大部分的总方差。而且总方差解释表数据显示，前两个因子的累积方差贡献率达到了 77.069%，基本提取了样本所包含的信息，因此选择两个公共因子是合适的。

如果用 F_1，F_2 表示两个公共因子，以表 9-15 中 $X1$ 为例，可得

$$X1 = 0.824F_1 - 0.308F_2 + e_1 \qquad (9-31)$$

依次列出各个变量的表达式就可以得到载荷矩阵和一组初始公共因子（未旋转）。

成分矩阵 a　　　　表 9-15

	成分	
	1	2
$X1$	0.824	−0.308
$X2$	0.797	−0.183
$X3$	0.831	−0.319
$X4$	0.865	−0.143
$X5$	0.704	0.535
$X6$	0.579	0.710

提取方法：主成分分析法。
a. 提取了 2 个成分。

表 9-15 中每个变量在两个因子上都有较大载荷，这表明各个因子的典型代表性不够突出。研究者希望一些变量在一个因子上的载荷较大、在另一个因子上的载荷较小，这样就能达到聚类区分的目的，因此对因子载荷矩阵进行旋转变换。采用正态化最大方差法旋转得到公因子的旋转载荷矩阵，表 9-16 的结果表明指标 $X1$、$X2$、$X3$、$X4$ 归因到公因子 1，载荷分别为 0.865、0.777、0.877、0.815；指标 $X5$、$X6$ 归因到公因子 2，载荷分别为 0.821、0.907。一般认为因子载荷大于 0.7 才能很好地解释变量。根据每个公因子所包含指标反映的含义，可将 2 个公因子分别命名为：福利待遇、工作环境。

旋转后的成分矩阵 a　　　　表 9-16

	成分	
	1	2
$X1$	0.865	0.159
$X2$	0.777	0.252
$X3$	0.877	0.153
$X4$	0.815	0.321
$X5$	0.329	0.821
$X6$	0.133	0.907

提取方法：主成分分析法。
旋转方法：凯撒正态化最大方差法。
a. 旋转在 3 次迭代后已收敛。

表9-17是因子得分系数表，是用标准化原始变量表示主成分（公共因子）的线性组合，可由其计算各公共因子的得分。由表可得两个公共因子的表达式分别为：

$$F_1 = 0.349X1 + 0.281X2 + 0.357X3 + 0.278X4 - 0.096X5 - 0.211X6 \quad (9\text{-}32)$$

$$F_2 = -0.136X1 - 0.036X2 - 0.144X3 + 0.006X4 + 0.542X5 + 0.668X6 \quad (9\text{-}33)$$

成分得分系数矩阵　　　　　　　　表 9-17

	成分	
	1	2
X1	0.349	-0.136
X2	0.281	-0.036
X3	0.357	-0.144
X4	0.278	0.006
X5	-0.096	0.542
X6	-0.211	0.668

在估计出公共因子得分后，可以利用因子得分做后续分析。当因子数较少时，还可以方便地把各样本点在散点图上标示出来，直观地描述样本的分布情况。

9.4.3　验证性因子分析

1. 验证性因子分析的概念

验证性因子分析（confirmatory factor analysis，CFA）是指测试一个因子及其测量指标之间的关系是否符合研究者所设计的理论关系。

在管理实证研究过程中，研究者一般需要先开发调查问卷，之后才能进行数据收集及分析。对于每一个研究者所感兴趣的构念，问卷中往往设置多个问题进行测量。比如，在研究企业员工的工作满意度是否和其福利待遇相关时，由于工作满意度和福利待遇均无法通过一个具体的可观测变量进行测度，因此需要建立多个指标同时对其进行描述。这两个理论变量就是因子，这些问题是测量指标。验证性因子分析就是要检验这些测量指标是否可以准确反映福利待遇和工作满意度。

验证性因子分析通常可用于三种用途：

一是针对成熟量表进行效度分析，包括结构效度、聚合（收敛）效度和区分效度；

二是用于组合信度的分析；

三是进行共同方法偏差检验（common method bias，CMB）。

2. 验证性因子分析的基本步骤

验证性因子分析一般用于检验构念成熟量表的信、效度。基本步骤是，首先根据理论研究明确构念的内涵，然后选择与此定义相符合的成熟量表，通过发放调查问卷收集数据，对构念进行验证性因子分析。分析内容要包括构念的结构效度、收敛效度、区分效度、组合信度以及共同方法偏差等。如果信、效度分析不符合要求，则要分析不通过的原因，具体可参考本书第5章相关内容（表9-18）。

9.4 因子分析

验证性因子分析主要内容 表 9-18

分析内容	说明	判别标准
结构效度	因子与测量项（量表题项）对应关系是否符合预期	标准化因子载荷值通常要大于 0.7
聚合（收敛）效度	强调本该测量同一因子的测量项确实属于该因子	AVE（平均提取方差值）一般需要大于 0.5
区分效度	强调本不该属于该因子的测量项确实不属于该因子，即两个因子存在区别	AVE（平均提取方差值）的平方根大于构念（因子）之间的相关系数
组合信度（CR）	多个测量题项测量同一因子时的一致性和稳定性	一般 CR 值要大于 0.7
共同方法偏差（CMB）	数据是否有共同方法偏差问题	将所有测量项放在一个因子里后进行分析，如果数据结果显示模型的拟合指标无法达标，则说明所有的测量项不应该属于同一个因子，数据无共同方法偏差问题[1]或问题并不严重

3. 验证性因子分析案例

在对企业员工的工作满意度和福利待遇的相关关系的研究中，设置了"工作满意度"和"福利待遇"两个构念，每个构念由三个测量指标测度，具体量表如表 9-19 所示。本案例运用问卷调查法进行数据收集，采用李克特五点量表法对变量进行测量，最后收集有效数据共 200 份。

"工作满意度""福利待遇"与其测量指标 表 9-19

变量	测量指标
工作满意度	MY1：总的来讲，我喜欢现在从事的工作 MY2：总的来讲，我对工作满意 MY3：总的来讲，我喜欢在这里工作
福利待遇	FL1：我享受的福利待遇能体现我的工作能力及技术水平 FL2：我所享受的福利与我所付出的劳动和其他同事相比比较公平 FL3：公司内的福利待遇与行业内其他公司相比具有吸引力

现验证量表的聚合效度和区分效度，并对共同方法偏差进行检验。可以通过 Amos、SPSS、SmartPLS、SPSSAU 等软件进行分析。本次验证性因子分析使用 SPSSAU 在线数据分析平台[2]，分析结果如下：

从表 9-20 可知，本次共针对 2 个因子及其 6 个测量项进行验证性因子分析。本次分析有效样本量为 200，超出测量题项数量的 10 倍，样本量符合要求。

CFA 分析基本汇总 表 9-20

Factor	数量
Factor1	3
Factor2	3
汇总	6
分析样本量	200

---

[1] 详细检验方法见第 11 章。

[2] SPSSAU 为收费平台。本书第 11、12 章会介绍使用 SPSS、SmartPLS 软件进行验证性因子分析的操作方法。

表 9-21 为因子载荷系数表，显示因子与测量题项之间的关系，一般查看标准载荷系数进行分析即可。上表数据显示，各个测量项在 0.001 水平上显著（$p < 0.001$），且 $X1 \sim X4$ 的标准化载荷系数均大于 0.7，$X5$、$X6$ 的标准化载荷系数均大于 0.6，意味着测量指标均能够较好地反映这两个因子，两个因子的内部结构效度较好。

因子载荷系数表格　　　　　　　　　　　　　　　　　　　　　　　　表 9-21

Factor	测量项	非标准载荷系数	标准误	z（CR 值）	p	标准载荷系数
Factor1	X1	1.000	—	—	—	0.822
Factor1	X2	0.969	0.083	11.631	0.000	0.803
Factor1	X3	1.015	0.088	11.525	0.000	0.794
Factor2	X4	1.000	—	—	—	0.804
Factor2	X5	0.825	0.097	8.474	0.000	0.689
Factor2	X6	0.757	0.094	8.063	0.000	0.647

从表 9-22 可知，两个因子对应的 *AVE* 值全部均大于 0.5，*CR* 值均高于 0.7，意味着本次分析数据具有良好的聚合（收敛）效度和组合信度。

模型 *AVE* 和 *CR* 指标结果　　　　　　　　　　　　　　　表 9-22

Factor	平均方差萃取 *AVE* 值	组合信度 *CR* 值
Factor1	0.650	0.848
Factor2	0.513	0.758

根据表 9-23 可知，两个因子之间的相关系数为 0.562，小于因子 AVE 的平方根，表明两个因子存在区别，具有良好的区分效度。

区分效度：Pearson 相关与 *AVE* 平方根值　　　　　　　　　表 9-23

	Factor1	Factor2
Factor1	**0.806**	
Factor2	0.562	**0.716**

备注：斜对角线加黑数字为 *AVE* 平方根值。

如果使用结构方程模型进行验证性因子分析，则还需要确认测量模型的拟合优度符合要求。一般评价模型拟合优度的指标非常多，通常情况很难要求所有指标都达标，因此只需要几个常见的指标达标即可，包括卡方自由度比、GFI、AGFI、RMSEA、CFI、NNFI等。从表 9-24 可知，卡方自由度比、GFI、AGFI、CFI、NNFI 都符合标准，RMSEA 虽未处于合理区间内但也基本符合要求，在可被接受的范围之内。综上，此模型拟合优度较好❶。

---

❶ 具体知识点可参考本书第 11 章内容。

模型拟合指标　　　　　　　　　　　　　　　　　　　　　　　表 9-24

常用指标	x^2/df	GFI	AGFI	RMSEA	CFI	NNFI
判断标准	< 3	> 0.8	> 0.8	< 0.08	> 0.9	> 0.9
值	2.978	0.964	0.905	0.100	0.967	0.939

4. 两种因子分析的结合

在管理实证研究中,若所要研究的构念无明确的理论基础和支撑,则需要研究者首先探究构念的内部结构(即测量结构),一般首先采用探索性因子分析。在探索性因子分析的基础上建立因子测量模型,然后再利用验证性因子分析去验证和修正所提出的模型。需要注意的是,必须用两组分开的数据来进行分析。如果把探索性因子分析的结果直接放到同一数据的验证性因子分析中,研究者就只是拟合数据,而不是对理论结构进行检验。合理的做法是:可以先用其中一半数据来做探索性因子分析,再把分析所获得的因子在剩余的另一半数据中做验证性因子分析。假如验证性因子分析的拟合效果不好,要结合理论研究和第 5 章知识点分析不通过的原因。根据原因分析结果,采取改进措施,重复进行上述过程,直到验证性因子分析通过为止。

思 考 题

1. 如何通过平均数、中位数和众数之间的关系判断正偏态和负偏态分布?两种分布图形有何特点?
2. 如何用偏度对标准差进行解释?
3. 什么是相关分析?如何计算两个变量之间的相关系数?
4. 一元线性回归的概念及模型表达式是什么?
5. 简单相关和一元回归都是分析两个变量之间的关系,什么情况下会使用相关分析,什么情况下会使用回归分析?
6. 相关系数、决定系数、回归系数之间的联系和区别是什么?
7. 什么是多重共线性?应该如何处理多重共线性问题?
8. 请举例说明可以运用多元回归分析的实际问题。
9. 逐步回归分析、同时回归分析、多层回归分析的区别是什么?这三种方法分别适用于什么情景?
10. 探索性因子分析的概念和分析步骤是什么?
11. 验证性因子分析的用途有哪些?
12. 探索性因子分析和验证性因子分析的区别是什么?

第 10 章 假设的统计验证

根据已有信息对所研究的未知或部分未知总体提出假设，依据某一样本计算检验统计量，根据小概率原理判断概率意义上所提出的假设是否成立即为统计假设检验。对于一元回归模型来说，只要进行其中的一项检验即可，因为一元回归模型中只有一个自变量，其作用就是模型中所有变量作用的总效果。对于多元回归模型来说，统计假设检验需同时通过拟合优度、回归方程的显著性、各变量参数的显著性、多重共线性、自相关等多种检验。

10.1 假设检验的基本原理

统计假设检验是指以样本提供的信息为基础，依据小概率原理，对有关总体的假设命题成立与否进行判定的统计推断方法，也称为显著性检验。统计假设检验需要事先提出一个关于总体参数的假设，然后利用样本信息来判断原假设是否合理，即判断样本信息与原假设是否有显著差异，从而决定应接受或否定原假设。

10.1.1 假设的提出

统计假设检验问题是由两个假设命题 H0 和 H1 来表达的。研究假设（research hypothesis，H1）是指在研究过程中希望得到支持的假设。例如，研究假设可能是薪资水平对员工的工作满意度有正向影响。在利用随机样本对总体进行推论时，不是直接检验研究假设 H1，而是通过检验与其相对立的假设，来间接获取研究假设 H1 正确的可能性。这个与研究假设相对立的假设为原假设（null hypothesis，H0，也称零假设）。

在研究过程中，原假设往往是研究者希望被否定的假设。例如，原假设可能是薪资水平（X）对员工的工作满意度（Y）有负向影响或没有影响。因为原假设往往假定变量之间的关系在总体中不存在，而研究者的目的通常都是希望基于样本所得到的变量之间存在某种关系的结论在总体中成立。此时：

$$\text{研究假设，H1：} \beta_{YX} > 0$$
$$\text{原假设，H0：} \beta_{YX} \leq 0$$

10.1.2 假设的两类错误

在用样本推断总体的时候，总是存在犯错误的可能性。可以将所犯的错误划归为以下两类（表 10-1）。

第Ⅰ类错误（或 α 错误）：在假设检验中否定了本来是正确的原假设，也称为弃真错误，记作 α。

第Ⅱ类错误（或 β 错误）：在假设检验中接受了本来是错误的原假设，也称为纳伪错误，记作 β。

假设的两类错误　　　　　　　　　　　　　表 10-1

	决策	
	接受 H0	拒绝 H0
H0 为真	正确	α 错误
H0 为假	β 错误	正确

要完全消除这两类错误是不可能的，但是可以在一定程度上减少这两类错误发生的可能性。一个最常用的方法就是增加样本量。另外，第 I 类错误在检验过程中是可以由研究者自行设定的，这也就是下面将谈到的显著性水平问题。在减少第 I 类错误以后，检验是否有效就取决于 β 的大小。β 值的大小一般很难确切估计，只有与特定的 H1 结合起来才有意义。当样本数量一定时，α 愈小，β 愈大；反之，α 愈大，β 愈小。因此，可通过选定 α 控制 β 的大小。如果要同时减小 α 和 β，唯有增加样本数。在统计学中，通常将 $1-\beta$ 称作检验效能（power of test），检验效能的意义是：当两个总体确实存在差别时，按规定的显著性水平 α 能够发现该差别的能力。

为什么一般要拒绝原假设？因为，若原假设被拒绝，只会产生犯弃真错误（α 错误）的风险，而犯弃真错误的概率已经被规定的显著性水平（值在假设检验前被规定）所控制，这样可以使研究者将错误影响降到最小。

10.1.3　显著性水平与 p 值

1. 显著性水平

统计假设检验是以样本提供的信息，对原假设 H0 和研究假设 H1 哪一个能够解释研究总体的实际状态进行判定。由于样本具有随机性，因此，这种判定必须依据概率理论进行。对总体作出的统计假设进行检验的方法所依据的是概率论中的小概率原理（small probability principle），即"概率很小的事件在一次试验中几乎不可能发生"。通俗地讲：若随机试验有一个事件，已知其概率很小，而将试验仅做一次，那么，在这次试验中该事件基本不会发生。应用小概率原理解决问题，就需要界定多大的概率才算作小概率，在统计假设检验的过程中，研究者应用显著性水平 α 界定这一概率。

在提出假设的阶段，研究者就应该根据研究问题确定统计显著性水平，即当原假设（H0）为真时，研究者接受研究假设（H1）所承担的风险。显著性水平是指当原（零）假设实际上正确时，检验统计量落在拒绝域的概率，简单理解就是犯弃真错误的概率。由于概率抽样涉及到不确定性，从总体中抽取的概率样本可能不能代表该总体。因此，从样本中得出的结论可能是错误的。例如，样本回归系数可以支持薪资水平对员工工作满意度有正向影响的研究假设。然而在人群中却可能不存在这样的关系。因此，需要设置统计显著性水平 α，即当 H0 为真时，研究者错误地拒绝了 H0 的概率或风险。通常，显著性水平的界定值由研究者在假设检验之前根据研究情况确定，显著性水平越小，犯第 I 类错误的概率自然越小。显著性水平一般使用 $\alpha < 0.05$，$\alpha < 0.01$ 或 $\alpha < 0.001$，α 的值越小表示显著性水平越高。在工作满意度的例子中，$p < 0.05$ 的显著性水平意味着，当原假设在总体中成立时，研究人员错误地得出薪资水平对工作满意度有正向影响的结论的风险小于 5%。

2. p 值

p 值（P value）是用来判定假设检验结果的一个参数，表示当原假设为真时所得到的样本观察结果或更极端结果出现的概率。如果 p 值很小，说明原假设成立的概率很小，根据小概率原理，此时有理由拒绝原假设，且 p 值越小则拒绝原假设的理由越充分。总之，p 值越小，表明结果越显著。p 值若小于选定显著性水平 α，则原假设会被拒绝而不被接受。

10.1.4 样本确定

1. 样本与总体

在统计的术语当中，将需要研究的所有对象称为"总体（population）"，抽取出来研究的对象称为"样本（sample）"。"总体"的特征称为"参数（parameter）"；"样本"对应的特征称为"统计量（statistic）"。例如，在研究 A 集团员工工作满意度与员工薪资水平的关系时，整个集团的全体员工就是"总体"，而研究随机抽取的员工就是"样本"。集团全体员工的平均工作满意度称为"参数"，随机抽取的员工的平均工作满意度就是"统计量"。样本中数据的数目，称为"样本数"（sample size；N）。如果随机抽取了 200 个员工，那样本数就是 $N = 200$。

在管理实证研究（或统计分析）中，最主要的问题是"你的样本是不是能够代表你想研究的总体的特征？"在上面的例子中，抽取出 200 人计算得出的平均工作满意度是不是这个集团员工的平均工作满意度呢？也许所抽取的员工都是大学刚毕业不久的新入职员工，或者大多都是高级管理人员，这时抽取的样本可能缺乏一定的代表性。为了解决这一问题，就需要增大样本数，然而，如果增大了样本数，就会增大研究实施的难度，也失去了抽样的意义。因此，需要讨论样本容量的问题。

2. 样本大小的确定

在利用结构方程模型[1]进行问卷调查时，模型所需的最小样本量是由"经验法则"估计的。部分学者认为，样本量与模型中变量的个数有关。例如：Bentler 和 Chou（1987）[2]提出，结构方程模型中有效问卷数量应达到潜变量个数的 5~10 倍，并大于 100 份；Anderson 和 Gerbing（1988）[3]指出，对于每个变量有 3 个或 3 个以上测量指标的模型，样本容量在 150 份以上即可满足要求；Loehlin（1992）[4]提出，一个有 2~4 个变量的模型，至少需要 100 个样本，最好能达到 200 个以上。还有部分学者认为，样本量与模型中路径数量有关，Barclay 等人（1995）[5]提出，最小样本量是内部模型连接数量的 10 倍。此外，Gefen 等人（2011）[6]提出，最小样本量最好超过各变量测量题目总数的 10 倍。然而，

---

[1] 结构方程模型相关知识详见第 11 章。
[2] Bentler P M, Chou C P. Practical issues in structural modeling [J]. Sociological Methods & Research, 1987, 16(1): 78-117.
[3] Anderson J C, Gerbing D W. Structural equation modeling in practice [J]. Psychological Bulletin, 1988, 103(3): 411-423.
[4] Loehlin J C, Latent variable models: An introduction to factor, path, and structural analysis [M]. 2nd ed. New Jersey: Lawrence Erlbaum Associates, 1992.
[5] Barclay D W, Thompson R L, Higgins C. The Partial Least Squares (PLS) approach to causal modeling: Personal computer use as an illustration [J]. Technology Studies, 1995, 2.
[6] Gefen D, Rigdon E E, Straub D. An update and extension to SEM guidelines for administrative and social science research [J]. Mis Quarterly, 2011, 35(2): III-XIV.

Barrett（2007）❶认为，当样本超过200时，结构方程模型分析将表现出更好的有效性。

总结来说，由于小样本容易导致收敛失败、不适当的解、低估参数值及错误的标准误，所以在进行研究时最小的样本量不得少于100，而且原则上越大越好，理想的样本量最好超过构念测量题项总数的10倍。

3. 统计量与参数

参数是描述总体特征的数量指标，由于总体数据通常是未知的，因此，参数往往是一个未知数。与参数相对应，统计量是描述样本特征的数量指标，例如样本的均值和方差等。统计量是根据样本数据计算得出的，随着样本的不同而有所差异，所以它是关于样本的函数。由样本数据计算出来的统计量来估计相应总体的参数，是推断统计的重要内容。表10-2对统计量和参数的常用符号进行区分。

统计量与参数常用符号对照表　　　　　　　　　　表10-2

特征	统计量（样本）	参数（总体）
案例数	n	N
平均值	$\bar{x}$	μ_x
标准差	SD_x	σ_x
方差	SD_x^2	σ_x^2
相关系数	r_{YX}	ρ_{YX}
决定系数	r_{YX}^2	ρ_{YX}^2
回归系数	b_{YX}	B_{YX}
回归截距	a	α
偏β系数	$beta_{YX}$	$Beta_{YX}$
自由度	df	

总体是研究对象的整个群体；样本是从总体中选取的一部分。样本继承了总体的某些性质，因此研究者可以利用样本推断总体的某些性质；然而，样本只是总体的一部分，它不等同于总体。样本统计量与总体参数之间的偏差为抽样误差（sampling error），抽样误差存在的原因是因为样本大小n小于总体N。由于抽样误差的存在，当利用样本推断总体的性质时，总会有犯错的风险。

非常容易和抽样误差混淆的概念是标准误（standard error，也称标准误差，SE）和标准差（standard deviation，也称标准偏差，SD）。抽样误差：由于随机抽样的样本量n小于总体N而导致样本统计量（statistic）与总体参数（parameter）的偏差。标准差是反映数据在均值周围离散程度的指标。标准差是总体中所有个体与总体均值之间离差平方的加权平均的正平方根，$\sigma_x = \sqrt{\sum(x_i - \mu_x)^2 / N}$。样本标准差$SD_x$是从总体抽取的某个样本的特征。而标准误则与抽样分布❷有关，是抽样分布的标准差。一般来说，均值的标准误是均值的

---

❶ Barrett P. Structural equation modelling: Adjudging model fit [J]. Personality & Individual Differences, 2007, 42(5): 815-824.

❷ 抽样分布：对于某一总体，可以得到若干个规模为n的随机样本，研究者可以分别对这些随机样本用同样的计算得到不同的反映某同一特征的参数和统计量（如标准差），这些不同的统计量本身就会构成一个分布，该分布为"抽样分布"。实际上，所谓抽样分布就是样本统计量的分布。

抽样分布的标准差，相关系数的标准误是相关系数的抽样分布的标准差，其他统计量以此类推。均值的标准误的计算公式为 $SE_{\bar{x}} = \sigma_X/\sqrt{n}$（其中，$\sigma_X$ 为 X 在总体中的标准差，n 为样本量），但是，在实际研究工作中，总体标准差通常是未知的，所以通常用样本标准差来估计，即 $SE_{\bar{x}} = SD_X/\sqrt{n}$。抽样分布中，标准误可用于衡量抽样误差的大小，一般来说，标准误越大，抽样误差越大。

自由度（degree of freedom，df）可用于从样本统计数据中估计总体参数的信息量，指的是计算样本统计量时能自由取值的数值的个数。通常 $df = n-k$。其中 n 为样本数量，k 为被限制的条件数或变量个数。举例来说明：假设有一个服从正态分布的随机变量 X 的总体，从中随机抽取样本数据 $x1, x2, \cdots\cdots xn$，样本容量为 n，观测值为 xi，均值为 $\bar{x}$。在利用样本数据对总体参数进行估计时，由于均值 $\bar{x}$ 来自 n 个观测值 xi，样本中只有 $n-1$ 个数值可以自由取值。换句话说，一旦 $(n-1)$ 个数值被选取出来，基于均值 $\bar{x}$ 的约束，第 n 个数一定是可估计的，即只有 $(n-1)$ 个观测值 xi 可以自由取值，因此其自由度为 $(n-1)$。基于这一思路，在单一样本均值检验中，只需要估计一个参数（即均值），此时自由度为 $(n-1)$；在两个样本均值检验中，样本容量为 $(n1+n2)$，需要估计两个样本各自的参数，此时自由度为 $(n1+n2-2)$；在 g 个组的单因素方差分析中，总体观测数为 $(n1+n2+\cdots+ng)$，需要估计 g 个组各自的参数，此时自由度为 $(n1+n2+\cdots+ng-g)$；在包含 p 个自变量的多元回归分析中，共有 n 个样本，且需要估计 $(p+1)$ 个参数（各个自变量的回归系数和回归截距），所以多元回归模型的自由度为 $(n-p-1)$；以此类推。

10.1.5 单侧检验和双侧检验

假设检验可以进一步分为单侧检验（也称单尾检验，one-tailed test）和双侧检验（也称双尾检验，two-tailed test）。单侧检验是指拒绝域[1]在曲线的左端或右端区域的情况，双侧检验是指拒绝域在曲线的两端区域的情况。

一个检验是双侧还是单侧取决于研究假设 H1。单侧检验强调研究假设检验的方向：如果假设检验想要获得结论是 H1＞某特定值，则采用右单侧检验；反之，若检验希望获得的结论是 H1＜某特定值，则采用左单侧检验。双侧检验中研究假设是无方向或双向的（H1 ≠ H0）。例如：10.1.1 中列举的假设是有方向性的，因为它预期了工作满意度与薪资水平之间的正相关关系，即工作满意度与薪资水平之间的标准化回归系数 $\beta_{YX} > 0$，这种具有方向性的定向研究假设需要通过右侧检验进行验证。如果研究假设是无方向性的，如：研究假设为男性和女性的工作绩效相同，原假设为男性和女性的工作绩效不同，这种无方向性研究假设则需要通过双侧检验进行验证（图 10-1～图 10-3）。

拒绝域的功能主要用来判断假设检验是否拒绝原假设。如果样本观测计算出来的检验统计量（Z）的具体数值落在拒绝域内，研究者拒绝原假设，否则不拒绝原假设。给定显著性水平 α 后，查表就可以得到具体临界值（例如：Z_α），将检验统计量与临界值进行比较，判断是否拒绝原假设。

双侧检验拒绝域：

---

[1] 拒绝域：拒绝域是由显著性水平围成的区域。

10.1 假设检验的基本原理

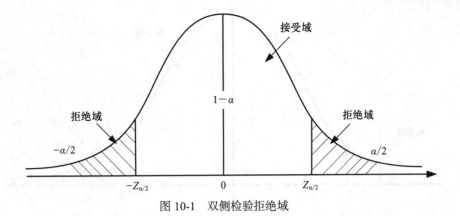

图 10-1 双侧检验拒绝域

左侧检验拒绝域:

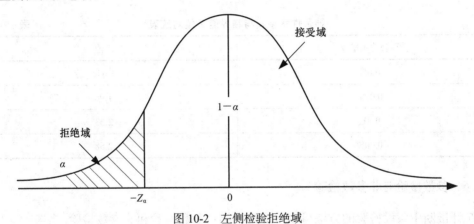

图 10-2 左侧检验拒绝域

右侧检验拒绝域:

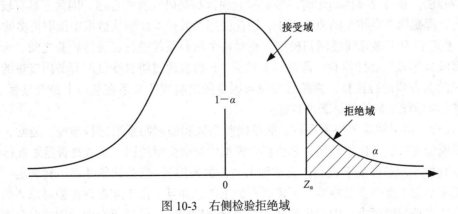

图 10-3 右侧检验拒绝域

p 值是实际观测到的显著性水平,当 p 值≤显著性水平 α,说明统计量 Z_p 大于 Z_α,此时 Z_p 落入拒绝域,研究人员可以拒绝 H0,接受 H1。以显著性水平 α 为 0.05,p 值为 0.01 为例(如图 10-4),此时拒绝域的临界值为 $-Z_{\alpha/2} = -Z_{0.025} = -1.96$ 和 $Z_{\alpha/2} = Z_{0.025} = 1.96$,$p$ 值对应的统计量观测值为 $-Z_{p/2} = -Z_{0.005} = -2.58$ 和 $Z_{p/2} = Z_{0.005} = 2.58$,此时 $Z_{p/2}$ 落入拒绝域内。常用的显著性水平 α 对应的临界值 Z 值,如表 10-3 所示。

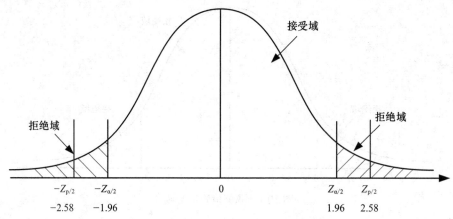

图 10-4　p 值与显著性水平 α 的比较

显著性水平 α 与临界值 Z 值对应表　　　　表 10-3

显著性水平 α	Z 值
0.05	1.645
0.025	1.96
0.01	2.33
0.005	2.58

10.1.6　参数检验与非参数检验

统计推断中假设检验的方法可以分为两大类：参数检验和非参数检验。

参数检验的基础是假设研究者已经知道总体分布的既有特征。t 检验和 F 检验都属于参数检验法。在研究具体问题时，参数检验通常都是研究者的首选。因为它具有较大的检验效力，即犯第Ⅱ类错误的概率更小，因此使用参数检验能够从数据中提取更多的信息。

F 检验：对于多元线性回归模型，在对每个回归系数进行显著性检验之前，应该对回归模型的整体做显著性检验，即进行 F 检验。F 检验通过将自变量解释的因变量的方差与因变量的总方差进行比较，判断自变量与因变量之间线性关系在总体上是否显著。通常，F 值越大表示模型整体的显著性越好。

t 检验：用于对简单相关系数、简单回归系数和偏回归系数进行检验。通常，在对整体回归模型进行显著性检验后，需要再对模型中每个变量的回归系数是否显著进行t检验。

参数检验的条件要求较高，通常称为"参数条件"。当参数条件得不到满足时，参数检验就不准确。而非参数检验则不需要参数条件，并且，由于非参数检验对总体的分布形状没有任何特别的要求，因此也称其为自由分布检验法。管理研究中常用的对分类变量的卡方检验就是一种非参数检验法。

10.1.7　假设检验的步骤

据此，可总结得出假设检验的一般步骤：

（1）提出研究假设与原假设；

（2）确定显著性水平 α 值；
（3）从所研究总体中抽取一个概率样本；
（4）根据观测数据计算检验统计量 p 值；
（5）将检验统计量 p 值与显著性水平 α 值进行比较，确定是否接受假设。

10.2 假设检验的示例

10.2.1 假设检验操作步骤

统计假设检验的步骤可以用以下例子来说明。例如，假设工资水平（$X1$）和同事间信任（$X2$）对企业中员工的工作满意度（Y）有正向影响。选定 $\alpha = 0.05$ 为显著性水平的判别标准，基于由 166 名被调查者组成的简单随机样本，计算工作满意度与薪资水平和同事间信任得分的回归系数，并据此来检验假设。研究假设及原假设为：

研究假设，H1　$\beta_{YX1}, \beta_{YX2} > 0$

原假设，H0　$\beta_{YX1}, \beta_{YX2} \leqslant 0$

假设检验的具体步骤如下：

步骤一：导入或输入分析数据。

步骤二：选择【分析】→【回归】→【线性】（图 10-5）。

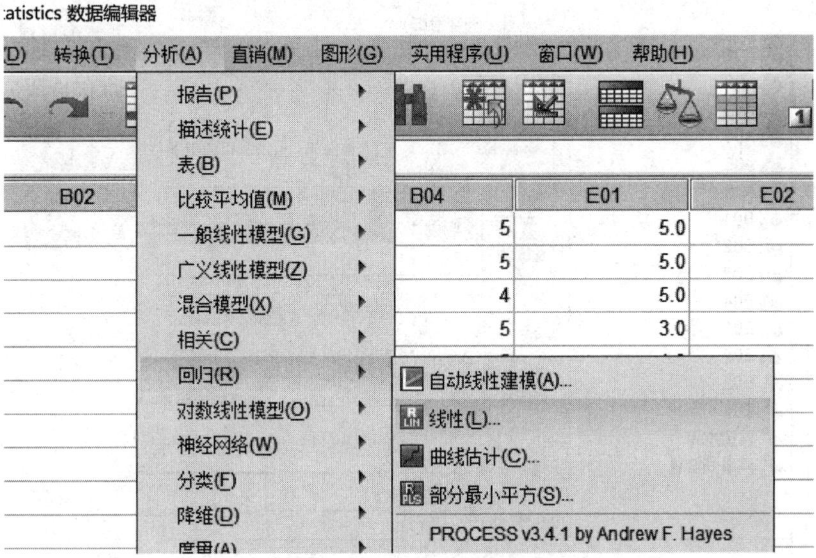

图 10-5　假设检验步骤二

步骤三：选定所要分析的因变量和自变量，确定分析方法。在本案例中将工作满意度设置为因变量，薪资水平和同事间信任设置为自变量（图 10-6）。

步骤四：点击【Statistics（统计）】选项，勾选所需的回归系数；点击【保存】选项，勾选各种所需的统计量；点击【选项】，勾选自变量的选入条件与遗漏值的处理模式（图 10-7）。

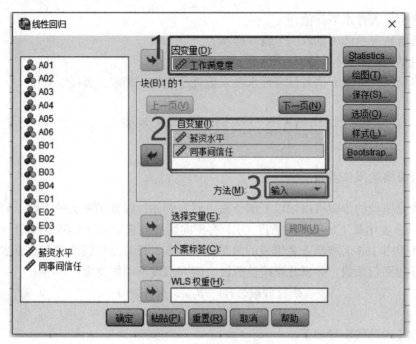

图 10-6　假设检验步骤三

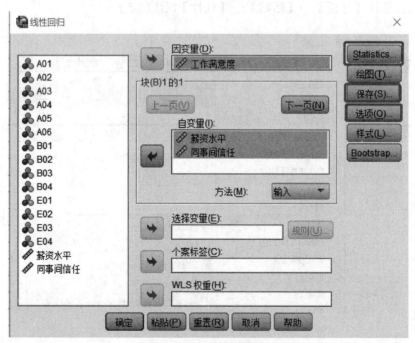

图 10-7　假设检验步骤四

步骤五：点击【确定】，输出结果（图 10-8）。

步骤六：将检验统计量 p 值（显著性）与显著性水平 α 值进行比较，观察变量的显著性是否小于显著性水平判别标准 $\alpha = 0.05$。即薪资水平（$X1$）和同事间信任（$X2$）是否对企业中员工的工作满意度（Y）有正向影响。

模型摘要

模型	R平方	R平方	调整后的R平方	标准估算的错误
1	0.615[a]	0.379	0.371	0.57200

a. 预测变量：（常量），同事间信任，薪资水平

ANOVA[a]

模型		平方和	自由度	均方	F	显著性
1	回归	32.692	2	16.346	49.959	0.000[b]
	残差	53.658	164	0.327		
	总计	86.350	166			

a. 因变量：工作满意度

b. 预测变量：（常量），同事间信任，薪资水平

系数[a]

模型		非标准化系数		标准系数	t	显著性
		B	标准错误	贝塔		
1	（常量）	1.419	0.243		5.833	0.000
	薪资水平	0.218	0.066	0.262	3.313	0.001
	同事间信任	0.435	0.083	0.417	5.276	0.000

a. 因变量：工作满意度

图 10-8　假设检验结果

10.2.2　假设检验结果解读

（1）模型摘要部分

模型摘要表给出了变量间相关系数 R，回归模型的决定系数 R^2 以及调整后的决定系数，并给出标准误。从分析结果可以看出，模型调整后的决定系数为 0.371，表明薪资水平和同事间信任可以解释工作满意度变异的 37.1%。

R^2 为检验回归模型与样本拟合优度的指标。能够说明整个模型的解释力：R^2 越大，表明回归模型的拟合优度越好。但是，在使用 R^2 时，R^2 的大小会受到模型中自变量的数目和样本量大小的影响，即模型中自变量数目越多，或样本量越大都会使 R^2 增大。因此，为消除这种倾向，大多数学者采用调整后的 R^2（Adjusted R^2）检验回归模型的拟合优度。调整后的 R^2 与 R^2 的关系为：

$$Adjusted\ R^2 = 1 - (1-R^2)\frac{n-1}{n-k-1}$$

其中，n 为样本观测值个数，k 为自变量的个数。此时，当增加一个自变量时，R^2 会增加，引起 $(1-R^2)$ 减少，而 $\frac{n-1}{n-k-1}$ 增加，因 Adjusted R^2 不会增加；而当增加样本量时同理。此时利用 Adjusted R^2 检验回归模型的拟合优度可以消除对自变量和样本量的依赖。

R^2 和 Adjusted R^2 只能说明在给定样本条件下回归模型对样本观测值的拟合优度，并

不能对整体模型进行判断,因此还需要对整体回归模型及模型中的各个参数进行检验。

(2)方差分析表

从模型的方差分析表(ANOVA 表)可以看出模型整体的显著性检验(F 检验)结果。从输出结果看出,F 值为 49.959,对应的显著性 p 值为 0。由于 p 值小于设定的显著性水平 0.05,因此假设检验的结果落在拒绝域内,应拒绝原假设、接收研究假设,可以认为该回归模型是显著的,即该回归模型通过了 F 检验。

(3)系数表

从模型的系数表可以看出模型的参数估计及相关的 t 检验。从输出结果中可见,薪资水平对应的标准 β 系数的 t 检验统计量为 3.313,其对应的 p 值为 0.001 小于 0.05,因此拒绝原假设,即认为薪资水平对工作满意度是有正向影响的。同事间信任 t 检验统计量为 5.276,其对应的 p 值为 0.000 小于 0.05,因此拒绝原假设,即认为同事间信任对工作满意度是有正向影响的。

10.3 置 信 区 间

10.3.1 置信区间原理和步骤

置信区间(confidence interval)是指由样本统计量所构造的总体参数的估计区间。在统计学中,一个概率样本的置信区间是对这个样本的某个总体参数的区间估计。置信区间显示的是这个参数的真实值有一定概率落在测量结果周围的程度,其给出的是被测量参数测量值的可信程度。置信区间是一种常用的区间估计方法,所谓置信区间就是分别以统计量的置信上限和置信下限为上下界构成的区间。对于一组给定的样本数据,其平均值为 $\bar{x}$,标准偏差为 σ,则其整体数据的平均值的 $100\times(1-\alpha)\%$ 置信区间为 $\left(\bar{x}-Z_{\alpha/2}\dfrac{\sigma}{\sqrt{n}},\ \bar{x}+Z_{\alpha/2}\dfrac{\sigma}{\sqrt{n}}\right)$,其中 α 为非置信水平在正态分布内的覆盖面积,$Z_{\alpha/2}$ 即为对应的标准分数。

置信区间与假设检验都是根据样本信息对总体参数进行判断,并以抽样分布为理论依据、建立在概率基础上的推断方式。但是两者存在一定区别:统计假设检验是根据样本信息来检验对总体参数的先验假设是否成立,研究者首先假设原假设为真,并希望拒绝原假设以支持研究假设。置信区间采取了不同的视角:研究者根据样本信息去估计总体未知参数的可能范围,并假设参数的最佳估计是样本统计量。因此,置信区间估计的抽样分布以样本统计量的值(如:其平均值 $\bar{x}$)为中心。研究者通过对抽样分布进行估计创建一个可信区间,表示样本的某个总体参数的真实值有一定概率落在测量结果的周围的程度。置信区间的概率逻辑与假设检验相似,但是执行过程略有不同。

置信区间的具体执行步骤为:

(1)设定置信水平:

置信水平❶是指总体参数值落在样本统计值的某一区内的概率,一般用 $(1-\alpha)$ 表示。

---

❶ 常用的置信水平为 95%,也有用 90%,99%。

与 0.05 和 0.01 的显著性水平相反，研究者通常将置信水平设为 95% 或 99%。显著性水平与置信水平的和为 1，置信度越高，显著性水平越低，代表假设的可靠性越高。

（2）抽取概率样本并计算样本统计量

与统计假设检验一样，利用置信区间进行假设的验证时也需要抽取一个概率样本，以便适当地估计抽样分布并计算样本统计数据。

（3）以样本统计量为中心，估计抽样分布

置信区间的抽样分布以样本统计量为中心，假设检验则以原假设值为中心。一般来说，研究者选择总体均值 μ 为样本统计量构建置信区间。

（4）确定抽样分布的可能区域

因为假设样本统计量估计总体参数，所以置信区间以样本统计量为中心确定其抽样分布的最可能区域。如前文所述，这一区域通常通过 95% 或 99% 的置信水平计算。

（5）判断总体参数是否落在抽样分布的可能区域内

基于上述执行程序，研究者可以根据总体参数是否落在抽样分布的最可能区域得出相应结论。在使用置信区间进行假设的验证时，研究者所面临的风险与假设检验中出现第 I 类错误的风险完全相似，具体表现为参数可能不会真正落在创建的区间内。

10.3.2 置信区间与假设检验的比较

1. 置信区间与假设检验的联系

（1）置信区间和统计假设检验是对样本统计数据进行统计推断的两种方法，两者都依赖于完全相同的概率过程和逻辑来进行推断，两者都有推断不正确的风险。

（2）置信区间中置信水平与参数假设检验中显著性水平具有对偶关系❶，且置信区间与假设检验中的不拒绝域完全相同。双侧置信区间与假设检验中的双侧检验的接受域相对应；单侧置信区间与假设检验中的单侧检验的接受域相对应。

（3）置信区间与假设检验所得结论完全相同。在根据样本信息构造的总体参数的置信区间，如果总体参数落在置信区间内，则再利用假设检验方法也不会拒绝原假设；相对应的，在根据样本信息构造的总体参数的置信区间，如果总体参数没有落在置信区间里，则再利用假设检验方法也会拒绝原假设。

2. 置信区间与假设检验的区别

（1）在置信区间中用到的置信水平与假设检验中的显著性水平不同，但是二者具有对偶关系。

（2）置信区间与假设检验都是利用样本信息推断总体参数，但是应用的角度不同。在应用置信区间进行假设的验证时，总体参数是未知的，研究者需要根据样本信息构造总体参数的置信区间，并仅能依靠样本信息进行估计。而在假设检验中，应事先对总体参数提出一个假设（原假设），然后利用样本信息判断原假设是否成立。所以当总体参数未知时，应利用置信区间进行假设验证；而当总体参数已知，但研究者对已知参数持有怀疑从而需要证明时应利用假设检验方法进行验证。

（3）置信区间立足于大概率，通常以较大的把握程度（置信水平）$1-\alpha$ 来保证总体

---

❶ 一般来说，若建立了显著水平为 α 的检验，就能得到相应的 $1-\alpha$ 置信区间。

参数的可信程度。而假设检验立足于小概率，通常是给定很小的显著性水平 α 去检验对总体参数的先验假设是否成立。

（4）两种检验程序因所作推论的类型不同，所承担的风险类别也不同。统计假设检验根据样本信息来检验事先对总体参数提出的假设（H0）是否成立，研究者首先假设原假设为真，因此假设检验具有接受错误的原假设（纳伪错误）的风险。而置信区间需要根据样本信息去估计总体未知参数的可能范围，因此假设参数的最佳估计是样本统计量，在样本统计数据周围创建一个可能包含该参数的区间，其风险在于参数可能没有落在置信区间内。

进行管理研究的人员绝大多数以统计假设检验形式报告推论结果，研究报告倾向于统计假设检验。置信区间虽然使用较少，但在几个方面相对于统计假设检验是有较大优势的。首先，置信区间关注的是样本统计数据，更多将注意力集中在关系或差异的可能强度上，而不仅仅是通过统计假设检验评估关系或差异是否存在。其次，置信区间可以提供与假设检验相同的信息，两个过程的潜在概率逻辑是相同的。虽然置信区间中用到的置信水平与假设检验中的显著性水平不同，但是二者具有对偶关系，其得出的接受域是一致的。最后，置信区间能够提供更多的统计信息，除了统计显著性信息之外，置信区间同时还给出此区间包含参数真值的可信程度。具体表现为，p 值小于 0.05 时，置信区间可以进一步判断结论的可靠性，一般来说，置信区间越窄，可靠性越强，置信区间较宽时，假设验证的结论可能不够准确，研究者可以通过比较不同模型的置信区间衡量证据的权重；当 p 值大于 0.05 时，并不能意味着研究假设是不能被接受的，很可能是由于样本量不足造成置信区间过宽、置信水平较低。

10.3.3 置信区间与参数假设检验的应用示例

本节以两个简单例题对置信区间与假设检验的应用进行区分：

1. 置信区间应用示例

例：数据表明，某专业本科毕业生工作第一年年薪的标准差为 5 万元，现在有一个由 100 个本科毕业生工作第一年年薪组成的简单随机样本，平均年薪为 14 万元。在置信水平为 95% 的条件下，利用样本信息判断该专业本科毕业生工作第 1 年平均年薪的置信区间。

假设该专业本科毕业生工作第一年的平均年薪为 15 万元，利用样本信息判断，该专业本科毕业生工作第一年的年薪是否发生了变化？

解题思路：根据已知条件，$\sigma=5$，$\bar{x}=14$，$n=100$，$1-\alpha=95\%$。

$$\bar{x} \pm Z_{\alpha/2} \frac{\sigma}{\sqrt{n}} = 14 \pm 1.96 \times \frac{5}{\sqrt{100}} = 14 \pm 0.98$$

因此，总体均值的置信区间为（13.02，14.98），总体均值没有落在置信区间内，因此判断该专业本科毕业生工作第一年的年薪发生了变化。

2. 假设检验应用示例

例：数据表明，某专业原来的本科毕业生工作第一年年薪的平均年薪为 15 万元，标准差为 5 万元。现在有一个由 100 个本科毕业生工作第一年年薪组成的简单随机样本，平均年薪为 14 万元。在显著性水平为 5% 的条件下，利用样本信息判断，该专业本科毕业生工作第一年的年薪是否发生了变化？

解题思路：根据已知信息可以判断，案例为双侧检验问题。

此时，提出原假设和研究假设为：

$$H0: \mu = 15 \quad 未发生变化$$
$$H1: \mu \neq 15 \quad 发生变化$$

根据已知条件，$\sigma = 5$，$\bar{x} = 14$，$n = 100$，$\alpha = 0.05$。可以得出拒绝域的临界值为 $\pm Z_{\alpha/2} = \pm 1.96$。假设检验的统计量 $Z = \dfrac{\bar{x} - \mu}{\sigma/\sqrt{n}} = \dfrac{14 - 15}{5/\sqrt{100}} = -2$。

$|Z| = 2 > Z_{\alpha/2} = 1.96$，检验统计量的值大于临界值，落在拒绝域内，所以拒绝原假设，该专业本科毕业生工作第一年的年薪发生了变化。

以上案例表明，在应用置信区间时，如果总体参数没有落在置信区间里，在进行假设检验时，检验统计量的值也会落在拒绝域内，即置信区间与假设检验所得结论完全相同。但是在应用置信区间进行假设的验证时，总体参数是未知的；而在应用假设检验时，应事先对总体参数提出一个假设（原假设），然后利用样本信息判断原假设是否成立。

10.4 未知抽样分布的假设检验方法与工具（Bootstrapping）

很多管理学中用的统计量的抽样分布都是已知的且为人所熟知的分布，如 t 分布、F 分布等。对于这些统计量和对应的标准抽样分布，因为分布曲线的数学公式是已知的，可以准确地计算当 $\alpha = 0.05$ 时的临界值。然而，有很多时候某些统计量的抽样分布是根本无法推算的。在某一统计量的抽样分布未知或者不是一个简单的标准概率分布时，研究者们就需要借助 Bootstrapping 方法。

Bootstrapping 统计方法有很多不同的翻译。有人把它直译为"拔靴法"（意为 strapping the boot）；有人把它意译为"重复抽样估计法"；也有称"自举法""自助法"等。Bootstrapping 方法，指的就是利用有限的样本资料经由多次重复抽样，重新建立起足以代表母体样本分布的新样本。换句话说，就是把样本看成是总体，然后进行重置再抽样。统计学中，Bootstrapping 可以指依赖于重置随机抽样的一切试验。Bootstrapping 可以用于计算样本估计的准确性。对于一个样本，如果只能计算出某个统计量（例如均值）的一个取值，无法知道均值统计量的分布情况，研究者们可以通过 Bootstrapping 算法模拟出均值统计量的近似分布。

Bootstrapping 方法的实现很简单，假设抽取的样本大小为 n：在原样本中有放回的抽样，抽取 n 次。每抽一次形成一个新的样本，重复操作，形成很多新样本，通过这些样本就可以计算出样本的一个分布。新样本的数量通常是 1000~10000。如果计算成本很小，或者对精度要求比较高，就增加新样本的数量。因为用的是重置抽样法，"新样本"的样本数可能比"原来的样本"的样本数更大。例如，原来的样本数 $N = 100$，只要使用重置抽样，是可以抽取一个样本数 $N = 101$ 的样本的。现在就用一个例子来解释 Bootstrapping 是如何进行的。

假设要研究的是 x 与 y 的关系。x 是员工工作满意度，y 是离职倾向。研究者们从总体中抽取一个 $N = 200$ 的随机样本。每一个随机样本就是一个观察点，每一个观察点可以视为一组工作满意度 x 与离职倾向 y 的数值。

  Bootstrapping 的方法是把这个 $N = 200$ 的样本看成一个总体,并从这个有 200 个观察点的"总体"中用重置抽样的方法再抽样,形成"子样本"。直观来说,首先从 200 个样本中,随机地抽到第 4 号员工,将他的工作满意度和离职倾向的观测值 $(x4', y4')$ 视为一个新的观察点。因为是重置抽样,这个观察点会重新放回样本中,保证其有再次被抽中的机会,此时"总体"中包含 201 个观察点。随后再抽取第二个观察点,假设随机抽到第 156 号员工,将他的工作满意度和离职倾向的观测值 $(x156', y156')$ 视为一个新的观察点,并将这个观察点重新放回样本中,此时,"总体"中包含 202 个观察点。随后随机抽取第三个观察点,假设再次随机抽到第 4 号员工,他的工作满意度和离职倾向的观测值 $(x4'', y4'')$ 就是"子样本"的第三个观察点,并再次被放回样本。从"现有的样本"中用重置的方法继续地抽取观察点,一直到再次得到 $N = 200$ 个观察点为止。

  此时,研究者已经从"原来的样本"用 Bootstrapping 的方法抽取了第一个与原来样本的样本数一样大小($N = 200$)的"子样本"。这个子样本有可能与原来的样本的观察点是一样的,也有可能是由原来的样本的某些数据点重复组成的。得到了第一个"子样本",可利用同样的方法抽取第二个"子样本"。因为抽样过程是随机的,第二个"子样本"与第一个"子样本"的观察点自然不同。如果不停地重复上面的步骤,例如 $k = 1000$ 次,就可以得到 1000 个"子样本",计算出来每一个样本的某一个统计量,从概念上来讲就可以得出该统计量"不同的随机样本的相关分布"。将 1000 个统计量 a 的数值按照从大到小或从小到大的顺序排列,选取排在第 25 个的统计数据 $a25$ 和排在第 975 个的统计数据 $a975$ 作为临界值,就可以得出覆盖 95% 的样本统计量的 95% 置信区间。将原样本中的统计量 a 与临界值比较,如果上临界值 $\leqslant a \leqslant$ 下临界值,就可以接受相关总体中 x 与 y 存在相关关系。

  当利用 Bootstrapping 方法检验某个参数是否统计显著时,需要根据 Bootstrapping 方法计算所得参数的置信区间,此时应注意置信区间是否跨 0 值:若下限与上限所形成的区间内不包含 0,或者说符号相同,即同为负或同为正,则说明该参数具有统计显著性;若下限与上限形成的区间包含 0,或者符号异号,则表示该参数统计不显著。

<h2 style="text-align:center">思 考 题</h2>

1. 假设检验的两类错误是什么?二者有何区别?
2. 假设检验的一般步骤是什么?有哪些注意事项?
3. 置信区间和假设检验有什么区别和联系?
4. 某研究者尝试检验"工作—家庭冲突对企业员工工作满意度有负向影响"这一假设,得出样本标准化 β 为 -0.43,并计算出 t 统计量 p 值为 0.01,据此研究者可以得出怎样的结论?
5. Bootstrapping 方法的适用条件是什么?其抽样逻辑和原理是什么?

第 11 章　结构方程模型

11.1　结构方程模型产生的背景

11.1.1　传统统计分析方法的不足

在管理研究中，研究者设计的模型通常涉及多个变量。传统的统计分析方法包括了多变量回归分析、多变量方差分析、主成分分析、因子分析、相关分析等，它们可以较好地解决多个自变量对同一因变量的影响关系问题。

例如，在"企业员工工作满意度影响因素研究"中，研究者提出薪资水平、工作强度、晋升机会都可能对工作满意度产生影响。薪资水平越高，工作满意度越高；工作强度越大，工作满意度越低；晋升机会越多，工作满意度越高，据此建立的模型如图 11-1 所示。

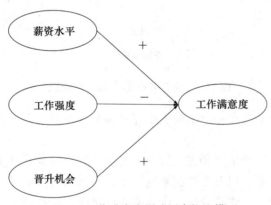

图 11-1　工作满意度影响因素概念模型

在此模型中，薪资水平、工作强度、晋升机会是三个自变量，它们同时对工作满意度产生影响。因此，采用传统的回归分析方法即可对变量间的因果关系进行分析。

然而，随着研究的逐步深入与模型的不断复杂化，传统的统计分析方法体现出了它的局限性。

在图 11-2 所示模型中含有多个自变量与因变量，企业员工的薪资水平、工作强度、晋升机会除了会影响工作满意度，还可能会对离职倾向产生影响：薪资水平越高，离职倾向越低；工作强度越大，离职倾向越高；晋升机会越多，离职倾向越低。

若采用传统回归方法进行分析，则需要将"企业员工的薪资水平、工作强度、晋升机会"对工作满意度的影响及三者对离职倾向的影响分别进行计算。传统方法无法同时分析包含有多个自变量与多个因变量的这类因果关系。

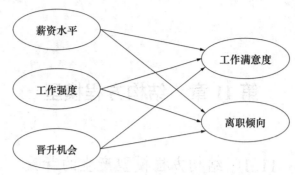

图 11-2　多个自变量与多个因变量的复杂模型

再如，在图 11-3 的概念模型中，研究者认为薪资水平既可以直接影响离职倾向，又可以通过工作满意度、生活幸福感影响离职倾向。薪资水平越高，工作满意度越高，离职倾向越低；薪资水平越高，离职倾向越低；薪资水平越高，生活幸福感越强，离职倾向越低。

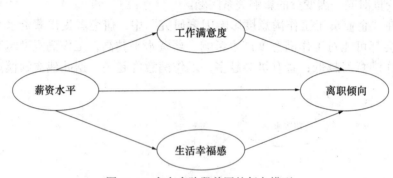

图 11-3　含有多阶段前因的复杂模型

该概念模型具有两个特点：(1) 模型中存在多个自变量与多个因变量；(2) 模型中包含了多阶段前因。

对包含多阶段前因的两条路径进行拆分，可以将其分解为薪资水平与工作满意度、生活幸福感之间的因果关系，以及工作满意度、生活幸福感对离职倾向的因果关系。对于前者，薪资水平是自变量，工作满意度、生活幸福感是因变量；对于后者，工作满意度、生活幸福感是自变量，离职倾向是因变量。因此，模型存在多个自变量与多个因变量，将二者进行合并，就可以从多个阶段分析出薪资水平与离职倾向间的因果关系。

在此情况下，若利用传统回归分析进行研究，需要建立多个回归方程依次验证假设，工作量较大；若利用因子分析进行研究，虽然能够找出变量间共同的潜在结构或因子，并估计每一个变量在各因子上的负荷量，但其无法验证模型中的因果关系。由此可见，传统统计方法在解决复杂因果关系模型时存在局限。因此，管理研究的现实需求是找到一种能够同时分析多个自变量与多个因变量间关系的方法，这就是结构方程模型产生的背景。

11.1.2　结构方程模型的优点

与传统统计分析方法相比，结构方程模型的优点体现在以下几个方面。

1. 结构方程模型可以同时处理多个自变量与因变量之间的关系

管理研究中常常涉及多个自变量对多个因变量产生影响的模型，如图11-2、图11-3模型所示。传统的统计分析方法中，虽然输出的结果包含多个因变量，但其本质依然是对单个因变量——计算，在过程中缺乏对于多个变量间相互影响关系的同时考虑。

2. 结构方程模型可以检验"看不见"的构念与"看得见"的测量指标之间的关系

例如，在"企业员工离职倾向影响因素研究"中，用"总的来讲，我不喜欢我的工作""总的来讲，我对工作满意""总的来讲，我喜欢在这里工作"这三个指标测量员工的工作满意度，用"我经常会想要辞职""我感觉在该公司没有发展前景""我没有在公司长期工作的打算""我明年可能会辞职，换一个工作"这四个指标测量员工的离职倾向，结构方程模型可以同时检验这些构念与其多个测量指标之间的关系，且结果更加准确。

3. 结构方程模型容许自变量和因变量存在测量误差

在管理研究中，很多变量通常不可以直接观测，需要设置多个指标进行测量，且其中的误差不可避免。结构方程模型容许自变量和因变量中存在测量误差，同时也允许利用多个指标对变量进行测量。

4. 结构方程模型能够同时估计因子结构和因子间关系

传统的统计分析方法中，因子结构与因子关系分析相互独立，需要将其分开处理。首先处理因子结构，先对每个潜变量进行因子分析，评估出因子的可靠性及稳定性，再进行因子关系分析，得出潜变量之间的相关系数。然而，在结构方程模型中，因子结构与因子关系的分析常常同时进行，既可以对因子的信度、效度进行检验，又可以同时计算出潜变量间的相互关系。二者同时考虑，大大提高了分析效率。因此，结构方程模型分析方法兼具高效性与实用性的双重优点。

5. 结构方程模型容许一个指标从属多个因子

对于传统的统计分析方法，为了保证分析结果的准确性，通常严格要求单一指标仅从属于一个因子，自变量间禁止存在多重共线性。然而，结构方程模型允许更复杂的模型存在，即一个指标可以从属于多个因子，同时也可处理带有高阶因子的模型。举例说明，当问卷中使用"我很珍惜当前这份工作"这一题目作为测量指标时，既可以测量员工的工作满意度，又可以测量员工的离职倾向。

6. 结构方程模型能够估计整体模型的拟合优度

传统路径分析通常只对单个路径的强弱进行估计。而在结构方程模型分析中，在对单独路径进行估计的基础上，还能对模型的整体拟合优度进行分析。

总之，结构方程模型相对于传统的多元回归、路径分析、因子分析等统计分析方法具有应用范围广、效率高、分析可靠等优势，是目前管理研究采用的主流研究方法。

11.2 结构方程模型的基本概念

11.2.1 结构方程模型的定义

结构方程模型（Structural Equation Modeling，SEM），又称为线性结构模型（linear structural relations models），是一种综合运用多元回归分析、路径分析和因子分析方法的数据统计分析方法，主要用于从经验数据中检验实质性理论。它可以分析一个或多个自变量与一个或多个因变量之间的关系，并以系统的方式评价复杂模型。适用于结构方程模型分析的数据类型可以是离散型数据，也可以是连续型数据。结构方程模型分析具有全面、同步、准确的特点，是定量管理研究中最受欢迎的方法之一。

11.2.2 变量的划分

在结构方程模型中，变量间的关系较为复杂。依照不同的划分标准，变量可以被分为不同类型：根据能否被观测，变量被分为显变量与潜变量；根据因果关系，变量又可分为外生变量与内生变量。

1. 显变量与潜变量

管理研究中，有些变量可以直接被观测，称为显变量，例如"学习成绩"可以用分数来测量。同时，在管理研究中也经常存在抽象的、不可直接被观察、测量的变量，这样的变量被称为潜变量。潜变量需要用多个可观测变量（即测量指标）进行测量。例如，在测量企业员工的薪资水平、工作满意度、离职倾向时，由于它们均无法仅通过一个具体可观测变量进行观测，因此需要建立多个指标对它们进行测量。表 11-1 列举了"离职倾向"与其可观测变量的对应关系。需要注意的是：显变量是指模型中研究者研究的变量，它也是直接可观测的；这里的可观测变量是指潜变量的测量指标。

"离职倾向"与其可观测变量的对应关系　　　　　　　表 11-1

潜变量	可观测变量
离职倾向	LZ1：我经常会想要辞职
	LZ2：我感觉在该公司没有发展前景
	LZ3：我没有在公司长期工作的打算
	LZ4：我明年可能会辞职，换一个工作

此外，在绘制模型图时，潜变量通常用椭圆形表示，而显变量、可观测变量通常用矩形表示，其表示方法如图 11-4、图 11-5 所示。

图 11-4　显变量　　　　　图 11-5　潜变量与其可观测变量—离职倾向

2. 外生变量与内生变量

结构方程模型经常用于检验变量之间的因果关系，这里被假定为原因的变量称为"外生变量"，假定为结果的变量称为"内生变量"。其中，外生变量不受模型中其他任何变量的影响，且能影响其他变量的变异，而内生变量会受到模型中其他变量的影响。例如，在某项关于企业员工离职倾向影响因素的研究中，研究者提出领导亲和力、工作挑战性、同事关系会影响员工的工作满意度，进而对其离职倾向产生影响，模型如图11-6所示。

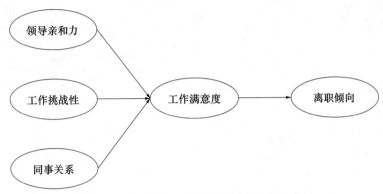

图 11-6 "离职倾向影响因素研究"理论模型

在该模型中，领导亲和力、工作挑战性、同事关系影响工作满意度，工作满意度又对离职倾向产生影响。领导亲和力、工作挑战性、同事关系不能被直接观测，且不会被模型中其他变量影响，因此它们是模型中的"外生潜变量"；工作满意度、离职倾向不能直接被观测，且受到模型中其他变量的影响，因此被称为"内生潜变量"。

同理，对于模型中能够被直接测量的显变量，可以按照因果关系将之划分为"外生显变量"和"内生显变量"。例如，在研究"学习时长"对"学习成绩"的影响中，学习时长是"外生显变量"，学习成绩是"内生显变量"。

11.2.3 结构方程模型的构成

一个完整的结构方程模型（SEM）包含两个部分，即测量模型与结构模型，图 11-7 是一个典型的结构方程模型示例。其中，潜变量用椭圆形表示，可观测变量用矩形表示。$x_1, x_2, \cdots, x_{12}$ 代表各潜变量的可观测变量；$e_1, e_2, \cdots, e_{12}$ 分别表示各可观测变量的误差。

1. 测量模型

测量模型是表示可观测变量与潜变量间关系的模型，通常被用于建立并分析二者之间的关系。在测量模型中，潜变量用可观测指标的测量数据进行测量。测量模型建立了可观测变量与潜变量的关系，可以通过验证性因子分析判断量表的信度和效度，确保潜变量测量的可靠性与有效性。在测量模型中，潜变量与测量误差均指向可观测变量，用单向实心箭头箭线表示。可观测变量与潜变量间箭头上的 λ 系数代表了该可观测变量在潜变量上的因子载荷。在图11-7所示的模型中，工作满意度、薪资水平、离职倾向与各自的四个指标分别构成了3个测量模型，其结构如图11-8所示。在整个测量模型中，潜变量两两之间要用双箭头箭线连接。

2. 结构模型

结构模型是描述变量之间关系的模型，包括变量间的因果关系、中介关系与调节关系

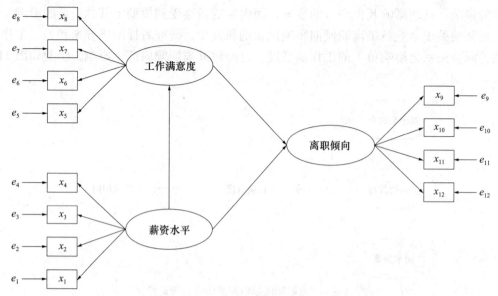

图 11-7　一个典型的结构方程模型示例

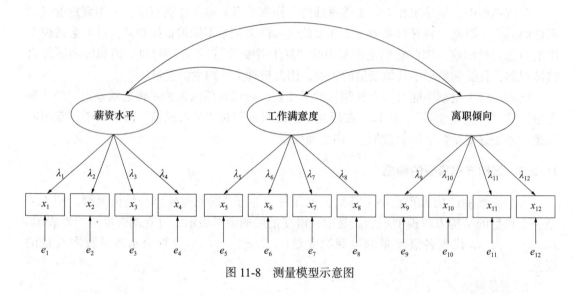

图 11-8　测量模型示意图

等。研究中的假设检验，主要通过结构模型来进行。在结构模型中，箭线表达了两变量之间的前因与结果，箭尾是前因，箭头是结果，箭线上的系数代表路径系数。在图 11-9 所示的结构模型中，工作满意度、薪资水平、离职倾向构成了一个结构模型。需要特别注意的是，与测量模型不同，结构模型中的内生变量中还包含了不可以被外生变量解释的部分，这一部分被称为残差项，如图 11-9 中 e_{13}、e_{14} 所示。

在使用结构方程模型进行研究假设验证时，一般分为两个步骤。第一步是建立测量模型，使研究变量之间均相关，即变量之间用双箭头箭线连接，之后进行变量的信、效度检验等，如果信、效度等检验符合要求，则可进入结构模型计算；第二步是根据研究假设建立结构模型，用箭线表示变量之间的关系，计算模型中的路径系数，并通过显著性评判研究假设是否通过检验。

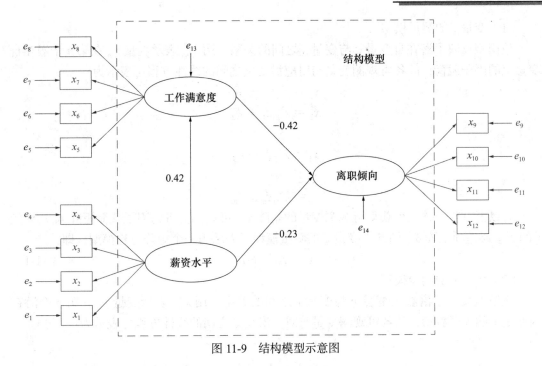

图 11-9　结构模型示意图

11.2.4　结构方程模型的基本原理

利用数学表达式来描述结构方程模型，其本质是建立有关测量模型与结构模型内变量关系的一组线性方程。其中，测量模型方程表达了潜变量与可观测变量之间的线性关系，而结构模型方程表达了所要研究的变量（潜变量或显变量）之间的线性关系。由于潜变量不能被直接观测，因此需要利用一组可观测变量对潜变量进行测量。

1. 测量模型通式

在测量模型中，存在着两种关系，即潜在自变量与其可观测变量的关系，以及潜在因变量与其可观测变量间的关系。用 ξ 表示潜在自变量；用 x 表示其可观测变量；用 η 表示潜在因变量；用 y 表示其可观测变量。除以上四类变量外，测量模型中还存在测量误差。x 变量的测量误差记为 δ，y 变量的测量误差记为 ε。潜在自变量与潜在因变量的测量模型示意如图 11-10 所示。

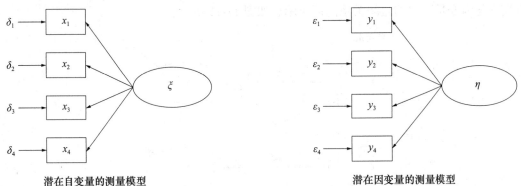

潜在自变量的测量模型　　　　　　　　潜在因变量的测量模型

图 11-10　潜在自变量与潜在因变量测量模型示意

（1）变量 ξ 的测量模型

该模型反映了潜在自变量 ξ 与变量 x 之间的关系。用 λ^x_{mn} 表示变量 x_m 在第 n 个潜在自变量上的因子载荷，故各可观测变量与对应潜变量之间的线性方程可表示为：

$$x_1 = \lambda^x_{11}\xi_1 + \delta_1$$
$$x_2 = \lambda^x_{21}\xi_1 + \delta_2$$
$$\cdots$$
$$x_5 = \lambda^x_{52}\xi_2 + \delta_5$$
$$\cdots$$
$$x_m = \lambda^x_{mn}\xi_n + \delta_m$$

将以上方程合并，可获得可观测变量的矩阵 x、可观测变量的因子载荷矩阵 Λ_x、变量 x 的测量误差项矩阵 δ。因此，变量 ξ 的测量模型可表示为一个矩阵方程模型，即：

$$x = \Lambda_x \xi + \delta \tag{11-1}$$

（2）变量 η 的测量模型

该模型反映了潜在因变量 η 与变量 y 之间的关系。用 λ^y_{mn} 表示变量 y_m 在第 n 个潜在因变量上的因子载荷，故各可观测变量与对应潜变量之间的线性方程可表示为：

$$y_1 = \lambda^y_{11}\eta_1 + \varepsilon_1$$
$$y_2 = \lambda^y_{21}\eta_1 + \varepsilon_2$$
$$\cdots$$
$$y_5 = \lambda^y_{52}\eta_2 + \varepsilon_5$$
$$\cdots$$
$$y_m = \lambda^y_{mn}\eta_n + \varepsilon_m$$

同理，将以上方程合并，可获得可观测变量的矩阵 y、可观测变量的因子载荷矩阵 Λ_y、变量 y 的测量误差项矩阵 ε。因此，变量 η 的测量模型可表示为一个矩阵方程模型，即：

$$y = \Lambda_y \eta + \varepsilon \tag{11-2}$$

综上所述，结构方程模型中的测量模型可以表示为以下两个矩阵方程：

$$x = \Lambda_x \xi + \delta, \quad y = \Lambda_y \eta + \varepsilon \tag{11-3}$$

2. 结构模型通式

结构模型的数学表达式反映了自变量 ξ 与因变量 η 之间的关系。结构模型中含有残差项 ζ，它代表了内生变量无法被该结构方程模型所解释的部分。结构模型中往往含有多个自变量与因变量，它们之间关系的简单示意如图 11-11 所示。

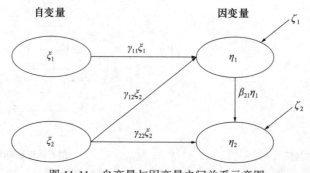

图 11-11　自变量与因变量之间关系示意图

从图 11-11 中可以看出，因变量既可能受到一个或多个自变量的影响，又可能受到其他因变量的影响。用 γ_{mn} 表示自变量 ξ_n 对因变量 η_m 的影响；用 β_{m1m2} 表示变量 η_{m2} 对 η_{m1} 的影响。此时，图 11-11 中因变量可用方程表示如下：

$$\eta_1 = \gamma_{11}\xi_1 + \gamma_{12}\xi_2 + \zeta_1 \tag{11-4}$$

$$\eta_2 = \gamma_{22}\xi_2 + \beta_{21}\eta_1 + \zeta_2 \tag{11-5}$$

以此类推，将上述方程合并，可获得自变量与因变量间的关系矩阵，记为 Γ；因变量间的关系矩阵，记为 B。因此，结构方程模型中的结构模型可以表示为一个矩阵方程，即：

$$\eta = B\eta + \Gamma\xi + \zeta \tag{11-6}$$

此外，关于此结构方程模型的通式还要注意以下两点。第一，在进行结构方程模型分析时，通常假设误差项随机且误差项与潜变量及其他误差项之间无相关关系。第二，在传统的结构方程模型中，可观测变量与潜变量之间为线性函数关系，潜变量通过可观测变量反映，潜变量的变化会导致可观测变量的变化，这类测量模型被称为反映型测量模型，对应的可观测变量被称为反映型指标。如果所研究的潜变量是形成性构念，那么就需要重新构建新的测量模型，这类测量模型被称为形成型测量模型，对应的可观测变量被称为形成型指标（具体知识点见本书第 4 章 4.2.3 节）。本节只以反映型测量模型为例进行了说明。

11.3 模型的识别与拟合

11.3.1 模型的识别

结构方程模型的估计原理是通过变量间协方差的线性方程组来解释各变量间的关联程度。当每一个需要估计的参数都具有唯一解时，则称模型是可以被识别的。判断模型是否可识别，通常需要明确以下两点：一是潜变量的测量单位；二是模型需要估计的参数与协方差矩阵中不重复元素个数之间的大小关系。

1. 潜变量的测量单位

由于潜变量基于假设理论提出，无法直接被测量，因此其测量结果不存在公认的测量单位。然而，在结构方程模型的计算中，因子必须具有测量单位才能进行计算。若不人为赋予这些变量测量单位，模型就无法被识别。通常赋予潜变量测量单位的方法分为两种：标准化潜变量或固定测量指标中的因子载荷。

（1）标准化潜变量

这种方法是将潜变量的方差固定为一个常数，通常将其固定为 1，以达到标准化潜变量的目的。其过程如图 11-12 所示，其中 Φ 表示潜变量的方差。

（2）固定测量指标中的因子载荷

在潜变量的多个可观测变量中任取其一作为参照指标，固定其在潜变量上的因子载荷为 1，使潜变量的测量单位与选取指标的测量单位相同。在完成以上设置后再重新进行模型的计算，就可得出其他测量指标在潜变量上的因子载荷，其过程如图 11-13 所示。

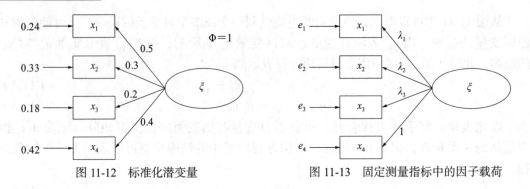

图 11-12　标准化潜变量　　　　图 11-13　固定测量指标中的因子载荷

2. 饱和模型

模型可识别的含义是指存在足够的方程使估计的参数具有唯一解。举个简单的例子，若已知方程为 $x+1=3$，求 x，则可确定 x 具有唯一解，即 $x=2$。然而，若方程为 $x+y=3$，求 x，则不能确定 x 的唯一解，这是因为未知变量数量大于方程的数量。同理，在结构方程模型中，当模型需要估计的参数大于模型中存在的方程数量（即协方差矩阵中不重复元素个数）时，模型则不能够被识别。通常，研究者用自由度（Df）判断模型是否可以被识别。

$$Df = \frac{(p+q)(p+q+1)}{2} - t \tag{11-7}$$

其中：

p——外生潜变量的测量指标数目；

q——内生潜变量的测量指标数目；

$\dfrac{(p+q)(p+q+1)}{2}$——$p+q$ 阶对称方程组下三角协方差矩阵对应的不重复的元素个数；

t——模型需要估计的参数数量。

当自由度（Df）大于或等于 0，模型能够求出唯一的参数估计值。例如图 11-9 模型中，已知外生潜变量测量指标数目 p 为 4 个，内生潜变量的测量指标数目 q 为 8 个，模型需要估计的参数数量 t 为 29 个，利用式（11-7）进行计算，该模型的自由度应为：

$$Df = \frac{(4+8)(4+8+1)}{2} - 29 = 49 > 0$$

模型的自由度大于 0，因此模型可以被识别。

特别地，当自由度等于 0，即协方差矩阵对应的不重复的元素个数与被估测参数数量相等时，模型正好被识别，这样的模型被称为饱和模型。

由于参数估计建立在模型可以被识别的基础上，因此，明确潜变量测量单位与自由度检验是进行参数估计的根本性前提。

11.3.2　模型拟合

1. 模型拟合的基本概念

模型拟合是指"研究者所提出的变量间关联模式与实际数据之间的差异程度"。在结构方程模型中通常将两种协方差矩阵相比较。这两种协方差矩阵分别是从研究者所设定的模型中估计出的协方差矩阵（记为 E），以及从样本的统计数据中估计出的样本协方差矩阵（记为 S）。E 与 S 越接近，即残差矩阵中各元素越接近 0，则表示研究者设定的模型拟合性越好，模型有效；反之，若 E 与 S 差异较大，则表示模型与数据的拟合性较差。

2. 模型拟合指数

理想情况下，拟合指数为 1 时，意味着协方差矩阵 E 与 S 完全吻合。然而实际中模型的拟合指数不可能为 1。因此，需要拟定一些"标准"作为评价模型拟合性的指标，通过设定其数值范围形成一套接受标准体系。其中，用作判断标准的指标被称为拟合指数。

在结构方程模型中，拟合指数可分为三大类，即绝对拟合指数、相对拟合指数以及简约拟合指数。由于简约拟合指数并不常用，本书只针对绝对拟合指数与相对拟合指数进行说明。

（1）绝对拟合指数

绝对拟合指数是最常被运用的判断指标，是理论模型与饱和模型（即测量模型）相比较的结果。在这类指数中，最具代表性的有卡方（χ^2）、卡方比自由度（χ^2/df）、拟合优度指数（GFI）、调整的拟合优度指数（AGFI）、近似误差的均方根（RMSEA）。

1）卡方（χ^2）、卡方比自由度（χ^2/df）

χ^2 是拟合优度检验中常用的一种判断指标，其值越小越好，但存在局限：由于卡方指标受样本量影响较大，仅凭 χ^2 这一指标进行判断无法得出准确的结论，很容易产生错误的判断。例如，在样本量小时接受错误的模型，或在样本量大时拒绝正确的模型。目前，常用卡方比自由度指标作为评价模型拟合优度是否合格的依据，而 χ^2 可用于多模型之间的分析比较。

χ^2/df 可以避免 χ^2 易受样本容量影响的问题，通过使用 χ^2 与自由度相除，建立了容量不同的各样本的统一判断标准。

2）拟合优度指数（GFI）、调整的拟合优度指数（AGFI）

GFI 这一指标在最大似然估计法与最小二乘法中较为稳定。当样本量较小时，更容易接受模型，其性质与卡方特性类似。因此，设立了调整的拟合优度指数 AGFI，通过在计算公式中除以自由度数值，剔除了样本量对于判断结果的影响。

3）近似误差的均方根（RMSEA）

RMSEA 代表渐进残差平方和的均方根，是评价模型不拟合的指数。其对于模型的变化十分敏感，是较为常用的判断指标。

（2）相对拟合指数

与绝对拟合指数不同，相对拟合指数运用零模型与理论模型进行比较，代表了假设模型相对于零模型拟合程度的提高。常用的相对拟合指数指标有比较拟合指数（CFI）、规范拟合指数（NFI）、非规范拟合指数（NNFI）。

1）比较拟合指数（CFI）

比较拟合指数在对假设模型和零模型比较时取得，其最大优势是不易受到样本数量的影响，即使是数量很少的样本，也能帮助研究者做出正确有效的判断。此外，CFI 值在用于不同的模型估计方法时均十分稳定，尤其在进行嵌套模型比较时能够发挥重要的作用。

2）规范拟合指数（NFI）、非规范拟合指数（NNFI，也称为 TLI）

规范拟合指数对于非正态分布的小样本数据非常敏感，其变化受样本容量影响较大，无法控制自由度，因此现阶段已基本停止使用。相比之下，非规范拟合指数具有更好的性能，它能够对复杂模型做出正确的判断并准确区分不同模型，因此被多数学者推荐。

3. 模型拟合指数的判断标准

模型拟合指数的取值范围为模型拟合性好坏的判断制定了规则，当模型拟合指数数值在设定范围内时，认为模型拟合性较好，若超出设定范围，则证明模型无效需要修改或重建。常用拟合指数的合理取值范围如表 11-2 所示。

常用拟合指数的合理取值范围　　　　　　　　　　　　表 11-2

拟合指数	含义	判断标准
χ^2/df	卡方与自由度的比值	若该值小于 3，则认为模型拟合程度较高
GFI	拟合优度指数	通常该值位于 0~1，且该值越高，证明模型的拟合性越好。GFI 值为 1 时表明数据与模型能够完全拟合；该值高于 0.9，证明模型拟合性较好；该值位于 0.8~0.9，证明该模型拟合优度较为合理
AGFI	调整的拟合优度指数	通常该值位于 0~1，且该值越高，证明模型的拟合性越好。该值高于 0.9 时，证明模型拟合观测数据；该值位于 0.8~0.9，证明该模型拟合优度较为合理
RMSEA	近似误差均方根，是评价模型不拟合的指数	该值越接近 0 表示其拟合性越好。该值为 0 时表示模型完全拟合；该值小于 0.05，表示该值接近拟合；该值位于 0.05~0.08 表示模型较为合理；该值位于 0.08~0.1，表示模型拟合性一般，该值大于 0.1 则表示拟合性较差
CFI	比较拟合指数，在比较假设模型和零模型时取得	该值位于 0~1，越接近 1 表示拟合性越好，一般认为该值大于 0.9 时模型拟合性较好
NNFI	非规范拟合指数	该值位于 0~1，越接近 1 表示拟合程度越高，一般认为该值大于 0.9 时模型拟合程度可以接受

11.4　结构方程模型在管理研究中的应用

11.4.1　SPSS Amos 软件优势

迄今为止，已有多种成熟的统计分析软件用于分析结构方程模型。流行的软件包括 Amos、LISREL、EQS 及 Mplus 等。其中，LISREL 与 Amos 软件最为常用。LISREL 软件主要用于进行多层次模型分析及同质性检验，该软件对矩阵和数理统计知识具有较高的要求，且在分析过程中需要用到复杂的编程，操作难度大，不易被初学者所掌握。相比之下，Amos 更适合初学者操作，其优势体现在以下几个方面：

1. 可视化

Amos 以可视化、鼠标拖拽的操作方式绘制路径并建立模型。操作者可以直观、清晰地看到模型结构与各变量间的关系，同时可以方便地比较、确认和优化模型。

2. 操作难度低

Amos 软件采用了全图形界面，样式美观。对于操作者的统计分析基础与能力没有过多要求。在使用过程中，操作者无需进行编程，只需通过绘制简单的形状并将数据导入，最后建立各变量间的关系，就可以方便快捷地得到所需的分析结果。

3. 功能强大

Amos 软件包含了几乎所有与结构方程有关的统计分析方法，包括回归、因子分析、相关分析以及方差分析等，通过对以上方法的整合优化，Amos 能够更加灵活地进行计算并输出结果，以支持学者们的研究。该软件使用直观的图形和程序化的用户界面构建模型，与标准多变量统计方法相比，这些模型可以更准确地反映复杂关系。同时，Amos 软件还可被用于常规的回归分析与因子分析等。

管理研究中遇到的大部分结构方程模型问题，都可以采用 Amos 软件进行分析。本章将从一个管理研究的实际案例出发，对 Amos 软件的操作步骤进行详细介绍。

11.4.2 Amos 软件操作步骤

假设有学者在进行一项关于"企业员工离职倾向影响因素"的研究。结合企业员工产生离职倾向的实际情况，提出了如图 11-14 所示的领导亲和力、工作挑战性、同事关系—工作满意度—离职倾向的因果关系模型。在模型中，领导亲和力、工作挑战性、同事关系通过影响企业员工的工作满意度进而影响离职倾向。针对本研究，研究者提出了如表 11-3 所示的四个假设：领导亲和力对工作满意度有正向影响；工作挑战性对工作满意度有负向影响；同事关系对工作满意度有正向影响；工作满意度对离职倾向有负向影响。

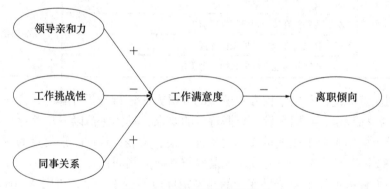

图 11-14 离职倾向理论模型

（注：由于模型中的变量均为潜变量，因此用椭圆形表示。单向箭头箭线表示两个潜变量间的因果关系，箭尾是因，箭头是果。）

企业员工离职倾向影响因素研究假设　　　　　　　　　　　　　　　　表 11-3

编号	假设
H1	领导亲和力对工作满意度有正向影响
H2	工作挑战性对工作满意度有负向影响
H3	同事关系对工作满意度有正向影响
H4	工作满意度对离职倾向有负向影响

由于潜变量无法被直接观测，因此需要利用可观测指标对其进行测量。本案例运用问卷调查法进行数据的收集，采用了李克特五点尺度量表对潜变量进行测量。各个潜变量以及其对应的测量指标来源如表 11-4 所示。

潜变量测量指标及指标来源 表11-4

潜变量	测量指标	指标来源
领导亲和力	QH1：上级领导能够支持我的合理想法和意见 QH2：上级领导会鼓励和肯定我的工作 QH3：领导和我们相处时，会把有趣的事情跟我们分享	陈志军（2021）❶ 郭慧敏（2021）❷
工作挑战性	TZ1：我被赋予期望承担重要工作 TZ2：我需要在短时间内完成大量的工作 TZ3：我经常处理难以解决的问题 TZ4：我的专业能力能轻松胜任工作要求（反向问题）	Amabile et al.（1996）❸
同事关系	GX1：我和同事们能够分享自己的经验 GX2：我和同事们能够和谐相处，共同完成任务 GX3：我的同事们能够尊重我的想法和感受 GX4：公司各部门或团队的员工都能够有效协作	陈志军（2021）
工作满意度	MY1：总的来讲，我不喜欢我的工作（反向问题） MY2：总的来讲，我对工作满意 MY3：总的来讲，我喜欢在这里工作	Cong 等（2007）❹
离职倾向	LZ1：我经常会想要辞职 LZ2：我感觉在该公司没有发展前景 LZ3：我没有在公司长期工作的打算 LZ4：我明年可能会辞职，换一个工作	陈志军（2021）

需要特别注意的是，利用结构方程模型的分析方法进行分析计算时，应注意该方法对于数据来源、指标数量、数据数量、数据特点的要求，具体包括以下几点：

（1）测量指标要来源于成熟量表，切勿自行编制量表，且同一潜变量的测量指标最好来源于同一篇文献、该文献的研究领域也最好与本研究相同；

（2）结构方程模型要求每个潜变量的测量指标应不少于3个，否则Amos软件将无法针对数据给出分析结果；

（3）为保证投入分析的数据的有效性与分析结果的准确性，应进行数据的预处理，包括预测试、设置甄别选项等；

（4）用于进行结构方程模型分析的数据量一般为测量指标数量的10倍以上，当数据量较小时，软件的分析结果会产生较大误差，结果不具有可靠性；

（5）应在进行软件分析前首先进行正态性检验，当数据呈正态分布时方可进行下一步检验。然而，结合研究实际来看，获取完全符合正态分布的数据往往难度较大，因此，通常认为数据峰度绝对值小于10且偏度绝对值小于3时即可接受为正态分布。此时可认为

---

❶ 指标来源：陈志军. THC公司员工工作满意度对离职倾向影响研究［D］. 广东工业大学，2021.
❷ 指标来源：郭慧敏. 亲和型领导幽默对员工创新行为的影响机制研究［D］. 山西财经大学，2021.
❸ 指标来源：Amabile T M, Conti R, Coon H, et al. 1996. Assessing the work environment for creativity [J]. Academy of management Journal, 39: 1154-1184.
❹ 指标来源：Cong L, Paul E S, Lin S. Cross-national job stress: A quantitative and qualitative study [J]. Journal of Organizational Behavior, 2007, 28(2), 209-239.

数据符合应用结构方程模型的方法进行分析的要求。

在提出了理论模型与假设并完成数据收集工作后，方可进行结构方程模型的计算。本案例使用 Amos 24.0 软件对假设进行验证。

进行结构方程模型分析共有两大步骤：第一步，进行测量模型检验，验证信度、效度、拟合优度和共同方法偏差等；第二步，进行结构模型计算。

1. 测量模型检验

（1）绘制测量模型

信度和效度检验主要是针对结构方程模型中测量模型部分的检验，它用来验证可观测指标是否能够稳定、可靠地反应潜变量。在进行测量模型的绘制时，各潜变量间无需体现理论模型中的因果关系，而是两两之间全部使用双箭头箭线连接。测量模型示意图如图 11-15 所示。

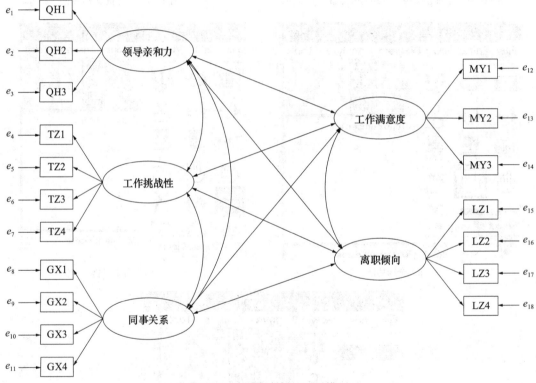

图 11-15　研究案例的测量模型

下面介绍利用软件绘制测量模型的方法。

第一步：绘制潜变量、测量指标、测量误差项图形示意图

启动 Amos 24.0 软件新建画布，点击如图 11-16 所示带有【Draw a latent variable or……】名称的工具，在画布上单击以添加一个潜变量，二次单击可创立一个荷载于该潜变量的可观测变量及误差项，多次点击可多次进行添加，点击图 11-17 所示【Rotate……】图标可对其方向进行设置。根据表 11-4 中各潜变量分别对应的可观测指标数量绘制相应图形，并进行排版使图形美观。在此过程中，利用如图 11-18 所示的全选、复制、移动等功能可快速完成绘图。

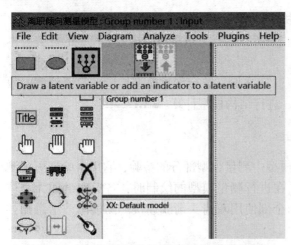

图 11-16 添加潜变量、可观测变量及误差项

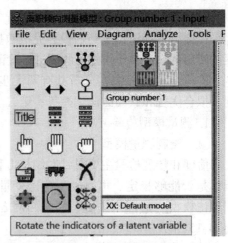

图 11-17 设置图标方向

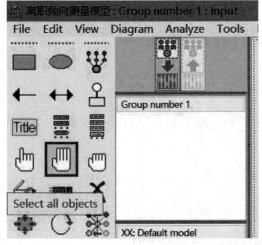

（a）全选功能

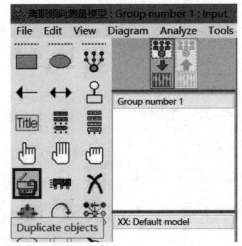

（b）复制功能

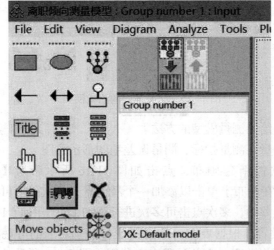

（c）移动功能

图 11-18 快速绘图功能

第二步：建立变量间关系

利用双箭头建立每个潜变量间的关系，通过图 11-19 所示【Draw covariances……】按钮将各潜变量两两连接完成绘制。再次强调在测量模型分析中，各潜变量间需要用双箭头箭线连接。不可忽略此步骤或错误使用单箭头箭线连接，否则可能会导致系统报错或计算结果出现错误，变量间关系确认建立无误后完成模型框架的绘制。绘制出的最终图形如图 11-20 所示。

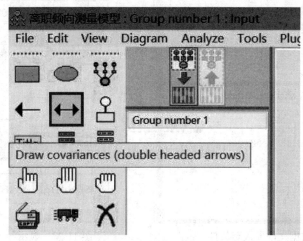

图 11-19　建立潜变量间关系

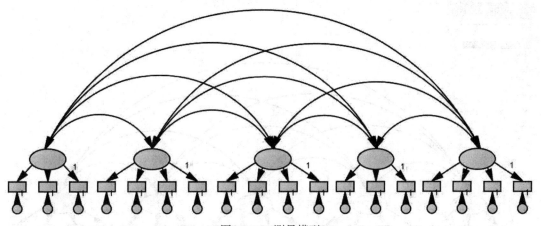

图 11-20　测量模型

（2）导入数据

建立潜变量间关系后，需要将数据导入软件并将各项数据赋值于模型各变量中。操作步骤如下：

第一步：将数据导入软件

点击如图 11-21 所示【Select data file(s)】按钮并选择需要导入的数据文件，确认无误后点击【ok】键即可将数据文件成功导入。需要特别注意的是，导入软件的数据文件应采用 sav 格式，若是 excel 数据文件则无法被识别，需要先进行转换。最简便的方法是利用 SPSS 软件进行转换。

第二步：将数据赋值于模型各变量中

点击如图 11-22 所示【List variables……】按键可在列表中显示通过数据文件导入的所有数据的变量名称，拖拽数据名至绘制好的模型图中相应位置即可将该指标的数据导入，导入结果如图 11-23 所示。

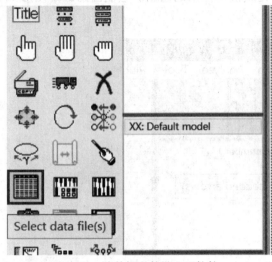

图 11-21　将数据文件导入至软件

图 11-22　显示导入的数据变量名称

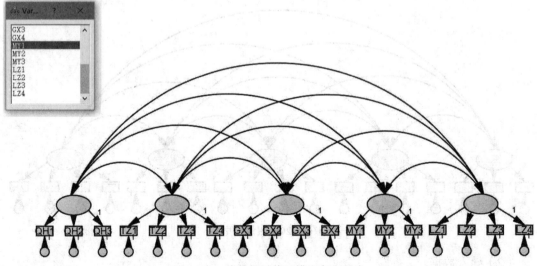

图 11-23　将数据赋值于模型各变量中

第三步：命名潜变量

将指标导入可观测变量所示图形后，需要将代表潜变量的椭圆形图标命名，操作方法为将光标移至需要命名的图形内部，点击右键选择如图 11-24 所示的【Object properties】或直接双击该图形弹出对话框，在如图 11-25 所示的【Variable name】中输入变量名称，点击右上角关闭按键即可完成命名，以此类推直至将所有潜变量命名完成，命名完成后的模型如图 11-26 所示。

11.4 结构方程模型在管理研究中的应用

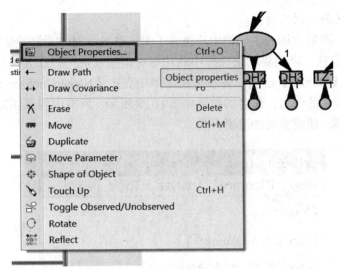

图 11-24 潜变量命名

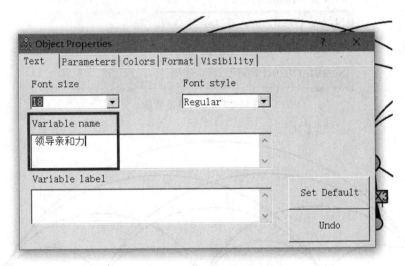

图 11-25 输入潜变量名称

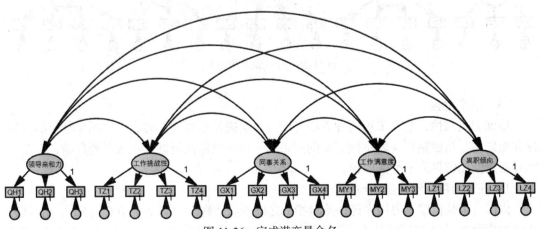

图 11-26 完成潜变量命名

207

第四步：命名测量误差变量

除了潜变量与测量指标外，模型中还包含了无法被观测到的测量误差变量，而数据中没有此类变量的信息，因此要利用软件中的功能对误差变量进行命名。如图 11-27 所示，选中菜单栏中的【Plugins】选项，并在下拉菜单中点击【Name Unobserved Variables】选项即可完成误差变量的命名，命名的结果如图 11-28 所示。所有内容添加完成后，对字体、形状大小进行调整，使模型更加清晰美观。

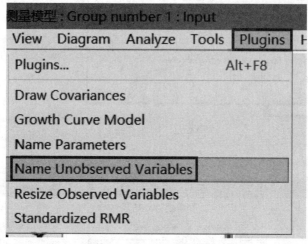

图 11-27　命名误差变量

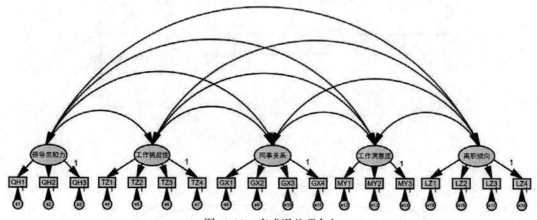

图 11-28　完成误差项命名

（3）信度检验

信度即可靠性，是指采用同种方法对同一对象进行重复测量时，多次测量结果的一致性和稳定性。信度越高，表示该测验的结果越一致、稳定性越好。在数据处理前，需要对问卷中所使用的量表进行信度检验。

1）进行内部一致性信度检验

内部一致性信度主要用来评估测量指标之间的同质性。本案例采用 Cronbach's α 系数作为判断指标（计算公式见本书第 4 章公式 4-11）。一般认为 Cronbach's α 的值达到 0.6

即为可接受的信度,如果系数小于 0.6,说明信度不佳,需要对测量项进行调整。如果该系数在 0.6~0.7,则说明信度为中等可信;如果该系数在 0.7~0.9,则说明信度为可信;如果该系数在 0.9 以上,则说明信度为很可信。此外,CITC 值反映了校正项总相关性,当 CITC 值低于 0.4,应考虑将该项从问卷中删除。

Amos 软件无法直接提供 Cronbach's α 系数,因此,在研究中经常使用 SPSS 作为辅助进行信度检验,下面以 SPSS 26.0 为例进行操作步骤的演示。操作步骤如下:

第一步:进行信度检验的操作

点击菜单栏中的【分析】选项,在下拉菜单中选择【刻度】,并在右侧菜单中选择【可靠性分析】,如图 11-29 所示。操作完成后可得到图 11-30 页面。由于在进行信度检验时,需要分别对一个潜变量的若干指标进行信度检验,因此,需要分别拖动对应指标至右侧【项】内,此外,还需点击图 11-30 中的【统计】选项,勾选【删除项后的标度】(图 11-31),增加此指标方便对于题项设置进行判断,操作完成后点击确定,即可生成计算结果。

第二步:识别计算结果

按照上述步骤,每进行一次信度分析均可获得如表 11-5、表 11-6 所示结果。表 "Reliability Statistics" 中的 "Cronbach's Alpha" 为 Cronbach's α 系数;表 "Item-Total Statistics" 中的 "Cronbach's Alpha if Item Deleted" 代表了删除该题项后的 Cronbach's α 系数, "Corrected Item-Total Correlation" 为校正项总相关性,这三个指标是信度检验是否通过的重要判断依据。对 5 个潜变量的信度进行依次分析后,得到的结果如表 11-7 所示。

图 11-29 进行信度分析操作

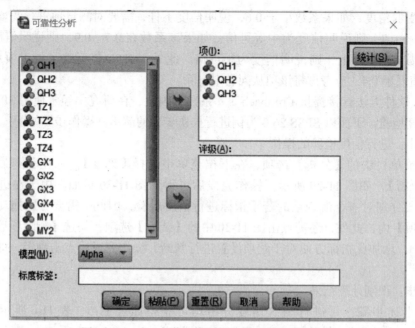

图 11-30　对一个潜变量的若干指标进行信度检验

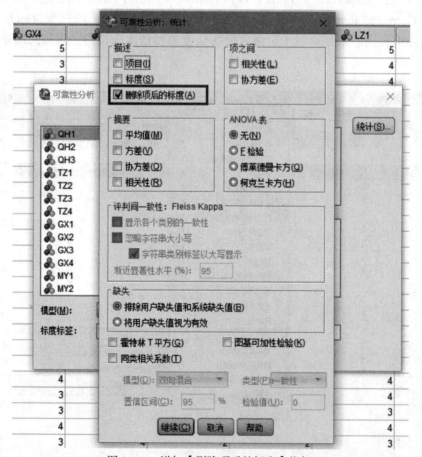

图 11-31　增加【删除项后的标度】指标

Cronbach's α 系数　　　　　　　　　　　　　　　　　表 11-5

Reliability Statistics	
Cronbach's Alpha	N of Items
0.904	3

CITC 值、删除该题项后的 Cronbach's α 系数　　　　表 11-6

Item-Total Statistics				
	Scale Mean if Item Deleted	Scale Variance if Item Deleted	Corrected Item-Total Correlation	Cronbach's Alpha if Item Deleted
QH1	7.94	4.195	0.770	0.894
QH2	7.78	3.903	0.864	0.814
QH3	7.83	4.099	0.794	0.875

信度检验汇总结果　　　　　　　　　　　　　　　　　表 11-7

变量	测量指标	校正项总计相关性（CITC）	项已删除的 α 系数	Cronbach's α 系数
领导亲和力	QH1	0.770	0.794	0.904
	QH2	0.864	0.777	
	QH3	0.794	0.718	
工作挑战性	TZ1	0.808	0.909	0.926
	TZ2	0.814	0.907	
	TZ3	0.854	0.894	
	TZ4	0.832	0.901	
同事关系	GX1	0.751	0.863	0.891
	GX2	0.790	0.848	
	GX3	0.751	0.863	
	GX4	0.747	0.864	
工作满意度	MY1	0.893	0.931	0.951
	MY2	0.924	0.907	
	MY3	0.874	0.945	
离职倾向	LZ1	0.837	0.939	0.946
	LZ2	0.864	0.931	
	LZ3	0.905	0.917	
	LZ4	0.871	0.928	

由表 11-7 数据可知，变量各指标间的 Cronbach's α 系数均大于 0.7，说明量表题项具有高信度。对于"项已删除的 α 系数"一栏，数值均小于对应的 Cronbach's α 系数，说明不需要对设置的题项进行删减；对于各指标的 CITC 值，其数值均在 0.7 以上，说明各变量的对应题项中，每一题项都与该变量下的其他题项具有较高的相关性。综上，可判断量表的题项设置合理，信度高。

2）进行组合信度检验

组合信度 CR 值反映了由多个测量指标组合而成的整体对构念测量的一致性和稳定性。当 CR 值大于等于 0.7 时，说明组合信度良好。

指标在 Amos 软件中未直接给出，需要借助标准化因子载荷自行计算（计算公式见本书第 4 章公式 4-12）。在 Amos 软件的输出结果目录的【Estimates】—【Standardized Regression Weights】选项内，可找到各指标在其对应潜变量上的标准化载荷系数（具体计算步骤见下文内部结构效度检验"第三步"）。除了手动计算组合信度 CR 值外，也可利用一些学者编写的小程序进行计算。

对各潜变量的组合信度 CR 值进行计算，并汇总得到表 11-8。

各潜变量的组合信度 CR 值　　　　　　　　　　　　　表 11-8

变量	领导亲和力	工作挑战性	同事关系	工作满意度	离职倾向
组合信度 CR 值	0.907	0.926	0.891	0.952	0.946

由分析结果可以看出，不同潜变量的组合信度 CR 值均大于 0.7，说明组合信度良好。

（4）效度检验

效度反映了测量结果的有效性，即测量工具能够准确测量出潜变量的有效程度。一般主要从内容效度、内部结构效度、聚合效度、区分效度四个方面进行效度检验。其中，内容效度通常需要邀请专家进行判定；内部结构效度、聚合效度、区分效度可以利用 Amos 24.0 进行检验。利用 Amos 软件进行效度检验时，在得出各个指标的输出结果前需要进行统一的计算操作，随后在不同目录下可查找到所需的计算结果。

1）内容效度检验

内容效度是指量表内容在多大程度上反映或代表了研究者所要测量的构念。一个具有良好内容效度的量表，所测量的题目内容应充分并准确地覆盖想要测量的目标构念。同时，测量题目的设置应具有代表性，数量分配应反映所研究的构念中各个成分的重要性比例。此外，量表的形式和措辞应符合答题者的文化背景和用语习惯，应让答题者准确地理解问题所要提问的内容。

在管理研究中，常采用专家评判法对内容效度进行评判，即研究者邀请相关研究领域内没有参与量表开发的专家就每一个测量指标是否符合构念的定义与内涵逐一地进行主观判断，然后对有争议的地方进行讨论并修订，直到达成一致。确保内容效度符合要求才可以进行下一步的软件检验。

2）内部结构效度检验

内部结构效度是检验构念效度最常用的一种方法。它是指测量结果体现出来的结构与研究者对构念预期结构的符合程度。通常采用验证性因子分析的方法对不同潜变量的内部结构效度进行检验。因子载荷是用于评价内部结构效度的主要指标之一。

利用 Amos 24.0 进行内部结构效度检验的操作步骤如下：

第一步：计算并选择输出项目

点击如图 11-32 所示【Analysis properties】中的【Output】选项，对输出结果进行设置，由于系统只默认勾选第一项，因此需要手动完成其他输出结果的选择，需要勾选的内容如图 11-33 所示。操作完成后点击【关闭】选项完成设置。

11.4 结构方程模型在管理研究中的应用

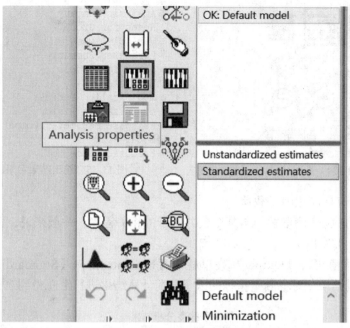

图 11-32　进行结果输出设置

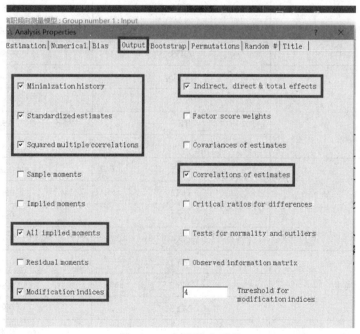

图 11-33　勾选输出项目

第二步：查看输出结果

点击如图 11-34 所示的【View Text】选项，可对输出结果进行查看。输出结果中包含了多种指标的计算结果，如图 11-35 所示，针对不同的检验，可以从输出目录中检索到对应指标的计算结果。在内部效度检验中，主要检索的是输出结果目录中的"标准化因子负载值"这一指标的计算结果。

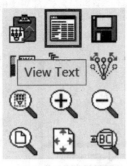

图 11-34　查看结果

```
⊞ Analysis Summary
  Notes for Group
⊞ Variable Summary
  Parameter Summary
⊞ Notes for Model
⊞ Estimates
⊞ Modification Indices
  Minimization History
⊞ Pairwise Parameter Comparisons
⊞ Model Fit
  Execution Time
```

图 11-35　输出结果目录

第三步：计算标准化因子载荷

因子载荷反映每个测量题项与某个公共因子的相关程度，一般来说，验证性因子分析要求因子载荷在 0.70 以上。

标准化负载值可在【Output】菜单栏中【Estimates】—【Standardized Regression Weights】中找到结果。对各测量指标的因子载荷计算结果进行汇总得到表 11-9。

因子载荷分析结果　　　　　　　　　　　　表 11-9

变量	测量指标	因子载荷
领导亲和力	QH1	0.830
	QH2	0.927
	QH3	0.865
工作挑战性	TZ1	0.844
	TZ2	0.858
	TZ3	0.904
	TZ4	0.875
同事关系	GX1	0.811
	GX2	0.856
	GX3	0.818
	GX4	0.794
工作满意度	MY1	0.929
	MY2	0.965
	MY3	0.901
离职倾向	LZ1	0.859
	LZ2	0.890
	LZ3	0.948
	LZ4	0.911

由分析结果中可以看出，所有潜变量的因子载荷均在 0.7 以上，因此可以判定该模型具有良好的内部结构效度。

3）聚合效度检验

聚合效度是指某一构念的测量指标之间收敛或共享高比例共同变异的程度，体现在该构念的不同测量指标之间应该具有高度相关性。判断构念是否具有良好聚合效度的指标为平均方差提取值 AVE。一般来说，AVE 值大于 0.5，则可说明该构念的聚合效度良好。

与组合信度 CR 值类似，AVE 值在 Amos 软件中也未直接给出，同样需要借助标准化因子载荷自行计算（计算公式见本书第 4 章公式 4-15）。除了手动计算外，也可在互联网上检索学者已开发的小程序进行计算。

对各潜变量的 AVE 值分别进行计算，汇总得到表 11-10。

聚合效度分析结果　　　　　　　　　　　　　　　表 11-10

变量	领导亲和力	工作挑战性	同事关系	工作满意度	离职倾向
AVE 值	0.766	0.758	0.673	0.869	0.815

由分析结果可以看出，不同潜变量的 AVE 值均大于 0.5。因此，可以判定该模型聚合效度良好。

4）区分效度检验

区分效度是指一个构念真正区别于其他构念的程度，体现在它与其他构念之间的相关性应该较低。本案例利用各变量间标准化相关系数与平均方差提取值 AVE 的平方根作为判断标准进行区分效度检验。当 AVE 的平方根大于该构念与其他构念的相关系数的绝对值时，表明区分效度良好。

某一因子与其他所有因子的相关系数表格可在输出结果目录的【Estimates】选项内找到，输出结果如表 11-11（a）所示，为了方便进行比较，通常将对角线上的数字 1 替换为 AVE 平方根值，替换后的结果如表 11-11（b）所示。

相关系数分析输出结果　　　　　　　　　　　　　表 11-11（a）

	领导亲和力	工作挑战性	同事关系	工作满意度	离职倾向
领导亲和力	1.000	—	—	—	—
工作挑战性	−0.427[***]	1.000	—	—	—
同事关系	0.503[***]	−0.271[***]	1.000	—	—
工作满意度	0.571[***]	−0.345[***]	0.393[***]	1.000	—
离职倾向	−0.683[***]	0.389[***]	−0.424[***]	−0.460[***]	1.000

注：*** $p < 0.001$，** $p < 0.01$，* $p < 0.05$

区分效度检验　　　　　　　　　　　　　　　　　表 11-11（b）

	领导亲和力	工作挑战性	同事关系	工作满意度	离职倾向
领导亲和力	**0.875**	—	—	—	—
工作挑战性	−0.427[***]	**0.871**	—	—	—
同事关系	0.503[***]	−0.271[***]	**0.820**	—	—
工作满意度	0.571[***]	−0.345[***]	0.393[***]	**0.932**	—
离职倾向	−0.683[***]	0.389[***]	−0.424[***]	−0.460[***]	**0.903**

注：*** $p < 0.001$，** $p < 0.01$，* $p < 0.05$

由结果可以看出，各变量间的 AVE 平方根均大于该变量与其他变量之间的相关系数的绝对值，表明各变量间具有良好的区分效度。

（5）进行拟合优度检验

Amos 软件提供了很多评价模型拟合优度的拟合指数，包括绝对拟合指数、相对拟合指数以及简约拟合指数等。在实际研究中，通常很难做到所有指标均符合要求。因此，当模型的几个核心指标符合要求时，则可认为模型具有较好的拟合优度。本次采用的拟合指数有 χ^2/df、GFI、AGFI、RMSEA、CFI 以及 NNFI。

在输出结果目录中的【Model Fit】中包含模型的拟合指数数据。在目录【CMIN】中可以找到卡方与自由度比值的输出结果（其中 CMIN 是指卡方值）；在目录【RMR，GFI】中可以找到 GFI、AGFI 的输出结果；在目录【RMSEA】中可以找到 RMSEA 值的输出结果；在目录【Baseline Comparisons】中可以找到 CFI、NNFI（TLI）的输出结果。对各指标进行汇总，得出拟合指数数据如表 11-12 所示。

拟合指数数据　　　　表 11-12

拟合指数	χ^2/df	GFI	AGFI	RMSEA	CFI	NNFI（TLI）
数值	1.986	0.916	0.885	0.058	0.974	0.968
判断标准	< 3	> 0.8	> 0.8	< 0.08	> 0.9	> 0.9
拟合情况	较好	较好	较好	合理	较好	可以接受

数据显示，χ^2/df、GFI、AGFI、RMSEA、CFI、NNFI 的数据结果均符合要求，表示模型的拟合性较好。其中，RMSEA 的数值虽然不在接近拟合的取值范围内，但仍处于模型合理可被接受的范围。综上，本研究模型拟合优度符合要求，构建的测量模型有效。

（6）共同方法偏差检验

共同方法偏差是指因为同样的数据来源或评分者、同样的测量环境、项目语境以及项目本身特征所造成的预测变量与效标变量之间人为的共变。这类偏差主要产生于同一数据来源或评分者、问卷题目特征所造成的偏差、问卷内容偏差、测量环境导致的偏差等。偏差的存在可能会影响模型分析结果的可靠性与准确性。因此，除信、效度检验外，还需利用软件对共同方法偏差进行检验，只有确定了模型中不存在严重的共同方法偏差，才能继续进行下一步的结构模型计算。

进行共同方法偏差检验的方法包括以下三种，即 Harman 单因素检验法、单因子的验证性因子分析及加入共同方法因子的验证性因子分析（后两种方法统称为结构方程模型检验法）。其中，Harman 单因素检验可直接利用 SPSS 完成，其他两种方法需要使用 Amos 软件实现。下面以 SPSS 26.0、Amos 24.0 版本为例，进行三种检验方法的介绍。

1）Harman 单因素检验法

Harman 单因素检验的方法是将所有构念的量表题目一起进行因子分析，并在输出结果中对特征根（即析出的因子）与最大因子方差解释度进行判断。对于特征根，若析出的大于 1 的因子超过一个，则符合要求；对于最大因子方差解释度，一般以 50% 为合格标准，低于 40% 则证明数据较好。同时满足以上两个限制条件，则证明模型中不存在严重的共同方法偏差。下面利用 SPSS 26.0 进行 Harman 单因素检验。

第一步：进行因子分析

在菜单栏的【分析】选项中选择【降维】—【因子】，如图 11-36 所示。并将模型中的所有变量全部选中进行计算，如图 11-37 所示，点击确定完成计算，并查看输出结果。

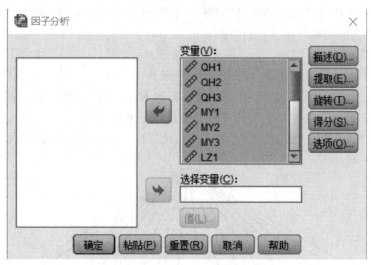

图 11-36　进行因子分析

图 11-37　将所有变量选中进行计算

第二步：分析计算结果

因子分析计算结果如图 11-38 所示。由输出数据可知，共有四个特征根大于 1 的因子，且最大因子方差解释度为 44.958%，小于 50%，在合格范围内。因此，可以判定该模型中不存在严重的共同方法偏差。

Total Variance Explained

Component	Initial Eigenvalues			Extraction Sums of Squared Loadings		
	Total	% of Variance	Cumulative %	Total	% of Variance	Cumulative %
1	8.092	44.958	44.958	8.092	44.958	44.958
2	2.428	13.488	58.447	2.428	13.488	58.447
3	1.953	10.852	69.298	1.953	10.852	69.298
4	1.661	9.225	78.523	1.661	9.225	78.523
5	.901	5.008	83.531			
6	.495	2.749	86.280			
7	.309	1.716	87.996			
8	.298	1.657	89.653			
9	.294	1.635	91.287			
10	.262	1.455	92.742			
11	.247	1.375	94.117			
12	.222	1.235	95.352			
13	.200	1.110	96.462			
14	.163	.904	97.366			
15	.162	.898	98.264			
16	.131	.726	98.990			
17	.092	.513	99.503			
18	.089	.497	100.000			

Extraction Method: Principal Component Analysis.

图 11-38　因子分析计算结果

2）单因子的验证性因子分析

单因子的验证性因子分析通常利用 Amos 软件进行，将所有测量指标一起做单因子验证性因子分析，若拟合指数比假设模型差得多，即可证明无严重的共同方法偏差。下面以 Amos 24.0 软件为例对操作步骤进行介绍。

第一步：绘制单因子模型

首先进行单因子模型的绘制。将假设模型中的所有测量指标都附着于同一个公共因子 F1（即共同方法偏差因子）之上，并将相关数据导入绘制出的模型。导入后双击任意一条 F1 至测量指标的路径，将窗口下方的【Regression weight】设定为 1。特别提醒，此步骤不可忽略。若不对该系数进行设置，则无法完成后续计算。绘制完成后的图形如图 11-39 所示。

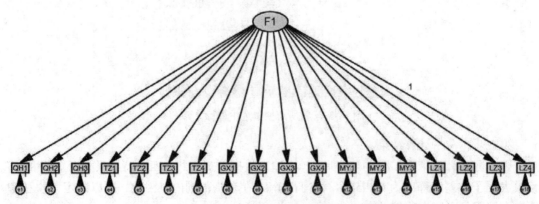

图 11-39　绘制单因子模型

第二步：查看单因子模型拟合结果

对单因子模型进行计算，并查看单因子模型的拟合指数。通过【Output】目录中的【Model Fit】选项可以查看模型的卡方比自由度 χ^2/df、GFI、AGFI、RMSEA、CFI、NNFI 等数据的计算结果（表 11-13）。

单因子模型与假设模型拟合指数数据对比　　　　　　　　　　　　表 11-13

拟合指数	χ^2/df	GFI	AGFI	RMSEA	CFI	NNFI（TLI）
数值	19.155	0.459	0.314	0.25	0.475	0.405
判断标准	＜3	＞0.8	＞0.8	＜0.08	＞0.9	＞0.9

通过与表 11-12 的计算结果对比可见，加入 F1 因子后，单因子模型拟合后的卡方自由度比值 χ^2/df、GFI、AGFI、RMSEA、CFI、NNFI 值都在合格范围外，拟合指数与原模型指标相比较差。因此可以判断出本研究不存在严重的共同方法偏差。

3）加入共同方法因子的验证性因子分析

该方法是在研究者所设定的假设模型中加入共同方法偏差因子，将此模型的拟合指数与原设定模型进行比较，如果模型拟合指数优于原假设模型，则证明存在共同方法偏差；如果拟合指数改善情况并不明显，则说明共同方法偏差问题并不严重。

利用 Amos 24.0 进行加入共同方法因子的验证性因子分析操作步骤如下。

第一步：绘制加入共同方法因子的模型

在测量模型的基础上添加共同方法偏差因子 F1，并绘制单箭头箭线指向各变量的测量指标与其建立联系，绘制完成后的模型如图 11-40 所示。

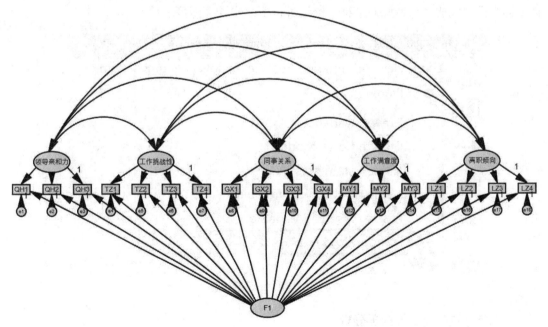

图 11-40　绘制加入共同方法因子的模型

第二步：设置标准路径回归系数

双击任意一条 F1 至各测量指标的路径弹出图 11-41 所示窗口，将窗口下方的标准化回归系数设定为1。特别提醒，此步骤不可忽略。若不对回归系数进行设置，则无法完成后续计算。

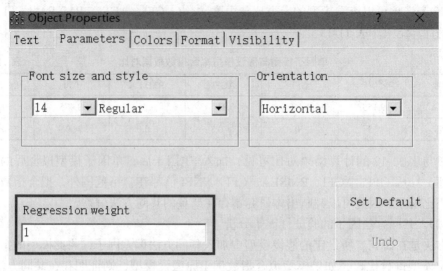

图 11-41　将标准化路径回归系数设定为 1

第三步：进行 SRMR 显示设置

由于在 Amos 软件的输出结果中，不直接显示加入 F1 因子后所需的判断指标 SRMR，因此需要对输出显示进行设置。点击菜单栏中的【Plugins】选项，并选择最后一项【Standardized RMR】，如图 11-42 所示。屏幕弹出标题为"Standardized RMR"的空白对话框即为设置完成。保留此对话框，继续进行下一步计算即可。

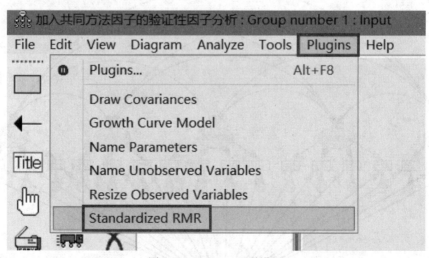

图 11-42　SRMR 显示设置

第四步：进行验证性因子分析

点击计算按键进行模型计算，由于模型不闭合，因此系统将会弹出如图 11-43 所示的警告对话框，点击上方按钮【Proceed with the analysis】继续进行计算即可。计算完成后，预先设置好的 SRMR 对话框将会显示 SRMR 数值的计算结果，如图 11-44 所示。

11.4 结构方程模型在管理研究中的应用

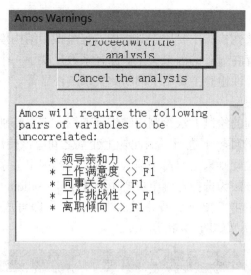

图 11-43 系统警告对话框

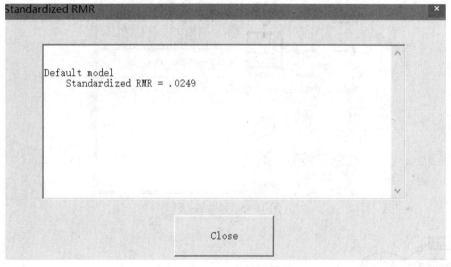

图 11-44 SRMR 输出结果

第五步：对比拟合结果

将加入 F1 因子的模型进行计算，读取其【Model Fit】中 RMSEA、CFI、TLI 的输出结果，对 RMSEA、SRMR、CFI、TLI 的结果进行汇总（如表 11-14 所示），并与原测量模型的拟合情况进行对比。通过对比结果可知，加入共同方法偏差因子之后的模型拟合指数改善情况并不明显，说明模型中共同方法偏差问题并不严重。

加入共同方法因子后模型及原模型拟合指数数据汇总　　表 11-14

拟合指数	RMSEA	SRMR	CFI	TLI
加入共同方法因子的模型	0.045	0.0249	0.986	0.980
原测量模型	0.058	0.0358	0.974	0.968
变化值（绝对值）	0.013	0.0109	0.012	0.012

221

2. 结构模型计算

路径系数计算及显著性检验主要用于对结构方程模型中结构模型的计算与检验，重点在于判断潜变量间是否存在显著的因果关系。路径系数反映了一个潜变量对另一个潜变量影响的方向和强度，显著性检验主要用于判断此关系是否显著。

第一步：绘制结构模型

利用与测量模型相同的绘制方法绘制出结构模型图。需要特别注意的是：由于结构方程模型分析需要在封闭的环境下进行，因此外生变量之间应该使用双箭头箭线进行连接，而外生变量与内生变量之间则采用单箭头箭线表达二者的因果关系。此外，还需要给内生变量添加残差项，添加方法为选择左侧菜单栏中的【Add a unique variable……】选项，如图 11-45 所示，选中后单击需要添加残差项的内生潜变量即可成功创建，创建后可利用 Plugins 命名。绘制出的模型如图 11-46 所示。

图 11-45　添加残差项

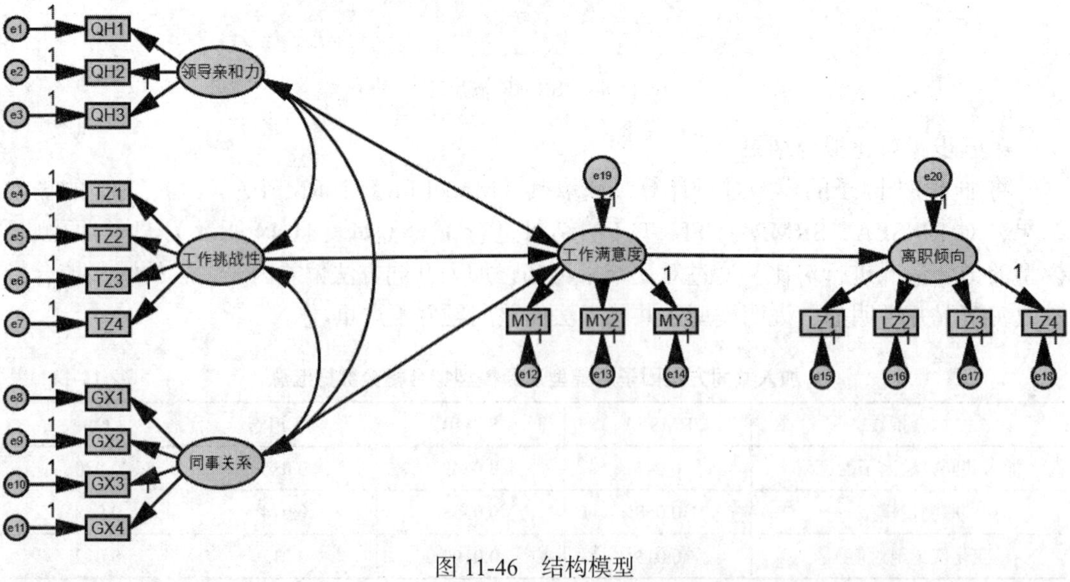

图 11-46　结构模型

第二步：再次对模型进行拟合优度检验

确认数据导入无误后，进行模型计算。模型计算后先观察模型拟合指数。若拟合优度符合要求，则可进一步确认路径系数及其显著性。若拟合优度不符合要求，则进入模型修正阶段。模型修正要结合理论分析进行，通过增加或者删除变量之间的关系的方法不断对模型进行修正，直至模型拟合优度符合要求为止，修正后的模型需要在理论上能够得到解释。本案例结构模型的拟合指数结果如表 11-15 所示。由计算结果可见，模型的拟合优度符合要求。

结构模型拟合指数　　　　　　　　表 11-15

拟合指数	χ^2/df	GFI	AGFI	RMSEA	CFI	NNFI（TLI）
数值	2.728	0.892	0.856	0.077	0.953	0.943
判断标准	< 3	> 0.8	> 0.8	< 0.08	> 0.9	> 0.9
拟合情况	较好	较好	较好	合理	较好	较好

第三步：验证变量之间的影响关系（即假设检验）

标准化路径系数是衡量一个潜变量对另一个潜变量因果关系情况的指标。若该指标为正数，则表明产生了正向影响，反之，则为负向影响。对于路径系数的查看有两种方法，一种是在输出结果菜单中的【Estimates】—【Standardized Regression Weights】中查看。另一种可以通过使其显示在模型中查看。操作方法如图 11-47，首先点击【Standardized estimates】选项，再点击上方红色向上箭头，即可获得标准化的路径系数（注意需要事先在输出显示设置中勾选标准化选项，否则将无法显示）。输出的标准化路径系数结果整理为图 11-48。

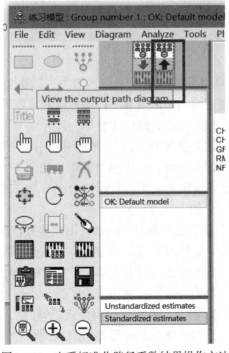

图 11-47　查看标准化路径系数结果操作方法

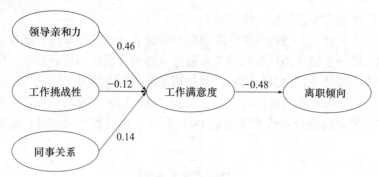

图 11-48　标准化路径系数

第四步：验证变量之间的关系是否显著

即使计算出了路径系数，也不能完全确认潜变量之间的关系存在，还需进一步进行显著性检验，若检验通过，则二者关系存在；若检验不通过，则表明二者的关系并不成立。进行显著性检验时，p 值为常用的判断指标。当 p 值小于 0.05 时，假设通过检验；当 p 值大于 0.05 时，假设未通过检验，即假设不成立。在输出结果菜单【Estimates】—【Regression Weights】选项中，可以查看 p 值的输出结果。最后，总结该模型的假设检验情况如表 11-16 所示。可见，所有假设均通过了检验。

标准化路径系数及显著性输出结果　　　　　　　　　　　　　　　　　　表 11-16

假设	标准化路径系数	p	通过情况
H1：领导亲和力对工作满意度有正向影响	0.458	***	通过
H2：工作挑战性对工作满意度有负向影响	−0.12	*	通过
H3：同事关系对工作满意度有正向影响	0.138	*	通过
H4：工作满意度对离职倾向有负向影响	−0.477	***	通过

注：*** 表示 $p < 0.001$，** 表示 $p < 0.01$，* 表示 $p < 0.05$

3. 分析结果

本案例通过结构方程模型分析证实了领导亲和力、同事关系对工作满意度的正向影响；工作挑战性对工作满意度的负向影响及工作满意度对离职倾向的负向影响。

在应用 Amos 软件进行操作时，应特别注意不同操作细节上的差异，如测量模型与结构模型的区别，箭线的区别，测量误差与残差添加的区别等。此外，还需注意数据来源的严谨性、科学性与数据格式的规范性。在应用过程中，任何一处微小的差错都可能导致数据计算失败、输出结果错误等。因此，把握好每一个细节是掌握 Amos 软件分析的关键。

4. 利用 Amos 软件对中介效应进行检验

在考虑自变量 X 对因变量 Y 的影响时，经常会出现这种情况：X 除了能够直接对 Y 产生影响，还可以通过影响另一变量 M 间接影响变量 Y，在这样的情况下，变量 M 就被称为中介变量。在验证变量 M 作为中介变量对因变量 Y 产生的影响时，需要进行中介效应检验。

在"企业员工离职倾向影响因素"研究中，为了进一步探究"领导亲和力"与"离职倾向"的关系，假设"领导亲和力"既直接影响"离职倾向"，又通过影响员工"工作满意度"间接影响"离职倾向"。据此建立的模型如图 11-49 所示。在该模型中存在三条路径，即"领导亲和力"—"离职倾向"、"领导亲和力"—"工作满意度"及"工作满意度"—

"离职倾向",依次将这三条路径编号为路径1、路径2、路径3。

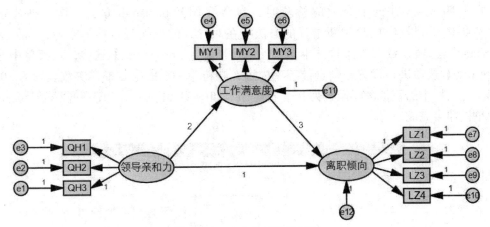

图 11-49　中介效应检验模型

在中介效应模型中存在三种效应形式,即直接效应、间接效应、总效应。直接效应是指路径1上产生的效应;间接效应是路径2与路径3相乘产生的效应;总效应是指直接效应与间接效应的总和。

模型的绘制方法、数据导入方法与信、效度等检验与上述内容相同,此处不再赘述。下面以此模型为例介绍如何利用 Amos 24.0 进行中介效应检验。常用的中介效应检验方法有两种,即 bootstrap 方法与路径命名法。

(1) bootstrap 方法

第一步:进行输出设置

在输出设置中勾选【Indirect,direct & total effects】选项,以在数据输出结果时显示模型中直接效应、间接效应与总效应的情况(图 11-50)。

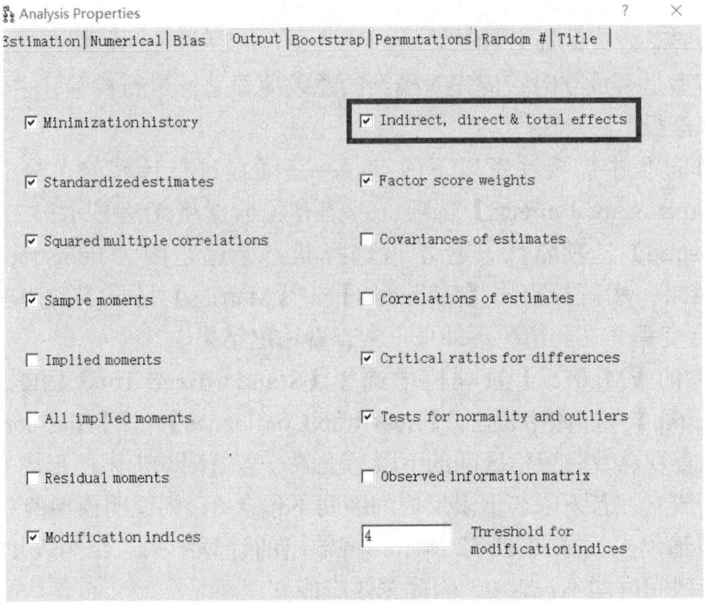

图 11-50　输出结果设置

第11章　结构方程模型

第二步：进行"bootstrap"设置

在利用 Amos 进行中介效应检验时，常常会用到 bootstrap 方法，是一种通过重复抽样提供中介效应检验判断指标的方法。在对导入的数据进行计算之前，需要进行"bootstrap"选项设置。点击软件主页面左侧【Analysis properties】选项，在菜单中选择【Bootstrap】选项进行设置。勾选前三项内容，并将第一栏的重复抽样次数设置为 3000，将第二、三栏中的置信区间设置为 95，设置结果如图 11-51 所示。勾选并输入数字后，关闭菜单栏即可完成设置。

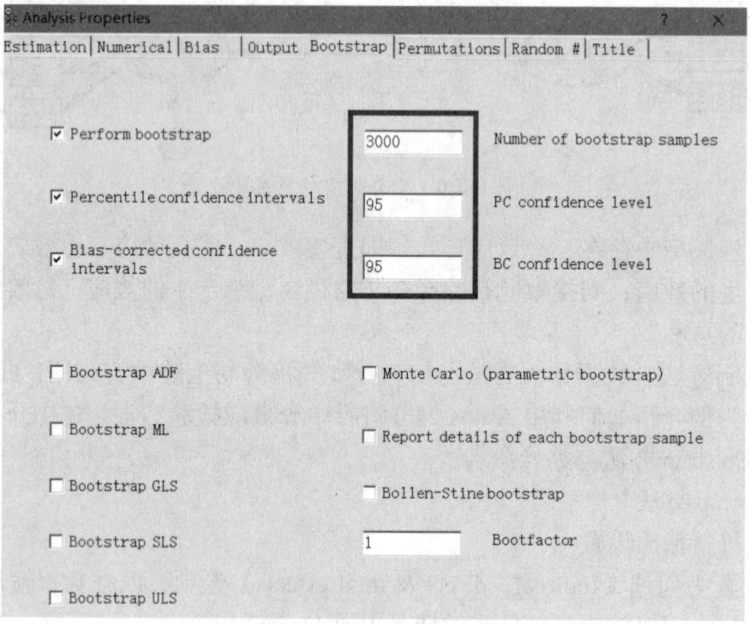

图 11-51　bootstrap 设置

第三步：检验总效应的显著性

判断中介模型是否成立时，应先对模型的总效应显著性进行检验，主要通过判断总效应的置信区间来进行。

在软件操作过程中需要注意以下两点：一是须在进行计算前在输出设置选项中勾选【Indirect，direct & total effects】选项，否则有关数据将无法显示；二是输出结果时，【Estimates/Bootstrap】选项常为灰色不可选择状态，这是因为 bootstrap 的结果从属于 Estimates 的根目录，用鼠标点击【Estimates】—【Matrics】目录下的选项后原本灰色的【Bootstrap】就会变黑，在此情况下即可正常查看输出结果。

在输出结果的【Matrics】选项栏中选择【Standardized Total Effects】，并在下方【Estimates/bootstrap】选项中选择【Bootstrap Confidence】—【Bias-corrected percentile method】菜单栏查看总效应置信区间的下限与上限。若下限与上限所形成的区间内包含 0，则说明总效应不成立；若下限与上限形成的区间不包含 0，则说明模型的总效应成立。

模型的结果输出页面如图 11-52 所示，将输出的计算结果总结为表 11-17，从表中可以看出，总效应区间内均不包含 0，因此总效应成立。

11.4 结构方程模型在管理研究中的应用

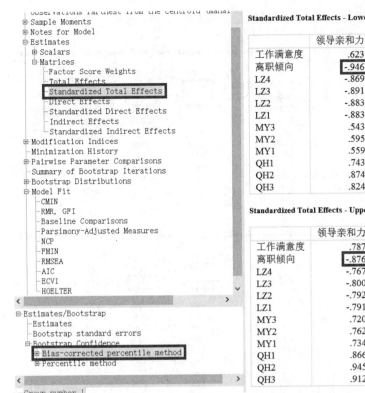

图 11-52 总效应显著性检验

总效应显著性检验　　　　　　　　　　　　　　　　　表 11-17

路径	下限	上限	是否包含 0
领导亲和力—离职倾向	−0.946	−0.876	否

第四步：检验直接效应与间接效应的显著性

模型通过了总效应检验，表明该中介模型成立，随后可对其直接效应与间接效应进行检验。中介效应分为部分中介效应与完全中介效应两种类型。部分中介效应是指在模型中既存在直接效应，又存在间接效应，即自变量 X 的一部分直接对因变量 Y 产生影响，一部分又通过中介变量 M 对 Y 产生影响；完全中介效应指的是自变量 X 必须通过中介变量 M 对因变量 Y 产生影响，而无法直接对 Y 产生影响。

在 Amos 软件中，通过直接效应与间接效应的显著性对模型的中介效应类型进行判断：当间接效应与直接效应均显著时，该模型为部分中介模型；当间接效应显著而直接效应不显著时，则该模型为完全中介模型。

在输出结果的【Matrices】选项栏中选择【Standardized Direct Effects】，并在下方【Estimates/Bootstrap】选项中选择【Bootstrap Confidence】—【Bias-corrected percentile method】菜单栏查看直接效应置信区间的下限与上限，输出的数据结果如图 11-53 所示。显著性的判断方法与总效应的判断方法相同。

在输出结果的【Matrices】选项栏中选择【Standardized Indirect Effects】，在【Estimates/Bootstrap】选项中选择【Bootstrap Confidence】—【Bias-corrected percentile method】菜单

227

栏查看间接效应置信区间的下限与上限，输出的数据结果如图 11-54 所示。

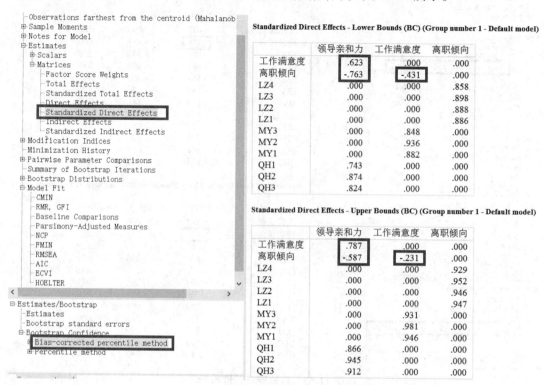

图 11-53 直接效应显著性检验

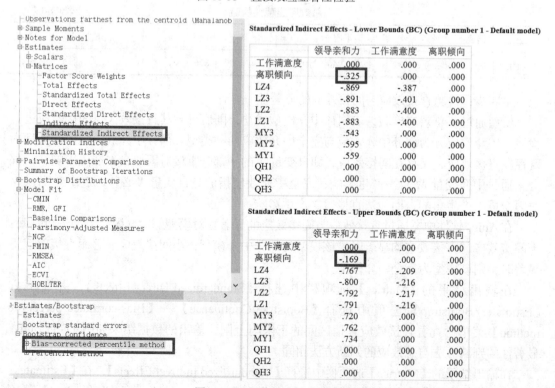

图 11-54 间接效应显著性检验

将直接效应与间接效应显著性检验的输出结果总结为表 11-18，从表中可以看出，直接效应与间接效应的效应区间内均不包含零，因此直接效应与间接效应均成立。

直接效应、间接效应显著性检验　　　　　　　　　　　表 11-18

效应形式	路径	下限	上限	是否包含 0
直接效应	领导亲和力—工作满意度	0.623	0.787	否
	工作满意度—离职倾向	−0.431	−0.231	否
	领导亲和力—离职倾向	−0.763	−0.587	否
间接效应	领导亲和力—离职倾向	−0.325	−0.169	否

由于该模型的直接效应与间接效应均显著，因此可判断该中介模型属于部分中介模型，即"领导亲和力"既直接影响"离职倾向"又通过"工作满意度"间接影响"离职倾向"。

通过选择【Matrices】选项栏中的【Standardized Direct Effects】与【Standardized Indirect Effects】，并在【Estimates/Bootstrap】选项中选择【Estimates】选项可分别查看直接效应、间接效应、总效应的影响估计值。将输出结果总结为表 11-19。在此中介模型中，"领导亲和力"对"离职倾向"具有负向影响，其中直接效应的影响更大，间接效应的影响较小。

同时，输出结果也印证了总效应、直接效应与间接效应三者之间的关系，即：

$$总效应 = 直接效应 + 间接效应$$

直接效应、间接效应、总效应估计值　　　　　　　　　　表 11-19

效应类型	路径关系	影响估计值
总效应	领导亲和力—离职倾向	−0.917
直接效应	领导亲和力—离职倾向	−0.673
间接效应	领导亲和力—工作满意度—离职倾向	−0.244

（2）路径命名法

第一步：进行输出设置

操作步骤同（1），此处不再赘述。

第二步：进行"bootstrap"设置

操作步骤同（1），此处不再赘述。

第三步：进行路径命名

双击路径，【Parameters】—【Regression weight】，将路径"领导亲和力"—"工作满意度"命名为"a"，将"工作满意度"—"离职倾向"命名为"b"，将"领导亲和力"—"离职倾向"命名为"cplus"（图 11-55），关闭选项框完成设置。

第四步：书写语句

点击屏幕最下方空白处选择【Define new estimands】，弹出输入框后对效应值进行定义，需输入下列语句：

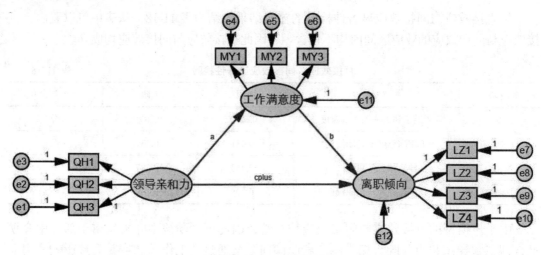

图 11-55 命名路径

IE = a*b
DE = cplus
TE = IE + DE

其中，IE 表示间接效应，DE 表示直接效应，TE 表示总效应。

输入完成后点击如图 11-56 所示的【Check Syntax】选项，若"Description"一栏中出现如图 11-57 所示"Syntax is OK."字样，则说明语句输入正确，点击关闭即可完成定义。

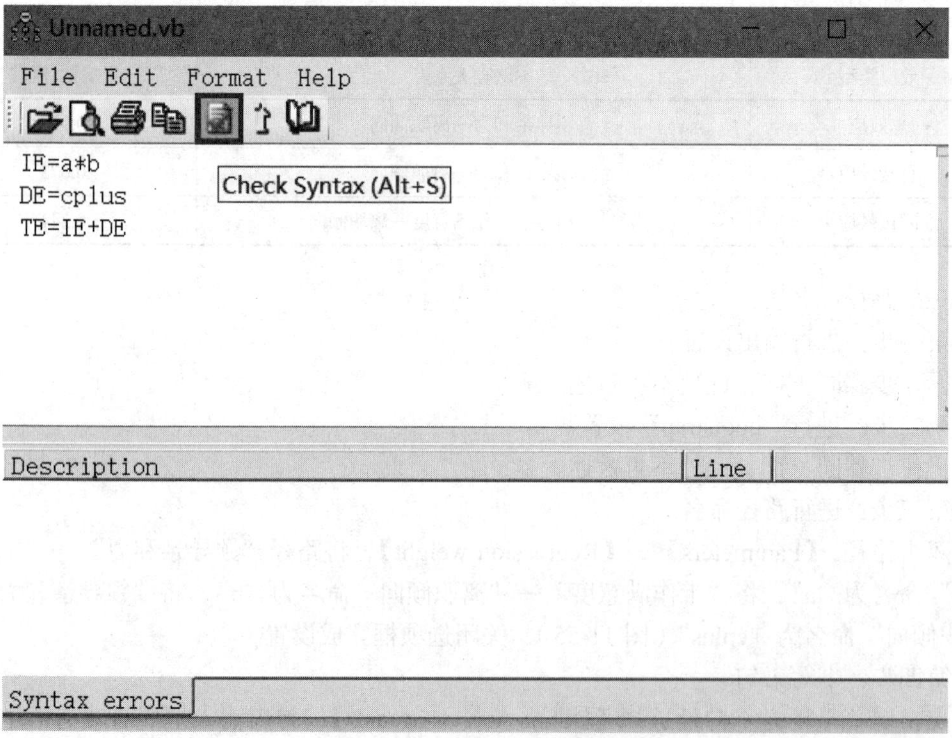

图 11-56 输入语句、检查语句

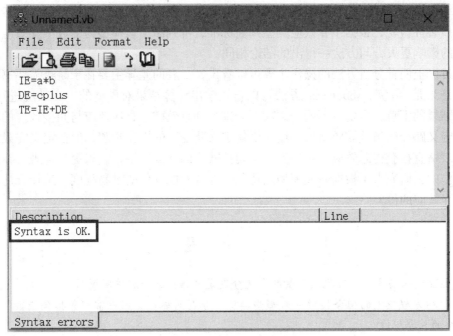

图 11-57　语句输入正确

第五步：查看计算结果

与方法一不同，利用输入语句的方法进行计算后可在输出结果中直接查看已经定义的直接效应、间接效应与总效应的汇总表格。在数据的输出结果菜单中选择【Estimates】—【User-defined estimands】，并在下方【Estimates/Bootstrap】选项中选择【Bootstrap Confidence】—【Bias-corrected percentile method】直接查看直接效应、间接效应与总效应置信区间的上下限、影响估计值与 p 值，输出结果如图 11-58 所示。

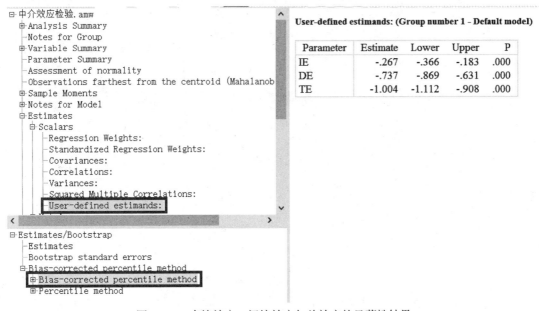

图 11-58　直接效应、间接效应与总效应的显著性结果

由结果可知，模型的总效应显著，证明中介模型成立。同时，直接效应与间接效应均通过了显著性检验，根据中介效应类型判断标准，可判断出该模型为部分中介效应，且直接效应的影响更大，与方法一得出的结论相同。

通过以上两种分析方法的操作步骤可以看出，二者的差异主要在于是否需要书写语句及数据结果是否直观。bootstrap方法可以直接输出计算结果对模型的中介效应进行判断，但缺少结果的汇总，需要在不同的选项下分别找到总效应、直接效应与间接效应的检验结果；而定义路径法虽然需要增加"输入语句定义路径"的操作步骤，但在定义完成后可通过汇总表格直接获得总效应、直接效应与间接效应的数据结果，结果更为直观。在实际的软件操作中，研究者可根据研究模型的特点，综合考虑操作的难易程度，选择合适的方法进行中介效应的检验。

思 考 题

1. 显变量、潜变量、可观测变量的含义分别是什么？并分别举例说明。
2. 结构方程模型的拟合指数分为哪些类型？分别列举各类别中常用的拟合指数，并说明它们各自的判断标准。
3. 测量模型和结构模型的区别是什么？
4. 进行结构方程模型分析的两大步骤是什么？每个步骤内都需要进行哪些具体的检验？
5. 进行共同方法偏差检验共有几种方法？分别是什么？
6. 在进行中介效应检验时，需要对哪三种效应进行检验？它们之间满足的关系是什么？

第 12 章　中介与调节效应及检验

12.1　直接、中介与调节效应

根据变量间的相互影响关系，可以将变量分为自变量、因变量、中介变量、调节变量与控制变量，以上变量是构成管理研究模型的基础。研究者需要根据理论与假设建立研究模型，并基于研究模型开展研究，而如何对变量间的关系和效应进行检验是管理研究模型的核心内容。

12.1.1　直接效应的内涵

所谓直接效应，是指自变量对因变量的直接影响，该效应通常不包含控制变量、自变量和因变量外的其他变量。如图 12-1 所示，假设企业员工的薪资福利对其生活幸福感有正向影响，这就是一个简单的直接效应模型。该模型表达的含义是：员工的生活幸福感会随着其在单位薪资福利的提高而提高，薪资福利是先发生变化的自变量，而生活幸福感是后发生变化的因变量。此时可以说，薪资福利对生活幸福感有正向的直接效应。需要注意的是，自变量发生变化的时间要在因变量发生之前，这样才能保证自变量与因变量间的关系为因果关系。

直接效应构成了管理研究中变量间最基本的关系，是开展管理实证研究的基础。

图 12-1　管理研究中的直接效应

12.1.2　中介效应（Mediating effect）

1. 中介效应的内涵

随着管理学的不断深入，研究者发现简单的直接效应无法解释所有的管理问题和现象，因为变量间的作用关系十分复杂。在此背景下，中介效应与中介变量被引入管理研究中来。一般来说，当一个变量能够在某种程度上解释自变量和因变量之间的关系时，该变量就产生了中介效应，此时可以称该变量为中介变量。中介效应可以分为部分中介效应（partial mediating effect）和完全中介效应（complete mediating effect）。

以薪资福利、工作满意度和生活幸福感组成的中介效应模型为例（图 12-2），薪资福利（自变量）与生活幸福感（因变量）之间存在因果关系，即薪资福利会正向影响生活幸福感。而工作满意度（中介变量）的引入进一步解释了自变量和因变量间的关系，即薪资福利会提高员工的工作满意度，进而提高了他们的生活幸福感。

因此，中介效应解释了变量之间为什么存在关系以及这个关系是如何发生的，换而言之，中介效应揭示了变量间关系产生的作用机制，为管理研究提供了更深层次的研究视角。

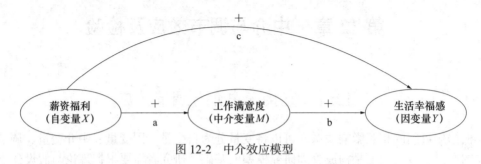

图 12-2　中介效应模型

2. 中介效应的检验

如果模型中的变量满足以下条件，即可以认为中介效应成立：（1）自变量（X）与因变量（Y）之间的因果关系成立；（2）自变量（X）可以显著解释中介变量（M）的变异；（3）中介变量（M）可以显著解释因变量（Y）的变异；（4）在引入中介变量（M）后，自变量（X）与因变量（Y）之间因果关系的显著作用减弱或者消失。Baron 与 Kenny（1986）❶ 利用统计学方法，提出了中介效应的检验条件程序，如图 12-3 所示。

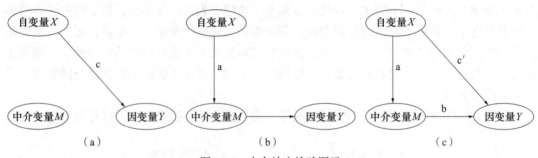

图 12-3　中介效应检验图示

1）路径 c 的回归系数 B_c 具有统计显著性。B_c 显著表明 X 对 Y 有影响，Y 的变异可以被 X 解释，对应图 12-3（a）。此时模型中并未引入 M，回归方程式如下：

$$Y_i = \alpha_c + B_c X_i + \varepsilon_i^c \tag{12-1}$$

2）路径 a 的回归系数 B_a 具有统计显著性。B_a 显著表明 X 对 M 有影响，M 的变异可以被 X 解释，对应图 12-3（b）。此时模型中引入了 M，X 与 M 的回归方程式如下：

$$M_i = \alpha_a + B_a X_i + \varepsilon_i^a \tag{12-2}$$

3）路径 b 的回归系数 B_b 具有统计显著性。B_b 显著表明 M 对 Y 有影响，Y 的变异可以被 M 解释，对应图 12-3（c）。B_b 显著说明在排除 X 之后，中介变量 M 仍然对 Y 有净影响，此时模型的回归方程式如下：

$$Y_i = \alpha_b + B_c' X_i + B_b M_i + \varepsilon_i^b \tag{12-3}$$

---

❶ 文献来源：Baron R M, Kenny D A. The moderator-mediator variable distinction in social psychological research: conceptual, strategic, and statistical considerations [J]. Journal of Personality and Social Psychology. 1986, 51(6): 1173-82.

4）引入 M 之后，若路径 c' 的回归系数 B'_c 失去统计显著性，表明 M 发挥了完全中介效应。若 B'_c 依然保持统计显著性，但其绝对值相比 B_c 变小，则表明 M 发挥了部分中介效应。

通常来说，满足以上四个条件后即可认为中介效应成立。针对部分中介效应，Mackinnon，Warsi 和 Dwyer（1995）❶经过研究发现，上述回归方程中的系数应该具有如下关系：

$$B_c - B'_c = B_a B_b \qquad (12\text{-}4)$$

12.1.3 调节效应（Moderating effect）

1. 调节效应的内涵

如果说中介变量解释了因果关系的"为什么会这样发生"的问题，那么调节效应则回答了"在什么样的情况下（更容易或更难）发生因果关系"的问题。在模型中，当某变量可以影响自变量与因变量之间关系的方向或强度时（即回归方程斜率的大小和方向变化），可认为产生了调节效应，该变量就被称为调节变量。

以包容型领导（自变量）、组织承诺（调节变量）和建言行为（因变量）建立调节效应模型为例（图12-4），包容型领导（自变量）与建言行为（因变量）存在因果关系，即包容型领导正向影响建言行为。而组织承诺调节了两者之间的关系，具体表现为当组织承诺较高时，包容型领导对建言行为的正向影响得到增强；反之，当组织承诺水平较低时，包容型领导对建言行为的正向影响会减弱。因此可以认为组织承诺促进了自变量与因变量间的正向关系。

调节效应的意义在于明确了自变量与因变量因果关系的边界条件，揭示了变量因果关系的适用范围。

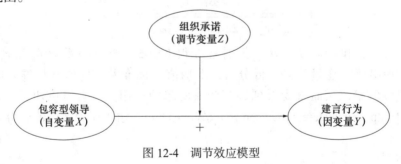

图 12-4　调节效应模型

2. 调节效应的检验

由于调节效应无法用变量间的因果关系来验证，科学家们引入了交互项（自变量 $X\times$ 调节变量 Z）进行调节效应的检验，如图 12-5 所示。当交互项对因变量的影响显著时，可以证明调节效应是存在的。

调节效应可以通过下面的回归方程进行分析：

$$Y_i = \alpha + B_a X_i + B_b Z_i + B_c X_i Z_i + \varepsilon_i \qquad (12\text{-}5)$$

---

❶ 文献来源：Mackinnon D P, Warsi G, Dwyer J H. A Simulation Study of Mediated Effect Measures [J]. Multivariate Behavioral Research, 1995, 30(3):41-62.

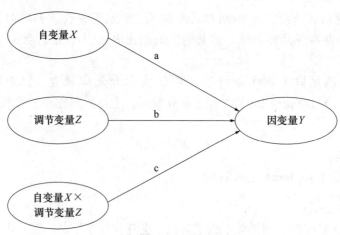

图 12-5 调节效应路径检验图

如果回归系数 B_c 显著,就表示调节效应显著。为进一步揭示调节效应的作用,需要进行简单斜率检验。当调节效应显著时,通常将方程(12-5)重写为如下形式:

$$Y_i = \alpha + B_b Z_i + (B_a + B_c Z_i) X_i + \varepsilon_i \tag{12-6}$$

其中 $B_a + B_c Z_i$ 表示简单斜率(simple slope),反映了自变量 X 与因变量 Y 之间的关系是如何受到调节变量 Z 调节的。研究者通常采用选点法(pick-a-point approach)与 Johnson-Neyman 法(简称 J-N 法)进行简单斜率检验。

(1)选点法

选点法即固定调节变量 Z 的若干参数,如均值、均值 ± 标准差等,然后利用 t 统计量检验 $B_a + B_c Z_i$ 的显著性。

$$t = \frac{B_a + B_c Z_i}{\sqrt{se_{B_a}^2 + 2Z_i cov(B_a, B_c) + Z_i^2 se_{B_c}^2}} \tag{12-7}$$

其中 se_{B_a}、se_{B_c} 和 $cov(B_a, B_c)$ 分别是方程(12-5)的回归系数 B_a 和 B_c 的标准误和协方差,画出调节变量为高、低分组,即均值+标准差、均值-标准差的水平下 Y 对 X 的回归线斜率,从而直观看到调节变量所起的作用。读者可以使用 2-way_linear_interactions(http://www.jeremydawson.co.uk/slopes.htm)输入相关参数值后得到简单斜率检验图。

(2)J-N 法

J-N 法是对方程(12-7)进行求解,即固定 t 值等于正态分布的显著性临界值(即简单斜率 $B_a + B_c Z_i$ 的显著性检验 p 值刚好等于 0.05),得到两个解 $\hat{Z}$(即 JZ_{Z_1} 和 JZ_{Z_2},$JZ_{Z_1} < JZ_{Z_2}$)。此时由 JZ_{Z_1}、JZ_{Z_2}、Z 的最小值 Z_{min} 和最大值 Z_{max} 可以得出 $B_a + B_c Z_i$ 的显著性不为 0 的 Z 的取值区间。以调节变量为横轴、以简单斜率为纵轴建立坐标系,观察简单斜率在 95% 的置信区间内的变化情况即可以观察调节效应的变化情况,当置信区间不包括 0 时,说明调节效应是显著的。读者可以在 SPSS、SAS、Mplus 软件上进行 J-N 法检验的计算,并利用 R 语言、Excel 工具实现绘图❶。

---

❶ 可参考 http://www.quantpsy.org/interact/mlr2.htm

相比之下，选点法能够更直观地观察到调节变量在一个因果关系中发挥的边界作用，而 J-N 法更适合从宏观的角度观察调节效应得到的显著性。选点法进行简单斜率检验使用较广，连续变量、类别变量均可以运用选点法，而 J-N 法只适用于连续变量进行简单斜率检验。

对于选点法和 J-N 法的观察与应用，将在本章 12.2.1 和 12.3.3 中进行详细介绍。

12.2　效应检验软件操作

12.2.1　SPSS 软件操作

SPSS（Statistical Product and Service Solutions）中文全名为社会学统计软件包，是目前应用最广的专业统计软件之一，以推理严谨、操作简易、结论可靠等特点深受科学研究者喜爱。使用 SPSS 进行数据分析只需要进行软件的菜单选择、对话框填写和按钮选择等简单操作即可完成，对编程的要求较小，因此 SPSS 是非专业统计人员使用最为广泛的统计分析软件。

在使用 SPSS 软件进行直接、中介和调节效应检验时，使用的是"分层回归分析法"（hierarchal regression analysis）。分层回归分析法是一种可以探索一个因变量和几个自变量之间的关系的统计方法，输入的因变量必须为连续变量，自变量既可以是连续变量也可以是类别变量。在分层回归中，控制变量、自变量、中介变量和调节变量等变量不能同时输入回归中，而是需要将各变量按照一定的顺序分步输入回归中，以获取不同的回归方程模型，并得到相应的参数指标，包括 R^2、$Adjusted\ R^2$、ΔR^2、F 值和标准化系数 $Beta$（即 β）等。

本章将以 SPSS24.0 版本为例，采取分层回归分析法，针对实证研究中的直接效应、中介效应和调节效应进行检验。

1. 直接效应检验

本节以薪资福利与生活幸福感的直接效应模型为例（图 12-1），介绍直接效应检验的操作步骤。

对某企业的员工进行调查，收集员工关于薪资福利（自变量 X，缩写"CW"）和生活幸福感（因变量 Y，缩写"LH"）的数据，并设置年龄和学历作为控制变量，通过 Likert-5 量表获得了 213 份数据信息，如图 12-6 所示。

第一步：计算各变量均值。由于在管理研究中，各变量的测度是通过测量多个指标来实现的（如薪资福利和生活幸福感就各有 5 个测量指标进行测度），因此在进行回归分析之前需要计算各变量测量指标数据的均值，作为输入回归模型的变量值。点击【转换】、【计算变量】，输入公式 LH =（LH1 + LH2 + LH3 + LH4 + LH5）/5 得到变量生活幸福感的均值，如图 12-7 所示，在 SPSS 软件分析中，除了控制变量，其他变量均需要进行以上步骤。

第二步：执行分层回归分析。点击菜单中的【分析】，选择【回归】中的【线性】，如图 12-8 所示。

图 12-6 数据输入

	年龄	学历	CW1	CW2	CW3	CW4	CW5	LH1	
1	2	5	5	5	5	4	4	5	3
2	2	5	4	4	4	4	4	4	5
3	2	5	4	5	3	4	4	4	5
4	2	3	4	5	4	5	4	4	5
5	2	2	3	4	4	5	4	4	5
6	4	3	5	4	5	5	4	4	3
7	4	4	4	4	4	5	5	3	4
8	4	2	4	5	4	4	4	4	5
9	2	4	5	5	4	5	5	5	4
10	4	2	2	2	2	2	2	5	4
11	3	2	3	4	5	4	5	3	5
12	4	2	5	3	5	5	4	5	4
13	5	1	5	5	5	5	3	5	5
14	2	2	1	2	3	2	1	3	5
15	4	1	5	5	5	5	4	4	5
16	4	3	4	4	5	5	4	5	4
17	2	3	4	4	5	5	4	5	5
18	4	2	5	5	4	4	5	4	4

图 12-6 数据输入

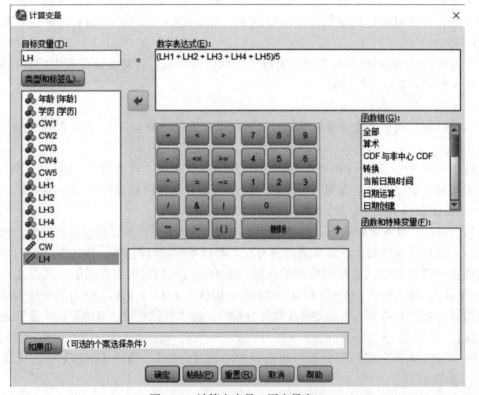

图 12-7 计算自变量、因变量窗口

图 12-8　直接效应线性回归分析选择图

进入【线性回归】对话框，如图 12-9 所示。选取"LH"为因变量，第一步输入控制变量"年龄"和"学历"，点击下一个，输入"CW"为自变量。点击【统计】进入【线性回归：统计】对话框，如图 12-10 所示，在默认选项基础上，勾选【R方变化量】和【置信区间】之后，点击【继续】，在【线性回归】对话框再点击【确定】进行分析。

第三步：结果分析。分层回归分析得到结果如图 12-11 所示，需要对包括 R^2、Adjusted R^2、ΔR^2、F 值和标准化系数 Beta（即 β）等分析结果进行总结，并将分析结果总结为表 12-1。

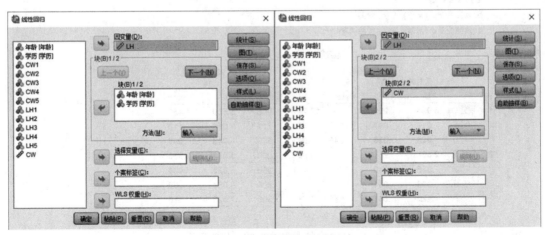

图 12-9　分层回归对话框

第 12 章 中介与调节效应及检验

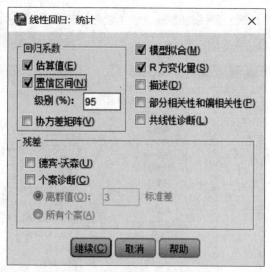

图 12-10 分层回归：统计对话框

模型摘要

模型	R	R方	调整后 R方	标准估算的误差	R方变化量	更改统计			
						F 变化量	自由度 1	自由度 2	显著性 F 变化量
1	.049ª	.002	-.007	.62004	.002	.251	2	210	.778
2	.526ᵇ	.277	.267	.52905	.275	79.443	1	209	.000

a. 预测变量: (常量), 学历, 年龄
b. 预测变量: (常量), 学历, 年龄, CW

ANOVAª

模型		平方和	自由度	均方	F	显著性
1	回归	.193	2	.096	.251	.778ᵇ
	残差	80.734	210	.384		
	总计	80.927	212			
2	回归	22.429	3	7.476	26.711	.000ᶜ
	残差	58.498	209	.280		
	总计	80.927	212			

a. 因变量: LH
b. 预测变量: (常量), 学历, 年龄
c. 预测变量: (常量), 学历, 年龄, CW

系数ª

模型		未标准化系数		标准化系数	t	显著性	B 的 95.0% 置信区间	
		B	标准误差	Beta			下限	上限
1	(常量)	3.994	.225		17.747	.000	3.550	4.438
	年龄	.017	.047	.026	.371	.711	-.075	.110
	学历	.024	.036	.046	.661	.509	-.048	.096
2	(常量)	2.362	.265		8.900	.000	1.839	2.885
	年龄	.006	.040	.008	.141	.888	-.073	.084
	学历	.008	.031	.015	.245	.806	-.054	.069
	CW	.422	.047	.525	8.913	.000	.329	.516

a. 因变量: LH

图 12-11 直接效应回归分析结果图

直接效应分层回归分析结果 表 12-1

变量	生活幸福感	
	M1	M2
年龄	0.026	0.008
学历	0.046	0.015
薪资福利		0.525***
R^2	0.002	0.277
Adjusted R^2	-0.007	0.267
ΔR^2	0.002	0.275***
F	0.251	26.711***

注：* $p<0.05$，** $p<0.01$，*** $p<0.001$，下同

观察表 12-1，M1（Model 1 缩写，下同）模型说明，控制变量与因变量之间不存在因果关系，因为它们与因变量生活幸福感之间的标准化系数 Beta 并不具有显著性（$\beta_{年龄}=0.026$，$p>0.05$；$\beta_{学历}=0.046$，$p>0.05$）。模型 M2 中，回归模型加入自变量之后，薪资福利解释生活幸福感的变异比例为 0.277（$R^2=0.277$）；在去除样本数量的影响后薪资福利解释生活幸福感的变异比例为 0.267（Adjusted $R^2=0.267$）；回归模型的总体显著性良好（$F=26.711$，$p<0.001$），自变量薪资福利与因变量生活幸福感之间的标准化系数 Beta 为 0.525，显著性通过了检验（$p<0.001$），证明自变量薪资福利和因变量生活幸福感之间存在正向直接效应，薪资福利对生活幸福感的直接效应得到了验证。

2. 中介效应检验

本节以薪资福利、工作满意度和生活幸福感构成的中介效应模型为例（如图 12-2），介绍中介效应检验的操作步骤。

对某企业的员工进行调查，收集员工关于薪资福利（自变量 X，缩写"CW"）、生活幸福感（因变量 Y，缩写"LH"）和工作满意度（中介变量 M，缩写"WS"）的数据，以年龄和学历作为控制变量，通过 Likert-5 量表，获得了 213 份数据信息，如图 12-12 所示。

第一步：计算各变量的均值。点击【转换】，【计算变量】，计算出各个变量的均值作为变量的计算值，并进行命名。

第二步：执行分层回归模型分析。点击菜单中的【分析】，选择【回归】中的【线性】，打开线性回归窗口，如图 12-13 所示。

在线性回归窗口，需要按顺序将各个变量输入到回归模型中（下同）。因变量填入"LH"，在自变量栏，首先，放入各个控制变量，即"年龄"和"学历"；其次，点击【下一个】，放入自变量"CW"；最后，点击【下一个】，放入中介变量"WS"，如图 12-14 所示。点击右上角的【统计】，进入【统计选项】窗口，如图 12-15 所示，在默认选项的基础上，勾选【R方变化量】和【置信区间】后，点击【继续】进行分层线性回归进行计算，得到如图 12-16 和图 12-17 所示的分析结果。

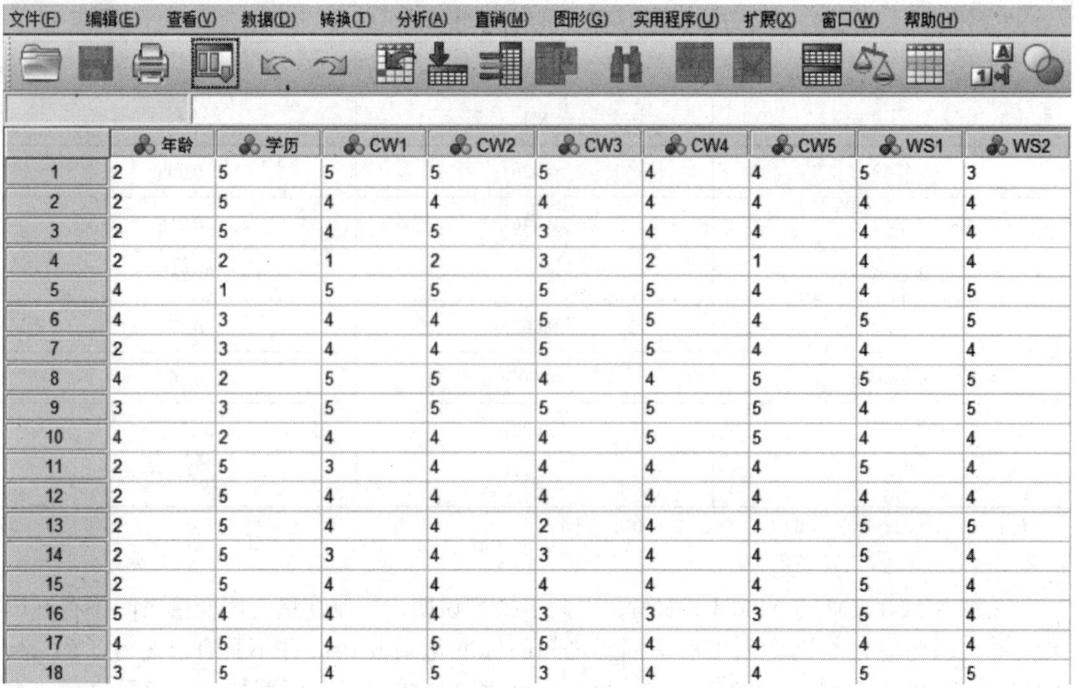

	年龄	学历	CW1	CW2	CW3	CW4	CW5	WS1	WS2
1	2	5	5	5	5	4	4	5	3
2	2	5	4	4	4	4	4	4	4
3	2	5	4	5	3	4	4	4	4
4	2	2	1	2	3	2	1	4	4
5	4	1	5	5	5	5	4	4	5
6	4	3	4	4	5	5	4	5	5
7	2	3	4	4	5	5	4	4	4
8	4	2	5	5	4	4	5	5	5
9	3	3	5	5	5	5	5	4	5
10	4	2	4	4	4	5	5	4	4
11	2	5	3	4	4	4	4	5	4
12	2	5	4	4	4	4	4	4	4
13	2	5	4	4	2	4	4	5	5
14	2	5	3	4	3	4	4	5	4
15	2	5	4	4	4	4	4	5	4
16	5	4	4	4	3	3	3	5	4
17	4	5	4	5	5	4	4	4	4
18	3	5	4	5	3	4	4	5	5

图 12-12　中介效应数据输入图

图 12-13　中介效应分层回归分析选择图

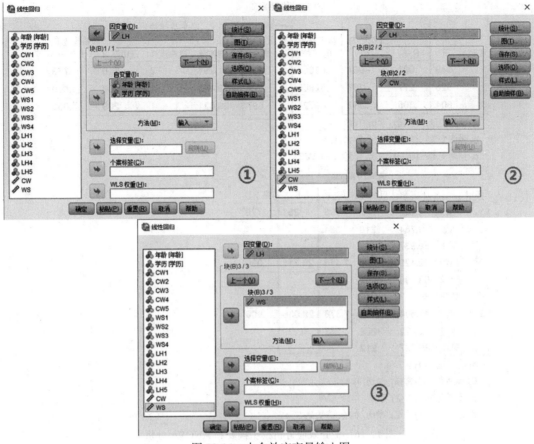

图 12-14 中介效应变量输入图

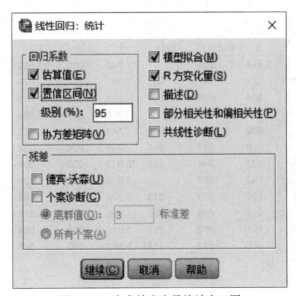

图 12-15 中介效应变量统计窗口图

第 12 章 中介与调节效应及检验

模型摘要

模型	R	R 方	调整后 R 方	标准估算的误差	R 方变化量	F 变化量	自由度 1	自由度 2	显著性 F 变化量
1	.049ᵃ	.002	-.007	.62004	.002	.251	2	210	.778
2	.526ᵇ	.277	.267	.52905	.275	79.443	1	209	.000
3	.604ᶜ	.365	.352	.49721	.087	28.621	1	208	.000

a. 预测变量：(常量), 学历, 年龄
b. 预测变量：(常量), 学历, 年龄, CW
c. 预测变量：(常量), 学历, 年龄, CW, WS

ANOVAᵃ

模型		平方和	自由度	均方	F	显著性
1	回归	.193	2	.096	.251	.778ᵇ
	残差	80.734	210	.384		
	总计	80.927	212			
2	回归	22.429	3	7.476	26.711	.000ᶜ
	残差	58.498	209	.280		
	总计	80.927	212			
3	回归	29.504	4	7.376	29.836	.000ᵈ
	残差	51.422	208	.247		
	总计	80.927	212			

a. 因变量：LH
b. 预测变量：(常量), 学历, 年龄
c. 预测变量：(常量), 学历, 年龄, CW
d. 预测变量：(常量), 学历, 年龄, CW, WS

图 12-16 中介效应分析模型摘要和 ANOVA 分析

系数ᵃ

模型		未标准化系数 B	标准误差	标准化系数 Beta	t	显著性	B 的 95.0% 置信区间 下限	上限
1	(常量)	3.994	.225		17.747	.000	3.550	4.438
	年龄	.017	.047	.026	.371	.711	-.075	.110
	学历	.024	.036	.046	.661	.509	-.048	.096
2	(常量)	2.362	.265		8.900	.000	1.839	2.885
	年龄	.006	.040	.008	.141	.888	-.073	.084
	学历	.008	.031	.015	.245	.806	-.054	.069
	CW	.422	.047	.525	8.913	.000	.329	.516
3	(常量)	1.852	.267		6.939	.000	1.326	2.379
	年龄	-.009	.038	-.013	-.239	.811	-.083	.065
	学历	-.014	.030	-.027	-.468	.640	-.072	.044
	CW	.191	.062	.237	3.070	.002	.068	.313
	WS	.385	.072	.417	5.350	.000	.243	.526

a. 因变量：LH

图 12-17 中介效应分析系数

第三步：结果分析。与直接效应分析一致，对所需的数据进行总结得到分析结果。在分析结果中，通过将各个模型的结果集中对比，得到表 12-2。观察模型 M1，控制变量与

因变量间不存在因果关系（$\beta_{年龄}=0.026$，$p>0.05$；$\beta_{学历}=0.046$，$p>0.05$）。观察模型 M2，加入自变量之后，回归模型解释因变量生活幸福感的变异比例为 0.277（$R^2=0.277$）；在去除样本数量的影响后回归模型解释因变量生活幸福感的变异比例为 0.267（$Adjusted\ R^2=0.267$）；回归模型的总体显著性良好（$F=26.711$，$p<0.001$），并可知自变量薪资福利与因变量生活幸福感的标准化系数 β_c 为 0.525，具有统计显著性（$p<0.001$），证明了自变量与因变量间的直接效应。观察模型 M3，同时加入自变量和中介变量之后，回归模型解释因变量生活幸福感的变异比例为 0.365（$R^2=0.365$）；在去除样本数量的影响后回归模型解释因变量生活幸福感的变异比例为 0.352（$Adjusted\ R^2=0.352$）；回归模型的总体显著性也良好（$F=29.836$，$p<0.001$），模型 M3 整体的拟合度更大于模型 M2，显著性更优，且中介变量与因变量之间标准化系数 β_b 为 0.417（$p<0.001$），自变量与因变量间的标准化系数 β'_c 减少为 0.237，依然具有显著性（$p<0.01$），因此可以说明工作满意度发挥了部分中介效应。薪资福利对工作满意度的效应检验可参照直接效应检验步骤，此处省略。

中介效应分层回归分析结果　　　　　　　　　　　　表 12-2

变量	生活幸福感		
	M1	M2	M3
年龄	0.026	0.008	−0.013
学历	0.046	0.015	−0.027
薪资福利		0.525***	0.237**
工作满意度			0.417***
R^2	0.002	0.277	0.365
$Adjusted\ R^2$	−0.007	0.267	0.352
ΔR^2	0.002	0.275***	0.087***
F	0.251	26.711***	29.836***

3. 调节效应检验

本节以包容型领导、组织承诺和建言行为构成的调节模型为例（如图 12-4），介绍调节效应检验的软件操作步骤。

对某企业的包容型领导（自变量 X，缩写"IL"）、组织承诺（调节变量 Z，缩写"OC"）和建言行为（因变量 Y，缩写"VB"）进行调查，同样将年龄和学历作为控制变量，通过 Likert-5 量表，共获取了 220 份数据，见图 12-18。

第一步，计算各变量和交互项。在利用分层回归验证调节效应时，模型中的自变量、调节变量和交互项均需要进行中心化处理，而因变量不需要中心化处理[1]。首先，点击【转换】、【计算变量】，计算出各个变量的均值，将自变量、调节变量和因变量分别命名为 IL_1、OC_1 和 VB；其次，对上一步计算得到的自变量 IL_1 和调节变量 OC_1 计算样本均值，点击【数据】栏下的【汇总】，进入汇总数据窗口，将 IL_1 和 OC_1 选入【变量摘要】中，点击【确定】，得到样本均值数据"IL_1_mean"和"OC_1_mean"，见图 12-19；最后，

---

[1] Dawson J F. Moderation in Management Research: What, Why, When, and How[J]. Journal of Business and Psychology, 2013, 29(1): 1-19.

进行自变量、调节变量和交互项中心化处理的计算，因此需要再次用到【转换】—【计算变量】功能，在【目标变量】处进行命名，在【数字表达式处】分别输入中心化处理的公式，令“IL＝IL_1－IL_1_mean”，点击【确定】，得到自变量IL，如图12-20所示。同理，输入“OC＝OC_1－OC_1_mean”得到调节变量OC，输入“IL×OC＝IL*OC”得到交互项IL×OC。

	年龄	学历	IL1	IL2	IL3	IL4	IL5	IL6	OC1
1	2	5	3	4	5	4	5	5	5
2	2	5	4	4	5	5	5	5	4
3	2	5	4	4	5	4	5	5	4
4	2	3	5	4	3	3	4	3	5
5	2	2	3	3	4	4	5	5	4
6	4	3	2	1	2	2	1	3	2
7	4	4	5	4	5	5	4	5	4
8	4	2	4	5	5	4	4	5	4
9	2	4	5	4	3	3	4	3	5
10	4	2	3	1	1	2	2	1	4
11	3	2	4	5	5	4	5	4	3
12	2	2	4	4	3	4	5	5	5
13	5	1	5	4	4	5	3	4	5
14	2	2	5	4	4	4	4	5	5
15	4	1	5	4	4	5	3	4	5
16	4	3	5	4	4	4	5	4	4

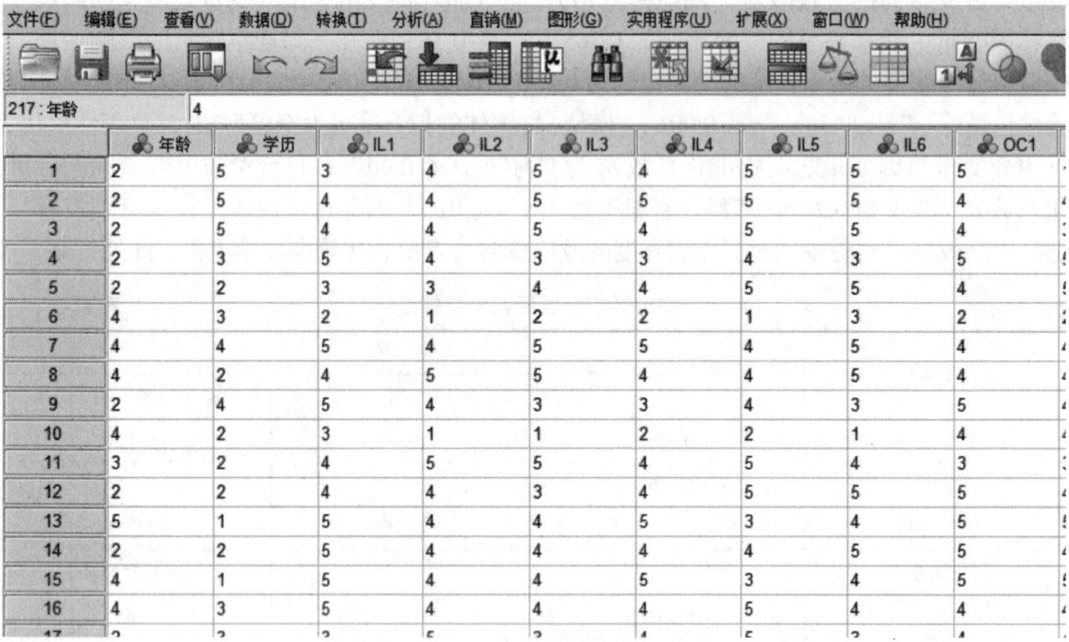

图 12-18　调节效应数据输入图

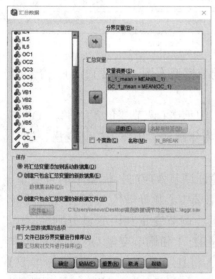

图 12-19　变量的样本均值计算

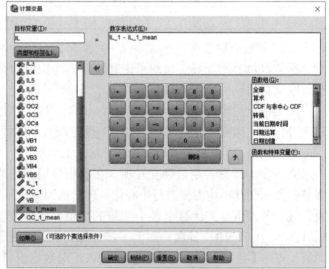

图 12-20　变量中心化处理

第二步：执行分层回归分析。点击【分析】,【回归】，选择【线性】。因变量选择VB，自变量栏，首先，选择控制变量“年龄”与“学历”；其次，点击【下一个】，选择自变量 IL 与调节变量 OC；最后，点击【下一个】，选择交互项"IL×OC"，见图 12-21。点击【统计】，在默认选项的基础上，勾选【置信区间】和【R 方变化量】，点击【继续】，点击【确定】，得到回归分析结果如图 12-22 和图 12-23 所示。

第三步：结果分析。与直接效应分析和中介效应分析一致，对所需数据进行总结得到分析结果，并将各个模型的结果集中对比，得到表 12-3。观察模型 M1，控制变量年龄与因变量间不存在因果关系（$\beta_{年龄} = 0.067$，$p > 0.05$；$\beta_{学历} = 0.091$，$p > 0.05$）。观察模型 M2，加入自变量与调节变量之后，回归模型解释因变量建言行为的变异比例为 0.427（$R^2 = 0.427$）；在去除样本数量的影响后回归模型解释因变量建言行为的变异比例为 0.417（$Adjusted\ R^2 = 0.417$）；回归模型的总体显著性良好（$F = 40.086$，$p < 0.001$），并且自变量包容型领导与因变量建言行为的标准化系数 β_a 为 0.223，具有统计显著性（$p < 0.01$），证明了自变量与因变量间的正向直接效应。观察模型 M3，加入交互项之后，回归模型解释因变量建言行为的变异比例为 0.494（$R^2 = 0.494$）；在去除样本数量的影响后回归模型解释因变量建言行为的变异比例为 0.483（$Adjusted\ R^2 = 0.483$）；回归模型的总体显著性良好（$F = 41.848$，$p < 0.001$），并且交互项与因变量离职倾向的标准化系数 β_c 为 0.279，具有统计显著性（$p < 0.001$），说明组织承诺调节了包容型领导与建言行为间的正向因果关系。

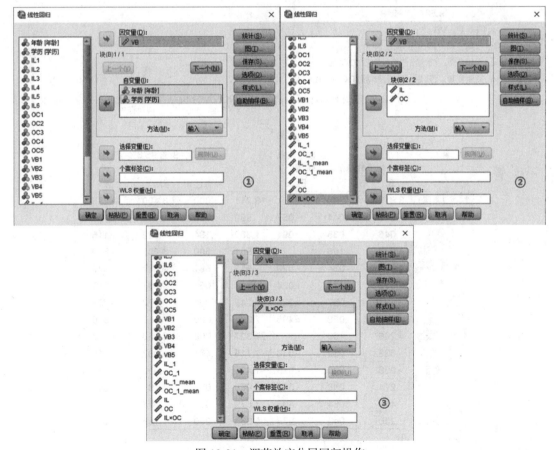

图 12-21 调节效应分层回归操作

第 12 章 中介与调节效应及检验

模型摘要

模型	R	R方	调整后 R方	标准估算的误差	更改统计			
					R方变化量	F 变化量	自由度1	自由度2	显著性 F 变化量
1	.105ª	.011	.002	.60224	.011	1.217	2	217	.298
2	.654ᵇ	.427	.417	.46048	.416	78.090	2	215	.000
3	.703ᶜ	.494	.483	.43364	.067	28.437	1	214	.000

a. 预测变量: (常量), 学历, 年龄
b. 预测变量: (常量), 学历, 年龄, OC, IL
c. 预测变量: (常量), 学历, 年龄, OC, IL, IL×OC

ANOVAª

模型		平方和	自由度	均方	F	显著性
1	回归	.883	2	.441	1.217	.298ᵇ
	残差	78.705	217	.363		
	总计	79.587	219			
2	回归	33.999	4	8.500	40.086	.000ᶜ
	残差	45.589	215	.212		
	总计	79.587	219			
3	回归	39.346	5	7.869	41.848	.000ᵈ
	残差	40.241	214	.188		
	总计	79.587	219			

a. 因变量: VB
b. 预测变量: (常量), 学历, 年龄
c. 预测变量: (常量), 学历, 年龄, OC, IL
d. 预测变量: (常量), 学历, 年龄, OC, IL, IL×OC

图 12-22 调节效应模型摘要和 ANOVA 分析结果

系数ª

模型		未标准化系数		标准化系数	t	显著性	B 的 95.0% 置信区间	
		B	标准误差	Beta			下限	上限
1	(常量)	3.813	.209		18.211	.000	3.400	4.226
	年龄	.043	.044	.067	.980	.328	-.044	.131
	学历	.046	.035	.091	1.332	.184	-.022	.115
2	(常量)	4.232	.166		25.551	.000	3.906	4.559
	年龄	-.019	.034	-.029	-.553	.581	-.087	.049
	学历	-.012	.028	-.024	-.449	.654	-.067	.042
	IL	.184	.057	.223	3.242	.001	.072	.296
	OC	.426	.058	.495	7.367	.000	.312	.540
3	(常量)	4.266	.156		27.327	.000	3.958	4.573
	年龄	-.023	.032	-.036	-.719	.473	-.087	.040
	学历	-.038	.026	-.075	-1.453	.148	-.090	.014
	IL	.274	.056	.333	4.886	.000	.164	.385
	OC	.418	.054	.486	7.677	.000	.311	.526
	IL×OC	.230	.043	.279	5.333	.000	.145	.315

a. 因变量: VB

图 12-23 调节效应模型分析系数

表 12-3　调节效应分层回归分析结果

变量	建言行为		
	M1	M2	M3
年龄	0.067	−0.029	−0.036
学历	0.091	−0.024	−0.075
包容型领导		0.223**	0.333***
组织承诺		0.495***	0.486***
包容型领导 × 组织承诺			0.279***
R^2	0.011	0.427	0.494
Adjusted R^2	0.002	0.417	0.483
ΔR^2	0.011	0.416***	0.067***
F	1.217	40.086***	41.848***

第四步：简单斜率检测。为更直观地展示调节效应，本案例使用选点法进行简单斜率检测。根据图 12-23 中模型 M3 的非标准化系数和截距项，在 2-way_linear_interactions 中输入相关的参数（由于数据经过了中心化处理，【Means/SDs of variables】的数值保持默认即可），得到检测结果见图 12-24。观察发现高低不同分组的条件下，直线的斜率发生了变化，具体而言，当组织承诺较高时，直线的斜率更大（绝对值），这也就意味着组织承诺较好时，自变量包容型领导对因变量建言行为的正向影响更大；反之，当组织承诺较差时，自变量包容型领导对因变量建言行为的正向影响更小，进一步说明调节变量组织承诺促进了包容型领导和建言行为间的正向关系。

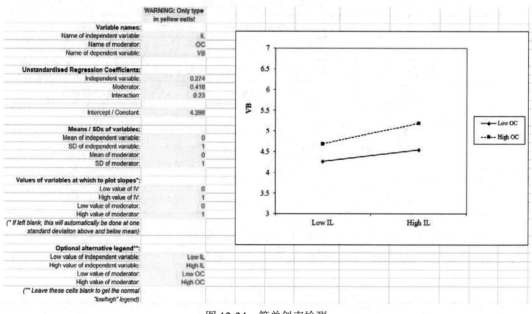

图 12-24　简单斜率检测

12.2.2 SmartPLS 软件操作检验分析

SmartPLS 是目前进行结构方程模型分析的主流软件之一，在管理学、市场营销、信息系统等领域应用广泛。其原理是采用偏最小二乘法（partial least square）进行统计分析。相比于 SPSS 采用的分层回归分析法，SmartPLS 的优点是适用于小样本，非正态分布数据分析，并且实现了强大的测量模型检验功能，擅长更加复杂的模型分析（如调节效应，有调节的中介效应等）。值得注意的是，除了必要的效度和信度检验外，SmartPLS 还需要对建立的结构模型进行有效性检验。本节将首先介绍有效性检验，再利用 SmartPLS 对中介效应和调节效应的检验分析进行介绍。

1. 结构模型有效性检验

结构模型有效性的判定指标包括决定系数 R^2、预测相关性系数 Q^2、模型拟合优度系数 GoF 和效应值 f^2。

决定系数 R^2 是观测变量多重相关系数的平方值，表示内生潜变量被外生潜变量解释的程度，R^2 越大，内生潜变量被外生潜变量解释的力度越大，结构模型的效度越好。

预测相关性系数 Q^2 用于评价模型对特定构念的预测相关性，当 $Q^2 > 0$ 时，说明模型对特定构念具有一定的预测性，Q^2 越大，模型对特定构念的预测相关性越好。

GoF（goodness of fit，GoF）是整体模型的适配度指标，其计算如公式（12-8）所示。其中 $Communality$ 是指模型的共性方差系数，表示所有观测变量的方差可以被潜变量解释的程度，用于评价测量模型的适配度。所以，GoF 是综合计算了测量模型的适配度和结构模型的适配度来反映整体模型的适配度。

$$GoF = \sqrt{\overline{Communality} * \overline{R^2}} \qquad (12\text{-}8)$$

具体的指标判定参数如表 12-4 所示。

结构模型有效性检验参数　　　　表 12-4

指标	参数范围	判定结果
决定系数 R^2	$0.26 < R^2 \leqslant 1.00$	解释力度较强
	$0.13 < R^2 \leqslant 0.26$	解释力度中等
	$0.02 < R^2 \leqslant 0.13$	解释力度较弱
预测相关性系数 Q^2	$Q^2 > 0$	预测相关性较好
	$Q^2 \leqslant 0$	预测相关性较差
模型拟合优度系数 GoF	$0.36 < GoF \leqslant 1.00$	适配度较好
	$0.25 < GoF \leqslant 0.36$	适配度一般
	$0.10 < GoF \leqslant 0.25$	适配度较差

效应值（effect size）f^2 反映了模型中每个自变量解释内生潜变量的强度。针对 f^2 的判定，Cohen[1] 提出了效应值判定的标准（见表 12-5），如果 f^2 小于 0.02，说明没有通过评价。

---

[1] 文献来源：Cohen J. The Effect Size Index: Statistical Power Analysis for the Behavioral Sciences [J]. Abingdon: Routledge, 1988: 77-83.

表 12-5 效应值评价参数

指标	参数范围	判定结果
效应值 f^2	$0.35 \leqslant f^2 \leqslant 1.00$	效应值较强
	$0.15 \leqslant f^2 < 0.35$	效应值中等
	$0.02 \leqslant f^2 < 0.15$	效应值较弱

2. 中介效应检验

SmartPLS 只能识别格式为 csv（.csv）的数据文件，因此将 12.2.1 中介效应模型中变量的数据转为 csv 格式导入 SmartPLS 中，并新建【新项目】，如图 12-25 所示。

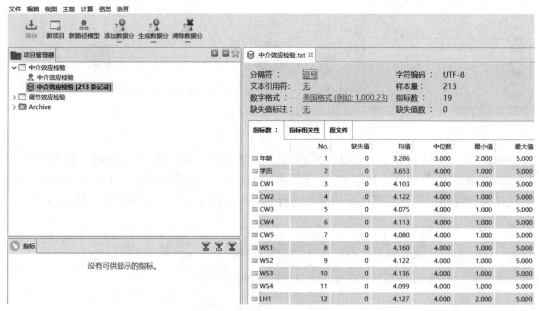

图 12-25　SmartPLS 数据导入

第一步：构建中介效应模型。SmartPLS 的模型构建可以实现可视化操作。双击图 12-26 中所示位置，新建并定义新模型。

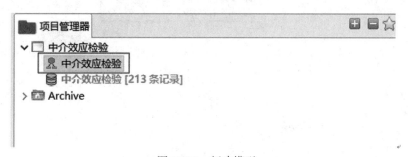

图 12-26　新建模型

点击【潜变量】，在窗口中构建潜变量框，右键点击潜变量框进行【重命名】，从左下角的【指标】栏中拖动指标至相应的潜变量框。点击【连接】根据中介模型中变量间的关系进行连接，完成中介效应模型的构建（一个潜变量可以对应多个指标），如图 12-27 所示。

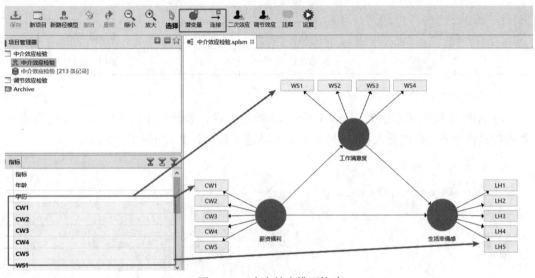

图 12-27　中介效应模型构建

第二步：执行运算。根据建立的模型，分别进行 PLS、Bootstrapping（自助法）和 Blindfolding 算法[1] 运算。如图 12-28 至图 12-33 所示，进行软件操作。其中，Blindfolding 算法结果保存图示略。需要注意的是在进行 Bootstrapping 运算时，将子样本修改为 5000。

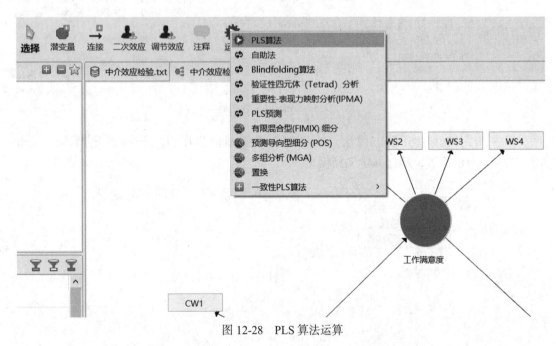

图 12-28　PLS 算法运算

---

[1] 在进行 Blindfolding 算法时，要设置"省略距离"值，建议为 5~12 间的整数，并且保证样本总数不是"省略距离"的整数倍，否则将无法进行 Blindfolding 运算。

12.2 效应检验软件操作

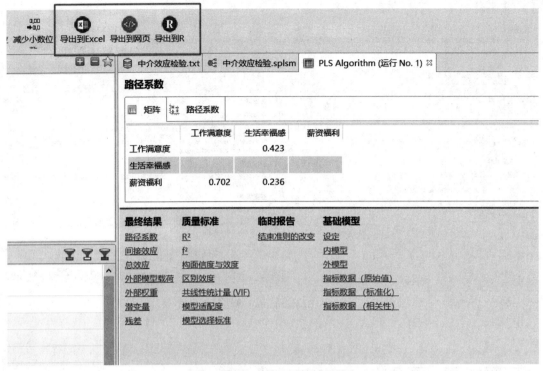

图 12-29　PLS 算法运算结果导出

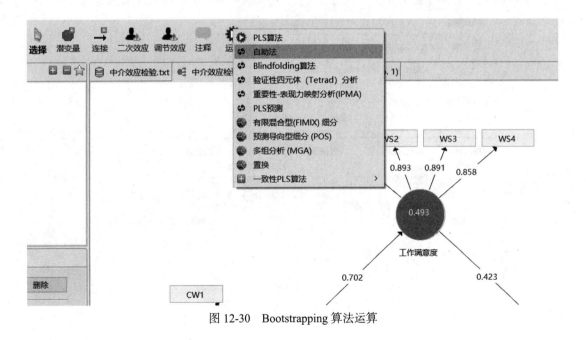

图 12-30　Bootstrapping 算法运算

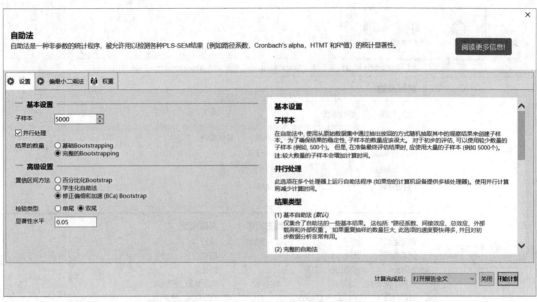

图 12-31　Bootstrapping 算法运算设置

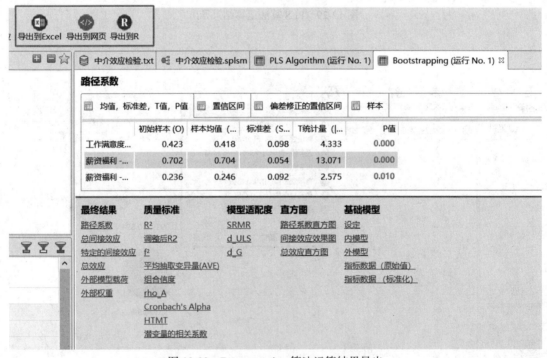

图 12-32　Bootstrapping 算法运算结果导出

12.2 效应检验软件操作

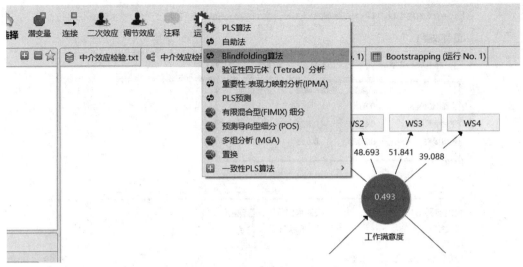

图 12-33　Blindfolding 算法运算

第三步：信度与效度检验。如图 12-34 所示，在 PLS 算法运算结果中点击【构面信度与效度】即可获得组合信度 CR，Cronbach's α 以及平均方差提取值 AVE 值。点击【区别效度】，即可获得该模型中各变量间的相关系数（图 12-35），从而进行区分效度检验。读者可根据本书第四章提供的判定方法进行信度与效度检验。本案例的信度与效度均通过了检验。

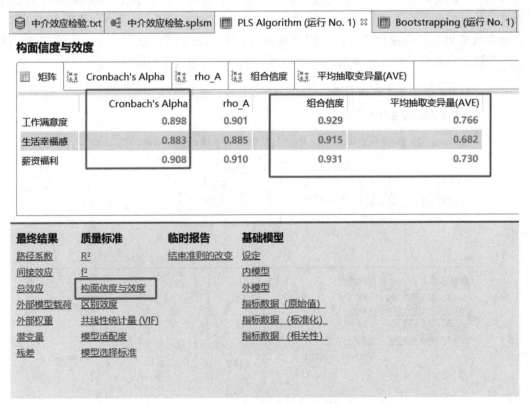

图 12-34　SmartPLS 信度与效度检验

255

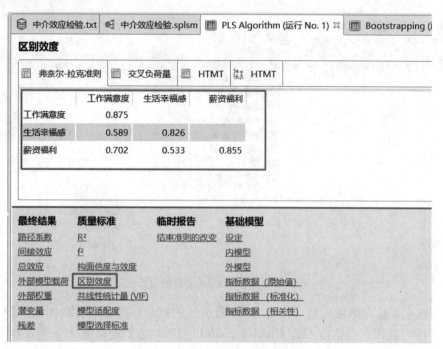

图 12-35　SmartPLS 区分效度检验

第四步：结构模型有效性分析。进行结构模型的有效性分析时，Q^2 值见 Blindfolding 运算结果中的【构面交叉验证的重叠性】中的 Q^2 值，计算 GoF 的参数 Communality 为【构面交叉验证的共同性】中的 Q^2 值，见图 12-36。带入公式（12-8）计算可以得出 GoF 结果，其他参数均可在计算报告中查找，汇总得到表 12-6 和表 12-7。根据上文给出的标准，该模型通过了有效性分析。参考 Cohen 的标准，各路径均通过了效应值检验。

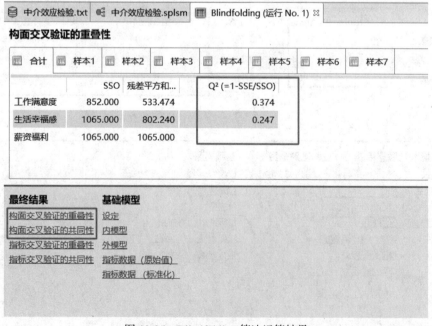

图 12-36　Blindfolding 算法运算结果

表 12-6 中介效应模型有效性检验结果

变量	R^2	Q^2	Communality	GoF
薪资福利	—	—	0.584	
工作满意度	0.493 > 0.26	0.374 > 0	0.592	0.495 > 0.36
生活幸福感	0.375 > 0.26	0.247 > 0	0.515	

表 12-7 中介效应模型效应值检验结果

路径	f^2
薪资福利→工作满意度	0.974 > 0.35
薪资福利→生活幸福感	0.045 > 0.02
工作满意度→生活幸福感	0.145 > 0.02

第五步：路径系数检验与 VAF 检验。针对中介效应检验，根据 Bootstrapping 方法抽样 5000 次，计算结果汇总为表 12-8。

表 12-8 中介效应分析结果

路径	路径系数	标准差	p 值
薪资福利→工作满意度	0.702	0.054	0.000
薪资福利→生活幸福感	0.236	0.092	0.010
工作满意度→生活幸福感	0.423	0.098	0.000

观察表 12-8 可知，薪资福利与工作满意度之间的路径系数为 0.702（$p < 0.001$），薪资福利与生活幸福感之间的路径系数为 0.236（$p < 0.05$），工作满意度与生活幸福感之间的路径系数为 0.423（$p < 0.001$），且均具有显著性，中介效应得到初步验证，进入下一步 VAF 检验。由于 PLS 方法对样本数据没有正态分布要求，在检验中介效应检验时，需要利用解释变异（Variance Account For，VAF）进行显著性检验❶。在 Bootstrapping 结果中，Z 值为【特定的间接效应】中的【T 统计量】。如图 12-37 所示，点击【总间接效应】和【总效应】分别获取间接效应值和总效应值，间接效应值除以总效应值得到 VAF（即自变量对因变量的间接效应占总效应的百分比），最终汇总为表 12-9。当 VAF < 20% 时，说明不存在中介效应；当 20% < VAF < 80% 时，说明存在部分中介效应；当 VAF > 80% 时，说明存在完全中介效应。结果发现该模型中，间接效应值为 0.297，总效应值为 0.533，VAF 值为 55.70%，证明工作满意度在薪资福利和生活幸福感之间发挥了部分中介效应。

---

❶ 文献来源：Hair J, Hult G T M, Ringle C, et al. A Primer on Partial Least Squares Structural Equation Modeling (PLS-SEM) [M]. London: SAGE Publications, 2022.

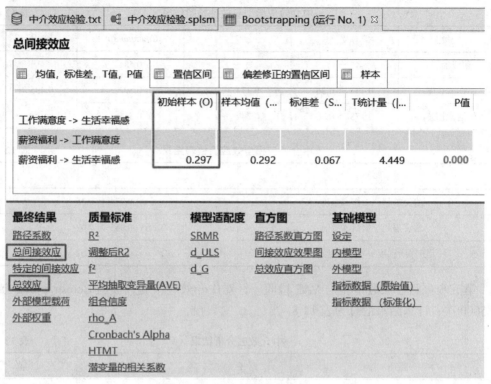

图 12-37　VAF 计算数据来源

中介效应 VAF 检验　　　　　　　　　　　　　　　　　　　　　　表 12-9

中介效应	Z	间接效应	总效应	VAF	检验结果
薪资福利→生活幸福感	4.449	0.297	0.533	55.70%	部分中介

3. 调节效应检验

将 12.2.1 调节效应模型中变量的数据转为 csv 格式，导入 SmartPLS 中，新建项目。

第一步：构建调节效应模型。首先构建初始模型。在因变量"建言行为"变量上点击右键，选择【添加调节效应】，见图 12-38。在调节效应设置栏中（图 12-39），选取"组织承诺"为调节变量，"包容型领导"为自变量，乘积项选择【均值中心化】，点击【OK】，得到调节效应模型，见图 12-40。

第二步：执行运算。与中介效应检验相同，分别进行 PLS, Bootstrapping 和 Blindfolding 运算，并保存相应结果。

第三步：信度与效度检验。与中介效应检验相同，在 PLS 算法运算结果的【构面信度与效度】和【区别效度】中获取相关的指标进行信度与效度检验，此处不再赘述，本案例的信度与效度均通过了检验。

第四步：结构模型有效性分析。与中介效应模型相同，先进行结构模型的有效性分析。如表 12-10 和表 12-11 所示，该调节模型的有效性通过了检验。

第五步：路径系数检验及简单斜率分析。将软件计算结果汇总为表 12-12。路径系数具有显著性，说明调节效应存在。

12.2 效应检验软件操作

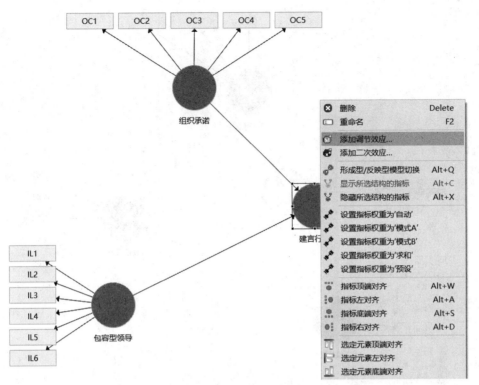

图 12-38 构建调节效应初始模型

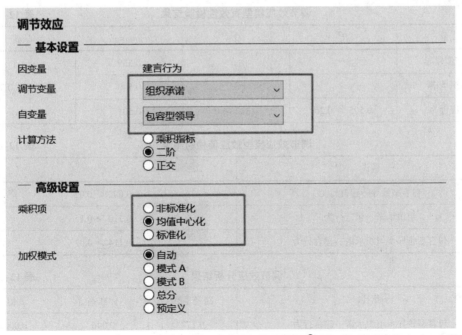

图 12-39 调节效应模型设置 ❶

---

❶ 注：如果计算方法选择"二阶"，乘积项选择任何一个都可得到相同的结果；如果计算方法选择"乘积指标"或"正交"，乘积项的默认选项应该为"标准化"。

259

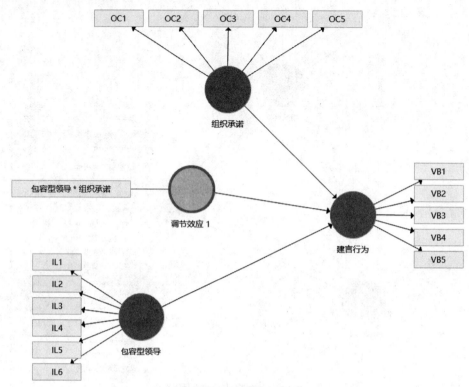

图 12-40　调节效应模型

调节效应模型有效性检验结果　　　　　　　　　　　　　　　　表 12-10

变量	R^2	Q^2	Communality	GoF
包容型领导	—	—	0.539	
组织承诺	—	—	0.540	$0.516 > 0.36$
建言行为	$0.505 > 0.26$	$0.322 > 0$	0.501	

调节效应模型效应值检验结果　　　　　　　　　　　　　　　　表 12-11

假设	f^2
包容型领导→建言行为	$0.092 > 0.02$
组织承诺→建言行为	$0.310 > 0.15$
包容型领导*组织承诺→建言行为	$0.114 > 0.02$

调节效应分析结果　　　　　　　　　　　　　　　　　　　　　表 12-12

路径	路径系数	标准差	p 值
包容型领导*组织承诺→建言行为	0.177	0.046	0.000

　　再利用 SmartPLS 在 PLS 算法结果中的简单斜率图（图 12-41）进行分析。在组织承诺较高时的斜率要大于组织承诺较低时的斜率（绝对值），这表明组织承诺越高，包容型领导对建言行为的正向影响越强。因此，该调节效应模型通过了检验。

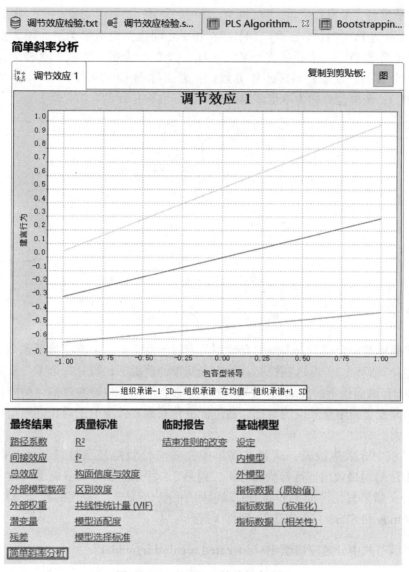

图 12-41　SmartPLS 简单斜率分析

12.3　复杂模型检验

在管理研究中,中介和调节效应模型得到了广泛的关注。研究者借此来拓展现有的理论研究,试图探索变量之间关系的潜在中介机制与边界条件。随着管理研究的进一步深入,更多的变量被同时纳入同一个研究模型中,管理研究学者们以更为综合的方式发展和检验研究模型,提出了一些包含更多中介和调节效应的复杂研究模型。其中,多重中介模型和有调节的中介模型应用较为广泛。

12.3.1　多重中介模型(Multiple mediating model)

多重中介模型是指自变量与因变量之间存在 2 个或 2 个以上中介变量的研究模型。如

图 12-42 所示模型，X 为自变量，M_1 和 M_2 为中介变量，Y 为因变量。X 影响 M_1，进而影响 M_2，最终影响 Y，并且 X 与 M_2 之间，M_2 和 Y 之间也存在因果关系。因为多个中介变量间表现出顺序性特征，形成了 $X \to M_1 \to M_2 \to Y$ 的中介链，因此把这种中介模型称为多步多重中介模型，或者链式多重中介模型，若去除图 12-42 中两个中介变量间的影响（即 $M_1 \to M_2$），该模型被称为单步多重中介模型，也称并行多重中介模型。

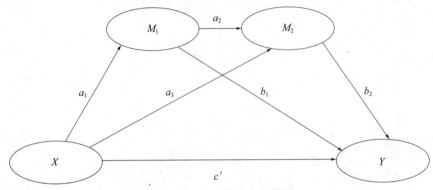

图 12-42　多步多重中介模型

相比于简单的中介模型，多重中介模型具有以下特点：（1）能够验证多个中介变量情况下总的中介效应；（2）可以在控制其他中介变量的前提下，研究每个中介变量的特定效应（如控制 M_1 的前提下研究 M_2），减少忽略其他中介变量时的参数估计偏差；（3）可以进行不同中介变量的中介效应的对比，通过标准化系数和效应值的对比判断出哪个中介变量的作用更大。

针对多重中介效应检验，需要在简单中介效应检验路径系数显著性基础上，使用 Bootstrap 方法对间接效应进行检验和分析，用第 2.5 百分位数和 97.5 百分位数来估计 95% 的置信区间，如果置信区间不包含 0，即说明中介效应显著。常用的检验软件有 Mplus、LISREL、Amos 和 SPSS（PROCESS 插件）等。

12.3.2　有调节的中介效应模型（Moderated mediating model）

如果一个模型包含的变量多于三个，并且同时包含中介变量和调节变量时，这些变量在模型中的位置和作用不同时就会形成不同的模型，其中有调节的中介模型最为常见。如图 12-43 所示，自变量 X 通过中介变量 M 影响因变量 Y，而这其中的中介效应或者直接效应受到调节变量 W 调节的模型，此时该模型就是有调节的中介模型。

值得注意的是，在有调节的中介模型中，调节变量不能只调节直接效应的路径（即只存在 d_3），此情况不属于有调节的中介模型。根据调节变量调节路径的情况，可以将有调节的中介变量分为 6 种类型，分别是：（1）仅调节中介效应的前半路径（即只存在 d_1）；（2）仅调节中介效应的后半路径（即只存在 d_2）；（3）同时调节中介效应的前半路径和后半路径（即同时存在 d_1 和 d_2）；（4）同时调节中介效应的前半路径和直接效应路径（即同时存在 d_1 和 d_3）；（5）同时调节中介效应的后半路路径和直接效应路径（即同时存在 d_2 和 d_3）；（6）同时调节中介效应的前半路程、后半路程和直接效应模型（即同时存在 d_1、d_2 和 d_3），该模型也被称为最一般的有调节的中介模型。

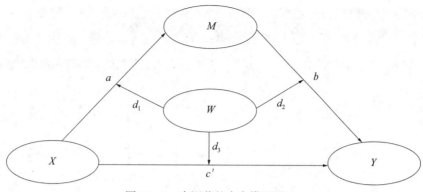

图 12-43 有调节的中介模型图

对于不同类型的有调节的中介模型检验,由于路径不一致,检验方法和操作顺序各有不同。一般而言,要先验证直接效应和中介效应,再检验调节效应,采用传统的分层回归操作十分复杂。因此较多学者采用结构方程模型或利用 PROCESS 进行检验。

12.3.3 PROCESS 软件操作

Andrew F. Hayes 在 SPSS 软件上开发了 PROCESS 插件,相比于常规的分层回归分析,使用 PROCESS 插件能够直接给出直接效应、间接效应的估计值以及 Bootstrap 置信区间、Sobel 检验等结果。PROCESS 还提供了多种多样的复杂中介模型和调节模型(http://processmacro.org/papers.html),研究者只需要在软件中选择合适的模型即可完成运算,操作更加方便。本节将运用 PROCESS 3.3 进行复杂模型检验介绍。

1. 链式多重中介模型检验

本节以包容型领导、组织信任、心理安全感和创新行为组成的链式多重中介模型为案例介绍检验步骤,如图 12-44 所示:

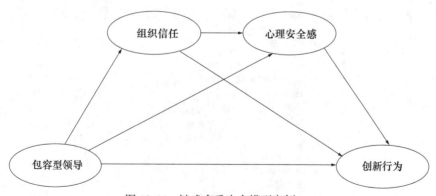

图 12-44 链式多重中介模型案例

在某公司中针对包容型领导(自变量 X,缩写"IL")、组织信任(中介变量 M_1,缩写"OT")、心理安全感(中介变量 M_2,缩写"SPS")和创新行为(因变量 Y,缩写"IB")进行问卷调查,得到 215 份数据,并导入到 SPSS 中,如图 12-45 所示。

第一步:计算各变量的均值。点击【转换】,【计算变量】,计算出各个变量的均值作为变量的计算值,并进行命名。

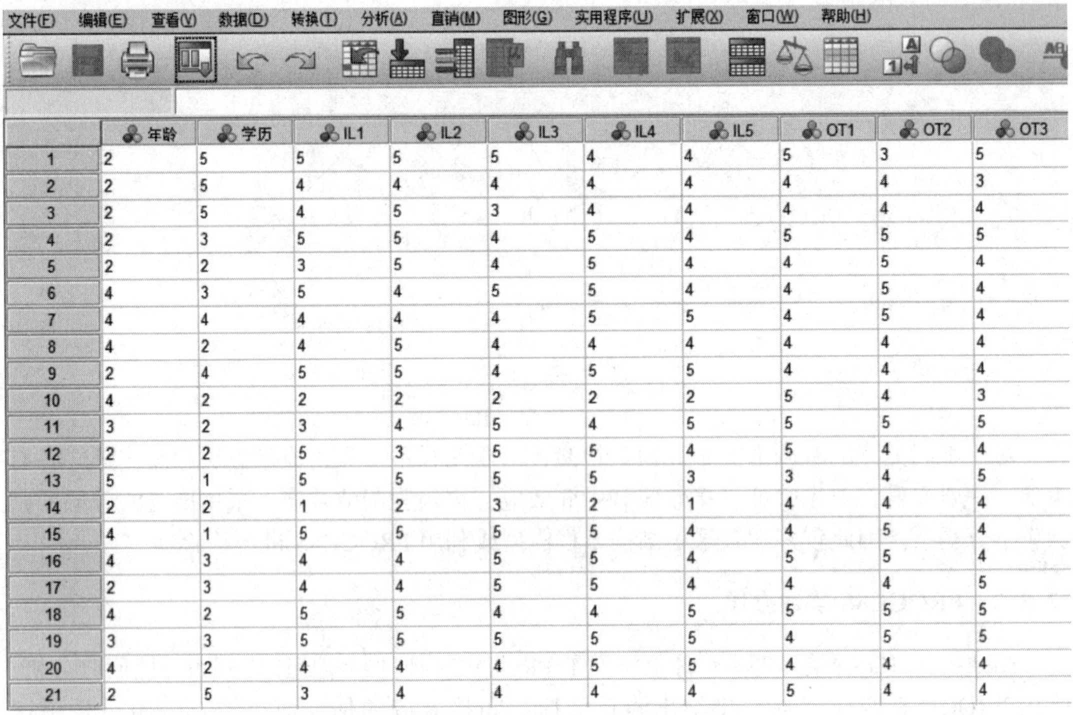

	年龄	学历	IL1	IL2	IL3	IL4	IL5	OT1	OT2	OT3
1	2	5	5	5	5	4	4	5	3	5
2	2	5	4	4	4	4	4	4	4	3
3	2	5	4	5	3	4	4	4	4	4
4	2	3	5	5	4	5	4	5	5	5
5	2	2	3	5	4	5	4	4	5	4
6	4	3	5	4	5	5	4	4	5	4
7	4	4	4	4	4	5	5	4	5	4
8	4	2	4	5	4	4	4	4	4	4
9	2	4	5	5	4	5	5	4	4	4
10	4	2	2	2	2	2	2	5	4	3
11	3	2	3	4	5	4	5	5	5	5
12	2	2	5	3	5	5	4	5	4	4
13	5	1	5	5	5	5	3	3	4	5
14	2	2	1	2	3	2	1	4	4	4
15	4	1	5	5	5	5	4	4	5	4
16	4	3	4	4	5	5	4	5	5	4
17	2	3	4	4	5	5	4	4	4	5
18	4	2	5	5	4	4	5	5	5	5
19	3	3	5	5	5	5	5	4	5	5
20	4	2	4	4	4	5	5	4	4	4
21	2	5	3	4	4	4	4	5	4	4

图 12-45　链式多重中介模型数据引入

第二步：执行 PROCESS 程序。点击【分析】,【回归】并点击【PROCESS】插件进入 PROCESS 对话框，如图 12-46 所示。

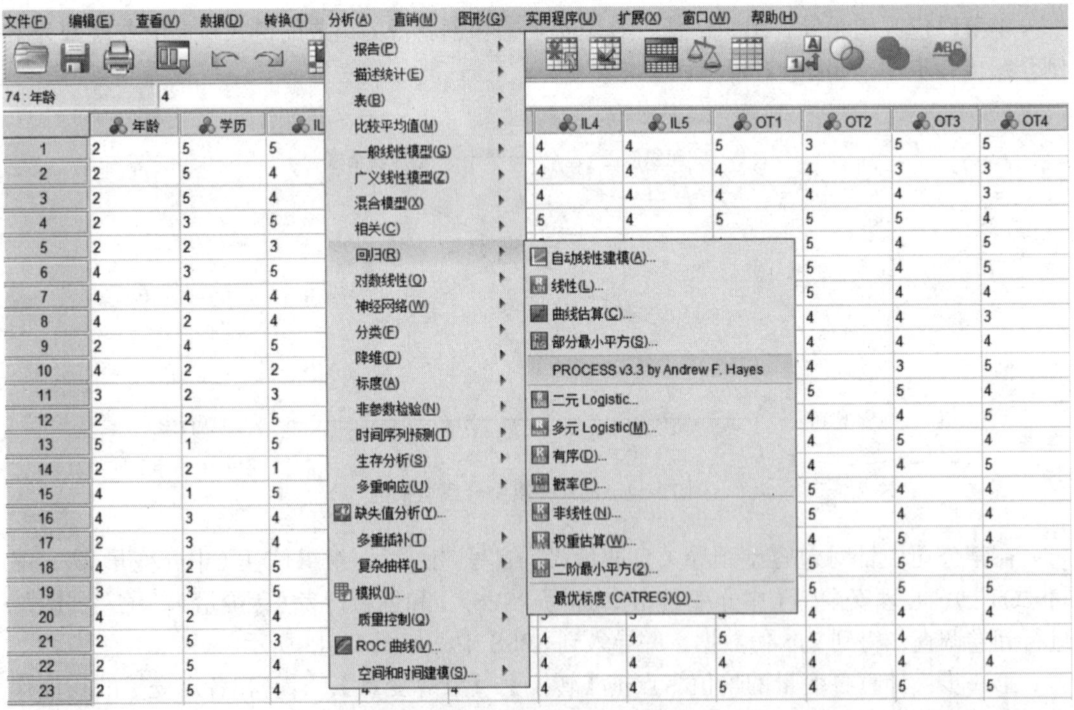

图 12-46　选取 PROCESS 插件

12.3 复杂模型检验

进入对话框后，如图 12-47，选取 IB 为因变量，IL 为自变量，以 OT 和 SPS 为中介变量，以年龄和学历为控制变量，在 Model number 选【6】❶，勾选【Bootstrap inference for model coefficients】。点击右上角【Options】，按图 12-48 所示勾选选项后，点击【继续】，【确定】，进行 PROCESS 计算，得到结果。

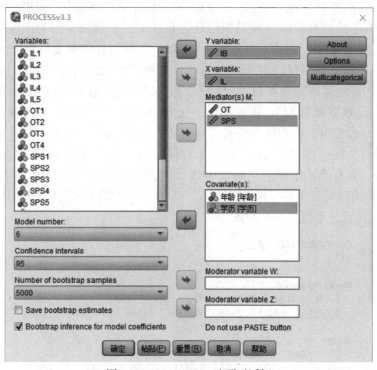

图 12-47 PROCESS 选项对话框

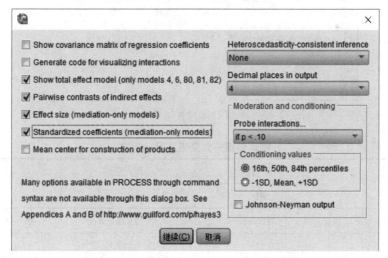

图 12-48 PROCESS-Options 选项对话框

---

❶ 在下载的 PROCESS 网址链接（http://processmacro.org/papers.html）中可获得 PROCESS 插件及模型图附件，研究者可根据自己设定的模型找到对应的编号。

第三步：数据分析。如图 12-49 将相关指标（Standardized coefficients，p，R，R^2 和 F 值）总结归纳为表 12-13，Standardized coefficients 即标准化系数 β 值。观察模型 M1，该模型中，包容型领导为自变量，组织信任为因变量，回归模型解释组织信任的变异比例为 0.499（$R^2 = 0.499$），模型总体显著性良好（F = 70.107，$p < 0.001$），并可知包容型领导与组织信任之间的标准化系数 β_{a1} 为 0.679，具有统计显著性（$p < 0.001$）。观察模型 M2，该模型中，包容型领导和组织信任为自变量，心理安全感为因变量，回归模型解释心理安全感的变异比例为 0.416（$R^2 = 0.416$），模型总体显著性良好（F = 37.352，$p < 0.001$），并可知组织信任和心理安全感之间的标准化系数 β_{a2} 为 0.455，具有统计显著性（$p < 0.001$），包容型领导和心理安全感之间的标准化系数 β_{a3} 为 0.180，具有统计显著性（$p < 0.05$）。观察模型 M3，该模型中，包容型领导、组织信任和心理安全感为自变量，创新行为是因变量，回归模型解释创新行为的变异比例为 0.405（$R^2 = 0.405$），模型总体显著性良好（F = 28.427，$p < 0.001$），并可知组织信任和创新行为之间的标准化系数 β_{b1} 为 0.290，具有统计显著性（$p < 0.001$），心理安全感和创新行为之间的标准化系数 β_{b2} 为 0.273，具有统计显著性（$p < 0.001$），包容型领导和创新行为之间的标准化系数 β'_c 为 0.186，具有统计显著性（$p < 0.05$）。

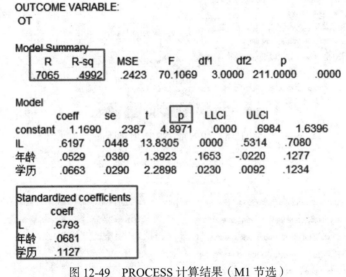

图 12-49　PROCESS 计算结果（M1 节选）

链式多重中介变量回归分析表　　　　　　表 12-13

变量	组织信任	心理安全感	创新行为
	M1	M2	M3
年龄	0.068	0.072	−0.054
学历	0.113	0.145	−0.036
包容型领导	0.679***	0.180*	0.186*
组织信任		0.455***	0.290***
心理安全感			0.273***

续表

变量	组织信任	心理安全感	创新行为
	M1	M2	M3
R	0.707	0.645	0.636
R^2	0.499	0.416	0.405
F	70.107***	37.352***	28.427***

注：$* p < 0.05$，$*** p < 0.001$

根据以上回归分析结果得到链式中介模型的标准化系数图，如图 12-50 所示。初步证明了变量间的直接效应通过了检验。

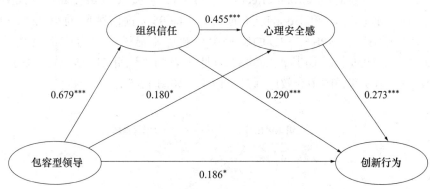

图 12-50 链式多重中介模型标准化系数图

下一步进行 bootstrap 检验，如图 12-51 将结果数据汇总为表 12-14。

```
************** TOTAL, DIRECT, AND INDIRECT EFFECTS OF X ON Y **************
Total effect of X on Y
    Effect      se       t       p     LLCI    ULCI    c_ps    c_cs
    .4159    .0476   8.7382   .0000   .3221   .5098   .6818   .5163

Direct effect of X on Y
    Effect      se       t       p     LLCI    ULCI   c'_ps   c'_cs
    .1498    .0607   2.4678   .0144   .0301   .2695   .2456   .1859

Indirect effect(s) of X on Y:
           Effect   BootSE  BootLLCI  BootULCI
TOTAL      .2661    .0684    .1352    .4028
Ind1       .1585    .0733    .0067    .2970
Ind2       .0396    .0302   -.0113    .1059
Ind3       .0681    .0379    .0096    .1558
(C1)       .1189    .0795   -.0458    .2711
(C2)       .0904    .1000   -.1262    .2680
(C3)      -.0284    .0467   -.1401    .0470

Indirect effect key:
Ind1  IL    ->   OT    ->   IB
Ind2  IL    ->   SPS   ->   IB
Ind3  IL    ->   OT    ->   SPS    ->   IB
```

图 12-51 链式多重中介模型 bootstrap 检验结果

bootstrap 中介效应检验表　　　　　　　表 12-14

路径	效应值	Boot 标准误	BootLLCI	BootULCI	占比
总效应	0.4159	0.0476	0.3221	0.5098	100%
直接效应	0.1498	0.0607	0.0301	0.2695	36%
总间接效应	0.2661	0.0684	0.1352	0.4028	64%
IL->OT->IB	0.1585	0.0733	0.0067	0.2970	38%
IL->SPS->IB	0.0396	0.0302	−0.0113	0.1059	10%
IL->OT->SPS->IB	0.0681	0.0379	0.0096	0.1558	16%

其中总效应路径对应【Total effect of X on Y】，直接效应路径对应【Direct effect of X on Y】。观察 BootLLCI 和 BootULCI 的区间（即 95% 置信区间的第 2.5% 和 97.5% 的临界值），发现 IL->SPS->IB 的路径中介效应不显著，因为该路径的区间包括了 0（[−0.0113，0.1059]），而其他的路径均是显著的，因此 IL->OT->IB 和 IL->OT->SPS->IB 路径的中介效应通过了检验，如图 12-52 所示。

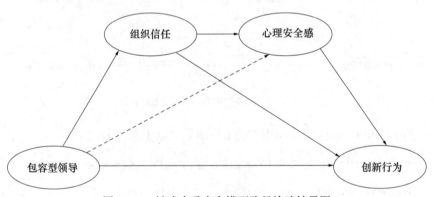

图 12-52　链式多重中介模型路径检验结果图

2. 有调节的中介模型检验

本节以包容型领导、组织支持感、心理授权和建言行为组成的有调节的中介模型为案例（如图 12-53 所示），介绍软件操作步骤，并利用 J-N 法进行简单斜率检验。

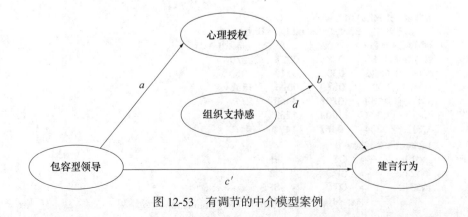

图 12-53　有调节的中介模型案例

12.3 复杂模型检验

在某公司中针对包容型领导（自变量 X，缩写"IL"）、心理授权（中介变量 M，缩写"PE"）、组织支持感（调节变量 W，缩写"POS"）和建言行为（因变量 Y，缩写"VB"）进行问卷调查，得到 231 份数据，并导入到 SPSS 中。

第一步：计算各变量的均值。点击【转换】，【计算变量】，计算出各个变量的均值作为变量的计算值，并进行命名。

第二步：执行 PROCESS 程序分析中介效应。首先要检验心理授权的中介效应是否通过检验，此时首先利用 PROCESS 的 model 4 进行检验。点击【分析】，【回归】，选择 PROCESS，进入 PROCESS 对话框，如图 12-54 所示。选择 VB 为因变量，IL 为自变量，PE 为中介变量，年龄和学历为控制变量，Model number 选择【4】，勾选【Bootstrap inference for model coefficients】。点击【Options】，如图 12-48 所示勾选选项，点击【继续】，【确定】进行 PROCESS 运算。

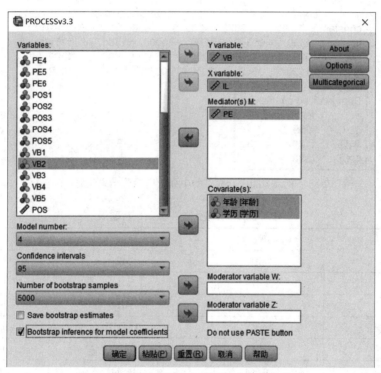

图 12-54 有调节的中介模型的中介效应检验

第三步：中介效应分析。得到运算结果如图 12-55 所示。将相关系数总结为表 12-15，该表表示在没有调节变量组织支持感的中介模型中的回归模型。观察模型 M1，该模型包容型领导为自变量，心理授权为因变量，回归模型解释因变量心理授权的变异比例为 0.318（$R^2 = 0.318$），模型总体显著性良好（F = 35.249，$p < 0.001$），并得知包容型领导与心理授权之间的标准化系数 β_a 为 0.506，具有统计显著性（$p < 0.001$）。观察模型 M2，该模型包容型领导为自变量，建言行为是因变量，回归模型解释因变量建言行为的变异比例为 0.296（$R^2 = 0.296$），模型总体显著性良好（F = 31.763，$p < 0.001$），并得知包容型领导与建言行为之间的标准化系数 β_c 为 0.541，具有统计显著性（$p < 0.001$）。观察模型 M3，该模型包容型领导和心理授权为自变量，建言行为是因变量，回归模型解释因

变量建言行为的变异比例为 0.391（$R^2 = 0.391$），模型总体显著性良好（F = 36.196，$p < 0.001$），并得知模型 M3 加入中介变量心理授权后，中介变量心理授权与因变量建言行为之间的标准化系数 β_b 为 0.373，具有统计显著性（$p < 0.001$），自变量包容型领导与因变量建言行为间的标准化系数 β_c' 减少为 0.352，且依然具有统计显著性（$p < 0.001$）。表明直接效应通过了检验，心理授权的中介效应得到初步验证。

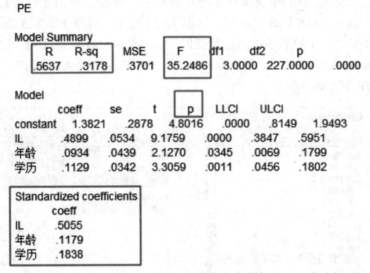

图 12-55　有调节的中介模型的中介效应检验结果（M1 节选）

表 12-15　有调节的中介模型的中介效应检验表

变量	心理授权	建言行为	
	M1	M2	M3
年龄	0.118	0.013	−0.031
学历	0.184	0.024	−0.045
包容型领导	0.506***	0.541***	0.352***
心理授权			0.373***
R	0.564	0.544	0.625
R^2	0.318	0.296	0.391
F	35.249***	31.763***	36.196***

为进一步验证中介效应，要进一步进行 bootstrap 检验，将图 12-56 中的数据总结为表 12-16。

观察心理授权的间接效应 bootstrap 运算结果的 BootLLCI 和 BootULCI 的区间 [0.0821, 0.2451]，该区间并未包含 0，因此心理授权的中介效应通过了检验。

第四步：执行 PROCESS 程序分析调节效应。点击【分析】，【回归】，选择 PROCESS，进入 PROCESS 对话框，如图 12-57 所示。选择 VB 为因变量，IL 为自变量，PE 为中介变量，年龄和学历为控制变量，POS 为调节变量。Model number 选择【14】，勾选【Bootstrap inference for model coefficients】。点击【Options】,如图 12-58 所示勾选选项。为了实现利用 J-N 法进行简单斜率检验,需要在【Conditioning values】选择【-1SD,Mean,+1SD】,勾选【Johnson-Neyman output】。点击【继续】,【确定】进行 PROCESS 运算。

```
************** TOTAL, DIRECT, AND INDIRECT EFFECTS OF X ON Y **************

Total effect of X on Y
    Effect      se       t       p      LLCI    ULCI    c_ps    c_cs
    .4371    .0453   9.6570   .0000   .3479   .5263   .7159   .5406

Direct effect of X on Y
    Effect      se       t       p      LLCI    ULCI    c'_ps   c'_cs
    .2847    .0494   5.7624   .0000   .1874   .3821   .4663   .3521

Indirect effect(s) of X on Y:
         Effect   BootSE  BootLLCI  BootULCI
    PE   .1524   .0423    .0821    .2451
```

图 12-56　有调节的中介模型的中介效应 bootstrap 检验

有调节的中介模型的中介效应 bootstrap 检验表　　　表 12-16

路径	效应值	Boot 标准误	BootLLCI	BootULCI	占比
总效应	0.4371	0.0453	0.3479	0.5263	100%
直接效应	0.2847	0.0494	0.1874	0.3821	65%
心理授权的间接效应	0.1524	0.0423	0.0821	0.2451	35%

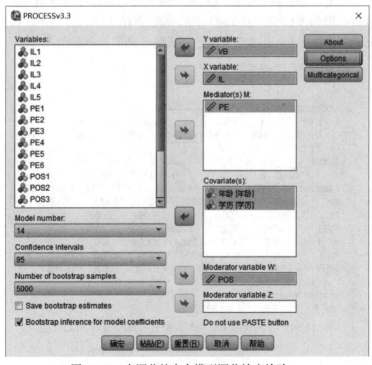

图 12-57　有调节的中介模型调节效应检验

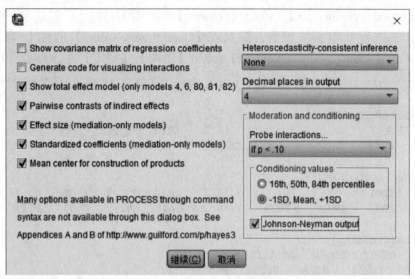

图 12-58　Options 选项对话框

第五步：调节效应分析。见图 12-59，将得到的数据结果汇总为表 12-17。由于直接效应与中介效应已经在第三步得到验证，相关指标不需要再展开说明，需要注意的是模型 M2 中，回归模型解释因变量建言行为的变异比例为 0.544（$R^2 = 0.544$），模型总体显著性良好（F = 44.599，$p < 0.001$），心理授权与建言行为的标准化系数 β'_b 为 0.203，交互项 int-1"心理授权 × 组织支持感"与因变量建言行为的系数 $\beta_{\text{int-1}}$ 为 0.187，均具有统计显著性（$p < 0.001$）。说明组织支持感正向调节了心理授权与建言行为间的正向直接效应。

为进一步验证通过路径检验的调节效应，需要进一步进行简单斜率检验。此处本案例选择 J-N 法进行简单斜率检验。在 PROCESS 的运算结果中，得到 J-N 法所需的相关数据如图 12-60 所示，并利用 Excel 的 J-N 图绘制工具得到简单斜率图 ❶。

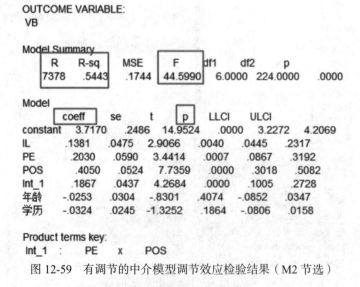

图 12-59　有调节的中介模型调节效应检验结果（M2 节选）

---

❶　该 Excel 制图工具可在互联网检索得到。

有调节的中介模型调节效应检验表 表 12-17

变量	心理授权	建言行为
	M1	M2
年龄	0.093*	−0.025
学历	0.113***	−0.032
包容型领导	0.490***	0.138**
心理授权		0.203***
组织支持感		0.405***
心理授权 × 组织支持感		0.187***
R	0.564	0.738
R^2	0.318	0.544
F	35.249***	44.599***

```
Moderator value(s) defining Johnson-Neyman significance region(s):
   Value    % below    % above
  -1.9365    1.2987    98.7013
   -.5216   23.3766    76.6234

Conditional effect of focal predictor at values of the moderator:
    POS    Effect      se       t       p      LLCI    ULCI
 -2.4190   -.2486    .0972  -2.5575   .0112   -.4401  -.0570
 -2.2490   -.2168    .0911  -2.3807   .0181   -.3963  -.0373
 -2.0790   -.1851    .0852  -2.1730   .0308   -.3529  -.0172
 -1.9365   -.1585    .0804  -1.9706   .0500   -.3170   .0000
 -1.9090   -.1534    .0795  -1.9282   .0551   -.3101   .0034
 -1.7390   -.1216    .0742  -1.6390   .1026   -.2679   .0246
 -1.5690   -.0899    .0693  -1.2978   .1957   -.2264   .0466
▶-1.3990   -.0582    .0648   -.8975   .3704   -.1859   .0696
 -1.2290   -.0264    .0609   -.4338   .6648   -.1465   .0936
 -1.0590    .0053    .0578    .0917   .9270   -.1085   .1191
  -.8890    .0370    .0554    .6682   .5047   -.0722   .1462
  -.7190    .0688    .0540   1.2736   .2041   -.0376   .1751
  -.5490    .1005    .0536   1.8759   .0620   -.0051   .2061
  -.5216    .1056    .0536   1.9706   .0500    .0000   .2112
  -.3790    .1322    .0542   2.4406   .0154    .0255   .2390
  -.2090    .1640    .0558   2.9396   .0036    .0540   .2739
  -.0390    .1957    .0583   3.3573   .0009    .0808   .3105
   .1310    .2274    .0616   3.6920   .0003    .1060   .3488
   .3010    .2591    .0656   3.9512   .0001    .1299   .3884
   .4710    .2909    .0701   4.1471   .0000    .1527   .4291
   .6410    .3226    .0752   4.2926   .0000    .1745   .4707
   .8110    .3543    .0805   4.3994   .0000    .1956   .5131
   .9810    .3861    .0862   4.4769   .0000    .2161   .5560
```

图 12-60　J-N 法运算数据

研究者需要将图 12-60 中【Conditional effect of focal predictor at values of the moderator】的数据输入 J-N 图绘图工具后，得到 J-N 图 12-61。图中横轴表示调节变量组织支持感，纵轴表示简单斜率，两条虚曲线表示简单斜率的 95% 置信区间。两条虚曲线与横轴的两个交点对应着图 12-60 中的【Value】值，即简单斜率在 95% 置信区间与调节变量相交的两个临界值（图 12-61 中圆圈标记处），临界值所形成的区间为 [−1.9365，−0.5216] 并未包含 0，说明调节效应显著。

W	Effect	se	t	p	LLCI	ULCI
-2.419	-0.2486	0.0972	-2.5575	0.0112	-0.4401	-0.057
-2.249	-0.2168	0.0911	-2.3807	0.0181	-0.3963	-0.0373
-2.079	-0.1851	0.0852	-2.173	0.0308	-0.3529	-0.0172
-1.9365	-0.1585	0.0804	-1.9706	0.05	-0.317	0
-1.909	-0.1534	0.0795	-1.9282	0.0551	-0.3101	0.0034
-1.739	-0.1216	0.0742	-1.639	0.1026	-0.2679	0.0246
-1.569	-0.0899	0.0693	-1.2978	0.1957	-0.2264	0.0466
-1.399	-0.0582	0.0648	-0.8975	0.3704	-0.1859	0.0696
-1.229	-0.0264	0.0609	-0.4338	0.6648	-0.1465	0.0936
-1.059	0.0053	0.0578	0.0917	0.927	-0.1085	0.1191
-0.889	0.037	0.0554	0.6682	0.5047	-0.0722	0.1462
-0.719	0.0688	0.054	1.2736	0.2041	-0.0376	0.1751
-0.549	0.1005	0.0536	1.8759	0.062	-0.0051	0.2061
-0.5216	0.1056	0.0536	1.9706	0.05	0	0.2112
-0.379	0.1322	0.0542	2.4406	0.0154	0.0255	0.239
-0.209	0.164	0.0558	2.9396	0.0036	0.054	0.2739
-0.039	0.1957	0.0583	3.3573	0.0009	0.0808	0.3105
0.131	0.2274	0.0616	3.692	0.0003	0.106	0.3488
0.301	0.2591	0.0656	3.9512	0.0001	0.1299	0.3884
0.471	0.2909	0.0701	4.1471	0	0.1527	0.4291
0.641	0.3226	0.0752	4.2926	0	0.1745	0.4707
0.811	0.3543	0.0805	4.3994	0	0.1956	0.5131
0.981	0.3861	0.0862	4.4769	0	0.2161	0.556

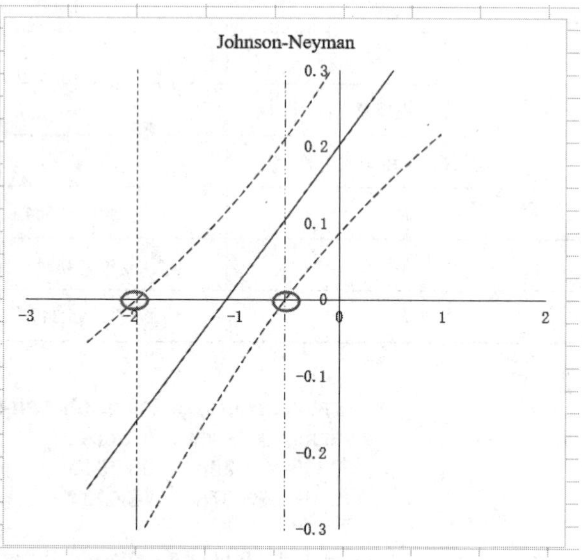

图 12-61　J-N 法简单斜率图

第六步：总体模型显著性检验。在得到中介效应与调节效应的检验的结果后，PROCESS 对总体模型的显著性进行了 bootstrap 运算，得到结果见图 12-62，并将有调节的中介效应模型 bootstrap 运算结果总结为表 12-18。观察 Effect1，当组织支持感较低时，模型是不显著的，置信区间为 [−0.042，0.130]，包含 0；观察 Effect2 和 Effect3，组织支持感较高的情况下，模型变得显著，置信区间分别为 [0.018，0.201] 和 [0.067，0.283]，不包含 0，表明随着组织支持感水平的提高，IL→PE→VB 路径的显著性呈现上升的趋势。【Index of moderated mediation】反映了整个有调节的中介模型的显著性情况，观察置信区间为 [0.0468，0.1389]，不包含 0，说明整个有调节的中介模型整体显著性通过了检验。

```
Conditional indirect effects of X on Y:

INDIRECT EFFECT:
IL      ->    PE      ->    VB

      POS    Effect    BootSE   BootLLCI   BootULCI
    -.7070    .0348     .0437     -.0423     .1295
     .0000    .0994     .0470      .0176     .2013
     .7070   .1641     .0552      .0672     .2827

          Index of moderated mediation:
                Index    BootSE   BootLLCI   BootULCI
        POS    .0914     .0230     .0468     .1389
```

图 12-62　在组织支持感的不同水平上的中介效应

在组织支持感的不同水平上的中介效应 表 12-18

	组织支持感	效应值	Boot 标准误	BootLLCI	BootULCI
有调节的中介效应	Effect1：M-1SD	0.035	0.044	-0.042	0.130
	Effect2：M	0.099	0.047	0.018	0.201
	Effect3：M+1SD	0.164	0.055	0.067	0.283

综上所述，在本案例中，心理授权中介了包容型领导和建言行为间的关系，组织支持感调节了心理授权与建言行为间的关系，因此，该有调节的中介效应通过了检验。

本节选择了一种有调节的中介模型作为案例，但在实际研究中并非所有研究都采用了与本节相同的模型。研究者可根据理论和逻辑推理建立自己的研究模型，并据此在 PROCESS 中选择相应的 model number（7、8、14、15、58 和 59）进行检验。

思 考 题

1. 简述直接效应、中介效应及调节效应的区别是什么？
2. 在检验调节效应时，简单斜率分析的方法有哪两种？其各自的特点是什么？
3. 苏格拉底曾说"一个人能取得多大的成就，只看他是否具备自尊心与自信心两个条件"。
（1）请使用"成就大小""自尊心"和"自信心"三个变量，绘制一个模型解释这一句话。
（2）这是一个什么类型的模型？变量之间存在什么效应？
4. 某医学杂志呼吁人们减少吸烟，并告知公众"吸二手烟会增加人的肺癌发病率，距离吸烟者越近，这种负面影响越大！所以请远离吸烟者！"
（1）请使用"吸二手烟""肺癌发病率"和"与吸烟者的距离"三个变量，绘制一个模型解释这一陈述。
（2）这是一个什么类型的模型？变量间存在什么效应？
（3）如果已获得以上三个变量的数据，如何对这个模型进行检验？
5. 某地政府采取了"税收优惠"的政策，成功吸引到了外商投资，并且最终提高了当地的经济水平。
（1）请使用"税收优惠""外商投资"和"经济水平"三个变量，绘制一个模型解释这一陈述现实。
（2）这是一个什么类型的模型？变量间存在什么效应？
（3）如果已获得以上三个变量的数据，如何对这个模型进行检验？
6. 结合自己对身边管理现象的观察和思考，尝试分别建立一个多重中介模型和一个有调节的中介模型。

第 13 章 学术论文的撰写

一篇完整的管理学学术论文一般包括：标题、摘要、关键词、引言、文献综述、假设的提出、假设验证、讨论与管理建议、结论和参考文献。

13.1 标　　题

标题往往是论文的中心论点，可以高度概括全文内容，必须具有高度的明确性，便于读者把握全文内容的核心。论文标题应该尽量意简言赅。一般中文论文的标题为10~15字，建议最多不要超过20字，英文论文大多为8~12词，如果字数实在难以删减，可以增加副标题。

标题的确定不能天马行空，要采取一定的方法和技巧，这样才能写出好的题目。第一，可以从论文设计的三大要素中确定题目。论文设计的三大要素为研究对象、研究方法和研究结果。一般而言，论文题目也由此三部分或其中两部分构成。第二，借鉴参考文献来确定题目。在确定题目时，可以选择与自己研究内容相近的论文，借鉴其题目特点，来确定自己的题目。第三，将重要的关键词组合成题目。关键词最能直接反映论文的内容，如果能够把关键词进行恰当组合，往往就能得到文章的题目。另外，题目并不是确定以后便一成不变的，写完论文的初稿后，还可对题目进行反复推敲，看是否准确反映了论文的内容，是否简练醒目，引人入胜。采取上述方法设计论文题目时还需要注意遵循以下规则。第一，题目应该是短语，一般不能是句子。第二，题目只确定研究对象，不表达作者观点。第三，题目应力求明确、简短，忌冗长。

通常情况下，学术论文的标题采用以下两种基本结构形式比较常见。①"'关于/基于'+'名词'+'的'+'研究/分析'"。例如，"基于在线评论的客户敏捷性与产品绩效的关系研究""基于已实现波动率的50ETF期权定价研究"等。②"'论'+'名词'"。例如，"论工程保险担保制度""论独立董事网络、信息的双向传递与公司的被诉风险"。在两种基本结构形式的基础上还会衍生各种变式，例如"'名词'+'的'+'影响/研究方法'""'名词'+'的'+'机制研究'"等。

13.2 摘　　要

摘要是作者对学术论文的核心内容不加任何注释和评论的简短陈述，具有较强的独立性，是一篇学术论文的精华，读者通过阅读摘要就能获得该篇论文的核心信息。摘要应包含如下内容：①研究问题，即研究目的和重要性；②研究的主要内容，即应用相关研究方法、理论依据等开展研究的内容；③获得的基本结论和研究结果；④研究结论或结果的意义，即与前人研究相比较的不同之处、研究结果的实际应用、对今后相关研究的启发等。

摘要是对学术论文内容的提炼，对书面语言的表达要求很高。进行摘要写作时，应注意如下事项：① 摘要写作一般不引用文献，不使用图表、公式、符号和缩略语；② 应避免与题目和引言在用词上的明显重复，遵循论文的研究顺序，逻辑连贯，切忌罗列正文中的大小标题；③ 使用第三人称写作，切忌使用"我们""作者"等作为主语；④ 要突出论文的创新之处，用凝练的语言进行概括，摘要一般200~300字。

以《企业创新网络构建、演化与关键核心技术突破》这篇论文[1]的摘要为例，进行分析：

"近年来，我国芯片产业成为关键核心技术'卡脖子'问题最突出的领域之一。本文基于奏效理论，对龙芯在CPU技术中实现阶段性突破的案例进行研究，探讨了芯片企业如何构建创新网络以实现关键核心技术突破的问题。研究发现：① 企业在突破芯片'功能性—可靠性—性能性—兼容性'关键核心技术过程中面临着更复杂多变的网络环境。企业外部不确定环境及自身资源存量将影响其网络构建和技术突破的决策逻辑。初期主要基于奏效逻辑进行决策，后期遵循'因果—奏效'间断平衡逻辑进行综合性决策。② 企业创新网络的构建及演化依次采用'撬动—带动—联动'机制，整合资源以实现关键核心技术突破。据此，本文提出一个关键核心技术突破过程中企业创新网络构建及演化的机理模型，推进企业创新网络和关键核心技术突破研究，并为构建自主可控的信息技术产业体系提供管理启示。"此段摘要首先介绍了论文的研究问题，点明了研究的重要性；之后，阐述了主要研究内容及发现；最后，总结了论文的研究意义，包括创新之处和对今后研究的启示。

13.3 关　键　词

关键词是从论文中选取出来的、用以表示全文主要内容信息的词或术语，是论文的文献检索标志，一篇论文一般可选3~5个词语作为关键词，以分号隔开。

以《企业创新网络构建、演化与关键核心技术突破》这篇论文的关键字为例：

芯片产业；关键核心技术；企业创新网络；奏效理论；动态演化

13.4 引　言

引言[2]也称为"导言"或"序言"，即对论文所涉及的研究进行初步介绍。从内容上说，引言应以简短的篇幅介绍论文写作的背景以及相关领域前人研究工作的概况，并说明与前人研究工作的关系，将目前的研究热点、存在问题以及论文本身的意义和主题展示给读者。作为论文的"门面"，引言承担着引出统领全文的重任，很大程度上决定了一篇论文是否吸引读者，因此一篇好的论文必然需要一个引人入胜的引言。

撰写引言时，要避免平铺直叙，应该具有良好的层次感和逻辑性。一篇具有逻辑性的

---

[1] 文献来源：郑刚，邓宛如，王颂，郑杰. 企业创新网络构建、演化与关键核心技术突破[J]. 科研管理，2022，43（7）：85-95.

[2] 文献来源：Barney J. Editor's comments: Positioning a theory paper for publication [J]. Academy of Management Review, 2018, 43(3): 345-8.

引言应该按照如下顺序展开。

首先，介绍研究背景和现象。在引言的第一部分，应该简明扼要地向读者介绍论文的研究背景或者与现实的联系，这个背景或者现实要与论文的研究主题紧密相扣，以便于从研究背景和现象中提取出论文专注的理论问题，即说明拟研究的理论内容是什么，并凝练出论文全篇的核心研究主题。

其次，总结过去研究成果和问题。在说明了论文的核心研究主题后，第二部分需要引用文献，针对相关领域前人的研究工作内容进行总结和评述，但是切忌将相关的文献堆砌，而是要归纳过去的文献和本研究的联系，将他人的工作进行总结归纳，从中找出过去理论研究的缺陷或不足，指出目前在相关领域尚待研究的内容，说明这些研究空白或者欠缺的重要程度，从而引出自己的研究动机，用以支撑自己论文研究主题的重要性和创新性。在此过程中，除了必要的"古典"的文献参考外，作者应该注意遴选参考文献的重要性和先进性，重要性即参考文献的理论价值，先进性即参考文献最好是学术界的前沿成果。需要注意的是，作者在对前人的研究成果评述时，不要对其他学者的工作进行过度批评和否定，也不要过分吹嘘自己研究的重要性。

最后，明确研究问题、内容和意义。在引言的最后部分，作者需要将问题与理论结合，用简短凝练的语句明确地告诉读者论文的研究问题。如"本文的目的是……""本文的研究问题是……"等表述有助于帮助读者牢记论文的研究问题。此后要对研究内容进行一定的介绍，并重点突出文章的理论贡献和现实意义，最好简单明了地用一两句话总结出来，不宜过分展开。

总体上来说，引言的文字不可冗长，内容避免分散和琐碎，措辞需要尽可能精炼，以便于读者阅读和理解，并且要吸引读者的兴趣，使读者相信论文研究的重要性。作者要注意避免使用容易让读者产生困惑的缩略语，也不要涉及研究中的数据，更不要与摘要雷同。此外，作者撰写引言时还需要注意不同期刊的风格和要求，尽量与目标投稿期刊保持一致。

13.5 文献综述

一篇好的管理学学术论文的基本要求是要有所贡献，这个贡献主要指理论上的贡献，也可以是管理实践上的贡献。判断一篇论文是否具有贡献，需要了解该论文所研究的问题，前人相关研究已经进展到什么程度，这就是文献综述。文献综述反映出作者相关研究工作的基本功和文献阅读量。

文献综述主要是回顾与研究问题相关的前人的研究成果，通过整理、分析、提炼，对其做出综合性介绍和阐述，这也表明了作者对于所要研究的问题的了解程度。文献综述的目的是介绍自己论文的研究是在什么基础上进行的，指出其与前人研究的关系。好的文献综述，可以为学术论文的写作奠定坚实的理论基础，通过对现有文献的分析归纳和梳理，发现所研究领域的主要研究范式和存在的研究不足，进而找到创新点，这也是进行学术论文写作的关键步骤。

文献综述包括两部分内容，第一个环节是检索和管理文献；第二个环节是文献综述写作。作者可以通过中国知网、百度学术、Google scholar、web of science 等工具检索发表在一流刊物上的文章、权威学术著作、某领域开创性的经典文献、学术权威发表的研究成果等，并利用 Endnote 等工具对文献进行管理。在对收集到的文献进行阅读和分析提炼之后，就可以撰写论文文献综述。

13.5.1 文献综述的写作方法

文献综述的写作是按照一定的逻辑顺序对文献进行综合论述，要求语言简练、详略得当、层次分明，这里主要介绍三种常用的写作方法。

纵式写法：这里的"纵"指"历史发展纵观"，即围绕某一研究问题，按时间先后顺序或这一研究问题的发展脉络，对其历史演变、目前状况、趋向预测作纵向描述，勾划出这一研究问题的来龙去脉和发展轨迹。此外，要注意采用纵式写法时，不能孤立地按时间顺序罗列事实，写成"大事记"或者"编年体"，要突出一个"创"字。因为所要综述的内容时间跨度大，研究成果多，所以要抓住具有创造性、突破性的成果作详细介绍，对一般性、重复性的成果从简从略。这样既突出了重点，又做到了详略得当。纵式写法适用于动态性综述，脉络分明地交代已经解决了哪些问题、取得什么成果、还存在哪些问题、今后发展趋向如何等，内容紧密衔接。

横式写法：这里的"横"指"国内国外横览"，即对某一研究问题从国际和国内两方面加以描述和比较。通过横向对比，可以看出国内外的各种观点、见解、方法、成果的优劣利弊，通过对国际水平和国内水平进行比较，从而找到差距。横式写法适用于成就性综述，介绍某个方面或某个项目的新成就，比如新理论、新发明、新技术、新进展等。因为"新"，所以时间跨度短，但却能引起国际、国内同行的关注。

纵横结合式写法：在文献综述中，也可同时使用纵式和横式写法。即介绍历史背景时采用纵式写法，介绍目前状况时采用横式写法，以此全面系统地介绍某一研究问题及其发展方向。例如，《供应链领导力：文献综述与研究展望》[1]这篇论文，采用纵横结合式写法，纵向梳理了有关供应链领导力的维度和测量的发展，同时对国内外相关文献进行横向分析，讨论了供应链领导力的概念、理论和领导风格，提出了具体的研究框架，总结了供应链领导力研究对我国的重要战略意义。

13.5.2 文献综述的写作格式

完整的文献综述主要包括三个部分：序、综、述。

序：指序言，主要介绍与研究问题有关的概念、定义以及所要进行综述的范围，扼要说明有关研究问题的研究现状及争论的焦点，引出所要综述的核心主题，使读者对综述的内容有一个初步的轮廓认知。一般 200~300 字为宜，不宜超过 500 字。序言素材包括两部分：第一，现实素材，包括统计资料、生产生活实例、政策法规等；第二，理论素材，包括基础理论研究焦点、关键点、文献计量学分析等。

综：是文献综述写作的主体，写法多样，没有固定的格式，可按照年代顺序综述，也可按照不同的问题进行综述，还可以按照不同的观点进行比较综述。无论采用何种写法，

---

[1] 文献来源：王可迪，涂维加，霍宝锋. 供应链领导力：文献综述与研究展望[J]. 外国经济与管理，2022，44（6）：110-134.

都应该是基于一定的逻辑来总结和归纳现有的研究成果。例如，在管理学研究中可以从因变量开始讨论，分别综述不同的研究者分析因变量的不同角度，比较他们的区别和联系；或者从自变量开始，分析自变量的变化会产生什么样的不同结果、选择这些自变量的原因以及自变量和因变量之间有什么样的关系等。在这一过程的写作中，不能含糊不清，对于所引用的观点、模型、数据等一定要注明出处，并在参考文献中列出。此外，当阐述不同作者就某一研究问题的观点时，文字表达是常见的方式，有时也可以对内容加以总结提炼，列图表予以说明。

述：在综述了已有的研究成果之后，需要进行批判性评论，即要求作者能够站在历史或者学派的高度有所比较地进行评论，总结现有研究中存在的不足和空白，并提出本研究所要解决的问题和创新之处。在这一过程的写作中切忌轻率设置"靶子"，通过贬低别人来抬高自己。述的部分一定要有原创性观点，不能简单地对已有文献进行描述性统计式的评论。例如，《中国企业的碳中和战略：理论与实践》❶这篇论文，作者在综述了近30年来学术界对碳中和相关管理和技术的研究进展后，指出了当前有关企业碳中和行为研究的不足，进而引出自己的研究问题，即是从战略角度入手分析影响企业推进碳中和的关键因素和实施效果。

13.5.3　文献引证格式

在进行文献综述的写作时，通常需要引用大量前人的观点或结论，正确的文献引证格式对于一篇严谨的学术论文至关重要。本节主要介绍两种文献引证格式。

（1）"著者出版年份制"，即"作者、年份"的引证格式，例如❷：

1）一个文献一位作者的情况下：

在这一时期个体的生理和心理会经历较大的变化（Meeus，2016）……

Froiland（2015）对15位家长及其子女的追踪研究发现……

2）一个文献两位作者的情况下，英文姓名用"&"或"and"连接两位作者的名字，中文姓名用"和"连接作者的名字：

……是衡量个体适应环境能力是否良好的重要指标之一（Sekar & Lawrence，2016）……

张俊和高丙成（2019）的研究表明……

3）一个文献两位以上作者的情况下，英文姓名用"et al.,"尾缀表达"等"，中文姓名使用"等人"：

尤其是父母自主支持会促进个体的积极情绪发展（Cheung et al., 2011）

许丹佳等人（2019）的研究表明……

4）两个及以上文献的情况下，要注意按照作者姓氏英文字母的顺序排列，一般英文名字放在前，中文姓名放在后：

父母自主支持对情绪适应的影响受到越来越多关注（Cheung & Pomerantz，2011；Suh

---

❶ 文献来源：新时代企业高质量发展研究中心课题组，贾明，杨倩. 中国企业的碳中和战略：理论与实践[J]. 外国经济与管理，2022，44（2）：3-20.

❷ 文献来源：彭顺，牛更枫，汪夏，张红坡，胡祥恩. 父母自主支持对青少年积极情绪适应的影响：基本心理需要满足的中介与调节作用模型[J]. 心理发展与教育，2021，37（2）：240-248.

et al., 2016）……

教师的自主支持会给青少年的基本心理需要满足产生正向促进作用（Yu et al., 2015；张俊等, 2019）……

当采用"作者, 年份"的引证格式时，对应后文参考文献通常按照作者姓氏的英文首字母或汉语拼音首字母顺序进行排序。

（2）"顺序编码制"，即"正文[序号]"的引证格式：

以一段论文节选为例❶，序号既可以在一句正文的结尾，也可以在文献作者后：

技术管理最初起源于工程管理等领域，目的在于为企业提供有效的实践来开发和使用技术[5]。已有的技术管理研究主要从过程观和资源观两个视角展开。从过程观视角，Gregory et al.[6]提出技术管理是一个包括识别、选择、获取、利用和保护5个环节的过程；Cetindamar et al.[7]认为学习也是技术管理的重要过程之一，并进一步从动态能力视角指出技术管理活动并不是一种线性的活动，而是随创新过程的变化不断调整……

当采用这种引证格式时，对应后文参考文献通常按照正文引用文献的顺序进行排序。

13.6　假设的提出

学术论文写作的第三部分一般为假设的提出。由假设与研究问题的关系可知，问题是对变量间关系的疑问，而假设是对问题的尝试性回答，是经过逻辑推理而建立的对变量间关系的推测。建立假设的方法包括演绎法和归纳法，绝大多数情况下主要通过演绎法来建立假设，即在现有理论的指导下建立假设。研究者需要明确理论依据，根据现有理论建立研究框架，并在研究框架的基础上针对研究问题采取类比的方法建立假设。建立假设时，可以采取以下一些方法或策略。

（1）明确概念的定义及概念之间的关系

在建立假设之前应明确所要研究的概念的内涵和外延，这是提出假设的基础。概念的定义可以在论证假设之前提出，也可以在文献综述部分提出，具体视研究者对论文的整体逻辑安排而定。明确概念定义之后，研究者可以通过引用现有理论，对概念之间的关系进行初步探究，为后续的深入论证奠定基础。

（2）通过严密的逻辑推理进行论证

由理论与假设的关系可知，理论指导假设的建立。作为假设论证的依据，理论可以帮助研究者缩小研究范围，提供清晰的研究架构。研究者应该根据所依托理论的内在逻辑，经过严密的逻辑推理论证并提出假设。在对假设进行逻辑推理时，应该注意假设的整体统一性，即不仅要对假设内部的关系进行论证，而且要对所有假设组成的理论体系进行说明。在进行逻辑论证时，不仅要从正面阐述研究假设逻辑的合理性，而且应对潜在竞争性假设的不合理性进行解释。

（3）引用现有理论成果作为论据支持

引用现有理论成果进行逻辑论证是假设建立过程中不可或缺的重要步骤。对现有理论

---

❶ 文献来源：刘业鑫，吴伟伟，于渤. 技术管理能力对突破性技术创新行为的影响：并行多重中介机制[J]. 管理科学, 2022, 35（1）: 67-78.

成果的引用，一方面表明对他人研究的尊重和认可，另一方面可以将自己的理论和现有理论成果建立联系，增强理论基础和说服力，提高研究的严谨性和结论的可信度。另外，文献的引用还可以帮助精简论文的篇幅，避免进行不必要的重复论证。但是，引用过程中还应注意以下问题。第一，一定要避免出现为了引用而引用的现象。引用的原则必须是与研究主题相贴合，而不是文章是否权威。当然，在主题贴合的前提下，应该尽量引用发表在高水平期刊上的经典文献。第二，要适度引用。文献引证是借用他人的成果来支撑自己的研究观点，而不是重复他人的研究成果或观点。一定要避免出现文章中引用过多参考文献、但是缺少自己的理论、论述或观点的问题。也不要引用并未认真阅读的文献，弱化重要文献的作用。第三，避免完全照抄引用。有学者认为引用就是将前人论文的观点和内容直接摘抄过来，其实这是非常错误的做法。作者可以对参考文献中的定义、观点和数据进行直接引用，但对较大篇幅的一般性内容进行引用时，需要使用自己的语言加以凝练。第四，采用规范正确的格式引用。目前较多期刊采用"实引制"，即论文引用的每个观点和成果均需要对其进行一一对应的标注。在引用过程中，一定要按照期刊的要求进行合适的引用。

（4）引用已有实证研究结果进行说明

已有实证研究结果证明了现有理论的科学性和合理性。但研究者要牢记"数据不能产生理论，只有研究者才能建立理论"的原则，将已有实证结果作为假设提出的证据，纳入到对假设的逻辑推理过程中，这有利于增强所提出假设的可信度和说服力。

（5）使用框图构建假设概念模型

框图虽然不是理论，但可以使研究者构建的理论模型更加直观，假设之间的关系更加分明。框图是构建理论模型的重要手段，它可以帮助研究者更加容易地把想法凝练成正式的概念和理论关系，还可以促进理论表达，直观地显示各个变量以及变量之间的直接效应、中介效应和调节效应等关系，使得读者对于这些假设关系的理解更加容易。

此外，提出假设时应注意以下几点：① 大多数假设表现为变量之间的因果关系，假设的表述应为自变量对因变量有正向或负向影响，而不是存在正相关或负相关关系。因果关系与相关关系存在本质区别。② 如果假设中存在中介效应，则应该按照中介效应检验的步骤分别提出假设并进行论证，这也是后续实证检验的基础。③ 如果假设中存在调节效应，要注意调节变量是影响自变量和因变量之间关系的变量。进行论证时，应该是调节变量发生变化时，自变量和因变量之间关系的强度或方向发生何种变化，而不是自变量或因变量会发生何种变化。

综上所述，在利用演绎法建立假设的过程中，首先应明确所研究概念的定义及概念之间的大致关系。其次要应用所依托的理论对每一个假设进行严密地论证，而不能主观臆断。在逻辑论证过程中，应该引用现有理论成果和实证研究结果作为论据支持，并使用框图进行辅助说明，以实现通过提出假设构建理论的目标。

13.7 假设验证

问卷调查研究是管理研究中应用最多的一种研究方法，本节以问卷调查法为例，介绍假设验证部分的写作要点。

一般情况下，假设验证部分主要包括数据收集与变量测量和实证分析两个部分。其中，数据收集与变量测量部分主要包括数据收集、变量测量两个主要内容，实证分析部分主要包括数据描述性统计、信度和效度分析和假设检验结果三个主要内容。

13.7.1 数据收集与变量测量

数据收集与变量测量部分旨在详细阐述问卷调查法获取研究数据的详细过程，为读者提供足够的信息来判断研究是否有效并且可重复，以便其他研究人员未来能够针对此问题的研究准确复制论文所阐述的流程，从而得到相似的研究结果。数据收集与变量测量部分应对构念的测量、样本选择、问卷发放及问卷回收的操作流程进行解释，并对操作过程中可能遇到的问题及其如何避免加以说明。

1. 数据收集

提出研究假设后，便要交代收集数据的方法和过程。撰写数据收集的目的是体现论文科学的研究过程，使读者对研究数据及其结果感到信服。其表述应达到以下要求：其他研究人员可以根据作者所提供的数据收集方法重复该收集数据过程，体现步骤清晰、方法科学和可重复的要求。

数据收集的描述一般包括三部分内容：研究对象，数据收集方法和数据收集过程。

（1）研究对象，指研究所针对的目标人群，即研究样本。作者要在论文中交代清楚论文的研究对象及其构成。例如，如果把企业内员工作为研究对象，可能要阐明员工所在的行业、企业类型、员工在企业内的职级范围等。

（2）数据收集方法。应阐明数据的收集渠道，是线上、线下、还是线上与线下相结合；采取的是随机抽样、还是方便抽样，具体如何在研究对象中进行抽样等。同时，还应阐明保证被调查者属于所研究目标人群的纳入、排除标准，以及保证被调查者如实答卷、确保问卷及时回收的措施等。

（3）数据收集过程。数据收集过程就是调查问卷发放与回收工作的实施过程，论述内容主要包括：数据收集的时间及外界环境和条件、研究样本的来源、样本数量以及在数据收集过程中样本的变化情况，例如：发出问卷、回收问卷、有效问卷的数量和占比等。如果分阶段收集数据，则需阐明每次数据收集持续时间、每个收集阶段的时间间隔以及每个阶段收集的数据信息情况等。

2. 变量测量

变量的测量本质上是实现构念的可操作化，即将无法直接测量的构念转化为可以直接进行测量的指标。

绝大多数问卷调查研究都沿用国内外权威期刊发表的论文中使用的成熟量表，因此论文中作者应给出量表的来源，以说明所使用量表的"合法性"。同时，如果是使用的外文量表，作者还需要对量表的翻译、确保量表语言表述准确所采取的措施进行说明。此外，还应阐明量表设计的思路，包括了量表所采用的度量尺度以及为保证信度、效度所作的安排等。

13.7.2 实证分析

1. 描述性统计

描述性统计主要介绍样本的基本事实情况和回收量表数据的基本特征。例如，样本情况可能包括企业员工所在行业和企业类型分布情况，员工的性别比例、年龄分布、工作年限分布、职级分布情况等。回收量表数据的基本特征一般包括变量名称（或简称、英文缩写）、均值、标准差，变量分布的偏度和峰度等，可通过表格形式直观列出。

2. 信度和效度分析

信度和效度分析是进行假设验证的前提和基础。作者首先应阐明为确保构念的内容效度所采取的措施，其次要说明进行信、效度分析所使用的工具及采用的指标。一般可通过列表的方式给出各类信、效度指标的具体数值及判断标准。这些指标通常包括：内部一致性信度（Cronbach's $\alpha \geq 0.6$）、组合信度（$CR \geq 0.7$）、变量的内部结构效度（各测量指标因子载荷 ≥ 0.7）、聚合效度（$AVE > 0.5$）、区分效度（AVE 的平方根 > 变量之间的相关系数）等。

如果是使用结构方程模型进行信、效度分析，按照"两步法"规则，作者还需要报告测量模型的拟合优度指数，例如 χ^2/df、CFI、AGFI、RMSEA、NFI 和 TLI 等。

此外，为证实变量在数据收集过程中没有被潜在干扰因素"污染"，作者还需要进行共同方法偏差和无响应偏差的检验。论文中要阐明这两种偏差的测度方法及评判标准。

3. 假设检验结果

在信、效度分析满足要求之后，就可以进入"假设检验结果"部分撰写。作者首先要阐明假设检验所采用的方法和工具，例如，是采用分层回归和 SPSS 软件，还是结构方程模型和 Amos 或 SmartPLS 软件。其次，可以以表格形式直观、明确地列出假设检验的结果。一般包含以下信息：路径名称、标准化系数、系数显著性结果、路径是否通过假设检验等。需要结合文字描述简明扼要对表格中的相关信息进行解读，包括系数的统计显著性、变量之间是否与理论预期相符、如果有不符可能存在的原因等。

如果假设中存在中介与调节效应，还要报告中介与调节效应的检验方法及检验结果。对于调节效应要绘图对其作用机理进行直观显示。

此外，还应对所构建模型的整体解释力度或拟合情况进行报告。一般而言，如使用分层回归应报告 R^2 和 F 统计量，如使用结构方程模型则应报告结构模型的拟合优度指数。

13.8　讨论与管理建议

讨论是作者表达的对研究结果具有的理论和实际价值的看法。在讨论中，作者要通过对研究结果的思考、理论分析和科学推论，阐明事物的内部联系和发展规律，从深度和广度两方面丰富和提高对研究结果的认识。

讨论的目的是解释研究的主要结果和潜在价值，分析研究方法偏差和不足对结果的可能影响，比较与前人结果的差异，用现有知识和理论验证研究的发现和观点，指出并评论论文的不足和局限性。

"讨论"与"研究结果"有着本质区别。"研究结果"是描述论文研究的直接结果，是就事论事。而"讨论"是对研究结果的进一步发掘、延伸和提炼，而不是对研究结果以不同的语言进行再次的表达或描述。"讨论"可以是将研究结果上升到理论高度的分析推论，也可以是与他人研究结果的比较、融合、整合与系统化。"讨论"既要立足于研究结果，又不局限于研究结果，要就事论理，发现规律、提出问题，并展望发展趋势。

撰写"讨论"部分时，要避免委婉、含蓄，应尽量做到直接、明确。"讨论"应该包括以下内容。

首先，进行结果重述。结合论文的数据，简明扼要地写出重要的结果以及假设的数据验证情况，即对应的假设通过或不通过。在重述结果时，需要注意切忌简单的罗列结果。

其次，通过与文献对话，阐释理论贡献。可以包括以下部分：① 对于与前人研究一致的结果，引入有相似结论的文献，表明本研究进一步验证了既有理论；② 对于与前人研究不一致的结果，引入有相反结论的研究，解释不一致的原因，并表明本研究的理论贡献；③ 旗帜鲜明地提出本研究在既有研究上的深入或延伸；④ 基于既有研究发现，引出新的研究领域与理论创新点，给出新的研究方向的启示，指引其他研究者进一步深入研究。

此外，当假设不通过时，研究者不应持悲观态度，应通过分析原因挖掘可能新的理论贡献、领域和方向。最后，需要注意的是，在进行讨论时，研究者不应再重复解释假设成立的逻辑。

"讨论"写作时需要注意的问题：① 要以论证作者的观点为主要内容。要围绕研究结果，以科学的理论和方法为论据，全面深入地论证作者的学术观点；② 要使用正确的论证方法，表明论据与论点之间的必然联系，使论证具有说服力；③ 要以学术观点的论证为主要内容，不能反客为主，引证大量文献资料，将讨论变成文献综述；④ 讨论应使用现在时态，而不是过去时和将来时。

在讨论的最后，研究者需要提出管理建议。大多数的学术论文更注重理论创新，但实际意义也是不可或缺的一部分。因此，针对研究中所提出的管理现象或问题，研究者应在实践层面提出有针对性的措施或建议。

13.9 结　　论

结论一般是学术论文正文的最后部分，要与学术论文的引言前后呼应。结论不是对研究结果的简单重复，而是对研究内容进行的总结性讨论。结论要能够准确地概括全文，具有严密的科学性和客观性，并反映研究的价值，同时提出研究的不足之处和今后的研究方向。

论文的结论应总结出论文的学术观点。结论应该是整篇论文的结论，而不是局部问题或分支问题的结论，也不是对摘要的简单重复。结论应该反映作者对论文的更深层次的理解，并从整篇论文的全部内容出发，凝练出新的学术概念或理论。

撰写结论时，要做到准确、完整、明确、精练。结论部分的写作内容一般应包括以下内容：

（1）针对本文所提出的科学问题，总结研究结果揭示了怎样的原理以及原理的适用范围；

（2）总结论文的理论贡献，即对既有理论作了哪些修正、补充、发展、证实或否定；

（3）总结论文研究在管理实践中的价值；

（4）论文研究的不足之处或遗留未予解决的问题，以及对解决这些问题的可能的关键点和未来研究方向。

同时，在撰写结论时应该避免以下三个问题：

（1）正文中的"结论"与摘要中的"结论"内容重复。

（2）正文中的"结论"与"研究结果与讨论"部分内容重复。尤其是在含有实证研究的论文中，应避免将"研究结果与讨论"中包括的实证结果以及对这些结果所作出理论分析误认为论文的结论。"结论"应是"研究结果与讨论"的进一步提升，应是更具有普遍性、创新性、客观性的明确的论断。

（3）结论内容与引言内容相互重复。在结论中不应再重复引言中所撰写的内容，如研究背景、理论依据、研究过程等。

13.10 参考文献

参考文献是学术论文的最后部分，需要将论文正文书写中引证的文献列出。参考文献反映了研究的科学根据，并体现作者对他人研究成果的尊重。为便于文献管理和规范，国内外期刊、图书等出版商均对参考文献的标准格式进行了规定。本节针对国内中文参考文献进行介绍。

根据《信息与文献 参考文献著录规则》GB/T 7714—2015❶，参考文献的类型以字母方式标识在文献名后的"［ ］"内，具体文献类型和识别标识如表 13-1 所示。

参考文献类型和标识代码　　　　　　　　　　　　　　　　　表 13-1

参考文献类型	标识代码
普通图书	M
会议录	C
汇编	G
报纸	N
期刊	J
学位论文	D
报告	R
标准	S
专利	P
数据库	DB
计算机程序	CP
电子公告	EB
档案	A
舆图	CM
数据集	DS
其他	Z

---

❶ 文献来源：GB/T 7714—2015，信息与文献 参考文献著录规则［S］.

此外，也规定了电子资源载体和相应的标识代码，见表13-2。

参考文献类型和标识代码 表 13-2

电子资源载体类型	标识代码
磁带（magnetic tape）	MT
磁盘（disk）	DK
光盘（CD-ROM）	CD
联机网络（online）	OL

常用的几种参考文献书写格式如下所示：

（1）期刊：作者．题目［J］．刊名，出版年份，卷号（期号）：起始页码-终止页码．

（2）普通图书（专著）：作者．书名［M］．出版地：出版社，出版年份：起始页码-终止页码．

（3）普通图书（译著）：作者．书名［M］．译者．出版地：出版社，出版年份：起始页码-终止页码．

（4）会议录：作者．篇名［C］．出版地：出版者，出版年份：起始页码-终止页码．

（5）学位论文：作者．篇名［D］．出版地：保存单位，出版年份．

（6）标准：标准编号，标准名称［S］．

（7）专利：申请者．专利名：专利号［P］．发布日期．

在实际论文写作过程中，学者需要引用一定数量的参考文献，且要满足不同的出版商对参考文献的格式要求，这为学者们造成了一定的困扰。为了方便引用和管理参考文献，学者可以使用一些文献管理软件，如 Endnote（https://endnote.com/）、NoteExpress（http://www.inoteexpress.com/aegean/）和 Citavi（https://www.citavi.com/en）等进行文献管理，可以大大提升写作效率。

参 考 文 献

［1］曹鑫，欧阳桃花，黄江明. 智能互联产品重塑企业边界研究：小米案例［J］. 管理世界，2022，38（4）：125-142.

［2］陈晓萍，徐淑英，樊景立. 组织与管理研究的实证方法［M］. 北京：北京大学出版社，2012.

［3］陈志军. THC公司员工工作满意度对离职倾向影响研究［D］. 广州：广东工业大学，2021.

［4］戴海琦，张锋. 心理与教育测量［M］. 广州：暨南大学出版社，2018.

［5］戴金辉. 区间估计与参数假设检验的比较［J］. 统计与决策，2019，35（9）：72-74.

［6］杜建政，赵国祥，刘金平. 测评中的共同方法偏差［J］. 心理科学，2005，28（2）：3.

［7］方杰，温忠麟，欧阳劲樱，等. 国内调节效应的方法学研究［J］. 心理科学进展，2022，30（8）：1703-1714.

［8］方杰，温忠麟，张敏强，等. 基于结构方程模型的多重中介效应分析［J］. 心理科学，2014，37（3）：735-741.

［9］冯江平，罗国忠. 我国企业魅力型领导的特质结构研究［J］. 心理科学，2009，32（1）：207-209-250.

［10］风笑天. 社会调查中的问卷设计［M］. 天津：天津人民出版社，2002.

［11］郭慧敏. 亲和型领导幽默对员工创新行为的影响机制研究［D］. 太原：山西财经大学，2021.

［12］何凌云，马青山. 智慧城市试点能否提升城市创新水平？——基于多期DID的经验证据［J］. 财贸研究，2021，32（3）：28-40.

［13］何晓群. 多元统计分析［M］. 北京：中国人民大学出版社，2019.

［14］胡登峰，黄紫微，冯楠，等. 关键核心技术突破与国产替代路径及机制——科大讯飞智能语音技术纵向案例研究［J］. 管理世界，2022，38（5）：188-209.

［15］黄晓治，孔庆民. 管理学的实证研究方法入门［M］. 北京：机械工业出版社，2014.

［16］姜鑫，王德庄. 利益相关者视域下科学数据开放政策协同研究——基于Nvivo 12的质性文本分析［J/OL］. 情报理论与实践：1-14［2022-09-08］.

［17］李沣芮，赵迎红. 政务新媒体政策的文本分析——基于Nvivo的质性研究［J］. 新闻世界，2022（3）：28-32.

［18］李怀祖. 管理研究方法论［M］. 西安：西安交通大学出版社，2004.

［19］李卫东. 应用多元统计分析［M］. 北京：北京大学出版社，2015.

［20］刘承林，刘鲁川，孙凯，等. 电商主播信息源活跃度对消费者购买意向的影响——基于Hovland说服理论的实验研究［J/OL］. 管理工程学报，2022，37（2）：60-70.

［21］刘军. 管理研究方法原理与应用［M］. 北京：中国人民大学出版社，2008.

［22］刘文忠. 自助法统计推断的基本原理及应用［J］. 山西农业大学学报（自然科学版），2004（2）：164-168.

［23］刘艳华，史培贞，毛蓓蓓. 上市公司财务预警模型研究——基于Logistic回归模型的实证分析［J］.

中国总会计师，2022（5）：93-95.

[24] 刘业鑫，吴伟伟，于渤．技术管理能力对突破性技术创新行为的影响：并行多重中介机制［J］．管理科学，2022，35（1）：67-78．

[25] 刘伊生．管理科学研究方法与论文写作［M］．北京：中国建筑工业出版社，2019．

[26] 罗胜强，姜嬿．管理学问卷调查研究方法［M］．重庆：重庆大学出版社，2014．

[27] 彭顺，牛更枫，汪夏，等．父母自主支持对青少年积极情绪适应的影响：基本心理需要满足的中介与调节作用模型［J］．心理发展与教育，2021，37（2）：240-248．

[28] 邱皓政．量化研究与统计分析：SPSS中文视窗版数据分析范例解析［M］．重庆：重庆大学出版社，2009．

[29] 孙国强．管理研究方法［M］．第3版．上海：格致出版社；上海人民出版社，2019．

[30] 谭智佳，张启路，朱武祥，等．从金融向实体：流动性风险的微观传染机制与防范手段——基于中小企业融资担保行业的多案例研究［J］．管理世界，2022，38（3）：35-59．

[31] 涂红伟，严鸣，周星．工作设计对知识型员工和体力工作者的差异化影响：一个现场准实验研究［J］．心理学报，2011，43（7）：810-820．

[32] 王可迪，涂维加，霍宝锋．供应链领导力：文献综述与研究展望［J］．外国经济与管理，2022，44（6）：110-134．

[33] 王巍．国家、社会互动结构中的社区治理——一个描述性案例研究［J］．武汉大学学报（哲学社会科学版），2008（2）：256-262．

[34] 王新光．管理者短视行为阻碍了企业数字化转型吗——基于文本分析和机器学习的经验证据［J］．现代经济探讨，2022（6）：103-113．

[35] 汪洋，陈功．我国老年教育政策的演变及逻辑理路——基于1978—2021年政策文本的质性分析［J］．成人教育，2022，42（4）：30-38．

[36] 温忠麟，叶宝娟．有调节的中介模型检验方法：竞争还是替补？［J］．心理学报，2014，46（5）：714-726．

[37] 吴明隆．结构方程模型AMOS的操作与应用［M］．重庆：重庆大学出版社，2010．

[38] 吴子牛，白晨媛．学位论文写作［M］．北京：北京航空航天大学出版社，2020．

[39] 新时代企业高质量发展研究中心课题组，贾明，杨倩．中国企业的碳中和战略：理论与实践［J］．外国经济与管理，2022，44（2）：3-20．

[40] 谢小云．人力资源测评效标模型：效度概化的视角［D］．杭州：浙江大学，2005．

[41] 谢宇．回归分析［M］．北京：社会科学文献出版社，2013．

[42] 解学梅，韩宇航．本土制造业企业如何在绿色创新中实现"华丽转型"?——基于注意力基础观的多案例研究［J］．管理世界，2022，38（3）：76-106．

[43] 许庆瑞，陈政融，吴画斌，等．传统制造业企业战略演进——基于海尔集团的探索性案例分析［J］．中国科技论坛，2019，（8）：52-59．

[44] 杨张博，高山行．生物技术产业集群技术网络演化研究——以波士顿和圣地亚哥为例［J］．科学学研究，2017，35（4）：520-533．

[45] 易兰丽，王友奎，黄梅银．基于社会网络分析的政府信息共享机制研究——以广东省D市办事服务信息为例［J］．情报杂志，2019，38（5）：92-101．

[46] 于晓宇，赵红丹，范丽先．管理研究设计与方法［M］．北京：机械工业出版社，2019．

参考文献

[47] 周黎, 宋红霞. 对图书馆学问卷调查法论文的统计分析[J]. 图书馆论坛, 2019, 39(2): 18-24.

[48] 郑刚, 邓宛如, 王颂, 等. 企业创新网络构建、演化与关键核心技术突破[J]. 科研管理, 2022, 43(7): 85-95.

[49] GB/T 7714—2015, 信息与文献 参考文献著录规则[S].

[50] Amabile T M, Conti R, Coon H, et al. Assessing the work environment for creativity[J]. Academy of Management Journal, 1996, 39(5): 1154-1184.

[51] Anderson J C, Gerbing D W. Structural equation modeling in practice[J]. Psychological Bulletin, 1988, 103(3): 411-423.

[52] Barclay D W, Thompson R L, Higgins C. The Partial Least Squares (PLS) approach to causal modeling: Personal computer use as an illustration[J]. Technology Studies, 1995, 2.

[53] Barney J. Editor's comments: Positioning a theory paper for publication[J]. Academy of Management Review, 2018, 43(3): 345-348.

[54] Baron R M, Kenny D A. The moderator-mediator variable distinction in social psychological research: conceptual, strategic, and statistical considerations[J]. Journal of Personality and Social Psychology. 1986, 51(6): 1173-1182.

[55] Barrett P. Structural equation modelling: Adjudging model fit[J]. Personality & Individual Differences, 2007, 42(5): 815-824.

[56] Bentler P M, Chou C P. Practical issues in structural modeling[J]. Sociological Methods & Research, 1987, 16(1): 78-117.

[57] Campbell D T, Fiske D W. Convergent and discriminant validation by the multitrait-multimethod matrix[J]. Psychological Bulletin, 1959, 56(2): 81-105.

[58] Cohen J. The effect size index: Statistical power analysis for the behavioral sciences [J]. Abingdon: Routledge, 1988: 77-83.

[59] Cong L Paul E S, Lin S. Cross-national job stress: A quantitative and qualitative study[J]. Journal of Organizational Behavior, 2007, 28(2), 209-239.

[60] Cronbach L J, Meehl P E. Construct validity in psychological tests[J]. Psychological Bulletin, 1955, 52(4): 281-302.

[61] Dawson J F. Moderation in Management Research: What, Why, When, and How[J]. Journal of Business and Psychology, 2013, 29(1): 1-19.

[62] Edwards J R. The fallacy of formative measurement[J]. Organizational Research Methods, 2011, 14(2): 370-388.

[63] Fornell C, Larcker D F. Evaluating structural equation models with unobservable variables and measurement error[J]. Journal of Marketing Research, 1981, 18(1): 39-50.

[64] Gao Y, Tian X L. Prefabrication policies and the performance of construction industry in China [J]. Journal of Cleaner Production, 2020, 253: 13.

[65] Gefen D, Rigdon E E, Straub D. An update and extension to SEM guidelines for administrative and social science research[J]. MIS Quarterly, 2011, 35(2): III-XIV.

[66] Granovetter M. The strength of weak ties[J]. American Journal of Sociology, 1973, 18: 1360-1380.

[67] Hair J, Hult G T M, Ringle C, et al. A Primer on Partial Least Squares Structural Equation Modeling (PLS-

SEM) [M]. London: SAGE Publications, 2022.

[68] Hayes A F. Introduction to mediation, moderation, and conditional process analysis: A regression-based approach[M]. New York: The Guilford Press, 2013.

[69] Haynes S N, Richard D C S, Kubany E S. Content validity in psychological assessment: A functional approach to concepts and methods[J]. Psychological Assessment, 1995, 7(3):238-247.

[70] Joseph F H J, William C B, Barry J B, et al. Multivariate data analysis[M]. 7th ed. US: Prentice Hall, 2009.

[71] Jung H, Lee B G. Research trends in text mining: Semantic network and main path analysis of selected journals[J]. Expert Systems with Applications, 2020, 162: 1138-1151.

[72] Kayser V, Blind K. Extending the knowledge base of foresight: The contribution of text mining[J]. Technological Forecasting and Social Change, 2017, 116(2017): 208-215.

[73] Kobayashi V B, Mol S T, Berkers H A, Kismihok G, Den Hartog D N. Text mining in organizational research[J]. Organizational Research Methods, 2018, 21(3): 733-765.

[74] Loehlin J C. Latent variable models: An introduction to factor, path, and structural analysis[M]. 2nd ed. New Jersey: Lawrence Erlbaum Associates, 1992.

[75] Mackenzie S B, Podsakoff P M, Podsakoff N P . Construct measurement and validation procedures in MIS and behavioral research: Integrating, new and existing techniques[J]. MIS quarterly, 2011, 35(2): 293-334.

[76] Mackinnon D P, Warsi G, Dwyer J H. A simulation study of mediated effect measures[J]. Multivariate Behavioral Research, 1995, 30(3): 41-62.

[77] Nunnally J C, Bernstein I H. Psychometric theory[M]. 3rd ed. New York: McGraw-Hill, 1994.

[78] Podsakoff N P. Common method biases in behavioral research: A critical review of the literature and recommended remedies[J]. Journal of Applied Psychology, 2003, 88(5): 879-903.

[79] Schwab D P. Construct validity in organizational behavior[J]. Research in Organizational Behavior, 1980, 2: 3-43.

[80] Schwab D P. Research methods for organizational studies[M]. 2nd ed. New Jersey: Lawrence Erlbaum Associates, 2005.

[81] Shiau W L, Yuan Y, Pu X, et al. Understanding fintech continuance: Perspectives from self-efficacy and ECT-IS theories[J]. Industrial Management & Data Systems, 2020, 120(9): 1659-1689.

[82] Stevens S S . Measurement, statistics, and the schemapiric view. Like the faces of Janus, science looks two ways—toward schematics and empirics[J]. Science, 1968, 161(3844):849-856.

[83] Yan A, Gray B. Bargaining power, management control, and performance in United States-China joint ventures: A comparative case study[J]. Academy of Management Journal, 1994, 37(6): 1478-1517.

[84] Ying W, Heng L, Zezhou W. Attitude of the Chinese public toward off-site construction: A text mining study[J]. Journal of Cleaner Production, 2019, 238.

[85] Ravi K, Ravi V. A survey on opinion mining and sentiment analysis: Tasks, approaches and applications[J]. Knowledge-Based Systems, 2015, 89: 14-46.

[86] Robert K Y. Case study research: Design and methods[M]. 5th ed. London: SAGE Publications, 2013.

[87] Uasi A, Pironti M, Mital M, et al. Knowledge discovery out of text data: a systematic review via text

mining[J]. Journal of Knowledge Management, 2018, 22(7): 1471-1488.

[88] Zollo M, Winter S G. Deliberate learning and the evolution of dynamic capabilities [J]. Organization Science, 2002, 13(3): 339-351.